当代国外理论研究前沿译丛

当代资本主义前沿问题

主　编　许先春　陶永祥
副主编　徐　焕　赵　超　郑　颖

中国人民大学出版社
·北京·

导　言

习近平总书记指出："世界格局正处在加快演变的历史进程之中，产生了大量深刻复杂的现实问题，提出了大量亟待回答的理论课题。这就需要我们加强对当代资本主义的研究，分析把握其出现的各种变化及其本质，深化对资本主义和国际政治经济关系深刻复杂变化的规律性认识。"① 近年来，中共中央党史和文献研究院信息资料馆承办的《国外理论动态》杂志坚持以习近平新时代中国特色社会主义思想为指导，发挥其承办部门在开展马克思主义文献资料收集整理、开发利用工作方面的专业优势，依托"当代资本主义研究"专栏，围绕新自由主义、数字资本主义/平台资本主义、新帝国主义、资本主义经济危机、资本主义生态危机等议题，翻译发表了一批国外学界关于当代资本主义发展变化的最新研究成果。本书由其中的代表性译文结集而成。

从本书收录的译文来看，当代资本主义发展变化呈现出但不限于如下五种新趋势、新特征：

第一，新自由主义肆虐全球几十年，它导致世界诸多国家出现贫富两极分化，为法西斯主义复兴提供了土壤，给资本主义自身的崩溃准备了条件。1970 年代末、1980 年代初以来，新自由主义携自由化、市场化、私有化等政策工具，从美西方国家不断向发展中国家渗透，为世界带来了不平等加剧、法西斯主义复兴、经济失衡等一系列严重后果。西蒙·莫恩撰写的《当代新自由主义的肖像：1％人群收入的增长及其经济后果》和西塔拉姆·亚秋里撰写的《新自由主义的危机及其多元后果》，讨论了新自由主义造成世界不平等的问题：前者考察 28 个受新自由主义影响的国家 1％最富裕人群所占的国民收入份额在 1985 年、2007 年和 2019 年的变化情况，发现收入份额向收入分配的顶端大量转移；后者指出，以美国为首

---

① 《习近平谈治国理政》第 2 卷，外文出版社，2017：66 - 67.

的资本主义国家为实现其经济利益和全球霸权，采取军事干预等方式对发展中国家进行经济胁迫，致使财富越来越被少数人占有。普拉巴特·帕特奈克撰写的《新自由主义与法西斯主义批判》及其与罗特萨·帕特奈克合作撰写的《新自由主义资本主义走入了死胡同》，讨论了新自由主义与法西斯主义联姻的问题：前者指出，在新自由主义资本主义内部，似乎没有办法消灭或边缘化法西斯主义，因而超越法西斯主义的唯一出路是超越新自由主义资本主义；后者提出，全球生产过剩和资产价格泡沫导致新自由主义资本主义走入了死胡同，它势必依靠法西斯主义来复苏其政治活动，而这并不是新自由主义实现自我复兴的长远措施。约翰·贝拉米·福斯特撰写的《绝对资本主义：新自由主义规划与马克思-波兰尼-福柯的批判》和亚历克斯·卡利尼科斯撰写的《新自由主义资本主义内爆：全球灾难与当今的极右翼》，讨论了新自由主义资本主义的前景问题：前者指出，过度积累和停滞仍是资本主义的首要经济矛盾，资本主义试图通过企业兼并、金融化、全球化来解决这个问题，但结果却导致了更加严重的失衡；后者认为，新自由主义资本主义正在经济危机、政治危机和生态危机等多重危机中崩溃。

第二，数字资本主义/平台资本主义的兴起蔚为大观，包括算法在内的数字技术对资本主义社会各领域产生了巨大影响，同时也对反抗资本主义的斗争提出了更高要求。数字资本主义/平台资本主义是算法、信息和通信技术等数字技术嵌入资本主义的产物，因而理解当代资本主义的途径莫过于解密数字技术如何作用于资本主义的发展。詹纳吉·浦若迪尼克撰写的《数字资本主义的算法逻辑》，研究了数字资本主义中算法的四个基本特征，即不透明与模糊性、数据化、自动化以及工具理性，而这些特征使资本主义社会出现了问责制缺失、隐私侵犯和数字监视等一系列问题。约迪·迪安撰写的《数字资本主义与政治主体》和她的专访文章《交往资本主义中新的共产主义视野》均认为，在数字资本主义条件下，群众动员不是比以前更加有效了而是相反，资本主义"掘墓人"的培育需要依靠先锋党的力量，以及具有共同纲领、策略的政治组织。埃万耶洛斯·帕帕季米特普洛斯撰写的《平台资本主义、平台合作主义和开放合作主义》认为，信息和通信技术催生了平台资本主义、平台合作主义和开放合作主义等新经济模式，其中，平台资本主义是升级版的资本主义，平台合作主义是传统合作主义的数字版本，而开放合作主义是基于同侪生产的更加包容和宽泛的新经济模式。马修·蒙塔尔班等撰写的《作为资本主义新形式的平台经济：调节学派的视角》，利用法国调节学派的方法分析了平台经济对当前资本主义体系的影响，发现尽管平台经济颠覆了大多数制度形式和金融资本主义的调节模式，但却没有颠覆主流经济活动。亚历山大·威廉姆斯等撰写的《监视资本主义及其应对方案》指出，新兴技术的采用迫使普通民众接受监视，并允许公司拥有不受控制的权力来决定监视的条件，这意味着监视资本主义通过催生新形式的结构性支配和监视条款而破坏了人的自由。

第三，作为资本主义发展的新阶段，新帝国主义既表现为垄断资本的全球化扩张和生产全球化，也体现为通过数字殖民来实现美西方国家对全球南方的控制。新帝国主义不同于旧帝国主义，它不再通过超经济手段的殖民来直接控制他国领土和主权，而是通过经济、金融乃至技术手段来重建帝国主义的霸权体系。萨米尔·阿明撰写的《新帝国主义的结构》指出，当前，广义的垄断企业通过全球化而统治着世界经济体系，控制着处于世界资本主义体系外围的所有生产系统，在这种新结构中，财阀与买办商人成为新的统治阶级，而作为被统治阶级的无产阶级则陷入普遍的分裂中。因坦·苏万迪等撰写的《全球商品链与新帝国主义》认为，垄断金融资本主导下的全球商品链是新帝国主义国际分工的产物，因而全球商品链分析在一定程度上能够刻画全球化生产的复杂性，但却遮蔽了生产全球化时代南北方之间的工资差距、剥削率差异，以及建立在劳动套利机制上的帝国主义价值剥夺现象。卢特菲·多安撰写的《中东欧的新帝国主义》指出，中东欧的新帝国主义是通过贸易和资本流动来维持的，这种流动使中东欧经济体严重依赖于具有新帝国主义特征的欧洲单一市场。迈克尔·奎特撰写的《数字殖民主义：美帝国与全球南方的新帝国主义》揭示，在数字殖民主义时代，以美国为首的发达国家正在通过大型科技公司来控制全球南方的数字生态系统，进而控制其信息流动、社交活动，以及其他受发达国家技术影响的政治、社会、经济和军事功能。

第四，资本主义世界仍然处于衰退甚至萧条中，危机的严重性与持续性根源于当代资本主义发展进入了金融资本主义阶段。资本主义经济危机是周期性的，而工业资本主义向金融资本主义的演进可能拉长了危机的周期。哈达斯·蒂尔撰写的《大衰退十年之后》指出，被视为"大衰退"的2007—2009年经济危机并未远去，资本主义社会和经济的两极分化甚至更为严重，穷人、移民、有色人种、学生、年轻工人无法感受到"经济复苏"，能够感受到"经济复苏"的只有公司高管。普拉纳·坎迪·巴苏撰写的《金融化与金融危机：商品拜物教的视角》，重温马克思商品拜物教批判理论，阐述这一理论对后福特主义时代资本主义批判的适用性，并运用这一理论对当代资本主义的金融化与金融危机进行了深入分析。迈克尔·赫德森撰写的《金融资本主义与工业资本主义：食利者的复苏和接管》指出，工业资本主义正在为金融资本主义所取代，金融、保险和房地产行业重新挟持政府，创造了新食利性经济，并通过榨取经济租金而不是推动工业资本的形成来追逐财富。克劳斯·德雷撰写的《新型"占取"：金融市场资本主义的动力与局限》也认为，目前资本主义发展到了金融市场资本主义阶段，在这一阶段，国家干预与道德风险、全球经济失衡与货币政策的局限性、金融产品的不透明、隐秘的风险等四个因素相互作用，金融资本主义内生的操纵、夸大、投机、错配、欺诈倾向导致经济失衡，最终演变为旷日持久的金融危机和社会危机。

第五，资本主义世界的生态危机不但没有减轻，反而日益成为全球性问题，发达资本主义国家一边在减少化石燃料使用方面裹足不前，一边却将危机的责任转嫁给发展中国家。资本主义生态危机是资本主义基本矛盾在生态领域的反映，在资本贪婪本性的作用下，生态危机只会越来越严重而不可能越来越减轻。苏珊娜·杰弗瑞撰写的《化石能源、资本主义和工人阶级》认为，资本主义国家在减少化石燃料使用方面不但没有取得任何进展，而且面对日益不稳定和充满争议的全球变暖情况，它们还将继续发展这种化石燃料经济，这就需要动员工人阶级的社会力量来推动能源领域的变革。依莱德·柯拉斯撰写的《能源、经济增长与生态危机》，揭露了资本主义利润率严重依赖其能源密集型基础的本质，认为严重的全球污染排放与生态危机是由依赖生产和消费永恒增长的资本主义经济体制造成的。约翰·贝拉米·福斯特等撰写的《资本与疾病生态学》，阐述了马克思关于资本主义条件下人与自然之间的新陈代谢断裂的理论观点，认为资本主义政治经济的组织和运作诱发了人与自然之间新陈代谢断裂的持续加大。贾亚蒂·高希等撰写的《21世纪的气候帝国主义》，批判了发达国家推卸碳债责任、纵容富人高碳生活等气候帝国主义的表现，认为人类正处于气候帝国主义的奴役下并被推至灾难边缘，为此必须对全球资本主义体系进行彻底变革。马库斯·维森撰写的《资本主义的极限及其超越：政治生态学的视角》认为，生态危机已成为全球性问题，既有研究不能为社会-生态转型指明方向，而政治生态学为超越资本主义局限性的转型提供了可能。

综合来看，这些译文具有如下特性：

一是前沿性。本书收录的译文均为国外学界近几年发表的一手文献。这些文献跟踪当代资本主义新发展新变化，是对美西方国家资本主义发展态势的新观察。

二是批判性。本书收录的译文是对当代资本主义新发展新趋势的批判性观察。这些观察深入探讨了资本主义矛盾的新表现及体制性原因，深刻揭示了资本主义危机的新特征及本质，从各个侧面反映了当代资本主义和国际政治经济关系发生的深刻复杂变化。

三是现实性。本书收录的译文属于国外哲学社会科学，特别是国外左翼学界的思想资源。引介这些思想资源有利于正确认识和把握世界百年未有之大变局，从而在社会主义和资本主义两种意识形态、两种社会制度的较量中发现有利于向社会主义发生重大转变的因素。

本书收录的这些译文均已在《国外理论动态》杂志发表并受到社会各界的普遍欢迎和关注。在编辑出版《国外理论动态》杂志的过程中，我们得到中共中央党史和文献研究院原副院长、中央编译局原局长柴方国等领导同志的悉心指导，得到中共中央党史和文献研究院第四研究部主任崔友平等专家学者的审读把关，得到原文作者或原发期刊的翻译授权，得到广大译者的精心翻译，得到国家社会科学基金的慷慨资助。利用结集出版本书的机会，我们对来自各方的一贯大力支持致以诚挚的谢意！

编者
2024 年 1 月

目　录

第一编　新自由主义批判

第1章　当代新自由主义的肖像：1%人群收入的增长及其经济后果 …… 3
第2章　新自由主义的危机及其多元后果 …………………………… 20
第3章　新自由主义与法西斯主义批判 ……………………………… 31
第4章　新自由主义资本主义走入了死胡同 ………………………… 44
第5章　绝对资本主义：新自由主义规划与马克思-波兰尼-福柯的批判 ……………………………………………………………… 56
第6章　新自由主义资本主义内爆：全球灾难与当今的极右翼 …… 66

第二编　数字资本主义/平台资本主义

第7章　数字资本主义的算法逻辑 …………………………………… 83
第8章　数字资本主义与政治主体 …………………………………… 102
第9章　交往资本主义中新的共产主义视野 ………………………… 116
第10章　平台资本主义、平台合作主义和开放合作主义 …………… 137
第11章　作为资本主义新形式的平台经济：调节学派的视角 ……… 149
第12章　监视资本主义及其应对方案 ………………………………… 166

第三编　新帝国主义

第13章　新帝国主义的结构 …………………………………………… 181
第14章　全球商品链与新帝国主义 …………………………………… 194
第15章　中东欧的新帝国主义 ………………………………………… 208
第16章　数字殖民主义：美帝国与全球南方的新帝国主义 ………… 225

第四编　资本主义经济危机

第17章　大衰退十年之后 ·· 245

第18章　金融化与金融危机：商品拜物教的视角 ············· 256

第19章　金融资本主义与工业资本主义：食利者的复苏和接管 ······ 274

第20章　新型"占取"：金融市场资本主义的动力与局限············ 289

第五编　资本主义生态危机

第21章　化石能源、资本主义和工人阶级 ······················· 307

第22章　能源、经济增长与生态危机 ······························ 322

第23章　资本与疾病生态学 ·· 335

第24章　21世纪的气候帝国主义 ····································· 352

第25章　资本主义的极限及其超越：政治生态学的视角 ············ 364

第一编
新自由主义批判

第 1 章　当代新自由主义的肖像：1‰人群收入的增长及其经济后果*

西蒙·莫恩/文　　刘歆　刘明明/译　　詹榕/校

1970年代初，资本主义的"黄金时代"结束了。那时，人们一直在争论应该用什么模式来取代它。当时主要有两种被广泛接受但截然不同的资本主义模式。一种是在资本主义黄金时代已经获得成功的管理主义模式，即与有组织的工人阶级结成事实上的联盟，并普遍支持（或至少不反对）集体协商、扩张（或至少维持）福利国家制度、监管工业和金融行业，以及为了追求低失业率和高总需求而配合使用财政政策与货币政策。另一种是回到大萧条之前占主导地位的"市场原教旨主义"（market fundamentalism）模式，但随着"新政"（New Deal）的实行，以及政府的持续干预不断加强，这种模式已在美国退却。这种市场原教旨主义模式在黄金时代的崩塌中得到了挑战管理主义及其相关（通常相当温和）的社会民主形式的机会。

这两种对立模式的产生，其背后是一系列问题的累积。越南战争的大量融资而导致的通货膨胀，1971年美元与黄金的脱钩，1973年布雷顿森林体系及其固定汇率制的瓦解，1973年随着石油输出国组织（Organization of Petroleum Exporting Countries，OPEC）提高油价而导致的商品

---

* 本章原载:《国外理论动态》2023年第1期。原文来源：Simon Mohun,"A Portrait of Contemporary Neoliberalism: The Rise and Economic Consequences of the One Per Cent," in Socialist Register 2022: New Polarizations, Old Contradictions, The Crisis of Centrism, Greg Albo, Leo Panitch and Colin Leys (London: The Merlin Press, 2021) 1: 1-20. 翻译有删减。西蒙·莫恩（Simon Mohun）：英国伦敦玛丽女王大学商业管理学院。刘明明：南开大学马克思主义学院。刘歆、詹榕：南开大学马克思主义学院博士生。

价格高涨，以及失业率的上升，这些因素共同造成了一种局面，即黄金时代的高就业率和低利率政策似乎是一种无效的应对模式。挤压利润的工资不断上涨，通货膨胀正在侵蚀持有债券的收益，随着集体协商被指责为引起这两种现象的罪魁祸首，管理主义和有组织的工人运动在黄金时代的联盟变得愈发不稳固，但两者的分崩离析还是耗费了一段时间。如果将剩余价值率解释为阶级斗争结果的衡量标准，那么它在整个1970年代随时间变化形成的就是一条水平线。这表明了一种僵局：黄金时代的联盟可能正在破裂，但是黄金时代建立的政治和经济结构过于强大，无法让市场原教旨主义占据优势。①

1979年10月，美联储通过大幅加息来抑制通货膨胀；次年，罗纳德·威尔逊·里根（Ronald Wilson Reagan）当选美国总统，制定了一项在很大程度上放松管制并更加自由放任的经济体制的方案，从而结束了这一僵局。1979年，撒切尔夫人（Margaret Hilda Thatcher）领导的保守党凭借类似的方案在英国大选中获胜。随后，弗朗索瓦·密特朗（François Mitterrand）放弃了在法国推行更彻底的社会民主主义的努力。接下来发生的事情是众所周知的：向有组织的工人运动机构发起了连续攻击，攻击对象既包括公共部门（例如，对美国空中交通管制员工会和英国矿工工会的攻击），也包括更为普遍的对工会运行所依据的法律体制进行重大变革。与此同时，人们容忍了高得多的失业率，而不是支持充分就业的战后共识。随着福利国家的"改革"主要集中在削减福利待遇和制定更加严格的资格标准上，国有企业的放松管制和私有化得到了迅猛发展。并且，对富人的税收也大幅减少。

大约1980年以后推行的政策以及这些政策所取得的成果，巩固了一种经济利益日益占主导地位的政治和经济格局。由于与1929年以前甚至1914年以前的历史有很多相似之处，所以自大约1980年至今的时期被称为"新自由主义"时代。当前的新自由主义有三个独特但相互交织的经济特征："1%"人群收入的增长、全球化和金融化。许多人使用过这些术语，但在下文中，这些术语被赋予了在现有文献中不太常见的精确而

---

① 参见 Simon Mohun, "Unproductive Labour in the US Economy 1964-2010," *Review of Radical Political Economics* 46, no.3 (2014)：355-379。

独特的含义。

一、两极分化：1%人群收入的增长

与放松市场管制相关的是收入分配发生了巨大而持续的变化。① 虽然左翼的很多讨论都集中在收入分配的下半层发生了什么，但对于理解新自由主义的结构和动态来说，更重要的是考察顶层收入份额的大幅持续增长。

官方收入分配统计数据往往无法反映这一点，因为家庭调查不包括最富有的家庭，理由是这些家庭没有代表性。② 因此，必须对纳税申报单上最富有人群的数据进行评估，而结果通常是按照税前的数据计算的。纳税申报数据造成了进一步的困难：它们不像家庭调查或国民账户数据那样及时，而且结果依赖于各国收集数据的方式。例如，在英国，个人纳税，但家庭获得福利；而在美国，基本的征税单位不是个人，而是"税收单位"（因为已婚夫妇可以一起报税）。此外，并非所有数据都是每年提供的。因此，尽管必须谨慎对待税收统计数据的计算结果，但它们仍被广泛接受。

表1-1所列国家的国民收入总共占世界国民收入的74%~77%（取决于统计的具体日期），包括三个抽样年份：1985年（新自由主义制度的建立需要花费几年时间）、2007年（金融危机爆发前）和2019年（有数据可用的最近一年）。这些数据是每个国家最富有的1%人群在国民收入中所占的份额。③ 从1985年到2007年，每个国家（丹麦、西班牙和越南除外）最富有的1%人群所占的份额都大幅增长；与2007年相比，2019年记录的数据更不稳定，一些国家1%人群的收入份额略有增长，其他国家则略有下降。国民收入随着时间的推移而增长，因此表1-1隐晦地表明，从1985年到2007年，每个国家最富有1%人群的收入在不断增长的总收入中所占的份额越来越大。从2007年到2019年，这1%人群的收入在不断增长的总收入中所占的份额大致保持不变。此外，虽然这些数据是

---

① 收入分配不应与财富分配混为一谈。财富分配衡量资产的所有权（不动产，即贷款或抵押贷款、家庭实物、养老金、金融和商业）。收入分配衡量收入，即年度流量：就业和个体经营收入，以及非劳动收入（分配利润、利息和租金）。财富分配比收入分配更集中。

② 参见 Thomas Piketty and Emmanuel Saez, "Income Inequality in the United States, 1913-1998," *The Quarterly Journal of Economics* CXVIII, no.1 (2003): 1-39.

③ 国民收入以2019年不变的购买力平价美元计算。

税前的，但新自由主义的另一个特征是富人的税率急剧下降，因此 2007 年和 2019 年的数据比 1985 年的数据更接近税后结果。总之，这些数据表明，这 1% 人群的收入增长幅度非常大。到了 2019 年（以 2019 年不变价美元计算），在这 28 个国家中，这 1% 人群的收入比他们在 1985 年的收入增加了 11.6 万亿美元，相当于英国 2019 年全年国民收入的 4.5 倍多。

表 1-1 1% 人群所占的国民收入份额（%）

	1985 年	2007 年	2019 年
澳大利亚	6.1	11.5	12.4
加拿大	8.9	15.8	14.3
新西兰	6.4	8.7	11.4
英国	8.6	14.9	12.7
美国	12.0	18.4	18.7
法国	6.9	10.8	10.0 (2018)
德国	9.4	13.5	13.0
爱尔兰	7.9	11.9	11.6 (2018)
意大利	5.0	8.1	8.8
荷兰	6.0	7.8	7.0 (2018)
葡萄牙	9.6	10.9	11.6
西班牙	12.1	11.2	12.2
瑞士	10.4	12.0	10.9
丹麦	10.1	10.7	11.2
芬兰	5.3	11.1	10.0
挪威	8.1	12.7	10.4
瑞典	9.3	12.0	10.9
匈牙利	2.6	11.4	12.4
波兰	4.7 (1984)	15.7	14.6
苏联/俄罗斯	4.4	26.8	21.3
印度	10.5	20.1	21.4 (2016)
印度尼西亚	11.1 (1993)	12.1	10.7 (2017)
日本	9.2	13.4	12.4 (2017)
韩国	9.4 (1984)	13.1	14.1
越南	15.2 (1992)	14.7	15.2 (2016)
巴西	n.a.	23.4	27.7
墨西哥	n.a.	23.6	28.7
南非	9.9 (1990)	20.1	19.2 (2012)

资料来源：World Inequality Database, https://wid.world/。2021 年 2 月 18 日下载。

在研究1%人群收入份额的上升对新自由主义资本主义的经济体结构的影响之前,有必要探讨最富有的1%人群的收入份额与资产阶级之间的关系。新自由主义的历史无疑是工人运动及其同盟连续失败的历史。在这场失败中,社会民主党要么密谋失败,要么因无法提出任何前后一致的进步方案而陷入瘫痪。因此,在一个由不同社会阶层构成、由阶级斗争推动的社会中,人们会期望看到奖励归于胜利者,而把1%人群收入份额的上升看作这些奖励的具体表现仅需一小步。

这就引出了几个分析性的问题。最简单、最抽象的观点认为,如果说阶级斗争是历史发展的原动力,那么在资本主义时代,这种斗争就是资产阶级与工人阶级之间的斗争。工人阶级的定义相对简单:工人阶级是指那些因为没有足够的资产而被迫进入劳动力市场的人。这里所提到的资产,指的是可以自由交易、可以为获取消费品和服务提供资金的东西。在极端情况下,他们除了工作能力(劳动力)之外,没有资产可以出售。这并没有受到20世纪社会保障供应增长的影响,因为社会保障供应的水平从未有意被设定在严重威胁劳动力市场工人供应的水平上。因此,哪些人是工人阶级是(相当)清楚的。

但哪些人是资产阶级却并不明显。那些完全依靠非劳动资产收入(租金、债券支付和股息)生活的人,只是当代资本主义社会中的一小部分人;而且,如果有重大事项决定权的话,那么拥有这项权利的人也很少。几乎所有人都签订了雇佣合同,包括那些在许多国家拥有私人飞机、豪华游艇、豪华公寓和豪宅,以及持有大量股票和债券的人。跨国(金融和非金融)企业的高层管理人员是雇员(从雇佣合同的意义上讲),就像那些为了最低工资而打扫办公室和清理垃圾的员工一样。因此,出卖劳动力不能作为确定阶级地位的理论标准。生产资料的所有权和支配权同样也不能作为确定阶级地位的理论标准。与19世纪的棉纺厂相比,当代资本主义经济体的资产所有权分布更广(例如,在主权财富基金、养老基金、保险企业、投资和单位信托等中),其中大部分所有权并不赋予控制权。

那么,有两种不同(但不一定互不相容)的模式是合理的。一种是试图确定谁是资本家。另一种则认为,资本是一种社会关系,这种社会关系不能被简单地看成企业高层。

首先要把资本家看作人。假设可以区分两种人:一种是因为没有足够的真正能获得收益的非劳动资产而被迫出卖劳动力的人;另一种是尽管确实拥有足够的可创收的非劳动资产，但仍继续出卖劳动力的人。前者是出于经济需要而被迫出卖劳动力，而后者虽然事实上同样出卖劳动力，但却不是出于经济需要。这需要确定一个收入门槛，所有非劳动收入超过这个门槛的人都是劳动力的自愿卖方（资本家），而所有非劳动收入低于这个门槛的人都被迫以传统的方式进入劳动力市场。① 后一个群体可被进一步分为在生产过程中没有基本监管职能的人（工人）和监管工人的人（管理人员）。②

就美国而言，在 1973 年至 2012 年，按整数计算，大约有 83% 的人属于工人，16% 的人属于管理人员，1% 的人属于资本家。这些数据是按照税收单位（单身人士和有尚未自立的独生子女的已婚夫妇）来计算的，并随着时间的推移而发生变化，特别是资本家的相关数据（因为作为区分标准的非劳动收入对商业周期波动很敏感）。在 1987 年至 2012 年，资本家的比例平均为 1.25%（所有税收单位）；在 1999 年至 2000 年（互联网泡沫时期）和 2007 年（金融危机前夕），分别达到 1.5% 和 1.8% 的峰值。因此，尽管应该谨慎对待这些数据，但聚焦 1% 人群（至少对于美国而言）对于研究哪些人可以有意图地选择不进入劳动力市场来说，是一个不错的近似法。

图 1-1 显示了这一时期收入份额的变化情况。图中的数据分为两个时期，第一个时期从 1973 年到 1986 年（从黄金时代结束到新自由主义初步建立，再到 1986 年里根政府实行减税政策），第二个时期从 1986 年（新自由主义的巩固）至 2012 年。在第一个时期，资本家的收入份额呈水平线状态，几乎没有变化；工人的收入份额从 1973 年的 65.8% 降至 1986 年的 54.7%，而这一降幅完全由管理人员占据，管理人员的收入份额从 1973 年的 26.5% 上升至 1986 年的 37.5%。因此，从这个意义上说，1970 年代后期的利润受到了工资的挤压，但挤压利润的不仅包括工人工资的增加，还包括管理人员劳动收入的增加。但在 1986 年以后，管理人员的收入份额几乎没有变化。2007 年，工人的收入份额降至 44.8% 的低点。与这一下降匹配的是，资本家的收入份额不断增长，从 1986 年的 7.8% 上升至 2007 年的 23.7% 的峰值，之后略有回落。

---

① 参见 Simon Mohun, "Class Structure and the US Personal Income Distribution, 1918-2012," *Metroeconomica* 67, no. 2 (2016): 334-363.

② 车间本身的监管角色，例如工头由工人担任。

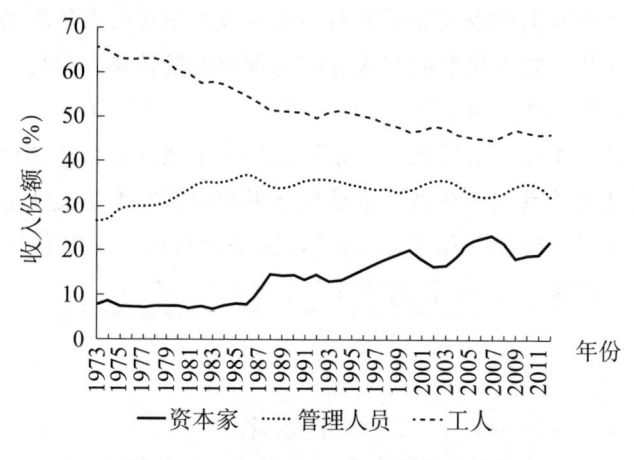

图 1-1　1973—2012 年美国收入份额

资料来源：Simon Mohun, "Class Structure and the US Personal Income Distribution, 1918-2012," *Metroeconomica* 67, no. 2 (2016): 334-363。

资本家收入份额的增长不仅仅是由于非劳动收入（分配利润、利息和租金）的增加。事实上，在整个新自由主义时代，雇佣合同劳动收入（约60%）和非劳动收入（约40%）在资本家收入中所占的比例几乎没变。也就是说，随着资本家收入份额的增长，他们劳动收入的增加并不亚于其非劳动收入的增加。在新自由主义时代之前，大企业主要是内部管理，内部晋升，相互取代，并且具有团队精神。因此，资本家没有得到新自由主义时代常见的高额薪酬，因为那会造成内部分裂。新自由主义通过股票期权来激励管理人员，将薪酬与股价业绩挂钩，从而改变了这种状况。虽然这个想法是奖励管理层的业绩，使企业股价比竞争对手上涨了更多，但实际上，不断上涨的股票市场奖励了所有管理人员，而不管他们的相对业绩如何。可以说，大幅提高高层管理人员的薪酬是保证管理层更忠诚于资本利益的必要条件，因为全球化的利润最大化战略越来越需要通过离岸外包和缩小规模来破坏当地的经济环境，并且与持股理念不兼容。

但是，运用这种方式确认阶级身份存在很大的难度。其中的第一个问题涉及不同行业中管理人员与工人之间的（不一致）区别。第二个问题是有关（合法）避税和（非法）逃税的税收统计存在明显的困难。第三个问题是许多高收入的个体（如演员、体育明星、会计师、律师和高收入的医疗专业人士）将被列为"资本家"，这并没有完全理解这个词的含义。也就是说，这些数据描述了社会分层的劳动力市场效应，但很难相信这些数据能够较好地反映出阶级结构，而不是作为阶级关系的结果出现。

因此，税收数据调查阐述了资本主义阶级关系对收入分配的影响：在新自由主义时代，收入份额向收入分配的顶端大量转移。但是，由于很难确定这种转移是向作为特定群体的资本家的转移，所以第二种方法是将资本视为一种社会关系，这种社会关系不能被简单地看成企业高层，尽管这群人是这种社会关系的承载者。本章接下来的内容并不是关注这些企业高层，而是关注"全球化"和"金融化"，这是新自由主义时代的主要结构特征，与收入份额向1%人群的转移完全交织在一起。

二、全球化

全球化意味着越来越多的国际人员、商品、服务和投资的流动，包括直接流动（海外生产设施的建设，以及从发达经济体向发展中经济体的离岸生产）和间接流动（购买外国金融证券）。离岸生产到工资较低的经济体的后果之一是大部分本国工人的工资陷入停滞：相对高薪的工作在海外消失了，对于很多人来说，本国剩下的工作就是低技能服务业的工作。一般来说，这些工作的工资远远低于那些已经消失的工作的工资。事实上，在本国资本主义的部分产业中，工作条件已经如此恶化，以至于失业造成的不安全感与低薪和无保障就业造成的不安全感之间的差别正在消失。在同样的收入分配中，一个表现非常出色的精英，以及大量被"抛在身后"、心怀怨恨、似乎无力改变自己处境的人，这两者的结合是近年来民粹主义的一个驱动因素。

全球化的一个显著特点是南亚和东亚经济体的发展，这些经济体是大部分离岸资本流动的接受者。世界工人阶级迅速壮大，在资本主义生产关系下，这意味着世界剩余价值随之增加。

有这样一个比喻，一家企业通过剥削自己的雇员促使世界剩余价值不断增加，并从世界剩余价值中获取利润，无论竞争力如何。这个比喻对于理解资本主义如何运作至关重要。① 在无摩擦的自由贸易和自由进入行业的理想情况下，利润率通过竞争机制趋于均衡（对于给定的技术和消费者需求来说）。与生产流程较少的公司相比，利润率趋于均衡将导致那些劳动密集且生产流程多的公司在市场上失去价值。但是，无摩擦的自由贸易

---

① 这种机制意味着很有可能设想出一家根本不产生任何价值，但却非常有利可图的公司。

和自由进入行业是不存在的。企业总是试图围绕其产品和流程设置壁垒，以隔绝竞争对手的影响。为了行之有效，这些壁垒必须相对坚不可摧，无法通过立法手段来加强竞争，因此，它们通常依赖于产品或生产流程的某些技术特征，从而阻止潜在的竞争对手进入该行业。

在信息技术领域，设置壁垒的例子有很多（通常是由于与网络外部性相关的规模经济），因而有一种倾向认为，参与其中的企业以某种方式界定了当代资本主义的性质。这些企业对人们的日常生活产生了重大影响，但它们使用的商业模式却截然不同：苹果是一家电子科技公司，脸书是一个网络媒体公司，字母表（谷歌母公司）利用其搜索引擎专长来推广在线广告，亚马逊是一个企业对消费者的电子商务平台（拥有与美国奈飞、华特迪士尼等其他企业竞争的在线娱乐流媒体服务），微软是一家计算机软件和电子公司。它们的共同点是利用信息技术来获取和留住用户。

虽然壁垒保护了企业从世界剩余价值中获取的东西，但该机制仍然依靠所雇佣的劳动力来促使世界剩余价值不断增长，并从中提取尽可能多的利润。这种观点的一个必然结果是，不可能只看到一家个体企业的利润，并将其归因于它成功地剥削了自己企业的劳动力。例如，苹果公司的利润并非来自对只占世界工人阶级一小部分的苹果公司员工的剥削，实际上苹果公司成功地从世界剩余价值中获取了很大一部分利润，而世界剩余价值来自全世界无产阶级。发生这种情况的机制是，苹果公司成功地对其产品收取高价，同时又不让竞争对手抢走市场份额。因此，成功的竞争壁垒意味着成功的企业所获得的利润包括很大一部分租金（即由于壁垒而产生的利润），因此寻租是决定企业发展道路的重要部分。

粗略的计算可以让我们对这种全球化资本主义中心机制的数量级有一些大致的了解。以全球销售收入最高的 500 家企业为研究对象，可计算出每家企业员工人数占世界员工总数的百分比（员工比率）和利润占世界利润的百分比（利润比率）。[①] 如果对于某家企业来说，员工比率等于利润比率，那么（按比例计算）该企业从世界剩余价值中获取的正是它所做出的贡献。如果员工比率低于利润比率，那么它获得的利润按比例高于其劳动力的贡献；如果员工比率高于利润比率，则情况正好相反。因此，将 500 家企业中每家企业的利润比率除以员工比率，然后将所得结果从最高

---

① 这些数据来自《财富》（Fortune）杂志 2020 年全球 500 强排行榜。

到最低进行排名，排在前 8 名的企业从世界剩余价值中获得的资金是其投入资金的 10 倍以上；其中 1 家企业是苹果公司，另外 7 家企业从事采矿、石油生产和管道业务，这些都是典型的抽租行业。有 188 家企业的投入多于收益，有 114 家企业的收益多于投入。还有 198 家企业按照马克思主义的界定，属于非生产性企业，它们从中得到了一些收益，但什么也没有投入。其中，80 家企业从事批发和零售业，118 家企业从事金融业。根据利润加成（利润与总销售收入减去利润的比率）对这 198 家非生产性企业进行排名，在前 50 名中，4 家企业从事互联网服务和零售业，4 家企业从事批发和零售业，42 家企业从事金融业（银行业、保险业和多元化金融业）。金融是一个关注风险管理的行业，风险把控对金融业至关重要，因为汇聚不相关风险可以有效降低整体风险。也就是说，规模回报率越来越高，这对于新进入者来说是难以逾越的壁垒。所以，金融业是与众不同的。

通过风险共担获得的收益一直存在。但是从二战结束到 1970 年代，金融业受到了严格的监管；由于几乎没有自主权，它被视为资本主义发展的辅助手段，是工业和工业发展的必要条件，但又从属于工业和工业发展。然而，没有什么是永恒的。随着一种创新技术破坏现有的产业结构，技术会发生变化，产业也会发生巨大变化。这就是 1980 年代银行业发生的状况，正是这种变化与 1% 人群收入的增长共同构成了新自由主义时代金融化的基础。

三、金融化

"金融化"是一个有争议的术语，它并非指在宏观层面和微观层面上金融业在所有经济体中所占比重不断增加的现象。一种将金融化表达得更加明确和具体的方法是，把它阐释为银行业在 1980 年代是如何变化的，以及这些变化产生了哪些后果。新自由主义强调放松管制，这对美国银行业自新政以来享有的法律保护权益构成了潜在威胁。[①] 但更直接的威胁是金融创新，因为银行业的护城河并不那么安全。该行业不容易受到主要竞

---

① 在一波又一波银行倒闭后，美国银行业从大萧条中走出来，处于疲软状态，受到严格监管。这些监管规定的一个作用是保护银行业不受新进入者的影响。

争对手的影响，而是容易受到类似于银行的机构和活动对其资产负债表内容的零星攻击。这种做法越成功，现任者和竞争对手对立法改革施加的压力就越大。没有一家企业，即使是垄断型企业，能够完全免受竞争对手试图削弱自身现有企业地位的技术创新威胁。追求市场份额和盈利能力的创新是竞争的运行机制。如果它成功了，那么这种成功将迫使整个行业普遍创新，从而重组产业：随着整个产业的重组，落后者走向绝境，创新者成为主宰。这种重组往往通过创造新的专门活动领域来扩大现有的分工。因此，颠覆性创新产生竞争优势，并通过在竞争力强的资本和竞争力弱的资本之间进行再平衡，最终在整个行业推广这种创新。

1980年代初，美国银行业面临着三大威胁。首先，其储户基础被来自货币市场互助基金（MMMF）的竞争削弱了。货币市场互助基金不执行与银行相同的利率法定上限，因此可以向储户提供更高的利率。当这些法定上限被废除时，银行仍然处于不利地位，因为它们不得不通过吸收存款保险或将其转嫁给储户来为存款保险的成本融资。相比之下，货币市场互助基金账户没有保险，但对于储户来说，它们的存款与银行的存款一样好。实际上，这些存款是货币市场互助基金业务的股票，只要一切顺利，在取出存款时，每一股都可以折成一美元。典型的货币市场互助基金从将存款投资于短期货币市场工具所获得的利息与向存款人支付的利息之间的差额中获利。其次，其贷款业务受到威胁。由于需要大量资金进行资本投资，大型公司总是绕过银行直接向市场发行自己的债券，因为银行不足以提供企业所需的资金。但在1980年代初，中型公司开始做同样的事情，它们筹集资金不是为了资本投资，而是为了投机性兼并与收购。公司是被收购的目标，一旦收购成功，目标公司就会负债累累，向收购公司支付巨额款项，并变卖资产来还债。直接向市场发行债券，为收购提供融资，这对银行业的核心贷款业务造成了冲击。最后，其透支业务受到威胁。因为在短期借贷市场，公司也开始在商业票据市场发行自己的债券（这些债券的主要购买者是货币市场互助基金）。因此，银行在其资产负债表的三个部分陷入了困境：存款、工业中期贷款和短期透支。

不出所料，随着银行失去市场份额，其相对盈利能力也出现了严重下滑。这种反应是资本主义的典型特征：银行业进行了重组，以使其能够更成功地参与竞争。这种结构重组产生的结果对于新自由主义经济的性质和结构来说是至关重要的。

贷款是银行的核心业务活动。在新自由主义时代之前，当一家银行发放贷款时，它会将其保留在资产负债表上，直到贷款偿还到期，这种模式被称为"放贷并持有"。正是这种模式被重组，以应对相对盈利能力的下滑。贷款过程的每一个独立环节都是由专门的营利中介机构进行的独立市场活动。发放贷款、甄别客户的信贷风险、贷款入库、监督贷款，以及把贷款打包成复杂的债务工具便于以债券形式出售给最终投资者，所有这些都成为独立的市场活动。将贷款的预期收入流打包成债券并出售的过程被称为"证券化"。为了降低风险，这些债券被合并成一种资产（一种"证券"），可以根据与潜在收入流和原始债务最终偿还能力相关的风险程度，将这种资产分割成不同的部分并出售，风险较高的部分支付较高的回报率。通过这种方式，银行业的基本模式从"放贷并持有"转变为"放贷并转销"。

这一过程的每个阶段都是通过举债来融资的。一家机构通过借入资金来填补其在证券化过程中所处阶段需要的资金，并用出售其"产出"到下一阶段所获得的资金来偿还这些原始资金，同时对其服务收取费用。因此，存在一个菊花链交易模式将原始债务及其还款收入流与最终债券连接起来，根据风险分级，出售给各种最终购买者。最终的债券是一种衍生品，因为它完全取决于潜在收入流（在菊花链的另一端）。整个过程是通过在批发货币市场借款来融资的，因此这个过程可以被描述为"货币市场借款为资本市场贷款融资"。[①]

但是，在货币市场借款需要有人放贷；同样，出售证券化债券需要购买者。因此，金融化资本主义的另一个特征是资产管理行业的发展。银行、保险公司、养老基金、对冲基金、基金管理公司、家族理财室、法律和会计师事务所、非金融企业、地方和中央政府机构、央行，所有这些机构都参与了一个蜘蛛网般的借贷证券、买卖衍生品资产以及大规模现金持有管理。佐尔坦·鲍兹（Zoltan Pozsar）将重心放在了最后一点上，指出2010年机构现金池（其中2/3来自资产管理行业，1/3来自企业和其他实体公司）的平均规模约为100亿美元，总规模为3.5万亿美元。[②] 保护这

[①] 参见 Perry Mehrling, *The New Lombard Street*: *How the Fed Became the Dealer of Last Resort* (Princeton, N. J.: Princeton University Press, 2010)。

[②] 参见 Zoltan Pozsar, "Institutional Cash Pools and the Triffin Dilemma of the U. S. Banking System," Working Paper WP 11/190, 2011, International Monetary Fund。

些现金池的安全意味着不能将这些资金存入银行（因为美国存款保险限额为25万美元，资金池风险规定限制了未投保银行存款的风险敞口）。这些资金可以用于购买政府担保的债务（美国政府发行的国库券，或任何联邦住房贷款银行发行的AAA级债务证券），但这些债务供不应求。① 因此，唯一安全的手段是私下担保的货币市场工具，即买卖及回购协议，简称"回购"。

买卖及回购协议是指证券所有者出售证券变现，同时承诺在短期内（通常是隔夜）购回证券的一对交易。卖价和买价之间微小的正价差使这对交易相当于借入现金并支付借款利率：差价的百分比就是回购利率。这些证券被视为现金持有人的抵押品；如果交易的第二阶段失败，现金持有人可以出售这些证券以收回其初始现金头寸。出于这个原因，在第一阶段出售的证券的价值通常大于收到的现金（差额被称为"折价"）。这对交易给现金持有人带来了现金回报（回购利率），并在发生违约时提供保护（因为债券随后可以出售）。② 因此，现金持有人寻求回购的安全性；同时，债券持有人在规定期限内获得现金，并支付现金使用的回购利率。只要担保证券的质量没有受到质疑，该模式就可以运行。

因此，金融化的核心是以市场为基础的金融体系。这一体系的一端是寻求风险者（例如对冲基金）和寻求长期投资者；另一端是寻求安全保障者（例如，市政当局拥有承诺用于未来支出项目的现金，同时需要用这些现金做一些事情）。现金储备最终来源于1%人群收入份额的增加；证券来源于证券化过程（私人债务转化为可销售证券）和国家债务（国债）。然后，大型银行的交易部门一边向短期投资者（如货币市场互助基金）出售证券，一边用现金购买证券，例如对冲基金从保险公司和养老基金借入的证券。无论是哪一边，回购市场都是将货币市场上的短期存款转化为长期债务的关键。

四、不稳定性

以上这些交易活动的规模巨大，但在日常生活中基本看不到，因为它

---

① 一部分原因是东南亚和东亚国家央行持有大量国债，作为防止1990年代末货币危机重演的流动性担保；另一部分原因是美联储在公开市场购买国债（量化宽松）。

② 现金持有人在同一时间段内获得债券的使用权，在进一步的交易中使用债券作为抵押品（只要后者可以在规定的时间段结束时解套或展期），这一过程被称为"再抵押"。

们发生在批发市场。这些活动构成了新自由主义资本主义的结构，它们的成功开展需要三个条件，包括持续不断的现金供应、持续不断的证券供应，以及金融市场发挥作用。

收入向 1% 人群的转移为金融市场提供了大量现金。人们担忧增加赋税带来威胁，既包括增加在其主张利润的管辖权内积极管理的跨国公司的赋税，也包括增加 1% 人群的个人赋税。可能会对前者有所行动，因为税收竞争不符合试图增加税收的国家的利益，尽管也有人提过未来会增加个人赋税，但目前没有大幅增加税收累进的实际行动。因此，在可预见的未来，现金将持续流入金融市场。

谈到证券供给，围绕证券化的金融工程不太可能消失。随着银行业的新自由主义转型，银行资产不再是持有至偿还日的长期贷款，而是可交易的证券化债务。证券化最重要的原材料是住房抵押贷款、汽车债务、信用卡债务和学生债务，但金融工程总是在寻求进一步证券化的债务形式。另一个需要考虑的因素是国债，这是最安全的债务形式。新型冠状病毒疫情导致国债大幅增加。但与此同时，各国央行（尤其是美联储和英格兰银行）通过量化宽松政策从私营部门购买了大量国债，以通过降低利率来支持总需求。尽管人们理应避免通过央行印刷货币来直接为国债融资，但这种融资与 2020 年前的情况接近，国家融资与私营部门融资之间的紧张关系将如何发展，仍有待观察。

此外，金融市场必须发挥作用。在前新自由主义时期，银行将许多人的小额存款汇集起来，然后将它们以贷款的形式（贷给从事资本投资的企业和需要住房抵押贷款的家庭）发放出去，贷款金额要比存款金额大得多。银行成功地将短期随时可提取的现金转变为长期非流动性的贷款，这依赖于储户相信他们的钱可以随时提取，只要每个人不同时取钱，这种模式就能运行。尽管很少发生，但流动性较大的短期债务和流动性较小的长期资产之间的期限错配风险一直存在。在新自由主义世界，这种风险不仅依然存在，而且已经远远超出传统银行的范围，因此机构或市场遭到挤兑的危险相应就更大。

特别是，回购协议中抵押品的品质认知度（perceived quality）至关重要。在 2007 年至 2009 年的金融危机中，高杠杆金融机构依赖于在回购中不断展期其债务，实际上是以被打包成非常复杂的证券的抵押贷款债务为抵押借入隔夜现金。一旦抵押品受到质疑（随着房价泡沫破灭，抵押贷款支付流枯竭），流动性担忧就会演变成偿付能力担忧，到那个时候，只有通过大规模的国家干预才能挽救金融体系。

金融危机并非一次性事件。2020年2月21日，为了应对新型冠状病毒疫情的蔓延，意大利北部宣布实行局部封锁，全球金融市场突然大幅波动。从2月21日到3月11日左右，投资者由于青睐流动性更大的资产，纷纷"逃向安全资产"。3月11日，世界卫生组织（World Health Organization，WHO）宣布将新型冠状病毒感染列为全球性大流行病，逃向安全资产的行动变成了"急于套现"。与2007年至2009年那场全球金融危机不同，银行仍有偿付能力，并继续向信誉良好的借款人放贷。但急于套现的行为使非银行金融机构（约占美国金融业的一半）陷入财务困境，这些机构突然停止放贷，造成严重影响。市场动荡蔓延至商业票据市场、货币市场互助基金，并深入美国国债，买卖价差急剧扩大，交易商实际上已开始撤出市场。如果交易商停止交易，市场就会随之瓦解。因此，国家进行了干预，美联储代替了私营部门交易商，就像2007年至2009年那样。除了建立一些应急贷款机制外，美联储还购买了证券，因此其资产负债表总规模从2020年3月中旬的4.3万亿美元增至6月初的近7.2万亿美元。要了解其规模，可以参考美联储资产与美国国内生产总值的比率。在2008年第二季度，这一比率为6.5%，第三季度（雷曼破产时）为10.5%，第四季度为15.7%。通过量化宽松政策，到2019年第四季度，这一比率为20.2%。2020年第一季度，这一比率升至28.7%；到2020年第二季度末，这一比率已升至37.8%。上述比率的大幅增加最终确实成功维护了市场稳定。

但这也同时揭露了以私营市场为基础的金融基础设施体系的脆弱性。由于大型金融机构被认为"大而不倒"，所以在2007年至2009年金融危机期间，它们得到了帮助且摆脱了困境。而且，由于具有系统重要性，它们一直"大而不倒"，而隐性补贴又鼓励了这些机构做出比没有隐性补贴时更具风险性的行为。[1]当系统的脆弱性因此而暴露出来时，美联储的行为进一步证明了，它将取代私营市场交易商，成为支持私营市场金融体系的最后交易商。然而，国家和私营市场之间的相互作用是复杂的。例如，实行量化宽松政策造成的一个后果就是资产价格上涨。虽然这就是该政策的本质，但价格上涨反过来会使资产持有者面临更大的经济低迷风险，这加剧了人们对安全资产的寻找，以防范市场下滑。完成循环后，最安全的

---

[1] 国际清算银行"巴塞尔协议"的出台，试图解决这个问题。

资产是国债。然而，量化宽松政策将一部分国债从市场中撤出，并转入央行。因此，国债需求的增加和供应的减少，对长期利率构成了下行压力，这进一步鼓励了寻求风险的行为。

五、新自由主义资本主义与自身存在条件的对立

新自由主义经济在2007年达到顶峰，随后几乎被金融危机摧毁，直到国家花费大量资源才得以拯救。这样的花费在新型冠状病毒疫情暴发期间又重演了一次。这些国家干预并不是市场原教旨主义应该做的。由于世界经济已变得如此依赖于国家进行大规模的金融干预，所以新自由主义以一种毫无方向的方式漂移也就不足为奇了。

在资本主义的所有历史阶段，资本的积累往往会破坏其自身存在的条件，由此产生的危机通常会导致政治变革。迄今为止，这种变化还远远达不到一种解放的社会主义。相反，它仅限于促成能够支持资本重新积累的经济重组。在新自由主义时代，全球化的一个后果是，跨国公司对本国工人阶级再生产的条件越来越漠不关心。但无论全球化程度如何，资本仍然需要工人阶级，因此实际上不可能不依赖社会再生产的条件。金融危机以来的低工资、低生产率紧缩的社会压力所造成的状况，导致了偏好某种凯恩斯扩张主义的新自由主义政治回应，（在衰落国家）它与激进的社会保守主义相结合，这种特定的平衡取决于最近的国家历史情况。

这种扩张主义涉及某种再工业化。在2020年至2021年新型冠状病毒疫情暴发期间，全球准时制物流系统在社会层面的管理并不完善，无论这些系统对个别企业多么有效。因此，将会有一些社会压力要求建立更具有预防性、以国家为基础、以防不时之需的物流系统。同样，一些国家将努力建设和维持制药能力。对于一些国家来说，这将涉及新产能的建设；而对于另一些国家来说，它们会将生产外包给现有的制药公司。从更广泛的意义上讲，各国要求采取更为谨慎的做法，表明企业盈利能力方面的个人利益与社会利益之间存在矛盾，但要求变革的压力是否足以克服企业盈利能力方面的担忧，即克服市场经济的无政府状态，还有待确定。

资本主义总是充斥着社会利益与个人盈利能力之间存在矛盾的例子。因此，马克思用类似的方式分析了19世纪限制工作时间的斗争。但社会利益与个人盈利能力之间的矛盾从未像今天这样严重。因为资本主义不得不面对过

去资本积累漠视对自然环境的影响而造成的气候变化。要求做出的改变是巨大的，遍及人类生存的每一个领域，资本越早接受碳中和，变革的社会成本就会越低。但是，企业不作为而去搭乘他人承诺便车的范围太大了。

适应气候变化需要国家采取重大行动，迫使资本承担其积累的全部成本，从而彻底改变资本在投资中风险和收益的计算方法。这不仅意味着制定减少碳排放的目标，还意味着对如何实现这些目标进行持续规划。然而，正如新自由主义国家应对新型冠状病毒疫情时所表现出来的那样，新自由主义国家的筹划能力有限。远离食用肉类和奶制品的必要饮食变化、迅速淘汰用于家庭取暖和工业发电的化石燃料、交通电气化，所有这些都处于起步阶段，进展过于缓慢。考虑到新自由主义国家行政能力的空洞化，以及政治上不愿考虑通过大规模税收改革来激励私人资本大幅转向碳中和，气候紧急状态给新自由主义资本主义带来了巨大的并且可能是难以克服的挑战。

当代资本主义的基本特征是全球化以及由证券化过程和1％人群收入的增长所驱动的金融化，即使围绕它们的新自由主义政治发生了变化，这种特征也将继续存在。但是，日益频繁的极端气候事件所产生的额外冲击将加剧现有金融体系的不稳定性。在这种情况下，反对新自由主义用以实现收益私有化和亏损社会化的方式将变得空前重要。

第2章 新自由主义的危机及其多元后果[*]

西塔拉姆·亚秋里/文　陈平　封晓健/译

印度共产党（马克思主义）第22次代表大会通过的政治决议指出，当前全球资本主义长期存在的系统性危机导致了新自由主义的危机。这表现在许多方面：无论在全球还是国内，政治右翼势力都进一步巩固；侵略性的帝国主义政治和军事干预的目的在于控制世界经济与矿产资源，巩固美国的全球霸权；全球资本主义胁迫发展中国家进一步开放本国经济，以实现资本主义利润最大化；全球资本主义在帝国主义国家之间制造新的间隙和冲突，同时在追求帝国主义强加的分化议程中，社会紧张局势日益加剧。这样的追求导致了种族主义、仇外心理和极右翼新法西斯主义倾向的增强，同时推动了许多国家的政治右倾转变。

在分析印度局势时，该项政治决议认为，印度的政治右翼势力得到了进一步巩固，具体表现在：（1）积极推行新自由主义经济政策；（2）以多种形式加剧社会两极分化；（3）对议会民主、议会制度和人民民主权利的攻击日增；（4）巩固印度作为美帝国主义的初级战略伙伴的地位。

以上每一项都需要在新自由主义危机的背景下加以评估，新自由主义危机直接关系到印度的局势。

一、全球资本主义危机

在2008年全球金融危机中表现出来的全球资本主义的系统性危机仍

---

[*] 本章原载：《国外理论动态》2019年第2期。原文来源：Sitaram Yechury, "Crisis of Neo-Liberalism: Manifold Ramifications," *Marxist*, XXXIV, Z, April-June 2018. 翻译有删减。西塔拉姆·亚秋里（Sitaram Yechury）：印度共产党（马克思主义）总书记。陈平、封晓健：青岛大学政治与公共管理学院。

然没有出现任何有意义的缓解迹象。全球资本主义为克服这场危机所做的每一次应对，都为一场新的更深层次的危机埋下了种子。新自由主义的根本推动力是利润最大化，这也是资本主义存在的理由。

资本主义国家需要建立法律-行政体系以促进利润最大化。新自由主义围绕资本主义的"上帝"——市场理论来支持其观点。基于所谓的"华盛顿共识"，在1980年代后期，新自由主义理论认为，自由贸易、开放市场、私有化、放松管制、减少政府支出以促进私营部门获得更多机会是促进经济增长的最佳途径。到目前为止，我们能够清楚地看到，随着全球危机的持续，新自由主义带来了前所未有的利润积累、低增长和收入不平等水平呈指数级上升。2001年诺贝尔经济学奖得主约瑟夫·斯蒂格利茨（Joseph E. Stiglitz）在其文章《新自由主义的终结？》(*The End of Neoliberalism*)中指出："新自由主义的市场原教旨主义一直是为某些利益服务的政治学说。它从未得到过经济理论的支持。现在应该清楚的是，它也没有得到历史经验的支持。吸取这一教训可能是驱散笼罩着全球经济的乌云的唯一希望。"

二、新自由主义：当代资本主义危机的根源

在追求利润最大化的过程中，新自由主义对全球经济进行了重组。它创造了利润最大化的新途径，并将大部分（即使不是全部）公共事业和社会支出私有化。在这些政策的影响下，各国国内富人与穷人之间的以及富国与穷国之间的经济和收入不平等加剧。随之而来的是人民生计受到打击，世界上大多数人的购买力下降。如果资本主义生产的商品没有买主，那么其就既不能产生利润，也不能带来经济增长。于是，资本主义国家向其人民提供低息信贷和次贷，使其消费支出得以增加，从而使资本主义实现利润最大化。绝大多数人无力偿还这些贷款，从而导致了2008年的全球金融危机。人们试图通过救助破产的金融机构来克服危机。这就需要资本主义政府实施大量的援助计划。这是至关重要的，因为当前帝国主义全球化所处的阶段是由国际金融资本主导的，所以国际金融资本必须保证其霸权地位不受挑战，才能进一步追求新自由主义的利润最大化。然而，这些跨国银行和金融机构在得到救助的同时，却又导致了下一轮危机，企业破产转化为主权破产。全球资本主义正在寻求摆脱主权破产的威胁（国家

的债务大大超过其国内生产总值）所造成的危机，通过实施紧缩措施大幅减少政府在社会部门的支出，比如增加工作时间、削减养老金、消除所有社会部门的支出，甚至撤销资本主义国家政府早先制定的关于社会经济安全体系的相关规定等，这严重影响了人民的生活，反过来又导致人民的购买力进一步急剧下降，预示着新一轮危机即将到来。

很明显，资本主义制度内的任何改革都不能使其摆脱这场危机。一种替代资本主义的政治选择是人民解放，这是唯一的解决方案。这就需要另一种政治选择的出现，比如社会主义，它是一种强大的建立在全世界工人阶级和劳动人民的广泛阶级斗争基础之上的力量。在许多国家，如拉丁美洲国家，那些反帝国主义、反新自由主义的抗议运动导致了民选的反帝政府的出现。然而，这些抵抗新自由主义秩序的运动正是当前帝国主义企图削弱的目标。全球资本主义的这场旷日持久的经济危机为新自由主义及其发展轨迹带来了危机。这一危机对全球以及各国国内的发展产生了多重影响。

三、政治右倾化

人们对新自由主义改革带来的苦难所产生的日益增长的不满正被世界反动势力和帝国主义合力扼杀在萌芽状态。这对继续追求利润最大化至关重要。这种不满情绪为培育国内、地方和区域紧张局势的全球议程所转移，而这些紧张局势导致了种族主义、沙文主义、仇外心理和极右翼新法西斯主义政治倾向的增长。尽管危机还在继续，但通过扰乱反对资本主义剥削的斗争并将其转移到前述分化议程中，全球资本主义仍然在寻求进一步追求利润最大化的路径。政治右翼的目标恰恰就是：通过进一步加强资本主义剥削，建立政治控制，进而实现利润最大化。

在许多国家，传统的社会民主党和中间派政党已经滑向新自由主义，出现政治反对的真空。印度共产党（马克思主义）第22次代表大会通过的政治决议指出："这一时期，欧洲社会民主党进一步被边缘化，极端势力崛起……这是因为他们（社会民主党派人士）拥护新自由主义，背叛了劳动人民的利益。"

该政治决议还指出："唐纳德·特朗普（Donald Trump）在美国大选中获胜、英国脱欧公投中的右翼动员、法国极右翼'国民阵线'的玛丽娜·勒庞（Marine Le Pen）在选举中获胜、德国德意志替代方案的进一步发展、包括极右翼自由党在内的右翼政府在奥地利的成功组建、近1/3欧洲议会议员来自右翼和极端右翼政党，这些都反映出了右倾的趋势。这一趋势在印度政治中也有相应的反映。"

在讨论印度局势之前，让我们先来看看特朗普在美国的崛起。其背景是美国全职男性工人的平均实际收入低于40年前，美国底层90%人口的收入增长已停滞30多年。美国劳动人民日益增长的不满情绪是由特朗普等共和党人煽动起来的。他们并没有试图扭转新自由主义的发展轨迹，而是通过转移注意力和颠覆性的口号让这条轨迹得以延续，这将给人民带来更大的负担。美国劳动人民的失业率不断上升，这与限制来自世界其他地区的移民的宣传看似呼应，其宣传口号是"外国人正在抢走你的工作"。失业人数的增加还被归因于美国资本将生产单位设在美国国境之外，并为这些国家创造就业机会，而美国人却处于失业状态。特朗普承诺将阻止美国资本在海外建立生产部门。对移民的限制和号称"外国人威胁美国人就业"的运动导致了种族主义的滋长。特朗普的所有措施，比如，提高进口税的税率，同时迫使世界其他各国购买美国的产品而不征收任何关税，都在导致贸易战的发生，而贸易战很有可能造成全球经济进一步不稳定，并加剧危机。

这种政治上的右倾化无非是为了阻止民众不满情绪的日益增长，进而阻止其形成替代资本主义的选择。这使资本主义的掠夺性和利润最大化在全球资本主义危机中得以巩固。例如，2017年，全球82%的新增财富为全球1%的人口所垄断。同样，在印度，73%的新增财富为1%的印度人口（印度的超级富豪）所垄断。政治右倾化的目的是确保这种经济剥削和利润最大化能够持续下去。

四、印度政治右翼势力的巩固

这种政治右倾化的转变伴随着对新自由主义的积极追求，即加强对全球人民的剥削，这也在印度得到了体现。在过去的四年里，印度人民的不满表现在工人、农民等发起的日益激烈的斗争中。

为了防止这种日益增长的不满情绪成为一种政治选择，国民志愿服务团/印度人民党（RSS/BJP）试图通过激进的社会两极分化来转移这种不满。在国家的支持下，私人军队如雨后春笋般涌现，这导致了骇人听闻的暴民私刑事件的发生。"保护奶牛""道德警察""爱圣战"等成为暴力袭击的借口。针对宗教群体、社会受压迫阶层达利特（Dalits）的袭击在全国各地，尤其是在人民党统治的各州正以惊人的速度增长。这些袭击伴随着分裂主义口号，造成了社会紧张和冲突。印度各地区充斥着各种各样的口号，存在着语言问题、恐怖主义问题以及煽动种族和宗教分歧的问题。在国家的庇护下，这种趋势正在增长，它使人们的愤怒从加剧的剥削中转移开来。这种社会两极分化正企图破坏社会结构的完整，威胁国家的统一。作为印度民族主义同义词的印度教民族主义的传播推动了社会两极分化和社会紧张局势的加剧。事实上，建立在排他性和容不下异己之基础上的印度教民族主义否定了印度的民族主义，这种民族主义是建立在所有印度人的包容和平等之基础上的，正如印度宪法所宣称的那样，"不论种姓、信仰或性别"。

五、国民志愿服务团的意识形态计划

作为国民志愿服务团的政治分支，印度人民党政府将印度共和国的世俗民主性质转变为一个狂热的、排他性的法西斯主义"印度教国家"（Hindu Rashtra）的国民志愿服务团的意识形态计划。这本身就是对现行印度宪法的严重侵犯。这样做的结果就是系统性地破坏了议会民主制度和宪法及所有的法定机构。从破坏议会本身开始，到破坏最高司法机构的发展、选举委员会的中立性、国家调查机构（如CBI）的任命、高等教育机构和研究机构负责人的任命，再到废除教育领域的监管机构等，都是这种日益严重的专制的表现。上述行为的目的都在于促进国民志愿服务团计划的实现，即在印度建立"印度教民族"的观念。

印度右翼政治势力通过加剧社会两极分化、破坏受剥削最严重的阶级的团结来实现其自身地位的巩固。这些受剥削最严重的阶级是反对新自由主义攻势的中坚力量，其团结斗争构成了印度阶级斗争前进的核心力量，其最终目的是建立领导人民民主革命的人民民主阵线。右翼政治势力试图破坏印度的阶级斗争。击败国民志愿服务团/印度人民党的议程是当前推进印度阶级斗争的实质。

六、大肆追求新自由主义

印度右翼政治势力的巩固促进了印度大资产阶级领导的印度统治阶级的利润最大化。同时，外国资本也有更多的机会利用印度经济来实现其利润最大化。在现任人民党政府的领导下，没有哪个经济活动领域，包括国防生产领域，是不允许外国资本自由进入的。所有公共事业部门包括铁路、航空、国防生产和通信网络，都已被私有化。

教育和卫生部门日益为私人资本所主导，它们拒绝向绝大多数人提供优质的教育和医疗服务。所有公共事业和服务，如公共交通、电力、水、邮政服务等，都正在被私有化。

去货币化、商品及服务税（GST）的引入，都是扩大外资和印度企业资本利润最大化的有效方式。除了批判这两项被广泛讨论并成为斗争焦点的措施外，我们还需要理解这些措施推动实现利润最大化的过程。莫迪（Modi）总理的所有既定目标在他将大额纸币妖魔化的时候，就被证明是肤浅的借口。这些黑钱非但没有被挖出来，反而变成了"白钱"。假币非但没有被没收，反而被合法化；腐败非但没有得到根治，腐败率反而翻了一番。在恐怖主义问题上，恐怖袭击非但没有因为资金限制而减少，反而有所升级。

实际上，去货币化的真正作用是通过"交易成本"向信用卡公司提供巨额利润，从而推动经济向塑料/数字经济转变。此外，去货币化破坏了以现金为基础的小型生产和贸易，这些生产和贸易占国内商业交易总量的50%以上。由于现金限制，从鱼类到新鲜蔬菜再到牛奶等的贸易几乎都被淘汰。这导致成千上万依赖这种日常现金交易的人们的生计遭到破坏。这些贸易活动现在正被电子商务企业或企业零售巨头接管。过去常常在家门口的小商贩那里就能买到的蔬菜，现在必须得去生鲜连锁超市才能买到。

很明显，商品及服务税几乎摧毁了微型和中小型企业，这些企业在国内小型规模生产中占了很大比例。这些微型和中小型企业在印度创造了大量就业机会（仅次于农业），为许多印度人提供了生计。这一生产领域现在也正被大型企业资本与外国资本合作接管。

此外，印度丰富的矿产资源现在已向外国企业和国内企业开放，以便实现其利润最大化。因此，这种促进新自由主义发展的政治右倾化转变正在给印度人民带来越来越大的痛苦。

七、裙带资本主义

裙带资本主义是通过掠夺公共财富以实现利润最大化的，这是向新自由主义秩序下原始积累方法的大倒退，正如印度共产党（马克思主义）第20次代表大会"关于意识形态问题的决议"所分析的那样："这种原始积累过程的冲击为大规模腐败开辟了迄今不为人知的途径。"

如此高的利润最大化水平，加上最糟糕的裙带资本主义秩序，以一种前所未有的方式加剧了对印度资源和人民储蓄的掠夺。拉斐尔飞机购买骗局凸显了高层腐败的合法化。据估计，印度企业拖欠贷款的金额高达11.5万亿卢比。某些罪犯被允许不受任何惩罚就离开印度。据官方称，印度人民党政府已经注销了近4万亿卢比的债务。与此同时，由于债务负担日益加重，越来越多的印度农民被迫在困境中自杀，因为政府拒绝给予他们一次性贷款减免。

八、帝国主义的军事和政治侵略及帝国主义之间内部矛盾的加剧

这场旷日持久的全球资本主义经济危机正促使美国在全球范围内通过军事和政治干预来展现更大的侵略性。鉴于新自由主义的危机，美帝国主义试图控制全世界的主要经济储备，以克服这场经济危机的影响。在进一步加强其全球霸权的努力中，美国还谋求在其领导下建立一个单极世界。政治/军事干预也旨在加强这些努力。美国/北约的军事干预正在世界各地持续开展，特别是在西亚、北非和拉丁美洲。在特朗普担任总统期间，美国2018年国防预算拨款达到了7 000亿美元的空前水平。除了持续的军事干预，美国的全球军事战略重点已经转移到太平洋，其2/3海军舰队部署在太平洋上。美国的关注点是利用南海地区的争端以"遏制中国"，它日益将中国视为其加强全球霸权计划的潜在竞争对手。

在特朗普决定承认耶路撒冷为以色列首都，并将美国驻以色列大使馆从特拉维夫迁出之后，美、以联手加强了对西亚的控制。这被视为公开挑

衅，使以色列非法占领巴勒斯坦土地合法化，这与联合国的所有决议以及国际社会自 1967 年以来确立的"东耶路撒冷是以色列占领领土"的立场形成了鲜明的对比。建立以东耶路撒冷为首都的独立的巴勒斯坦国是国际公认的立场。因此，美国政府要为破坏以色列与巴勒斯坦之间任何可能的和平谈判负责。特朗普的这一决定将在该地区引发进一步的紧张和冲突，并产生了全球性影响。

随着其试图在叙利亚实现政权更迭的努力失败，美国正将关注点转向伊朗。美国已经退出了《伊朗核问题协议》(The Iranian Nuclear Deal)，并重新实施了早先的制裁措施，威胁不仅要对伊朗，而且要对任何与伊朗保持贸易或商业关系的国家实施更多制裁。

在拉丁美洲，随着美国政治和军事干预的急剧升级，其民众与美国之间正在发生着严重的对抗。美国的目标是委内瑞拉、巴西、玻利维亚、厄瓜多尔、洪都拉斯、尼加拉瓜，试图破坏这些国家选举产生的反帝国主义政府的稳定，并阻止这些反帝势力在未来重返政府。

美国正在以打击恐怖主义的名义，通过美国非洲司令部加强其在非洲的军事力量。美军在反恐行动中的许多伤亡来自萨赫勒地区。美国正在干涉它们的内政，目的是夺取其丰富的自然资源，控制重要的贸易路线和市场，并遏制中国在非洲大陆日益增长的影响力。

新自由主义的危机也对帝国主义阵营内部的团结产生了不利影响。英国的脱欧公投、美国退出《跨太平洋伙伴关系协定》(Trans-Pacific Partnership Agreement) 和退出《巴黎协定》(The Paris Agreement) 以及七国集团峰会的最新发展等，导致法国、英国、德国等国家与美国之间产生了巨大的分歧。在经济方面，为了减轻危机对自身的影响，美国已开始提高进口关税。这引发了美国与其他国家之间虚拟的贸易战。这些国家目前正在尝试征收反关税。这必然会对当前新自由主义的危机产生不利影响。

九、社会主义中国与多极化

在过去的三年里，中国经济以年均 7.2% 的速度增长。如今，它是世界第二大经济体，每年对全球经济增长的贡献率超过 30%。中国日益增长的经济实力正在对国际关系产生重大影响。许多国家加入了中国发起的"一带一路"倡议，该倡议可以追溯到古代的丝绸之路和海上香料贸易之路。

印度莫迪政府为了安抚美国，是未加入"一带一路"倡议的国家。中国倡议成立的亚洲基础设施投资银行①也受到很多国家的欢迎，其中美国一些最亲密的盟友，如英国、澳大利亚和韩国等也加入了该项目。随着上海合作组织、金砖国家等多边组织的不断壮大，中国的主张也日益坚定。美国对中国在国际关系中日益扩大的影响力感到震惊，因此加大了"遏制中国"的力度。在未来的日子里，我们将目睹美国与中国之间的激烈竞争，这反映了当今帝国主义与社会主义之间中心矛盾的激化。

上海合作组织与七国集团峰会同步举行，两者之间的对比在全世界看来是显而易见的。虽然七国集团被美国拖入混乱中，但上海合作组织现已巩固了其作为一个有效的区域论坛的作用，印度和巴基斯坦成为其正式成员国。中国倡议成立的亚洲基础设施投资银行，其中也包括一些发达国家。在拉丁美洲其他地方，区域论坛继续发挥对抗美帝国主义议程的重要作用。随着右翼政府在阿根廷、巴西和美国等国家上台，这些政府支持加强对其他国家右翼势力的干预行动，从而为这种区域合作创造了新的困难。俄罗斯与美国之间的冲突继续加剧。俄罗斯在叙利亚的表现比美国及其盟友更胜一筹。中俄关系正在加强，两国正在共同努力推进多边合作。

所有这些事态发展表明，美国致力于加强其单边性以巩固其全球霸权的努力正遭到越来越大的抵制。

十、印度：巩固与美国的联盟

在此背景下，印度人民党政府没有利用帝国主义内部日益增长的冲突和正在出现的多极化趋势来加强印度的独立外交政策并进一步推动印度自主参与多边论坛，而是继续巩固印度作为美帝国主义的初级伙伴的地位。国民志愿服务团/印度人民党除了服从于国际金融资本的命令，还希望巩固与美国的战略联盟，以期获得国际社会对其国内议程——将印度共和国转变为"印度教国家"的计划——的支持。

当前，莫迪政府仍在将印度的利益拱手让给美帝国主义。这一点在印度与美国之间正在进行的关于《通信兼容性和安全协议草案》（COM-CASA）的谈判中是显而易见的。这为通信安全设备从美国到印度的转

---

① 截至 2017 年 5 月，亚洲基础设施投资银行成员国达 77 个。——译者注

移提供了法律框架，促进了印度与美国的武装部队之间的"互操作性"。这也与使用此类技术的其他亲美国家的军队有关。印度国防部担心美国会侵入印度的军事通信系统，因而对此持保留态度。而莫迪政府不顾这些保留意见，正着手进一步强化印度作为美国盟友的地位。这是继战略防御协议《后勤交流备忘录协定》（LEMOA）之后的又一举措。该协定将印度变成了美国的"主要国防伙伴"，允许美方进入印度的军事设施，并要求印度在后勤和物资方面为美国军事干预其他主权独立国家提供一切支持。

十一、不断增大的阻力

印度共产党（马克思主义）第 22 次代表大会通过的政治决议指出："在全球经济危机严重的时期，一场不断调动人们不满情绪的政治斗争浮出水面。右翼势力利用人民的不满情绪，最终推行的恰恰是导致这场经济危机的经济政策，给人民带来了前所未有的负担，并导致了民众不满情绪的增长。很明显，在未来的日子里，世界上许多国家的政治方向将取决于在调动左翼民主力量和右翼政治势力之间的不满情绪方面所取得的成功。法西斯主义是在 1929—1933 年的大萧条之后在世界垄断资本的支持下兴起的。作为危机的结果，法西斯势力成功地利用了人民日益增长的不满情绪。在当前这个关键时刻，民众对旷日持久的经济危机日益不满，这助长了极右翼势力和新法西斯势力的崛起。"

与此同时，世界上许多地区对右翼政治势力崛起的抵制也在增加。法国大选就见证了极右翼势力崛起面临的阻力。然而，新自由主义银行家与新法西斯主义者之间的二选一导致近 1/3 选民在没有左翼候选的情况下选择弃权。在葡萄牙、希腊、塞浦路斯等国家里，在共产党领导的激烈共产主义运动和斗争中对右翼政治势力的抵制正在取得进展。在英国，杰里米·科尔宾（Jeremy Corbyn）领导的工党一直在抵制右翼政治势力的新自由主义的冲击，并将人民问题重新置于政治议程的中心。同样，在美国，伯尼·桑德斯（Bernie Sanders）在继续开展支持人民问题的竞选活动，并提出了"民主社会主义"的口号。在欧洲其他地区，许多新左翼方案已成为大众抵抗的宣言。

十二、印度

印度人民对右翼人民党政府的经济政策、社会两极分化等的抵制越来越强烈。农民表现出了很强烈的反抗，这种反抗还在继续。在连续两年举行全印度工业罢工和对议会展开大规模围攻后，工人阶级正准备开展新一轮的全印度工业罢工行动。

各种新的斗争纲领得到巩固。左翼运动与达利特抗议运动之间的团结正在加强。各种农民组织聚集在一起，加强了对莫迪政府倒退的反农民的农业政策的抵制。知识分子和学生正在参加大规模的抗议活动，抗议印度教势力日益增长的排除异己行为和对理性的攻击。在各种高等教育机构中，大学生和学术界人士正在抵制对教育系统的攻击以及将这些学习机构转变为智能的印度教实验室的企图。

这些来自全球及国内日益增长的阻力证实了印度共产党（马克思主义）第22次代表大会通过的政治决议的结论："然而，通过各个国家左翼纲领的兴起和出现，政治斗争的发展阻碍了这一潮流。"此外，该政治决议还指出："这些事态发展清楚地表明，左翼和左翼势力强烈反对新自由主义与帝国主义的侵略性，加强了民众运动和斗争，超越了社会民主党，得到了民众的支持。在未来，这将是政治斗争的舞台。在缺乏左翼对新自由主义进行有效反对的情况下，右翼利用了民众日益增长的不满情绪。"

归根结底，为了推动人民反对这种日益加剧的剥削和苦难，印度的当务之急是必须战胜右翼政治势力以及人民党政府。

第 3 章　新自由主义与法西斯主义批判*

普拉巴特·帕特奈克/文　　刘明明　邹雷靖/译

法西斯主义（fascist）、准法西斯主义（semi-fascist）、早期法西斯主义（protofascist）或新法西斯主义（neofascist）运动，作为边缘现象广泛存在于现代社会之中。这些运动当然是右翼的、反工人的、反穷人的，但我们在本质上必须将其同一般的右翼政党运动和不同色彩的运动区分开。毫无疑问，后者容易逐渐发展为前者，但我们仍然必须强调前者的独特性。

法西斯主义运动至少具有四个特点：第一，它们总是极其仇视一些不幸的少数群体，把这些群体视为激进的极端民族主义所描述的那种"内部敌人"，并将"国家"现有的所有社会弊病都归咎于这些群体的存在；第二，它们不仅建立在偏见的基础上，还建立在完全非理性的基础上，没有任何论据可以让它们摆脱这种偏见；第三，它们把自己设定为运动，试图获得社会霸权，并区别于单纯的秘密社团或谋杀团伙（尽管后者也可能受到法西斯意识形态的启发，并可能在这些运动中找到活动空间）；第四，它们并不反对利用街头暴力来达到其政治目的。即使在有机会获得国家权力的情况下，它们也会将街头暴力与国家权力结合起来对付所标定出的少数群体，当然也反对一切与它们对立的自由、民主和进步意见。

这些特征构成了它们与一般右翼政党的特殊差异，所表现出的这些特征与法西斯主义运动有关，而与掌权的法西斯分子无关（他们必须为获得权力而发展其他特征，我们接下来会讨论这一点）。虽然这些运动在大多

---

* 本章原载：《国外理论动态》2021 年第 5 期。原文来源：Prabhat Patnaik, "Neoliberalism and Fascism," *Agrarian South*: *Journal of Political Economy* 9, no. 1 (2020): 33-49。普拉巴特·帕特奈克（Prabhat Patnaik）：印度新德里贾瓦哈拉尔·尼赫鲁大学经济研究与规划中心。刘明明、邹雷靖：南开大学马克思主义学院。

数时候可能是边缘现象，但它们在历史的某些危急关头会走向中心舞台。这些危急关头的特征在过去已被广泛讨论过。但是考虑到目前这种运动在全球范围内的兴起，我们有必要重新展开这一讨论。

本章的目的就是如此。需要特别指出的是，我们在这里关注的问题是：这些边缘运动是在什么条件下占据中心舞台的？它们掌权的阶级基础是什么？我们如何解释这些运动在当代的兴起？在当前的形势下，我们如何设想在这些运动实际掌权的情况下会发生什么？由于我们对这些问题的讨论具有一定的普遍性，所以这些讨论可能无法捕捉到某些特定国家的特定运动所涉及的某些重要的具体细节。当然，这是一般性讨论必须付出的代价。

一、法西斯主义兴起的条件

我们必须从区分法西斯主义运动与法西斯国家开始。目前，我们关心的是法西斯主义运动。如前所述，一方面，我们必须将这种运动与右翼资产阶级政党运动区分开；另一方面，我们也必须将其与世界各地历史上对付左翼的谋杀团伙区分开，拉丁美洲近年来就是其中的一个突出例子。一旦我们将法西斯主义运动与纯粹的谋杀团伙区分开，在经济和社会危机以及体制丧失合法性的情况下，把法西斯主义的兴起仅仅看作统治阶级对付新兴左翼的武器，其理由就变得不够充分了。毫无疑问，正如我们将要看到的那样，这些运动被企业-金融寡头们视为对抗左翼的武器，尤其是在危机时期，但这些运动的作用远不止于此。

它们毕竟是运动，而不仅仅是暴徒和杀人犯的秘密社团。它们的民众基础在某些时候会扩张，这种扩张虽然得到了企业-金融寡头的资助，却不会仅仅听命于企业-金融寡头。至于为什么它会扩张，这个问题必须单独回答。

在我看来，这种扩张是在满足以下三个条件的情况下发生的：第一，处于特定经济状况——如在经济危机期间——下的人民感到需要摆脱这种局面，即迫切要改变现状；第二，传统的资产阶级——非法西斯主义的政治组织——发现自己无法为解决这种特定经济状况提供任何出路，只能推行一套可能具有超越性的经济政策；第三，出于某些原因，左翼处于无法掌握主动权的地位。简言之，当人民迫切希望打破现状，资产阶级阵营内部又没有能力打破这种现状，而左翼有能力做出改变但不在其位的时候，法西斯主义就会兴盛。

因此，我接受那种认为资本主义危机与法西斯主义高涨之间存在联系的传统观点。但我认为，这种联系必须被视为是通过扩大运动的民众基础而建立起来的，而不仅仅是执政寡头的政治阴谋，后者试图借此阻止危机可能导致的工人阶级斗争性的增长。

法西斯主义在此种危急关头抓住了机会，不是因为它提出了某种可以替代传统资产阶级政治组织之主张的经济政策，而是因为它带来了话语的转变。法西斯主义的经济政策或其他相关政策都极其模糊，它没有在所有资产阶级政党共有的话语领域内提出新政策，而是发展出了一个全新的话语领域。

当前面提到的三个条件得到满足时，很大一部分人，特别是那些无组织的"中间阶级"（在某些情况下，"被抛弃的"工人感到被他们的传统领导人背叛了）感到走投无路，需要一个能够把其从这个绝望和痛苦的死胡同中解救出来的"弥赛亚"。法西斯主义运动正是通过塑造这样一个"弥赛亚"而兴盛起来的。它们承诺要打破政治僵局，但却是通过非理性的夸张术语，而不是通过建立可信的经济方案来解决问题，因为这样的方案必然需要进行一种冷静的理性分析，至少需要指出超越当前使人们深陷危机之中的经济制度是必不可少的。

从这个意义上讲，法西斯主义运动与社会主义运动截然相反。社会主义力图通过用经济计划打破政治停滞来解决危机，这个经济计划有望超越应为危机负首要责任的资本主义阶段，而法西斯主义不是通过一个具体的计划，而是通过不切实际的非理性主张来打破这种停滞。

从1930年代德国和日本的经验来看，这最后一点可能会引起争议。也许有人会说，纳粹毕竟通过备战让德国摆脱了大萧条引发的失业，因此其确实有一个克服危机的计划。

但这是一种不准确的理解。德国法西斯主义尽管在事实上通过重整军备促进了就业——这构成了"军事凯恩斯主义"的早期版本，但它不能仅仅被看作一种有意识地推行"军事凯恩斯主义"的努力。它执意发动战争，显然利用了因《凡尔赛和约》（Treaty of Versailles）而受害的德国人民的不满情绪。但是，它发动战争，并不仅仅是为了解决这些不满；它的战争计划是相当独立的，并且是建立在极端不理智的基础上的，例如"优等民族"概念、千年帝国愿景以及其他类似的荒谬行径。纳粹的经济计划只是这种非理性行为的后果，而不是一项以实现充分就业为目标的、经过深思熟虑的"军事凯恩斯主义"议程。

同样，日本法西斯主义的首要任务也是发动战争，而不是提供就业。日本法西斯主义者之所以暗杀了财务大臣高桥是清（Korekiyo Takahashi），就是因为在他的"军事凯恩斯主义"计划使日本接近充分就业后，他想停止增加一切战争开支。

因此，法西斯主义并没有提出一项经济议程，从而结束使人民深陷危机之中的紧急局面。从根本上看，法西斯主义代表了一种对非理性的诉求，尽管就像1930年代那样，法西斯掌权的后果有可能是对危机的克服，但这种紧急局面是有利于非理性诉求的。然而，这种后果并非必然的，正如本章稍后将论证的那样，在当前的紧急状态下，在法西斯主义抬头的背景下，这种结果不太可能发生。

1930年代，德国出现紧急情况的标志是"政治终结"，当时"正常"的政治活动看起来根本没有能力带领社会摆脱危机，而这正是紧急情况的特征。"政治终结"的产生有两个原因：第一，金融资本尽管始终为了自身利益而支持并要求国家进行干预，但总是反对国家为增加总需求而采取的任何刺激就业和产出的直接干预。因此，在金融资本霸权主导的体制下，任何资产阶级政党通过民族国家的干预而寻求走出萧条的方案都不可能出现。德国的一些工会和英国经济学家J. M. 凯恩斯（J. M. Keynes）曾提出，由几个民族国家联合起来采取协调一致的财政刺激措施可以抵御特定金融资本的反抗，但这种可能性也因金融界的反对而遭到破坏［即使在美国，富兰克林·德兰诺·罗斯福（Franklin Delano Roosevelt）的新政启动了扩张性的经济政策，这种政策也很快就被叫停，进而导致了1937年的新一轮经济衰退①］。

第二，德国还面临一个额外的限制条件。它不得不背负《凡尔赛和约》强加给它的战争赔偿金重担，这进一步限制了资产阶级政治集团实施复兴计划的空间。道威斯计划（Dawes Plan）停止了对德国的贷款；当德国货币因杨格计划（Young Plan）而不允许贬值时，英国放弃了金本位制，使德国的出口失去了竞争力。这两个因素共同加剧了德国的困境。德国总理海因里希·布吕宁（Heinrich Brüning）的通货紧缩与财政紧缩政策旨在安抚债权国，让它们放宽德国赔款的支付条件。尽管这一政策极大

---

① 关于大萧条时期的讨论，参见 C. P. Kindleberger, *The World in Depression, 1929 - 1939* (Berkeley, CA: University of California Press, 1973)。

地加剧了危机和失业，但由其他资产阶级政党提出的替代方案并没有对该政策形成多大竞争。

至于德国左翼，由于不团结，故而不可能提出任何替代方案。德国共产主义者（执行共产国际第六次代表大会制定的偏狭的"第三时期"路线，给社会民主主义者打上了"社会法西斯主义者"的标签）与社会民主主义者［他们同样认为，台尔曼（Thälmann）和希特勒（Hitler）之间以及共产主义者与纳粹之间没有区别］之间的敌意阻止了出现任何一个联合左翼计划的可能性。与此同时，任何一方都无法单独提出这样一种替代方案。社会民主党人过于懦弱，以至于不敢否定《凡尔赛和约》的遗留物，甚至不敢反击布吕宁的"紧缩政策"；而德国共产党人一心想要发动革命起义，没有兴趣提出一个可以动员民众支持从资产阶级秩序内部开始变革的临时性过渡方案。

与此同时，随着时间的推移，一再试图发动革命起义的努力不仅失败了，还出现了后继乏力的局面。诚然，在大规模失业的情况下，许多年轻失业工人的加入使共产党的力量和得票率有了很大提高，但这不足以使共产党本身获得战略性优势来打破业已形成的僵局。因此，沃尔特·本雅明（Walter Benjamin）关于法西斯主义起源于失败革命的洞察是对这种形势的恰当描述。

因此，德国的困境及在危机中的政治停滞源于这样一个事实：虽然资产阶级阵营的补救措施加剧了危机，但左翼太过分裂，以至于无法提供可信的替代方案。法西斯主义在这种情况下兴盛起来，纳粹的得票率从1928年的2.8%增加到了1932年7月的37.4%。

法西斯主义运动几乎没有借助深思熟虑的经济计划，这一事实并不意味着法西斯主义者在掌权后可以随意推行任何政策。无论他们在掌权前如何言辞激烈地反对资本主义，在掌权后，他们都是服务于企业-金融寡头的利益。事实上，法西斯主义者在掌权前的言论与他们在掌权后同企业资本达成的和解之间的矛盾，通常是通过法西斯主义的自我清洗来解决的。其中，德国的"长剑之夜"就是一个典型的例子，在这场行动中，恩斯特·罗姆（Ernst Röhm）和冲锋队（Sturmabteilung，SA）被残酷镇压。

事实上，法西斯主义者的上台虽然以民众的支持为基础，但只有通过企业的支持才有可能实现。首先，他们之所以得到这样的支持，恰恰是因为他们没有自己的经济议程；恰恰是因为他们代表着一种偏离左翼通常关注的经济议题的话语；恰恰是因为他们本身在经济问题上的易变，从而转移了人们对这些问题的注意力。简言之，法西斯主义虽然没有自己的经济计划，但却将人们的注意力完全从经济领域转移开来，因此它首先吸引了企业-金融寡头，这也是企业-金融寡头支持法西斯主义的原因。当然，当法西斯主义者掌权时，不管他们最初的言辞如何，由于这种支持，他们都会直接促进企业-金融寡头的利益。

掌权的法西斯主义具有亲企业的本质已经成为公认的事实，没有必要对其进行详细讨论。在共产国际第七次代表大会之后，格奥尔基·迪米特罗夫·季米特洛夫（Georgi Dimitrov Mikhailov）将法西斯国家描述为金融资本中最反动的公开进行恐怖主义的独裁政权。米哈尔·卡莱斯基（Michal Kalecki）后来进一步写到，掌权的法西斯主义是企业资本与"法西斯新贵"之间的联盟。甚至连墨索里尼（Mussolini）也认为应该把法西斯主义（据推测，他指的是掌权的法西斯主义）称为"国家和企业权力的一种结合"（尽管他的说法并不成立）。企业资本与法西斯之间的这种联盟是基于这样一个事实：前者不受大屠杀和迫害少数群体的法西斯主义议程的干扰，而掌权的法西斯主义者则非常愿意执行企业的议程。

二、新自由主义导致的停滞

现在，让我们看看新自由主义是如何使前面提到的有利于法西斯主义发展的条件得以实现的。新自由主义经济政策是国际金融资本霸权体制的产物，它们体现了国际金融资本的偏好。在一个资本全球化和国际化的世界里，国家仍然是民族国家，而这些偏好是强加给每一个民族国家的，否则资本就会流出这个国家，从而造成严重的金融危机。

然而，正是出于这个原因，无论人民选举谁组建政府，除非政府将国家从金融全球化的漩涡中解救出来，否则都将继续奉行同一套政策。一般来说，所有资产阶级政治组织和社会民主主义政治组织——只要足够谨小慎微，至少不会通过实行资本管制来脱离全球化——在掌权时都会追求同样的一套政策。新自由主义体制所产生的政治"终结"正是基于这一基本事实。

但是，新自由主义并不仅仅意味着一种政治"终结"，即无论在什么情况下，都必须遵循同一套政策。也就是说，它不仅使所有资产阶级政治组织和懦弱的社会民主主义政治组织无法推行任何一套"新自由主义"所涵盖的政策之外的其他策略，而且还引发了一场危机。讽刺的是，这场危机必然要求推行一套替代性的政策。①

这一危机的产生有两个原因。第一个原因是，在新形势下，宗主国将资本活动定位于低工资的第三世界国家，以满足全球需求，而不是像以前那样，将资本活动定位于本国。这一事实不会导致第三世界劳动力后备军规模的相对缩小，因为转移到第三世界的经济活动并不见得就是就业密集型产业，而且在"新自由主义"体系下同时发生了剥夺小生产者的进程（后来更是如此），它意味着各地实际工资的矢量停止了增长。

第三世界劳动力后备军的规模并没有相对缩小，这使第三世界国家的实际工资依然只够勉强维持生计。但是，资本的流动造成了发达国家的工人与第三世界国家的工人之间的竞争。这就意味着，虽然发达国家工人的工资不会完全降低到第三世界国家的水平，但它会停止上涨。因此，将发达国家的工人与第三世界国家的工人放在一起后，实际工资的矢量就停止了增长。

尽管实际工资的矢量没有增长，但各地劳动生产率的矢量却在不断增长。因此，各国的收入分配都在从劳方向资方转移。在新自由主义时代，这导致不平等加剧成为世界各资本主义国家普遍面临的问题。许多学者都注意到了这一事实，包括托马斯·皮凯蒂（Thomas Piketty）及其同行（尽管他们给出了非常不同的理由）。此外，劳方的消费倾向高于资方的消费倾向，这导致世界各经济体都呈现出了需求不足（即生产过剩）的预期趋势。

世界经济作为一个整体，如果通过外包将经济活动和产出从消费倾向较低的经济体转移到消费倾向较高的经济体，那么原则上就可以抵消每个经济体内部的生产过剩趋势；但外包经济体的特点与接受外包经济体的特点正好相反。例如，1美元收入在美国产生的消费比在中国或印度产生的消费更大。事实上，每个国家内部的生产过剩趋势都会通过生产活动的转移而进一步增强。因此，生产过剩的预期趋势成为整个世界经济的特征。换言之，在全球化时代，世界经济的运作本身就具有生产过剩的预期趋势，即蕴藏着危机。

现在我们来看导致危机的第二个原因。如果存在某种抵消生产过剩的趋势，那么生产过剩的预期趋势就不会转变为现实的危机。如果国家有意

---

① 关于这场危机的更全面的讨论，参见 P. Patnaik, "Capitalism and Its Current Crisis," *Monthly Review* 67, no. 8 (2016): 1–13.

识地进行干预以刺激需求，从而遏制任何过剩危机，那么国家就可以提供这种抵消生产过剩的趋势。

然而，在目前的情况下，这是不可能发生的。因为就目前的情况而言，生产过剩的预期趋势不是一种纯粹的预期趋势，而是会突然爆发成一场危机，因为本可以抵消这种趋势的国家对此无能为力。任何一个民族国家都必须遵循全球化金融的偏好，否则就会有资金从这个经济体外逃，从而引发金融危机。而且，由于金融资本不欢迎任何直接刺激总需求的国家干预（事实上，资本希望国家干预也只是为了给资本自身的利益服务），所以，国家必须避免此类刺激总需求的直接行动。换句话说，每个民族国家都在刺激需求以遏制本国的生产过剩趋势的问题上举步维艰。

有理由认为，就上述判断而言，美国政府应该是一个例外。它能够在不受惩罚的情况下刺激经济的内部总需求，同时资金也不太可能逃离美国，因为美国货币被认为"与黄金一样好"。但是，美国政府也不会这样做，因为现有的全球化框架涉及货物和服务相对自由地跨国界流动，所以采取任何此类行动都只会为其他国家创造就业机会，而美国的需求将外泄到这些国家。[①] 与此同时，美国的外债也会极大增加。因此，包括美国在内的所有国家都倾向于回避这种直接的刺激需求举措。

然而，还有另一种可能性需要探讨，即不是某一个国家在其境内刺激总需求，而是几个主要国家联合起来提供协调一致的财政刺激，从而增加整个世界经济的总需求。这样的举措相当于几个主要国家走到一起，像一个替代性的世界国家一样行事，从而刺激整个世界经济。

但是，几个民族国家——作为一个可以忽视国际金融资本压力的替代性的世界国家——进行这种协调一致的干预的前景，在今天就像在1930年代首次提出这一建议的大萧条时期一样，依旧遥不可及。

因此，在新自由主义体制下，生产过剩的预期趋势变成了我们今天看到的这种生产过剩的事后危机。到目前为止，我们看不到任何解决这一问题的可能性。只有偶然才出现的资产价格泡沫可以刺激实际需求。这种情况即便出现了，也只是短暂地缓解危机，随后世界经济必然会重新陷入危机。事实上，自2008年以来，被时不时称颂的"经济复苏"都是这种类型：美国的一个小泡沫在其破灭前可以刺激经济实现短暂的复苏，然后再次导致衰退。如果把今天的世界经济比作一个在地板上弹跳的球，球向上

---

① 事实上，这正是特朗普试图通过他的保护主义来改变的东西。

移动意味着经济的复苏，球向下移动意味着将重新陷入崩溃，这似乎是一个恰当的比喻。因此，当今的世界经济面临的是一场旷日持久的危机。

简言之，新自由主义使世界经济陷入危机，任何立场的资产阶级政治组织，甚至社会民主主义政治组织都无法摆脱各自国民经济的困境。在某种程度上，它们只有与全球化脱钩，即超越以全球化金融霸权为标志的资本主义当前阶段，才能做到这一点。但是，它们的阶级取向使其在本质上无法做到这一点。这种超越只有在工人阶级的支持下才有可能实现，但是，很难指望资产阶级政治集团能够动员工人阶级的支持来对抗国际金融资本的需求。由于害怕脱离全球化导致的过渡性困难，即使社会民主主义组织也不愿尝试超越资本主义的当前阶段。

因此，前文提到的法西斯主义出现的三个条件中的两个条件（存在人们迫切希望克服的停滞、死胡同和危机，以及传统上强大而公认的政治集团完全没有能力解决这一危机）在当前的局面下得以实现。但第三个条件，即左翼应对能力不足又如何呢？在当前的形势下，这个条件是否也存在呢？

事实上，新自由主义有一种自发倾向，它可以在危机发生前通过"正常的"运作来削弱针对它的阶级抵抗。这是因为：不管是阶级斗争还是工会斗争，基本上都发生在民族国家境内，资本的全球流动有助于削弱这种斗争。资本将生产转移到其他地方（因为各国之间的斗争是不协调的），将使任何一个特定国家内苦苦挣扎的工人的情况变得更糟。对这一点的担忧困扰着这些工人。同样，对工人斗争可能导致金融资本出现外逃的预期，将引致激烈地反工人阶级的通货紧缩措施，这一点也像达摩克利斯剑一样悬在工人的头上。除此之外，工会力量的削弱至少还有两个原因。第一个原因是公共部门的私有化。众所周知，公共部门的工会比私营部门的工会更强大，世界各地都是如此。例如，在美国的公共部门中近 1/3 的雇员加入了工会，私营部门的相应数字只有 7% 左右。因此，公共部门私有化通过解散工会和降低工会化程度而削弱了工会运动。

第二个原因是，在新自由主义体制下，各国劳动力后备军的相对规模都在扩大，尽管这种扩大在各国之间的表现方式各有不同；而后备军相对规模的扩大会削弱工会运动，新自由主义也会因此而削弱工会运动。

在发达资本主义世界，劳动力后备军相对规模的扩大是资本向低工资国家转移的直接结果。这自然会导致更高的失业率。第三世界国家尽管是这种资本转移活动的接受方，但其劳动力后备军的相对规模并没有相应缩小。这是因为，除了这种转移，新自由主义政策还有另一个重要后果，即通过国内外企业资本以及代表它们利益的国家对小生产者进行蚕食。

这种对小生产者的蚕食是资本的内在趋势，它在一定程度上受到了去殖民化后出现在第三世界国家的统制型政权的限制。这些国家从1930年代开始进行反殖民斗争，由于受到大萧条的影响，大批农民加入了斗争的队伍，国家承诺独立后不再让农民遭受这种苦难。这一承诺必须兑现，统制型政权力图通过一整套措施来保护、促进和捍卫小生产者的利益，其中的重要措施是避免世界市场价格波动带来的影响，并通过国家干预向农民提供有利的价格。当然，并非所有农民都平等地从这些措施中受益，富农和地主获得了最大份额的利益，但这些措施意味着国内外企业基本上被排除在农业部门之外。

不过，这种保护随着新自由主义的出现而消失了，它导致的一个明显后果是，开启了马克思所说的"资本原始积累"过程。这种原始积累发生在"存量"和"流量"两个方面，即企业资本彻底剥夺了小生产者的财产（或者"一口气"买断了他们对资产的权利），同时挤压他们的收入，甚至达到"简单的再生产"也无法进行的程度。在新自由主义统治下印度发生的农民大规模自杀事件——在15年的时间里夺去了30万农民的生命，这在印度历史上是前所未有的——暗示了这种资本原始积累的过程。

这种原始积累过程意味着大量农民离开他们的土地，被迫迁徙到城市寻找工作，但即使在国内生产总值增长率较高的情况下，新自由主义创造的就业机会也是极少的。这是因为，在新自由主义制度下，曾经由统制型政权施加的对结构和技术变革的所有限制都被取消了，这就释放了极高的劳动生产率和相应较低的就业增长率。例如，在印度，2004—2005年度至2009—2010年度，国内生产总值增长率约为8%，常规就业增长率（即经常状态下被雇佣人数的增加率）却仅为0.8%。[①] 后一比率远低于劳动力的自然增长率，更不用说包括大量流离失所的小生产者在内的人寻找工作所带来的劳动力的增长。

在某种意义上，对印度的统制型政权时期与新自由主义时期进行比较是具有启发性的。在统制型政权时期，国内生产总值的增长率仅为3.5%

[①] 参见 C. P. Chandrasekhar and J. Ghosh, "Latest Employment Trends from the NSSO," *Business Line*, July 12, 2011, Retrieved from https：//www.thehindubusinessline.com/opinion/columns/c-p-chandrasekhar/Latest-employment-trendsfrom-the-NSSO/article20304971.ece.

左右；而在新自由主义时期，国内生产总值的增长率则增长了一倍。历届政府和布雷顿森林机构都对此大加赞赏。在统制型政权时期，印度的就业增长率为2%左右；而在新自由主义时期，其就业增长率降至不到1%！

在这种情况下，劳动力后备军相对规模的扩大是显而易见的。这种扩大不仅直接削弱了工会运动，还因另一个因素而削弱了工会，即就业配给形式本身发生了变化。不是说100名劳动力中有90人就业、10人失业，而是我们转向了几乎每个人有90%的时间处于就业状态。也就是说，从业劳动力与劳动力后备军不再是两个明显可区分和可识别的实体，而是出现了大量临时就业、兼职就业、间歇性就业、隐蔽性失业、"小企业家"（往往是隐蔽性失业的一种形式）等现象。就连由此产生的就业机会也像服装业那样，常常以"家庭生产"的形式出现。

简言之，就业不再采取类似于从前那样可以成立工会、有着大规模人数的形式。由于工作的临时化，组织工会在新形势下变得更加困难，这影响了左翼的斗争能力。此外，在这种形式下激增的劳动力后备军形成一个庞大的流氓无产阶级，成为法西斯主义手中的强大武器。

农民也是如此。面对跨国农业企业的掠夺，在与跨国农业企业的对抗中，由于得不到国家的任何支持，农民的斗争能力相比于以前大大下降了。前文提到的自杀事件就是一个标志。

除了所有这些因素外，在新自由主义制度下，左翼自身的倾向也会不自觉地受到新自由主义意识形态的影响。出现这种情况有两个原因：第一，由于危机之前的新自由主义政策在第三世界的许多地区带来了高增长率，左翼被其表面上"发展生产力"的能力蒙蔽。因此，尽管新自由主义对劳动人民施加了压力，但左翼并不认为它在历史上已经过时，即不认为超越它的时机已经成熟。第二，即使在国际金融资本的霸权下，全球化也代表了某种国际主义的变形，而对新自由主义的任何抵制必然会退回到某种被认为是反动的"民族主义"，因此左翼对超出一定限度的抵制持矛盾态度。

这些观点不完全适用于整个左翼或所有地区的左翼。它们只适用于部分左翼，而且在世界的某些地方比另一些地方更加适用。由这些原因导致的左翼实践的弱化并不是一种绝对现象，但它却使法西斯主义的滋生成为可能。从美国到欧洲再到印度，自二战以来，法西斯组织比以往任何时候都更加强大，但目前还没有真的出现一个法西斯国家。在左翼试图重新反对新自由主义的地方，比如在英国和法国，某种程度上它已经击退了法西斯主义的挑战。但这种挑战必须从其复杂性来理解，这也是本章接下来想要讨论的。

三、法西斯主义的挑战

　　1930年代与现在的主要区别在于：当时的金融资本是以国家为基础的，相对于其他竞争对手，国家金融资本意在获得或捍卫自身的"经济领土"，即在一个分裂的世界中保持或扩大其份额；但是今天的金融资本却是国际性的，这种资本反对以任何形式分割世界。我们已经看到这种差异的一个影响，即当代法西斯主义，即使作为军国主义运动的副产品，也不能使劳动人民摆脱危机。这是因为，国家财政支出的资金要么来自对资本家的征税，要么来自借贷——国家能够实现总需求净增长的唯一融资方式，但这两者都会引起国际金融资本的不满，即使法西斯国家也不能无视它们的命令。

　　出于同样的原因，所有的武力对峙，甚至形成的法西斯国家，都不可能像以前那样触发大规模的战争，即超出局部地区的战争。因此，当代法西斯主义既不可能得到法西斯主义最初曾获得过的那种支持（因为它能缓解危机），也不可能像以前那样在大规模战争中毁灭自我。基于此种原因，它很可能成为一种更为持久的现象。

　　大国之间的大规模战争在当代不太可能发生，这无疑是一种慰藉。但是，即使局部战争也可能产生毁灭性的后果。另外，基于此，即使这种挥之不去的低强度法西斯主义（可能成功地建立，也可能无法成功地建立一个成熟的法西斯国家）也同样危险。

　　可以肯定的是，尽管法西斯主义在世界范围内日益强大，但法西斯政权本身在许多地方无法掌权，或在其掌权的地方无法建立法西斯国家，因此无法使它们的统治永久化。米哈尔·卡莱斯基的著名论断"在法西斯主义之下没有下一届政府"可能不会成真，但这确实意味着当代法西斯主义将会存在一段时间。

　　由于前面讨论过的原因，只要新自由主义资本主义继续存在，由其导致的法西斯主义倾向所产生的危机就不会改变；只要新自由主义资本主义继续存在，我们就会陷入法西斯主义长期存在的困境。如果法西斯主义继续向法西斯国家推进，那么它带来的危险是显而易见的。它即使在"选举游戏"中被淘汰而失去权力,也仍将作为替代方案继续存在,并定期重新掌权。它必然以渐进的方式导致政治和社会的"法西斯化",扼杀人道主义观点、民主意识,以及自由的更不用说进步的观点。

因此,在新自由主义资本主义内部,似乎没有办法消灭或边缘化法西斯主义的存在。法西斯主义是新自由主义资本主义在其成熟期给人类的"礼物",它使世界经济陷入危机,走进了一条没有明显出路的死胡同。

超越法西斯主义存在的唯一途径就是超越新自由主义资本主义。左翼可以做到这一点,并提出一个社会主义性质的替代方案,但需要赢得自由选民的支持才行。为此,左翼必须与反对法西斯的自由主义政治力量达成协议,甚至要坚持同一个经济计划,以带领人们超越新自由主义资本主义所提供的方案。

但是,任何这样的经济计划,如果它是一个重大的计划,都将立即遭到金融资本的反对。资助这样的计划——按照欧洲的模式在印度这样的国家建立全民公费医疗服务就是一个典型的例子——需要更多的国家支出。此类开支将不得不通过对资本家征税或政府借款来筹集资金,因为通过对工人征税来资助这种计划不会使他们的福利得到净改善。正如已经讨论过的那样,如果通过这两种方式为更大规模的国家开支提供资金,那么这将遭到国际金融资本的反对。

因此,任何此类经济计划都需要在一定程度上与当前的全球化脱钩。首先是对资本流动的控制,随着金融资本促使主要资本主义国家对不妥协的国家实施制裁,这种控制必然会扩大。因此,如果坚持这些改革举措,即使在现有体制内采取缓和的"改革主义"步骤,也将开启一个超越新自由主义资本主义的辩证进程。

目前,在反对法西斯主义的政治力量中,只有左翼具有一种超越新自由主义资本主义的愿景。这就是为什么只有它能够在打击法西斯主义的斗争中发挥带头作用,这种斗争必然需要战胜产生法西斯主义的危机,这种危机是由新自由主义资本主义招致的,也只有通过超越新自由主义资本主义本身才能克服危机。

无论如何,为了发挥其潜在作用,左翼必须动员起来并与社会上所有其他反法西斯的力量合作,克服自己对新自由主义资本主义所持的矛盾心理。

第 4 章　新自由主义资本主义走入了死胡同[*]

罗特萨·帕特奈克　普拉巴特·帕特奈克/文　　陈文旭/译

哈里·马格多夫（Harry Magdoff）的《帝国主义时代》（*The Age of Imperialism*）是一部经典著作，它展现了战后政治上的非殖民化如何没有否定帝国主义现象。该书包含两个不同方面的内容：一方面，它跟随列宁的脚步，全面地描述了当时资本主义是如何在全球运作的；另一方面，它提出了一个在马克思主义文献中较少讨论的问题，即对帝国主义的需要（the need for imperialism）。在这里，马格多夫不仅强调了第三世界的原材料对于宗主国资本的重要性，而且指出原材料价值在制造业的总产值中所占份额下降并不代表原材料的重要性降低，并将其论点简要总结为没有原材料就没有制造业。[①]

马格多夫关注的重点集中在了帝国主义强烈阻止第三世界国家经济实现非殖民化这一时期，此时新独立的第三世界国家正在开始控制自己的资源。但在他写作的时代，新自由主义尚未兴起。而时至今日，新自由主义在经历了数十年的发展后，已经走入了死胡同。因此，在这样的背景下，应该对当代帝国主义进行讨论了。

---

[*] 本章原载：《国外理论动态》2019 年第 10 期。原文来源：Utsa Patnaik and Prabhat Patnaik, "Neoliberal Capitalism at a Dead End," *Monthly Review* 71, no. 3 (2019): 20-31。罗特萨·帕特奈克（Utsa Patnaik）、普拉巴特·帕特奈克（Prabhat Patnaik）：印度新德里贾瓦哈拉尔·尼赫鲁大学经济研究与规划中心。陈文旭：北京大学马克思主义学院。

[①] 参见 Harry Magdoff, *The Age of Imperialism* (New York: Monthly Review Press, 1969)。

一、全球化与经济危机

新自由主义的全球化体制陷入僵局是由两个原因导致的。第一，全球性生产过剩的预期趋势（ex ante tendency）；第二，在这种体制内，全球性生产过剩趋势唯一可能的因应之策是形成资产价格泡沫，但资产价格泡沫是无法随意被制造出来的，而且资产价格泡沫一旦出现，其破灭就会使经济重新陷入危机。简言之，正如英国经济历史学家塞缪尔·贝里克·索尔（Samuel Berrick Saul）所指出的，对于当代宗主国资本主义（metropolitan capitalism）来说，不存在那种由一战前殖民主义与二战后干预主义时期的国家力量提供的"触手可及的市场"（markets on tap）。[1]

之所以会出现生产过剩的预期趋势，是因为在世界经济中，各国的实际工资并没有随着时间推移而显著增加，但劳动生产率却大幅提升，这通常会导致产出中的剩余份额增加。继米哈尔·卡莱斯基和约瑟夫·斯坦德尔（Josef Steindl）之后，保罗·巴兰（Paul Baran）和保罗·斯威齐（Paul Sweezy）在《垄断资本》（Monopoly Capital）中指出，经济剩余份额的上升或财富从工资转向剩余都将会减少总需求。总体来讲，工薪阶层的消费与收入比率高于依靠经济剩余生活的那部分人。[2] 因此，如果假设任意时期的投资水平都是既定的，那么这种转变将倾向于减少消费需求，进而减少总需求、产出和产能利用率。反过来，随着时间推移，产能利用率的减少会降低投资水平，并使消费领域中的需求进一步减少。

作为新自由主义资本主义制度中普遍存在的现象，各国劳动生产率的提高几乎不需要任何解释，但为什么世界经济中的工资水平却停滞不前呢？答案在于当代全球化的独特性，当代全球化在资本主义历史上第一次实现了将经济活动由发达国家向第三世界国家的转移，以便利用那里普遍存在的低工资劳动力来满足全球的需求。

从历史上看，劳动力从未自由地从第三世界国家迁往发达国家，资本虽然在法律上可以自由地从发达国家流向第三世界国家，但实际上却没有

---

[1] 参见 Samuel Berrick Saul, *Studies in British Overseas Trade*, 1870–1914 (Liverpool: Liverpool University Press, 1960)。

[2] 参见 Paul Baran and Paul Sweezy, *Monopoly Capital* (New York: Monthly Review Press, 1966)。

这样做，即使诸如矿产开采和种植园等部门出现过资本流动，这些部门也只是加强了而不是打破了国际劳动分工的殖民格局。世界经济的这种划分意味着发达国家的工资水平随着劳动生产率的提高而提高，并不受第三世界庞大的劳动力后备军的制约，第三世界劳动力后备军本身就是由制造业转移造就的，而这种转移则受到了去工业化和经济剩余消耗的双重驱动。

当前的全球化打破了这一局面。资本从发达国家流向第三世界国家，尤其是东亚、南亚和东南亚，同时将工厂搬迁到那里以利用当地较低的工资来满足全球的需求，这导致了世界经济的衰退，从而使发达国家的工资受到第三世界劳动力后备军的限制。约瑟夫·斯蒂格利茨指出，2011年美国男性的平均实际工资水平略低于1968年，这也不足为奇。[①]

与此同时，这种重新配置尽管为第三世界的许多国家带去了惊人的国内生产总值增长率，但并不会完全消化掉第三世界劳动力储备军。这可以归因于当代全球化的另一个特征：消解包括第三世界国家的农民在内的小生产者的原始资本积累，这些小生产者早先在一定程度上受到保护，免于受到后殖民时代国内外大资本的侵蚀。但在新自由主义体制下，这种保护措施被取缔，从而导致了这些生产者的收入受到挤压，他们的土地通常被直接剥夺，并被大资本明目张胆地用于各种开发项目。即使在那些国内生产总值增长率惊人的第三世界国家，就业的增加也远远低于劳动力的自然增长，更不用说吸收来自破产的小生产者阶层的求职者了。因此，劳动力后备军将用之不竭。不但如此，劳动力后备军实际上还会得到进一步扩充，因为就像发达国家的工资也受到限制一样，第三世界国家的实际工资仍然与最低生活水平挂钩。因此，整个世界经济的实际工资仍然是受限的。

尽管当代全球化导致了生产过剩这一预期趋势的出现，但国家支出这一曾经的因应之策已经不再奏效（根据巴兰和斯威齐的说法，美国通过军事开支应对生产过剩）。金融资本通常反对政府通过增加支出来直接干预就业。这种反对不仅表现为拒绝向资本家征收高额税金，还表现为反对为了给此类支出融资而增加财政赤字。显然，如果更多的国家支出是通过对工人征税来筹集资金的，那么它几乎不会增加总需求，因为工人无论如何都会将大部分收入用于消费，所以国家拿走这些收入并将其花掉，不会增加任何额外需求。因此，只有在依靠财政赤字融资或对那些拥有闲置收入

[①] 参见 Joseph Stiglitz, "Inequality is Holding Back the Recovery," *New York Times*, January 19, 2013。

与储蓄的资本家征税的情况下，国家加大支出才会增加就业。但这恰恰是金融资本所反对的为国家支出融资的两种方式。

金融资本反对加大对资本家的征税力度是可以理解的，但为何反对增加财政赤字呢？即使在资本主义经济中，任何情况下都不存在排除财政赤字的合理理由。因此，这种反对源于更深层次的社会考量，即资本主义经济体系如果依靠国家直接促进就业的话，那么这一事实将破坏资本主义社会的合法性。一旦发生那样的情况，国家将不再需要刺激资本家的动物精神。人们可以从认识论的外部视角来看待这个制度，并有可能提出这样的问题：如果国家能够提供就业，那么我们为何还需要资本家呢？正是由于本能地认识到了这种潜在危险，资本，尤其是金融资本，反对国家为创造就业而做出的任何直接努力。

在全球化体制内，这种始终存在的对立变得具有决定性。只要金融资本仍然是以民族国家为基础的，国家就可以在某些情况下推翻这种反对意见，例如在二战后资本主义面临生存危机的时期。但当金融资本全球化时，即当它可以自由跨越国界而国家仍然是民族国家时，它对财政赤字的反对就变得具有决定性了。如果某个国家违背金融资本的意愿实行巨额财政赤字，那么金融资本只会使之陷入困境并引发一场金融危机。

因此，国家屈服于全球化的金融资本的需求，避免通过直接的财政干预来增加需求。它转而求助于货币政策，因为货币政策是通过财富持有者的决策来运作的，所以不会威胁金融资本的社会地位。但正因为如此，货币政策是一种无效的工具，这在2007—2009年金融危机后的美国表现得很明显，即使将利率降至零，也几乎没能恢复经济活力。①

人们可能会认为，美国不应该被迫接受金融（资本）的要求，即避免为扩大就业而进行财政干预。美元被全球财富持有者视为"和黄金一样好"的货币，这应该会使美国免受资本外逃的影响。但就美国而言，还有一个额外因素在起作用：在新自由主义背景下，美国扩大的财政赤字所产生的需求将大量外溢至国外，这将为其他地方创造就业机会，并增加美国自身的外债（因为与全盛时期的英国不同，美国无法获得任何无偿的殖民转移）。由此，在新自由主义背景下，即使在美国，提振需求的任何财政

---

① 关于最近对美国经济增长的乐观情绪是如何消失的讨论，参见 C. P. Chandrasekhar and Jayati Ghosh, "Vanishing Green Shoots and the Possibility of Another Crisis," *The Hindu Business Line*, April 8, 2019.

努力也会受到阻碍。

因此，在新自由主义全球化体制内，国家支出不能应对全球生产过剩这一预期趋势，这种趋势使世界经济依赖于偶尔出现的资产价格泡沫（主要是美国经济中的资产价格泡沫），但至多能从危机中获得短暂的喘息，而这是很不安全的。这正是新自由主义资本主义走入死胡同的原因。实际上，唐纳德·特朗普在美国通过保护主义缓解失业的做法就是对该体系已陷入绝境的最好证明。为了缓解失业和就业不足的危机，连世界上最强大的资本主义经济体都不得不脱离新自由主义游戏规则，同时通过减税来补偿受到影响的资本家，并谨慎地确保不对金融的自由跨境流动施加限制，这些事实都表明，既有规则已不再是原初的形式。

二、走入死胡同的主要表现

至少有四个表现可以证明新自由主义已经走到了尽头。第一个表现是，世界发展受到美国互联网经济和房地产泡沫的显著影响，失业率比20世纪末和21世纪初都要高得多。的确，美国的失业率看起来正处于历史最低谷，但这也同样具有误导性，如今美国的劳动力参与率比2008年还要低，这是"丧志工人效应"（discouraged-worker effect）的体现。考虑到下降的劳动参与率，美国约8%的失业率实际上已经很高了。事实上，如果失业率真的低至官方发布的4%，特朗普就不会在美国实行保护措施。当然，在世界其他地区，2008年后的失业率仍明显比以往年份高得多。实际上，制造业的产能利用率数据很好地证明了美国经济正面临着就业不足的大问题，这与二战后第一个十年的情况相似，当时持续性的经济复苏是主旋律，但在这一时期制造业的产能利用率从未在单个季度被提升至80%，从而造成了投资停滞的后果。这一事实表明，美国经济在摆脱大萧条后仍存疲软之态。①

特朗普的保护主义政策让人回想起1930年的《斯姆特-霍利关税法》（*The Smoot-Hawley Tariff Act*），它们都体现出"以邻为壑"的特征。如果他的保护主义会产生失业输出的话，那么美国很快就会招致报复，并

---

① 参见 Federal Reserve Board of Saint Louis Economic Research, FRED, "Capacity Utilization: Manufacturing," February 2019 (updated March 27, 2019), http://fred.stlouisfed.org。

第 4 章　新自由主义资本主义走入了死胡同

引发贸易战。贸易战会抑制投资活力，从而带来全球性的经济危机。事实上，由于美国一直针对中国采取强硬政策，两国之间已经出现了一些贸易摩擦。即使美国的保护主义没有招致普遍的报复，那也只是因为美国的失业人口没有得到充分转移，还没有将全球的就业市场彻底搅乱。但无论从哪个方面去考察，我们都会得到如下答案——全球失业率将普遍升高。

关于特朗普的保护主义将如何影响全球价值链，一直存在着争论。但毫无疑义的是，21世纪初的全球宏观经济研究将完全不同于以往。

首先，在前人的研究中，有观点指出：单个国家的财政法令根本无法抵御全球化背景下的金融资本扩张。如果由一个全球性组织或者由几个大国组成的共同体来协调各方利益、统一制定经济政策，破除反金融全球化趋势，并对世界经济施加财政刺激，那么全球经济才有可能在真正意义上复苏。这一设想是由一群德国工会主义者提出的，在20世纪30年代的大萧条时期，凯恩斯也提出了类似的观点。尽管当时这一设想并未被政府采纳，但它对于缓解如今的经济衰退具有一定的借鉴意义。遗憾的是，这种设想还没有引起人们的足够关注。

第二个表现是，对于第三世界的经济体来说，通过增加出口来拉动经济增长的时代总体上已经结束了。由于世界经济整体增速放缓，加上美国为对抗第三世界具有出口优势的国家大肆施行贸易保护主义，它甚至可能将贸易保护主义的触手伸向其他发达经济体。这一切都表明，依赖世界市场来带动国内市场的战略已经失去动力。第三世界的经济体，包括那些具备出口优势的国家和地区，将不得不更多地依靠国内市场。

想要完成这种转型并不容易，在这一过程中，国家需要促进农业发展，保证中小企业的生存，鼓励合作化的生产方式，并且确保收入分配更加平等，所有这些都有赖于重大的结构性改革。对于规模较小的经济体而言，它们需要通过与其他经济体联合来保障国内市场的规模。总之，新自由主义已经走向穷途末路，此时改变所谓的新自由主义战略的统治地位是很有必要的。

第三个表现是，国际收支不平衡问题将席卷整个第三世界经济。这是因为，第三世界国家在新的背景下面临出口疲软的难题时，也将要面对资金难以流入的事实。另外，当外国资本大肆入侵第三世界国家时，国际收支中的经常账户将会赤字频发。面对这种情况，在新自由主义思想的指导下，这些国家被迫采取财政紧缩措施，人们收入减少，同时生活条件急剧恶化。这些紧缩举措还将导致国内的生产资料和资源被进一步移交给外国资本家，国内市场主导经济增长的战略化为泡影，转型将宣告失败。

换言之，"帝国主义"正在加强对第三世界经济的束缚和控制，尤其是对那些在新形势下陷入严重国际收支赤字的国家。这里所谓的"帝国主义"，不是指某个国家的霸权，而是指具有垄断扩张性质的国际金融资本。甚至第三世界国家内的大资本家也会因国际金融资本而集聚，联合起来对抗自己国家的劳动人民。

第四个表现是，法西斯主义在全球范围内将再次兴起。在新自由主义资本主义走向末路之前，它推动实现了经济合理增长和稳定就业，但同时也使世界开始逐步走向更严重的饥饿和贫困。数据显示，1980年世界人均粮食产量为355公斤，2000年降至343公斤，2016年近乎持平，为344.9公斤。这些粮食中还有很大一部分用于酒精发酵。在世界经济总量增长时期，人均粮食占有量本应随之增加。但事实上，人均粮食产出在绝对下降，这无疑将导致粮食危机的出现，使世界上相当一部分人口的营养水平急剧恶化。

然而，各国并未立即采取任何有力措施去缓解日益蔓延的粮食危机。一方面，在新自由主义思想的指导下，政府根本无力制定有效举措（资本全球化的发展使危机更难得到控制）；另一方面，GDP的高增速为人们提供了一种希望，即相信贫困可以随时间而被消除。包括贫苦的农民也乐观地相信，他们的孩子只要接受一点教育，并且积极面对生活，在未来就一定能过上好日子。

简言之，新自由主义资本主义思想一直在向人们灌输美好发展的希望。但随着新自由主义资本主义走进"死胡同"，这种承诺不再有效，意识形态上的支撑也消失了。新自由主义资本主义为了存活下去，开始寻求同其他意识形态的结合，这就是法西斯主义。在这种结合下，统治阶级将舆论焦点从人们的物质生活条件导向所谓的国家威胁，避而不谈政治体制的腐朽破败。统治阶级将人们的痛苦归咎于少数族裔、外国人和异教徒，他们统统被描述为国家公敌。新法西斯主义投射出一个所谓的弥赛亚，它足够强大的魔力可以克服所有困难。新法西斯主义促进了这种非理性文化的传播，如此一来，无论是对他人的诋毁迫害，还是对领袖的盲目崇拜，都可以逃脱理性的约束。新自由主义同法西斯主义结合起来，利用国家公权和法西斯主义式的基层自主暴力来恐吓反对者。同时，统治阶级与大企业建立起密切的关系，或者用卡莱斯基的话来说，即"大企业和法西斯新贵的伙伴关系"①。

现代社会存在着各种形态的法西斯团体。它们只有在得到大企业的支持时才会进入政治舞台的中心，甚至在特定时机下掌权。触发这一时机要满足三个条件：一是经济危机爆发，国家机器不能再像从前那样正常运转；二是自由放任机制明显无力解决危机；三是左翼政党的力量还不足以为人民提供帮其走出困境的另一种选择。

最后一点看起来可能有些奇怪。因为从普遍意义上讲，在资本主义爆发经济危机的背景下，大资产阶级往往是为了对抗日益壮大的左翼势力才会求助于法西斯主义。而当左翼势力成为严重威胁时，大资产阶级的反应通常是试图通过提供一些特许权使左翼势力内部自行瓦解分裂。只有当左翼势力被削弱后，资产阶级才会利用法西斯主义来支撑自己。对此，沃尔特·本雅明评论道："法西斯主义的每一次兴起，都是一场失败革命的结果。"

三、法西斯主义的历史与现实

然而，当代法西斯主义在许多关键方面与1930年代的法西斯主义有所不同，这就是许多人不愿把当前的现象称为法西斯主义热潮的原因。但是，如果将法西斯主义的现状与历史做对比研究，我们会得到一些极为有益的发现。虽然在某些方面，当代法西斯主义的确与1930年代的现象有类似之处，但这两者之间也存在着重要差异。

首先，我们必须看到，虽然当前的法西斯主义热潮使许多国家的法西斯分子掌握了政权，但却没有出现1930年代的那种法西斯国家。即使掌权的法西斯分子企图把这个国家推向法西斯主义，他们能否成功还不确定。原因有很多，其中一个重要原因是，当今掌权的法西斯主义者身处金融全球化体制之中，因而无法克服新自由主义危机。例如特朗普，尽管他奉行保护主义，但是难以使美国摆脱经济危机。但在1930年代，情况却并非如此。当时，法西斯主义国家制度的恐怖之处在一定程度上为法西斯主义当权者解决大规模失业问题与结束大萧条的能力所掩盖，他们通过扩

---

① Michal Kalecki, "Political Aspects of Full Employment," *Political Quarterly*, 1943, available at mronline.org.

大军费开支和政府借贷的方式来克服经济危机。相比之下，面对国际金融资本对政府的财政激进主义的反对，当代法西斯主义也无能为力，无法借助于财政手段创造出更多的需求、产出和就业，甚至无法通过扩大军事支出来缓解经济危机。

如前所述，这种激进主义要求政府通过向资本家征税或实行财政赤字政策来扩大支出。但金融资本反对这两项措施，并且伴随着金融资本的全球化，这种反对更为坚决。即使政府恰好是由法西斯分子组成的，反对意见依然存在。因此，被"财政紧缩"束缚的当代法西斯主义不可能减轻甚至暂时性地缓解民众所面临的经济危机，也不可能像1930年代那样，为向法西斯国家转变提供任何借口。

另一个差异也与金融全球化相关。1930年代是列宁所描述的"帝国主义之间的斗争"（interimperialist rivalry）的时代。法西斯政府通过扩大军费开支尽管解决了经济大萧条和就业问题，但却不可避免地导致了"重新瓜分世界"的战争。法西斯主义是战争的始作俑者，它不仅使自身在战争中毁灭，也给人类带来了巨大损失。

然而，在当代法西斯主义所处的世界中，帝国主义竞争渐趋缓和。有些人据此为卡尔·考茨基（Karl Kautsky）关于"超帝国主义"（ultra imperialism）的观点辩护，并以此反驳列宁所强调的帝国主义间长期斗争的观点，但这种辩护是错误的。在考茨基和列宁讨论的那个世界中，金融资本和金融寡头本质上属于国家（德国、法国和英国）。考茨基谈到了对立的政治寡头之间休战的可能性，列宁认为这种休战只是长期存在的竞争中的暂时现象。

相比之下，当今的金融资本并不以国家为基础，而是由来自特定国家的金融资本整合而成的国际金融资本。这种全球化的金融资本不希望世界被分割成相互敌对的经济区域；相反，它希望全球保持开放以实现资本的自由流动。因此，大国之间的竞争之所以缓和，不是因为它们不愿意发生战争，也不是因为它们希望和平地瓜分世界，而是因为物质条件本身已经发生了变化，因此它们所面临的已经不再是上述选择。当今世界已经超越了列宁和考茨基所生活与争论的那个时代。

在这个法西斯主义高涨的时代，不仅大国之间不会发生战争（当然，就像我们接下来会讨论的，可能会有其他战争发生），而且出于同样的原因，法西斯主义热潮也不会通过任何灾难性的战争而终结。我们看到的很可能是一种破坏力逐渐减弱的、缓慢终结的法西斯主义。当它掌权时，它不一定废除一切形式的资产阶级民主，也不一定将反对派斩草除根，甚至可能允许自己偶尔被选票赶下台。但是，只要它的继任政府仍然奉行新自由主义，经济危机就无法缓解，法西斯分子便有可能再度执政。他们无论是否执掌政权，都是推动社会与政治法西斯化的强大力量，并在金融全球化背景下不断促进企业发展，因此得以永久保持"大企业和法西斯新贵的伙伴关系"。

换句话说，由于当代的法西斯主义热潮不太可能像前一波那样走向自我毁灭，所以必须通过超越这一历史阶段的方式来终结它。工人阶级围绕着另一套并不直接针对新自由主义资本主义的过渡性要求开展阶级动员，但这种动员在新自由主义资本主义体制内是不可能实现的，它只能为摆脱这一时期并实现最终超越提供初步准备。

在第三世界里，这样的阶级动员并不意味着工人阶级与自由资产阶级会持续对抗法西斯主义。相反，自由资产阶级由于也被法西斯主义者提供的极端民族主义剥夺了话语权而不断被边缘化，所以会将话语转向人们的物质生活条件。毫无疑问，在新自由主义经济制度下，在话语上主张物质条件改善是可能的，而且这种话语的转变本身就是一种重要的反法西斯行为。但经验将告诉我们，在新自由主义体制下，作为被调整的话语的一部分而提出的这项议程是无法实现的，尽管它为左翼超越新自由主义资本主义提供了辩证干预的可能。

四、帝国主义的干预措施

尽管法西斯主义在"新自由主义走入死胡同"的紧要关头会有一段苟延残喘的时期，但是在日益融入国际金融资本体系的第三世界金融企业集团的支持下，第三世界的劳动人民会不断追求更好的物质条件，并最终与极端民族主义的法西斯话语决裂。

事实上，当新自由主义穷途末路时，它不得不依靠法西斯分子来恢复所谓的有意义的政治活动，而这正是新自由主义鼎盛时期所未曾想到的，因为当时大多数政治组织都沉浸在看起来充满希望的新自由主义发展前景中（拉丁美洲的历史有些不同，因为新自由主义是通过军事独裁在这个大陆站稳脚跟的，而不是通过政治组织的认同）。

这种复苏的政治活动必然会给某些国家的新自由主义资本主义带来挑战。帝国主义，即我们所说的支撑国际金融资本霸权的整个政治经济体制，将至少以四种不同的方式应对这些挑战。

第一种应对方式是所谓自发的资本外流。任何试图使该国脱离新自由主义的政治组织都会发现，其政治活动可能会引发资本外流，从而使该国陷入金融危机，因此该组织的政治前途也越来越渺茫。民众面临的不可避免的困难很可能使政府放弃脱离新自由主义。摆脱新自由主义的转型是如此艰难，以至于会让一个以工人和农民为执政基础的政府屈服，目的是将工人和农民从短期的苦难中挽救出来或者避免失去他们的支持。

在存在经常账户赤字的国家，即使资本管制得当，此类赤字融资也会带来问题，因此有必要实施贸易管制。这就是帝国主义的第二种应对方式发挥作用的地方：如果有些国家试图摆脱金融全球化的束缚，那么宗主国便会实施贸易制裁，然后哄骗其他国家停止从被制裁国家购买商品。即使被制裁国家放弃摆脱金融全球化的目标而成功地稳定了经济，宗主国的制裁也会成为一个额外的打击。

第三种应对方式是推动诸如拉丁美洲所经历的所谓民主或议会政变。过去的政变是借助于当地武装部队进行的，这意味着必然实行军事独裁，而不是由民选的文职政府来统治。而如今，帝国主义会利用各国内部因资本外流和实施制裁所产生的不满情绪，以追求民主（新自由主义的同义词）的名义，通过法西斯主义者或支持法西斯主义的中产阶级来推动政变。

如果所有这些措施都失败了，帝国主义便可能借助于经济战争（比如破坏委内瑞拉的电力供应），最终诉诸军事战争，这就是第四种应对方式。今天的委内瑞拉便是一个典型例子，它展现了在新自由主义资本主义衰落、第三世界国家反抗迭起的时代，帝国主义对这些国家的干预方式。

这种干预有两个方面引人注目。其一，实质上这是在全球金融资本霸权时代，主张缓和帝国主义之间斗争的各个宗主国不约而同的行为。其二，在宗主国内部，从右翼到自由派都普遍支持干预。

尽管有这样的应对措施，新自由主义资本主义依然无法避开它长期面临的挑战，因为它并没有重塑自身的打算。有趣的是，在一战后，资本主义陷入危机边缘时，国家干预作为一种经济复苏方式被提出来，但是并未得到重视，在二战结束后它才在各国普遍施行。① 如今，新自由主义资本主义甚至不知道如何才能做到自我复兴，在第三世界国家实行法西斯主义和直接的帝国主义干预并不是从群众的愤怒中拯救它的长远措施。

---

① 在约瑟夫·熊彼特（Joseph Schumpeter）看来，凯恩斯的《和平的经济后果》（*The Economic Consequences of the Peace*）一书从本质上讲是在新形势下倡导这种国家干预。参见 Joseph Schumpeter, "John Maynard Keynes (1883 - 1946)," in *Ten Great Economists* (London: George Allen & Unwin, 1952).

第 5 章　绝对资本主义：新自由主义规划与马克思-波兰尼-福柯的批判[*]

约翰·贝拉米·福斯特/文　　王爽　车艳秋/译

1864 年，法国诗人夏尔·波德莱尔（Charles Baudelaire）写道："魔鬼最高明的诡计就是说服你相信它并不存在！"我认为这句话同样适用于今天的新自由主义者，其鬼把戏就是装作他们根本不存在。虽然人们普遍认为新自由主义是 21 世纪资本主义政治意识形态的核心工程，但是当权者鲜少谈论新自由主义。《纽约时报》（New York Times）甚至在 2005 年刊登了《新自由主义？它不存在》（"Neoliberalism? It Doesn't Exist"）一文，将新自由主义的"不存在"公之于众。

这一诡计背后隐藏的是令人不安甚至令人毛骨悚然的现实。新自由主义是统治阶级推行政治意识形态建设的综合工程，它与垄断金融资本的崛起相关，其主要战略目标是将国家嵌入资本主义市场关系中。国家的传统职能——用资产阶级的话来说——是维护社会再生产，但如今这一职能只剩下维护资本主义再生产了。新自由主义的目标就是打造绝对资本主义体系，当代人类生存和生态将因此而被推向更为危险的境地。

一、新自由主义的起源

"新自由主义"概念已存在近百年之久，但其政治影响近期才大幅显

---

[*] 本章原载：《国外理论动态》2019 年第 8 期。原文来源：John Bellamy Foster, "Absolute Capitalism," Monthly Review 71, no. 1 (2019)：1-13。约翰·贝拉米·福斯特（John Bellamy Foster）：美国俄勒冈大学社会学系。王爽：辽宁大学亚澳商学院。车艳秋：辽宁大学外国语学院。

现。当1920年代自由主义在欧洲各地分崩离析之时，新自由主义作为一种意识形态首次出现，呼应了德国和奥地利社会民主的崛起。新自由主义凭借奥地利经济学家、社会学家路德维希·冯·米塞斯（Ludwig von Mises）的三部作品——《民族、国家与经济》（*Nation, State, and Economy*）、《社会主义》（*Socialism*）、《自由主义》（*Liberalism*）——首次引起了广泛的关注。人们很快发现，米塞斯的思想偏离了古典自由主义。随后，奥地利马克思主义学者麦克斯·阿德勒（Max Adler）于1921年创造了"新自由主义"（neoliberalism）一词。1923年，才华横溢的奥地利马克思主义学者海伦妮·鲍威尔（Helene Bauer）对米塞斯的《社会主义》进行了尖锐的批判。1924年，德国马克思主义者阿尔弗雷德·穆塞尔（Alfred Meusel）针对米塞斯写了一篇题为《新自由主义》（"Neoliberalism"）的长篇批判，该文经鲁道夫·希法亭（Rudolf Hilferding）编辑后刊登在德国社会主义理论期刊《社会》（*Die Gesellschaft*）上。

穆塞尔和鲍威尔认为，米塞斯提出的新自由主义与古典自由主义相去甚远，是"流动资本时代"或"金融资本时代"的新学说，其目的是公然为资本集中、国家从属于市场、建立资本主义的社会管控体系辩护，米塞斯是"资本的忠实奴仆"。穆塞尔写到，米塞斯的新自由主义的特点是"无情的激进主义，试图从单一的竞争原则中提炼出全面的社会宣言"。米塞斯认为，竞争原则具有绝对优势，凡有悖于此的事物皆属于"解构主义"，等同于社会主义。米塞斯指出，查尔斯·狄更斯（Charles Dickens）、威廉·莫里斯（William Morris）、乔治·萧伯纳（George Bernard Shaw）、赫伯特·乔治·威尔斯（Herbert George Wells）、埃米尔·左拉（Émile Zola）、阿纳托尔·法朗士（Anatole France）和列夫·托尔斯泰（Leo Tolstoy）"或许都没意识到他们在为社会主义招贤纳士，为解构主义铺平道路"，真正的马克思主义者也不过就是解构主义者。

在《自由主义》一书中，米塞斯对比了"旧自由主义与新自由主义"，他认为前者在某种程度上注重平等，而后者除了接受机会平等之外，拒绝其他任何形式的平等。米塞斯通过支持"消费者民主"来解决民主问题。他认为，"自由竞争发挥作用就已足够，生产的上帝是消费者"。

弗里德里希·冯·哈耶克（Friedrich von Hayek）是一位年轻的米塞斯拥护者，曾深受其影响。起初，哈耶克被米塞斯的《社会主义》一书吸引，参加了米塞斯在维也纳举办的非公开研讨会，他们都厌恶1920年代奥地利马克思主义者发起的红色维也纳思潮。1930年代早期，哈耶克应早期英国新自由主义经济学家莱昂内尔·罗宾斯（Lionel Robbins）的邀请，离开维也纳前往伦敦经济学院。在纳粹接管奥地利之前，米塞斯担任过奥地利法西斯总理兼独裁者恩格尔伯特·陶尔斐斯（Engelbert Dollfuss）的经济顾问。在《自由主义》一书中，米塞斯声称："不可否认，法西斯主义及其他试图建立独裁统治的（右翼）运动，其出发点都极好，它们的干预拯救了当时的欧洲文明，法西斯由此赢得的赞扬将永垂史册。"后来，米塞斯移民瑞士，随后前往美国，接受了洛克菲勒基金会的资助，在纽约大学任教。

二、大转型之逆转

二战以来，批判新自由主义的最重要的作品应数卡尔·波兰尼（Karl Polanyi）的《大转型》（*The Great Transformation*），其矛头直指市场自我调节之谜。该书出版于1944年，当时同盟国胜局已定，西方战后秩序也逐渐明朗。波兰尼的批判缘起于他对红色维也纳的支持。他与维克多·阿德勒（Victor Adler）和奥托·鲍威尔（Otto Bauer）等奥地利马克思主义者政见相投，都极力反对米塞斯、哈耶克及其他右派分子的观点。波兰尼在《大转型》一书中说，新自由主义是将社会关系嵌入经济中，这与资本主义产生之前经济被嵌入社会关系中正相反。在波兰尼出版该书时，大众的普遍共识是新自由主义注定失败，而"大转型"意味着国家调控经济的胜利。凯恩斯成为国家经济政策制定的权威，凯恩斯时代到来了。

不过，就某种程度而言，波兰尼对重振市场自由主义的深切担忧是有一定道理的。1938年，正值二战爆发前夕，沃尔特·李普曼（Walter Lippmann）研讨会于法国举办，米塞斯和哈耶克皆有出席。部分与会人士明确采纳了"新自由主义"的表述，但这一表述后来被弃用。毫无疑问，人们仍未忘却1920年代新自由主义遭受的猛烈批判。但新自由主义计划在二战后卷土重来。1947年，朝圣山学社成立，它与芝加哥大学经济学院共同构成新自由主义思想复兴的制度基础。除了米塞斯、哈耶克、罗宾斯、米尔顿·弗里德曼（Milton Friedman）和乔治·斯蒂格勒（George Stigler）之外，首届沃尔特·李普曼研讨会的主要参与者还有卡尔·波兰尼的弟弟迈克尔·波兰尼（Michael Polanyi），他是化学家、科学家和冷战专家。

第5章　绝对资本主义：新自由主义规划与马克思-波兰尼-福柯的批判　· 59 ·

二战后的 20 多年被称作资本主义的黄金时代，凯恩斯主义主导了整个黄金时代。但严重的经济危机在 1970 年代中期出现，经济开始停滞，其初期表现为滞胀。凯恩斯主义从正统的经济理论中消失，被新自由主义取代。新自由主义先是以货币学派和供给学派经济学为幌子，而后演变为重组全球资本主义，以及打造被市场左右的国家和社会。

在新自由主义跻身主流之际，米歇尔·福柯（Michel Foucault）敏锐地捕捉到其精髓。1979 年，福柯在法兰西学院做了名为《生命政治的诞生》（"The Birth of Biopolitics"）的讲座，详尽地分析了新自由主义。福柯精彩地阐释说，国家不再是亚当·斯密（Adam Smith）所说的财产保护者，甚至也不再是马克思所说的资本家利益的维护者。在新自由主义体制下，国家的职责是全面积极地推动市场原则，抑或叫作资本主义竞争逻辑，使其渗透到生活的方方面面，最后国家也将被吞噬。

福柯写道：

> 自由主义的最初构想是由国家定义并监管自由市场。新自由主义者颠覆了这个构想，主张自由市场应成为国家组织和调控的基础……换言之，国家接受市场监管，而不是市场接受国家监管……
>
> 我认为，当前新自由主义的关键问题正在于此。常有人说，今日的新自由主义是 18 世纪和 19 世纪老式自由主义经济的重现与再兴，是因为资本主义无法解决内部的问题和危机、无法实现各国特定的政治目标而被重新启用。但我们不应该对这种说法抱有幻想。事实上，现代新自由主义的另一些问题更攸关生死……市场经济存有瑕疵，所以不论是左派还是右派，人人都有各种理由不信任它。因此，问题的焦点是市场经济是否有能力成为国家运行的原则、形式和模型。[1]

总而言之，福柯写道："新自由主义的问题是……如何以市场经济原则为基础全面行使政治权力。"新自由主义的唯一目标就是"社会政策私有化"。

在新自由主义时代，国家不应通过干预来抵御市场体系的影响，而应通过干预来促进以规则为基础的市场体系扩展至社会的各层面。社会和国家都无法脱离市场的影响，国家应成为市场自我调控和扩张的担保人。人

---

[1] Michel Foucault, *The Birth of Biopolitics* (New York: Palgrave Macmillan, 2008), pp. 116-117.

们不再认为垄断市场与寡头市场违反了竞争原则,而是认为它们只是竞争的表现形式。福柯认为,要区分古典自由主义与新自由主义,最重要的是要明白前者更注重虚构的平等交换或交换条件;而对于新自由主义而言,主导原则是自由竞争,而非交换条件——但这种自由竞争已被新自由主义重新诠释,从而为垄断势力和诸多不平等现象辩护。

福柯认为,显而易见,随着社会保障和各种形式的社会福利的消亡,国家的社会再生产管理职能会凌驾于一切之上,以推动新自由主义金融化。在新自由主义体系中,"个人全靠自己的积蓄(抵御风险)",没了国家的保护,个人成了大企业的猎物。这种转变致使由少数垄断巨头掌控的私人金融资产进一步扩张。

如此看来,新自由主义是一次系统性的试水行动,旨在通过国家推行"市场全面调控社会"的政策(国家也从属于市场)来解决经济基础与上层建筑的矛盾,解除对资本的束缚。新自由主义作为资本主义的"新奇事物",作为一项全方位的原则,渗透至社会的方方面面。即使是经济危机,也只是判断是否应将市场逻辑扩大到其他领域的指标。

克雷格·艾伦·梅德伦(Craig Allan Medlen)进一步发展了保罗·斯威齐的观点。梅德伦认为,当前的新自由主义秩序涉及国家经济活动与私营部门之间"界线"的系统性转变,对国家产生了决定性的影响。国家通过调整财政和货币政策,不断为市场和资本提供补贴,导致界线明显向国家一侧收缩,国家除了在军事领域进行投资和消费之外,几乎没有其他经济活动空间。

1970年代后期,新自由主义如经济衰败时期的机会主义病毒一样重现。凯恩斯主义危机与垄断资本主义经济发展过程中的剩余资本吸收或过度积累问题有关。在这种情况下,自由主义的重组首先以货币学派和供给学派的形式出现,之后,随着社会金融化的发展而演变成如今的形态,其本身就是经济停滞的产物。由于产能过剩和投资停滞愈发严重,货币资本更多地流入金融部门,新型金融工具应运而生,以吸收过剩产能。金融泡沫推动经济向前发展,然而经济停滞的趋势仍未改变。与二战后的几十年不同,在大萧条后的第一个十年中,美国制造业的产能利用率从未超过80%,产能利用率的持续低位不足以刺激净投资。

这些现象都说明,20世纪垄断资本正在向21世纪垄断金融资本过渡。信贷的迅猛增长即为例证。尽管金融危机频发,但信贷扩张在经济体系中得以制度化,导致了财富积累的新型金融架构的形成。随着1989年之后世界市场的开放，在掌握了控制金融和技术的数字化体系后，新帝国主义通过劳动力套利在全球范围内攫取超额利润。在位于资本主义世界经济核心地带的跨国公司的金融总部的带领下，这一切在金融化和价值掠夺的全球化进程中发展到极致。

国家的职能是确保主权在民和社会保障，但这些职能被不断削弱，引发了自由民主制度的危机。有史以来最严重的不平等现象，加之大部分民众的经济利益和社会利益受损，导致大众的不满加剧，但这种不满无法得到明确表达。在这种动荡的局势下，资本试图动员中下阶级（大多为反对变革者）同中上阶级和工人阶级对抗（特别是对移民进行种族攻击）。这样一来，游离于市场之外的国家就成了人民公敌。大卫·哈维（David Harvey）称之为新自由主义与新法西斯主义之间的发展型"联盟"。

三、绝对资本主义与社会体制的失败

福柯认为，新自由主义与自由放任主义之间的距离就像它与凯恩斯主义之间的距离一样遥远。正如哈耶克在《自由宪章》（The Constitution of Liberty）一书中所主张的，由于新自由主义国家代表的是由市场控制的、由规则主导的经济秩序，并致力于把这种经济秩序固化并延伸至整个社会，所以它不是自由放任主义，而是干预主义。新自由主义国家就算不干预经济领域，也会把商品交换原则推行到生活的方方面面，如教育、保险、通信、医疗服务和环境领域，因此还是干预主义。

在新自由主义所构想的新秩序中，国家是市场的化身，它只有在代表价值规律的时候才是至高无上的。在哈耶克看来，价值规律几乎等同于"法治"。占主导地位的阶级-财产关系蕴藏于法律体系中，国家变成了体现在法律体系中的正式的经济规则。福柯认为，哈耶克所谓的"法治"就是国家强制进行"正式经济立法"，这与"计划经济截然不同"，其目的是建立"游戏规则"，防止国家偏离商品交换的逻辑或资本主义竞争的轨道，并在社会中进一步推行这些规则，将国家置于"市场至上"的最后担保人的地位。福柯认为，迈克尔·波兰尼在《自由的逻辑》（The Logic of Liberty）中对上述规则阐释得最为精准，他在书中写道："自发形成的法律秩序的主要职能是管控自发形成的经济生活秩序……通过法律体系制定并执行这些规则，生产和分配的竞争机制在这些规则下运作。"

因此，主要的社会生产关系或主要的阶级-财产关系居于至高无上的地位，这体现在商品化的法律体系对经济和社会的控制中。新的利维坦摒弃了前资本主义的所有陷阱，它不再是凌驾于商品交易之上或之外的势力（即上层建筑），而是从属于市场逻辑，为推行市场逻辑服务。福柯认为，这就是马克斯·韦伯（Max Weber）提出的法律秩序理性化，简单地说就是限制国家权力，强行实施正式经济规则。与此同时，国家是唯一合法的武力使用者，被赋予推行私有化新秩序的职能。由此可以联想到亚伯拉罕·博斯（Abraham Bosse）为霍布斯（Hobbes）的《利维坦》（*Leviathan*）创作的著名的卷首插图，图中众人纷纷将主权移交给巨人君主。换作今日，应由一位身着西装的法理巨人代替众人，西服内包裹着大企业。如今，不戴王冠的法理巨人不会一手持权杖，另一手持剑，而应一手持美国宪法第十四修正案（该法案原意为保护昔日奴隶的权利，后为企业的法律主体资格提供依据），另一手持巡航导弹。新自由主义的利维坦是遵循单一市场逻辑、职能愈发单一的国家，在这个意义上，它是绝对的，代表着绝对资本主义。

绝对资本主义自然也包含矛盾，其中有五个矛盾最为突出：经济矛盾、帝国主义矛盾、政治矛盾、社会再生产矛盾和环境矛盾。这些矛盾皆指向体系的整体性失败。借鉴马克思对资本运动规律的广义批判，我们能更好地预判经济危机的走向。位于世界经济核心地带的跨国公司的金融总部主导了国际资本流动，并通过商品链控制了垄断金融流动资本。从经济的角度来看，新自由主义正是这个时代的历史性和结构性产物。

2007—2009年的金融危机暴露出新兴绝对资本主义的内在不稳定性。绝对资本主义的核心经济矛盾仍是过度积累和停滞，为了解决这两个问题，企业开始兼并，金融化（采取投机手段集中金融资产）启动，这使21世纪资本主义业已存在的头重脚轻问题进一步恶化，长期存在的失衡进一步加剧，危机发生的概率增大。

具体而言，新自由主义全球化表现为全球劳动力套利和全球商品链体系以及全球垄断的加剧。南北工资的差异大于南北生产力的差异，是新帝国主义整个剥削体系的支点，南方新兴经济体低廉的单位劳动力成本成了全球供应链和新价值攫取体系的基础。这些现象标志着新帝国主义的诞生，全球不平等、不稳定和斗争因此而加剧。美国霸权的衰落使情况愈发糟糕，可能因此而爆发大范围的、无休止的战争。

如上所述，新自由主义政权代表了国家和市场力量的携手合作，国家的社会再生产活动越来越从属于资本主义再生产。政府无法有效控制中央银行、货币政策决策机构等政府部门，而金融资本却对其具有十足的影响力。在这种情况下，越来越多的人将国家视为外来机构，由此引发了除了超级富豪阶级和富人阶级之外的三个主要社会阶级——中上阶级、中下阶级和工人阶级——的矛盾。

在发达资本主义社会的构图中，中上阶级主要由专业技术人员组成，其地位不仅取决于其经济阶级（economic class），还依赖于整个政治权利体系，所以他们密切关注所有针对政府的攻击。由此一来，中上阶级与自由民主国家就结为一体。相比之下，中下阶级主要由小企业主、中层管理人员、企业白领和销售人员（特别是受教育程度较低的农村地区的白人宗教激进主义者）组成，通常是反国家、亲资本的民族主义者。中下阶级认为，国家福利多半流向其两个头号敌人：中上阶级和工人阶级——前者直接受益于国家，后者愈发被贴上种族标签。中下阶级还包括查尔斯·赖特·米尔斯（Charles Wright Mills）所谓的资本主义制度的"后卫"。当危机爆发、资本主义利益需要捍卫时，中下阶级将接受有钱人的派遣，但其本身也是极不稳定的社会因素。工人阶级主要是指美国人口中收入最低的、占人口总数60%的群体。工人阶级最受压迫，构成也最为复杂（因此最为分裂），但仍是资本的敌人。

与过去一样，资本现在面临的最大威胁仍是工人阶级。在发达资本主义国家是如此；在欠发达国家，工人阶级兼有受剥削的农民阶级的身份，情况更是如此。工人阶级只有与其他底层阶级联合，形成由工人阶级领导的统治阶级联盟，才能变得最强大（这就是"占领华尔街"运动的口号"我们是99%"的真正含义）。剩余的1%可能会意识到自己缺乏政治基础，而政治基础仍是继续推行新自由主义的绝对资本主义计划的必要条件。从唐纳德·特朗普到雅伊尔·博索纳罗（Jair Bolsonaro），我们可以看到新自由主义与新法西斯主义的微妙的合作关系。这种合作关系意在调动资本主义体系的"后卫"，让居住在农村的、信教的白人中下阶级民族主义者成为资本主义的政治意识形态军队。但是，这其中蕴藏着右翼民粹主义危险，最后将威胁到自由民主国家的存亡。

如今，资本主义社会的主要矛盾——性别矛盾、种族矛盾、社会矛盾和阶级矛盾——所折射出的危机已经不局限于工厂的剥削，危机已蔓延至关乎劳动人民生活的更广泛的领域，包括社会再生产的主要阵地，如家庭、社区、教育、健康、通信、交通和环境。社会再生产场所遭到破坏，工作条件不断恶化，使恩格斯所谓的"社会谋杀"（social murder）现象重现。近年来，发达资本主义经济体的人口预期寿命下降即是例证。贫穷女性化、种族资本主义、无家可归、城市社区衰败、中产阶级化、金融剥夺和生态衰退等问题在更多社会领域中显现，这为阶级斗争、种族斗争、社会再生产斗争和环境危机提供了更广阔的温床。随着新自由主义的绝对资本主义的出现，这些问题已经发展到非常严重的程度。

绝对资本主义与环境之间的冲突是绝对资本主义体系在现阶段（以及任何阶段）所特有的最严重的矛盾，由此引发了 21 世纪地球与人类关系的"死亡螺旋"问题。在 1970 年代，生态改革时代很快被环境超载时代取代。在绝对资本主义中，绝对的、抽象的价值占主导地位。在一个金融财富至上的体系中，交换价值与使用价值不再有直接联系。这不可避免地扩大了资本主义商品社会与地球之间的根本性冲突。

四、灭绝主义还是革命？

如前文所述，米塞斯用"毁灭主义"（destructionism）为社会主义定性。他十分看重这个观点，所以在《社会主义》一书中用长达 50 页的笔墨来论述。米塞斯写道："社会主义不建设，只破坏，因为毁灭才是它的本质。"社会主义只"消耗资本"，而不替代或增加资本。在米塞斯看来，社会主义只顾极度挥霍当下的资源，不关心人类的未来，这是毁灭主义最突出的特征。他所预见的未来蕴藏于资本积累中。

具有讽刺意味的是，今天的垄断金融资本正是米塞斯曾强烈痛斥过的那种绝对毁灭主义的典型。虽然技术变革继续发展，但作为体系核心的资本积累（投资）依旧停滞不前，只有在企业减税、国家活动私有化等的短期刺激下才有起色。与此同时，收入和财富不均严重到无以复加的地步，世界各地工人的经济、社会和生态条件在恶化，人类栖居的地球也陷入了危险境地。这一切都是由资本主义体系在全世界范围内的剥削、侵占、浪费和掠夺导致的。科学告诉我们，如果不改变当今的这些趋势，资本主义巨头将动摇工业文明的基础，威胁人类自身的生存，而最坏的后果将由现在的年轻一代承担。

如果从历史和理论的角度来分析地球目前面临的危机，那么马克思和恩格斯对 1850 年代至 1870 年代英国殖民地爱尔兰的分析是一个有益的参考。其关键词是"灭绝"(extermination)。马克思在 1859 年写到，1846 年〔该年的标志性事件是爱尔兰大饥荒和《谷物法》(*The Corn Laws*) 的废止〕之后，英国（以及英裔爱尔兰）资本家发起了一场针对贫农的残酷战争，或者说"消灭"了靠种植马铃薯来维持生计的爱尔兰自耕农。爱尔兰通过粮食出口供养了英国工业，其土地地力因此而被消耗殆尽。恩格斯将大饥荒之后的数十年称为"灭绝期"(Period of Extermination)。马克思和恩格斯，及其同时代的许多人都使用了"灭绝"一词，这在当时有两个含义：驱逐和消灭。因此，"灭绝"一词准确地概括了爱尔兰人民当时的悲惨遭遇。

19 世纪中期，爱尔兰问题的根源在于殖民体系中"十分严重的代谢断裂"。1846 年之后，一直负责为土壤施肥的贫农逐渐被驱逐和消灭，爱尔兰的农作物生产与地力维护之间脆弱的生态平衡被完全打破。这引发了又一轮驱逐农民、农场整合以及退耕还牧（以满足英国的肉类消费）的运动。正如 1867 年马克思所言，爱尔兰农民需要在"灭亡还是革命"(ruin or revolution) 之间做出选择。

如今，类似事件正在世界范围内上演，各地的自耕农发现，在全球帝国主义的影响下，自己的境遇愈发艰难。此外，生态破坏不再局限于土壤破坏，而是蔓延至包括气候在内的整个地球系统，危及地球上的全部人口，让本已生活在生态恶化地区的人们更加绝望。1980 年代，马克思主义历史学家 E. P. 汤普森（E. P. Thompson）写下了著名的《灭绝主义的注释——文明的最后阶段》("Notes on Exterminism, the Last Stage of Civilisation") 一文，研究了地球面临的核威胁和环境威胁。无须讳言，数亿甚至数十亿人的生命面临着被毁灭的威胁——生态毁灭、经济毁灭、军事毁灭和帝国主义毁灭，无数物种濒临灭绝。

随着全球平均气温上升 4 摄氏度，工业文明面临崩溃，甚至连世界银行都认为，如果按此状况发展下去，崩盘将于不日到来。因此，罗莎·卢森堡（Rosa Luxemburg）提出的"社会主义还是野蛮"的口号已不足以形容现状，必须替换为"社会主义还是'灭绝主义'"，或马克思的"灭亡还是革命"。

新自由主义对绝对资本主义的推动加快了世界走向全球灭绝主义或毁灭主义的步伐。在此进程中，资本和国家在二战后实现了前所未有的团结。然而，人类还有一个选择：实施自下而上的长期生态革命，以建设一个真正平等的、生态可持续发展的、可满足大众需求的世界，即 21 世纪生态社会主义。

第6章 新自由主义资本主义内爆：
全球灾难与当今的极右翼*

亚历克斯·卡利尼科斯/文　　佟艳光　曹立华/译

2021年1月6日，美国极右翼抗议者暴力涌入美国华盛顿特区的国会大厦。自由派和左翼评论者立即谴责了这一行动。涌入国会大厦的人们试图阻止国会认证2020年11月美国总统选举的结果，即唐纳德·特朗普被民主党人乔·拜登（Joe Biden）击败。英国左翼作家保罗·梅森（Paul Mason）将此次事件类比于1934年2月6日发生在巴黎的事件。在巴黎的那次事件中，极右翼联盟组织了一次主要由退役军人参与的示威活动，企图袭击国民议会所在地波旁宫和总统府爱丽舍宫。他们抗议由爱德华·达拉第（Edouard Daladier）领导的左翼联盟政府的组建。次日，达拉第宣布辞职，被前总统加斯东·杜梅格（Gaston Doumergue）取代。杜梅格组建了中右翼政府，使1932年大选获胜的左翼联盟无奈出局。因而，列夫·托洛茨基（Leon Trotsky）预测："杜梅格政府代表着从议会制转向波拿巴主义的第一步。"

1934年2月6日，法国极右翼赢得了政治上的胜利。相比之下，2021年1月6日，美国极右翼虽然进入了国会大厦，但至少短期内，他们在政治上是失败的，拜登正式成为美国总统。然而，事件的严重性不容忽视。美国仍是世界上最强大的资本主义国家。自乔治·华盛顿（George Washington）于1789年当选美国第一任总统以来，其总统换届时的权力交接一直是和平的，但拜登的就职典礼是在25 000名全副武装

---

* 本章原载：《国外理论动态》2021年第5期。原文来源：Alex Callinicos, "Neoliberal Capitalism Implodes: Global Catastrophe and the Far Right Today," *International Socialism* 170, Apr. 2021. 翻译有删减。亚历克斯·卡利尼科斯（Alex Callinicos）：英国伦敦国王学院欧洲研究中心。佟艳光：辽宁大学外国语学院。曹立华：辽宁大学新华国际商学院。

的国民警卫队士兵的保护下举行的。这是自 1861 年 3 月以来从未有过的情况。

此外，随着极右翼势力在欧洲的发展，美国政治中出现的两极分化不仅是一种地方现象，也是全球范围内的普遍现象，并且不只局限于帝国主义的核心势力范围。与今天许多左翼有关右翼势力崛起的解释不同，我旨在将其理解为全球现象。

一、经典法西斯主义与灾难时代

现代极右翼在马克思主义者埃里克·霍布斯鲍姆（Eric Hobsbawm）称为"灾难时代"的 1914—1945 年取得了其最大的胜利。左翼自由主义历史学家亚诺·梅耶尔（Arno Mayer）将其称为"20 世纪的大危机与 30 年战争"。这一时期有以下三个明显的特征：

一是帝国主义战争的兴起。大国之间的经济和地缘政治竞争达到极限，导致了 1914—1918 年和 1939—1945 年两次破坏性的世界大战。战争破坏了原有的经济、政治和社会结构并动摇了其合法性，导致了政治上的两极分化，既出现了极左翼，也出现了极右翼。

二是出现了资本主义历史上最严重的经济萧条。1930 年代的大萧条与两次世界大战中爆发的帝国主义国家之间的竞争有机地联系在一起。英国无力应对第一次世界大战造成的金融动荡，导致资本主义生产方式经历了最严重的系统性危机。这加剧了帝国主义国家之间的竞争，直到 1930 年代末才出现好转。

三是革命和反革命并存。第一次世界大战造成的破坏为 1917 年俄历 10 月俄国爆发社会主义革命提供了背景，并为受十月革命启发而掀起的革命浪潮奠定了基础。革命浪潮席卷欧洲最强大的国家德国，引发了右翼的强烈反应，包括俄国内战和德国的反革命暴力。

因此，在欧洲大陆，统治阶级的政治为反革命所主导，特别是在大萧条的爆发进一步破坏了既有体制的稳定之后。倾向于威权的右翼政权在一定程度上打破了以英、法等西欧主要自由资本主义国家为代表的议会形式，转而依赖军队和警察的镇压。历史学家马克·马佐尔（Mark Mazower）写道：

1930年代中期在欧洲的大部分地区，自由主义看起来疲惫不堪，有组织的左翼已经被瓦解。关于意识形态与治理的唯一斗争发生在右翼内部——威权主义者、传统保守派、技术官僚与激进的右翼极端分子之间。在整个1930年代，只有法国还存在左翼与右翼之间的内战，直到维希政权结束。在意大利、中欧和巴尔干半岛，右翼占据着主导地位。①

托洛茨基将波拿巴主义描述为"军警专制政权"：一旦两个社会阶层——富人和穷人、剥削者和被剥削者——之间的斗争达到白热化程度，官僚与军警的统治条件就建立起来了。政府变得"独立"于社会……这正是波拿巴主义的模式。马佐尔认为，新旧右翼政权之间存在着至关重要的区别，旧的右翼希望将时钟拨回到前民主精英时代，而新的右翼则通过大众政治工具来夺取并巩固政权。②

正如梅耶尔所说，独裁右翼政权的盛行反映了这样一个事实，即"直到1914年，整个欧洲拥有土地和军功的贵族继续在统治阶级中占据主导地位"。事实上，尽管英国和法国的自由资本主义制度在欧洲大陆的金融领域占据主导地位，但这种独裁贵族统治在中欧又继续存在了长达25年。因此，反革命是现有政治和社会秩序的延续。

相比之下，法西斯主义代表了自下而上的反革命。它很少以其纯粹的形式出现［例如，在西班牙，法西斯主义运动从属于佛朗哥（Franco y Bahamonde）的军事独裁统治］。除了法国，德国和意大利是欧洲大陆工业化程度最高的两个经济体，这并非偶然。当然，这两个社会都是在不均衡发展与联合发展相结合的过程中形成的。因此，它们展示了德国马克思主义者恩斯特·布洛赫（Ernst Bloch）在1930年代中期所提出的"非同时代的共时性"（contemporaneity of the non-contemporaneous），即代表着不同历史时代社会形态的共存：鲁尔的钢铁厂或都灵的汽车厂与东普鲁士的贵族地主庄园或意大利南部的大庄园共存。在普兰查斯（Poulantzas）看来，它们是"继俄国之后帝国主义链条中最薄弱的环节"。

法西斯主义的动态表现，特别是在最纯粹的国家社会主义（National Socialism）中主要涉及以下四个方面：（1）代表一种承诺与当下发生革命

---

① Mark Mazower, *Dark Continent*: *Europe's Twentieth Century* (London: Allen Lane, 1998), p. 28.

② 参见上书，第28-29页。

性决裂的政治风格；（2）作为一种意识形态，反对以种族为基础的民族社区和破坏性的外来者，尤其是"世界性的犹太金融资本"，并以恶毒地反对马克思主义为特征；（3）组织一场群众运动，特别是从小资产阶级中招募成员组建准军事组织；（4）作为一种激进化的动力，它充分地体现在纳粹试图消灭欧洲犹太人的过程中。

当然，统治阶级不会轻易地考虑让这种政党上台，只是准备在走投无路的情况下铤而走险支持它们，即用其来对抗工人阶级。尽管工人阶级的力量因革命运动的失败（1918—1923年德国革命的失败和1920年9月意大利工厂占领运动的失败）而受到了削弱，但仍然保留了极强的组织和斗争精神，令军政独裁者感到棘手。

法西斯主义运动提供了粉碎和分裂有组织的工人阶级所需的动力。然而，不论统治阶级多么不情愿，正是由于其支持，法西斯主义独裁者才得以上台执政。墨索里尼和希特勒的上台都未事先赢得自由选举，在上台后，他们开始镇压左翼，并将权力集中在自己手中。

托洛茨基关于德国的著述的伟大之处在于，他理解法西斯主义的特殊性及其给工人运动带来的致命威胁。他对法西斯主义发展动态的洞察止步于权力的夺取。在某种程度上，这反映了他对法西斯主义政党与统治阶级之间矛盾的深刻认识。他设想这些问题将以有利于后者的方式得到解决。最终，法西斯国家以军事失败而告终。正如历史学家罗伯特·帕克斯顿（Robert Paxton）简洁明了地指出的那样："好大喜功的意大利和德国法西斯主义政权将自己赶下了悬崖。"[1]

安东尼奥·葛兰西（Gramsci Antonio）认为，在第一次世界大战期间爆发的资本主义生产方式的"有机危机"（organic crisis）不仅引发了俄国革命以及其他效仿俄国革命的尝试，还引发了资本为使其自身得以生存而重建体制的探索。葛兰西使用"被动革命"（passive revolution）这个概念来解释这些反应。被动革命在于分子的变化逐渐改变了原有的力量构成，从而成为新变化的母体。这涉及试图捍卫现有的资本主义生产方式，并通过融入一些使生产力社会化的压力来避免其被推翻。

在两次世界大战之间的反革命和全球萧条时代，被动革命主要有两种形式。第一种是法西斯主义，它将经济干涉主义与对工人运动的系统镇压相结合。第二种即葛兰西所说的"美国主义和福特主义"，它随着富兰

---

[1] Robert Paxton, *The Anatomy of Fascism* (New York: Alfred A. Knopf, 2004), p. 171.

林·罗斯福的新政而达到高潮。

葛兰西在1933年所做的分析存在一个重要的限制性条件，即此时大萧条和这些政治反应都处于早期阶段，因此他不知道法西斯主义和新政都无法克服经济危机。这些问题的解决方案随着二战的爆发而出现。在二战中，美国式的自由帝国主义击败了法西斯帝国主义，美苏之间的竞争导致在战争期间发展起来的军事经济持续存在。法西斯主义可能是对最严重的资本主义危机的回应，但它并非解决方案。

二、当今的极右翼与"永久灾难"

与上述"灾难时代"相同的一点是，当今也是一个多灾多难的时代，它有三个突出特征。一是美帝国主义的衰落。自1945年以来，美国在全球GDP中所占的份额持续下降，并因阿富汗和伊拉克问题而遭受严重的地缘政治失败。二是金融驱动下的增长乏力（长期萧条）因人类与自然之间的关系陷入日益严重的危机而加剧。1980年代建立的新自由主义经济体系涉及全球生产结构调整和放松金融监管，但未能克服1960年代—1970年代在发达资本主义国家产生的盈利危机。这些危机趋势与克里斯·哈曼（Chris Harman）所说的资本的新限度——马克思所说的劳动与自然的新陈代谢——融合在全球新型冠状病毒疫情中，这是气候变化将造成更严重的灾难的预兆。三是新自由主义引发的一系列运动和反抗与反动运动的发展并驾齐驱。自1990年代末以来，新自由主义资本主义的破坏性越来越大，引发了约瑟夫·库拉纳（Joseph Choonara）所描述的左翼反抗的三个周期：墨西哥的萨帕蒂斯塔起义和全球南方尤其是玻利维亚的反新自由主义起义，以及又一次全球性的国际运动和反对伊拉克战争的国际运动（1994—2005年）；阿拉伯街头抗议，以及"占领华尔街"运动（2011年）；自2019年春季开始的"新一轮反抗运动"——阿尔及利亚和苏丹的起义，以及智利、厄瓜多尔、哥伦比亚、黎巴嫩、海地、几内亚等国的大规模抗议。2020年夏季美国的"黑人的命也是命"（Black Life Matters）运动得到世界各地的声援。然而，这些运动与极右翼在全球范围内的崛起形成了反差，后者不仅以选举取得突破（莫迪、特朗普和博索纳罗）为标志，还以埃及（2013年）、泰国（2014年）、玻利维亚（2019年）和缅甸（2021年）的一系列政变为标志。

第6章　新自由主义资本主义内爆：全球灾难与当今的极右翼

总之，新自由主义资本主义正在经济危机、政治危机和生态危机等多维危机中崩溃。珍妮特·耶伦（Janet Yellen）出任拜登政府财政部部长后，在写给下属的信中说：拜登总统在讲话中提到了"四大历史性危机"，包括新型冠状病毒疫情危机、气候危机、系统性种族主义危机以及持续了50年的经济危机。

其结果就是一场霸权危机，但左翼没有取得任何突破，甚至连稍微可以与俄国十月革命相提并论的成就也没有。在北半球，最进步的斗争可能就是希腊在2010—2012年反对欧盟实施的紧缩政策。这导致激进左翼联盟党于2015年1月在选举中获胜，但该党领导人、总理亚历克西斯·齐普拉斯（Alexis Tsipras）却在六个月后屈服于布鲁塞尔和柏林。由美国的伯尼·桑德斯和英国的杰里米·科尔宾领导的改革派左翼的崛起遭遇了选举失败。然而，爱尔兰是一个重要的例外，激进左翼政治组织"人民先于利润"（People before Profit）取得了重要的发展。

由于新自由主义时代的不满情绪不断积累，全球金融危机造成的经济苦难和错位加剧了极右翼思潮在过去几年里大幅扩散。这些思潮已经成功地将由此产生的愤怒转移到了"国际化精英"以及移民和难民身上。与两次世界大战期间的极右翼相比，当今的极右翼有四个显著特征。

首先，当今极右翼的出现有着更为广泛的社会背景。在北半球，极右翼不再像1920年代—1930年代那样直接地反对革命以及针对左翼的发展。在1960年代末1970年代初全球工人斗争蓬勃发展的刺激下，新自由主义努力使阶级力量的平衡重新转向了有利于资本的方向。我们今天可以看到新自由主义秩序的瓦解，但工人们自下而上的斗争尚未形成足够强大的动力，无法提供一种能够激发大众想象力的进步选择。这使极右翼得以利用失调的现状所引发的不满和愤怒。

其次，当今极右翼的第二个显著特征体现在意识形态的重大转变方面。如今，极右翼意识形态的关键元素是"伊斯兰恐惧症"（Islamophobia）。由于乔治·W.布什（George W. Bush）和托尼·布莱尔（Tony Blair）发起的"反恐战争"未能巩固美国在中东的主导地位，"伊斯兰恐惧症"在西方社会根深蒂固。然而，极右翼意识形态的内容与以往也存在一定的连续性：(1) 对左翼的敌意仍是一个重要元素。在拉丁美洲，根据皮埃尔·布迪厄（Pierre Bourdieu）的说法，更传统的反共主义与针对当地穷人的阶级种族主义融合在一起，在玻利维亚和委内瑞拉反对左翼政府的运动中更是这样；(2) 反犹主义仍然是其很重要的组成部分，特别是对于法西斯主义者而言。

再次，当今极右翼的第三个显著特征是，种族主义-民粹主义选举型政党（electoral parties）占据主导地位，尽管其中也存在着危险和法西斯主义元素。在欧洲，当今的时代背景与1920年代—1930年代截然不同，当时威权政权的发展在很大程度上是传统农业精英统治的延续。1945年之后，在美国的指导下，西欧重建为自由资本主义提供了一个更加稳固的基础。由于主流政党的软弱无力，当今极右翼倾向于成为能够跻身于大联盟的局外人，比如意大利的联盟党（Lega）、德国的选择党（AfD）等。然而，当今极右翼也呈现出多样性。有些政党努力取得选举胜利。它们也关注种族主义-民粹主义主题，但却寻求激进的威权主义解决方案，如法国的国民联盟（Rassemblement National）。

最后，当今极右翼的第四个显著特征是，虽然受益于对新自由主义的不满情绪，但却缺乏有特色的经济计划。事实上，一部分政党——特别是德国选择党和英国独立党/英国脱欧党——融合了欧洲怀疑论和经济极端自由主义。导致极右翼具有更大影响力的全球金融危机意味着经济自由主义的失败。然而，当今极右翼在提出可以与新自由主义经济体系媲美的方案方面并没有实现任何突破。

正如上文所示，主流保守派、极右翼与彻底的法西斯主义阵营之间的界限非常模糊。这种流动性是不可避免的，特别是在瞬息万变的情形下，例如当博索纳罗和特朗普等人突然变得位高权重时。这甚至像历史学家恩佐·特拉维索（Enzo Traverso）所认为的那样，我们正在面对的是"后法西斯主义"。

此外，选举政治在当今极右翼中的主导地位也掩盖了问题的实质，因为它给领导人施加了压力，要求他们与希特勒和墨索里尼的野蛮行径划清界限。然而，就像在两次世界大战期间一样，精英政治与草根运动之间存在着相互作用，这可能有利于真正的法西斯分子。美国或许是体现这种相互作用的最佳例证。

三、美国：链条中的薄弱环节吗？

将美国描述为发达资本主义世界的薄弱环节似乎非同寻常。毕竟，美国仍然是霸权国家，其军事和财政实力远远超过其他任何国家。然而，这

第 6 章　新自由主义资本主义内爆：全球灾难与当今的极右翼

是我们必须认真思考的问题，尤其是以下三个方面。

一是新自由主义和全球金融危机累积的经济影响。特朗普"让美国再次伟大"的言论将美国描绘成全球化的受害者，但美国的大型银行和企业不会认同这一观点。它们从生产全球化和彼得·高恩（Peter Gowan）所谓的"美元-华尔街体系"中获益匪浅。此外，五大信息技术巨头（脸书、亚马逊、苹果、奈飞和谷歌）代表了美国主宰资本主义未来的雄心。然而，罗伯特·布伦纳（Robert Brenner）认为，2020 年 3 月美国政府的救市表明：

> 在美国经济表现如此糟糕的情况下……两党的政治团体及其主要的政策制定者有意或无意地得出了一个鲜明的结论。确保非金融和金融公司再生产的唯一方法是在政治上干预资产市场和整个经济，以便通过直接的政治手段为财富的向上再分配提供财力保障……长期以来，随着政治掠夺的加剧，我们面临的是日益恶化的经济衰退。[①]

对于大部分美国人来说，过去的一代人经历的是工资被压缩，在全球金融危机期间大量制造业的就业、储蓄和房产的蒸发，以及家人在中东战争中丧生、变成残疾和遭受创伤。这种经历被特朗普与共和党人利用了。

二是功能失调的政治结构越来越有利于共和党。大大小小的资本都受益于旨在保护财产不受多数公决原则影响的宪法。许多机制确保了这一宗旨：即使在普选时代，总统仍然是由选举人团间接选举产生；参议院权力很大，但极其不具代表性，各州无论人口差异如何，都有相同的代表权；华盛顿的政治僵局强化了有终身任期的最高法院法官作为宪法仲裁者的权力。由于以下原因，资本的特权还得到了进一步的支持。这些原因包括：简单多数制选举制度将政治竞争限制在两个根深蒂固的亲资本主义政党之间；法院认可富人向政治家提供资金的权力。近年来，共和党利用不公正的选区划分和对选民的压制来巩固自身地位，尤其是在州议会和国会中的地位。所有这一切都对资本家非常有利，资本家已经派人打入各级国家机构，其结果是形成了一个基本上不受任何民众运动影响的政治体系。

三是种族分裂。所有发达资本主义国家都存在种族主义，但没有哪个国家的种族压迫比美国更严重。奴隶制和定居殖民主义（settler colonialism）被铭刻在宪法中。19 世纪上半叶，美国不断地进行领土扩张并开启

[①] Robert Brenner, "Escalating Plunder," *New Left Review* 123, 2 (2020): 22.

了工业革命，白人奴隶主与小生产者之间复杂而紧张的平衡关系被打破。林肯（Lincoln）通过采取越来越革命的手段赢得了南北战争——最重要的是，他发布了《解放黑人奴隶宣言》（*The Emancipation Proclamation*），并将这些获得自由的奴隶武装起来。然而，在1865年联邦取得胜利后，黑人及其白人盟友重建南方的尝试失败了，这意味着宪法第十四和第十五修正案正式赋予非裔美国人的法律与政治上的平等地位被剥夺了。尤其是在南方，他们受制于种族隔离制度。1950年代—1960年代的民权运动提升了部分黑人中产阶级的地位，但非裔美国人仍处于社会经济阶层（the socio-economic ladder）的底部。此外，他们是系统性国家暴力的对象。受根深蒂固的种族主义制度的引导，很多白人至上主义者将他们的不满发泄在黑人、拉丁裔和穆斯林身上。

在此背景下，自2015—2016年总统竞选开始，特朗普就利用人们对美国政府的腐败和政治僵局的愤怒以及美国公民的种族主义，最终在2016年11月的大选中获胜。然后，他利用同样的因素在其混乱的任期内站稳脚跟，并在2020年11月获得了7 400多万张选票。

从长远来看，特朗普对美国右翼政治的变革更值得关注。这场变革始于迈克·戴维斯（Mike Davis）所描述的"他在2017—2018年对共和党的迅速接管和无情清洗……特朗普的核心优势是他在美国民众中令人震惊的人气及其大量推文引发的狂潮"[1]。此外，特朗普还将国家领导力、媒体关注和政治合法性赋予了众多极右翼团体，并与其存在互动。

本章开头提到的国会大厦暴力袭击事件导致特朗普与美国统治阶级真正决裂。但毋庸置疑，特朗普已经打开潘多拉魔盒，一场情势危急的法西斯主义运动可能应运而生。蒂莫西·斯奈德（Timothy Snyder）做出了颇具洞见的区分：

> 目前，共和党是两类人的联盟：那些想操纵体制的人（大多数政客、部分选民）和那些梦想打破体制的人（一些政客、许多选民）。2021年1月，这一点在保卫现有体制的共和党人与试图颠覆现有体制的共和党人之间表现得显而易见。[2]

这里的重要问题不是这两个派别是否能够以某种方式坚守在一起。

---

[1] Mike Davis, "Trench Warfare: Notes on the 2020 Election," *New Left Review* 126, 2 (2020): 17.

[2] Timothy Snyder, "The American Abyss," *New York Times*, January 9, 2021.

第 6 章　新自由主义资本主义内爆：全球灾难与当今的极右翼

"真正的特朗普主义者"的竞选实力是其保持不分裂的强大诱因。在1月7日舆观（YouGov）进行的一项民意调查中，45%的共和党人支持对国会大厦的袭击。在1月23日至25日进行的民意调查中，81%的共和党选民表示，他们仍然对特朗普持积极态度。支持弹劾特朗普的共和党人只占13%，相比之下，92%的民主党人和52%的无党派人士支持弹劾特朗普。特朗普在国会中的拥护者无疑主要是受到了他们自己的政治野心的驱使，尤其是为特朗普的支持者的规模和忠诚所吸引。然而，为了满足这些支持者，他们必须模仿特朗普的极化言论。

由此产生的政治与意识形态斗争可能会为真正的法西斯势力提供机会。企业对2021年1月6日国会大厦遇袭事件的强烈反感表明，如今的情况已与1920年代初的意大利或1930年代的德国大不相同。无论是在美国还是在欧洲，垄断资本都不会不顾一切地寄希望于威权主义解决方案，更不用说法西斯主义了。

然而，我们不能对当前垄断资本不愿意支持极右翼威权主义的状况过于乐观。首先，情况可能会进一步恶化，特别是对于美国而言。美国有线电视新闻网（CNN）和英国《金融时报》（*Financial Times*）的拉纳·福鲁哈尔（Rana Foroohar）给出了一个有趣的预测，将比特币泡沫、1月6日的帝国衰落和美联储的宽松货币政策联系在一起：

> 比特币等高度波动的加密货币的流行有可能被解读为一个新的世界秩序的早期信号。在这一秩序中，美国和美元的角色将不再重要。比特币的崛起反映出，部分投资者相信，随着2008年金融危机后旨在稳定市场的货币政策让位给新型冠状病毒疫情后不断加剧的美国债务货币化，美国最终将在某些方面效仿魏玛时期的德国。①

当今资本主义所面临的多重危机的严重性可能会鼓励部分统治阶级对劳动人民发动更加残酷的攻击，并试图利用足够强大的法西斯主义运动来使这种攻击长期持续下去。我们已经看到了乌戈·帕列塔（Ugo Palheta）所说的自由资本主义国家的"威权强化"。马克龙（Macron）领导下的法国就是一个明显的例子，它采取了大量的镇压措施。反法西斯主义者在过去50年里的金玉良言是：历史告诉我们，必须在法西斯主义者一出现时

---

① Rana Foroohar, "Bitcoin's Rise Reflects America's Decline," *Financial Times*, February 15, 2021.

就立即动员起来，在他们变得太强大而难以被击败之前将他们粉碎。

其次，存在着促成上文预言实现的危险。极右翼有可能充分破坏政治体系的稳定性，以致部分统治阶级欢迎法西斯主义者，认为其有能力恢复秩序。自2016年以来，美国和英国政坛遭遇的准内爆（quasi-implosion）表明了一个复杂体系中表面上看起来很小的变化如何能够引发突然且令人困惑的转变。

四、自下而上地打击法西斯主义

梅森认为："我们必须面对它。美国法西斯主义有平民化的民众基础，特朗普选择了领导它。"无论是在美国还是在国际社会，激进和革命的左翼所面临的挑战都是如何对抗这一日益危险和紧迫的威胁。梅森的策略是增加国家的镇压能力，并与自由中间派结盟：

> 在20世纪，面对法西斯主义，所有发现自己是被攻击对象的马克思主义政党都发现：反法西斯的暴力是不够的——它不能与法西斯主义暴力的攻击性与变幻莫测相匹敌；你必须呼吁国家捍卫民主和法治……你是在对抗资产阶级。我们要么采取策略推翻他们……要么利用统治阶级内部的分歧，利用民主留给左翼和工人运动的空间展开充分动员，捍卫我们所拥有的……

> 汉娜·阿伦特（Hannah Arendt）将法西斯主义描述为"精英和暴民的临时联盟"。这正是2021年1月6日发生的事情……1930年代欧洲的教训是，唯一能击败精英和暴民联盟的是中左翼临时联盟。当这种情况发生时，就像1934—1936年的法国和西班牙一样，你不仅能够赢得选举，还能够创造一种大众流行的反法西斯文化。①

就梅森的文章所给予的一切启示而言，这是一个灾难性的错误策略。首先，他提出了一种错误的二分法。实际上，只有结束资本主义的社会主义革命才能消除法西斯主义的威胁。然而，此时此地，我们应该"利用民主所允许的空间"。在批判斯大林的"第三时期"政策（将改良主义与法

---

① Paul Mason, "The Trump Insurrection: A Marxist Analysis," *Medium*, January 12, 2021, https://medium.com/mosquito-ridge/the-trump-insurrection-a-marxist-analysis-dc229c34cdc1.

第6章 新自由主义资本主义内爆：全球灾难与当今的极右翼

西斯主义混为一谈）时，托洛茨基提出了一个非常精辟的见解，强调了工人运动对捍卫这一空间的重要性：

> 在数十年中，工人们通过利用和反对资产阶级民主，在资产阶级内部建立起了自己的堡垒和根据地，包括工会、政党、教育和体育俱乐部、合作社等。无产阶级不可能在资产阶级民主所允许的范围内获得权力，而必须走革命的道路。这已经得到了理论和实践的证明。资产阶级国家内部的这些工人民主堡垒对于走革命道路是绝对必要的。①

尽管自1930年代以来，发达资本主义国家工人阶级的生活发生了变化，但出于托洛茨基所给出的原因，捍卫资产阶级民主仍然至关重要。他认为，这需要通过阶级斗争而不是阶级合作的方式来实现。1935年，在之前的阶级斗争策略在德国失败后，共产国际采取了"人民阵线"战略，这相当于是工人运动与自由资产阶级之间的联盟。这便是梅森所倡导的方法的本质，但它同样会导致灾难，就像在1930年代所发生的那样。

要了解其中的原因，我们需要回到1934年2月6日的巴黎。当时，法国极右翼临时联盟迫使总理达拉第辞职，这一胜利引发左翼做出了更强烈的反击。布赖恩·詹金斯（Brian Jenkins）和克里斯·米灵顿（Chris Millington）在其关于1934年2月6日事件的研究中写道：

> 法国共产党和社会党立即谴责极右翼临时联盟的行动是企图发动法西斯政变。2月9日，共产党组织了一次示威游行作为反击，在此期间，四名男子在与警察发生的冲突中丧生……2月12日……社会党和法国总工会（CGT）发起了总罢工。共产党没有打算加入这一行动。相反，它继续谴责社会党是2月9日杀害工人事件的同谋。然而，共产党无法阻止其成员在巴黎街头自发地与社会党成员一起采取行动。两党普通成员团结一致的表现为两党联盟带来了希望。……到了1934年7月，社会党和共产党结成了反法西斯主义的正式联盟，即人民联盟（the Rassemblement Populaire）。翌年，激进党的加入使联盟进一步扩大。1936年6月，当安德烈·莱昂·勃鲁姆（André Léon Blum）成为法国第一位社会党总理时，这个"人民阵线"在大

---

① Leon Trotsky, *The Struggle against Fascism in Germany* (New York: Pathfinder Press, 1971), pp. 158–159.

选中获胜。①

因此，上述1934年2月6日的事件导致了左翼与右翼的进一步两极分化。詹金斯和米灵顿强调，1934年2月12日法国社会党和共产党的联合示威活动比2月6日的示威活动更为声势浩大，团结一致的浪潮席卷全国，346个地方发起了示威游行和罢工。两党领导人走向团结在很大程度上是因为受到了来自下层的压力。

然而，正如梅森暗示的那样，人民联盟扩大（包括激进党的加入）和人民阵线的形成并非自然发展的结果。法国社会党和共产党属于工人阶级，名义上是马克思主义政党。然而，激进党是第三共和国的主要政党。与激进党结盟实际上意味着使工人阶级的利益服从法国资本家的利益。

具有讽刺意味的是，正是2月6日被迫下台的达拉第在1938年4月以中右翼联盟取代了勃鲁姆短暂的第二届政府，最终埋葬了人民阵线。他于1938年9月与希特勒签署了《慕尼黑协定》（Munich Agreement），镇压了当年11月的总罢工，并于1939年8月取缔了共产党。正如以往经常发生的那样，赋予国家更大的行政权力就会锻造出用来对付左翼的新式武器。

因此，1930年代法国的经历几乎不能表明"中左翼临时联盟"是击败法西斯主义的途径。中间派不仅没有坚持斗争，反而背叛了革命。当我们考虑当代"极端中间派"的性质时，这种历史判断得到了进一步的证实。其主要的政治代表包括希拉里·克林顿（Hillary Clinton）、巴拉克·奥巴马（Barack Obama）、托尼·布莱尔等。这些新自由主义秩序管理者的失败是当前危机的根源。与其同类结成联盟会让极右翼更容易成为现状的真正挑战者。

我们还有另一种选择——大规模动员以阻止法西斯分子的组织和游行，这是从1930年代反对英国法西斯联盟、1970年代反对纳粹联盟以及最近反对英国国家党（British National Party）、保卫英国联盟（English Defence League）的斗争中获得的经验。

正如托洛茨基所说，开展大规模反法西斯运动需要的不是人民阵线，而是统一战线。换言之，就是将不同政治倾向的左翼、改革派和革命派以及更广泛的工人阶级组织联合在一起，动员起来反对法西斯。这绝非易

---

① Brian Jenkins and Chris Millington, *France and Fascism: February 1934 and the Dynamics of Political Crisis* (London and New York: Routledge, 2015), pp. 126–127.

第 6 章　新自由主义资本主义内爆：全球灾难与当今的极右翼

事，更为重要的是，与社会民主派的结盟开启了通往"极端中间派"的道路。如果没有真正的改革派力量的参与，反法西斯主义者深入劳动人民的生活和组织的能力就将受到致命的限制。

因此，击败法西斯的方法就是在左翼统一战线的基础上自下而上地动员起来反对法西斯。然而，本章的分析突出了危机、革命与反革命三者之间的相互作用，这些相互作用推动了两次世界大战之间和当今极右势力的崛起。如我们所见，灾难时代也是一个反抗的时代。第一个天灾之年取得了重要胜利——希腊法西斯"金色黎明党"领导人入狱，玻利维亚政变发生逆转。"黑人的命也是命"运动的抗议活动表明，反种族主义已经成为一股动员力量，它远远超出了黑人社区甚至美国的范围。这类运动可以通过召唤一种进步和民主的方式来取代新自由主义帝国主义，从而削弱法西斯主义的力量。

第二编
数字资本主义/平台资本主义

第7章　数字资本主义的算法逻辑[*]

詹纳吉·浦若迪尼克/文　　陈文旭/译

一、引言

近年来，社会科学和相关学术领域愈发重视研究算法及其对社会关系、日常生活的影响。算法与计算机技术乃至数学密切相关，尽管它不是什么特别新的事物，但围绕算法展开的讨论已经悄然超越了所谓"硬科学"的狭隘范畴。如今，学者们在分析诸如政治传播、竞选活动和潜在选民的大规模微观目标定位、股票市场自动化交易等各类金融交易、技术革新对新闻业的影响等主题时，算法正占据着中心地位。在医疗保健、贷款审批、运输、交通管制等领域，算法的影响都得到了高度重视。批判性分析已经证明，算法对"数字贫民窟"的构建有着重要影响——它在国家管理和贫困资格审查系统中的作用日益突出。[①] 在提及物联网建设和云计算技术、搜索引擎、数字社交网络平台和各种推荐机制，以及旨在跟踪和控制用户行为模式的排名、声誉和个性化工具时，也不能忽视其中的算法因素。

以上只是列举了近期研究中学者们聚焦的一些最突出的问题。实际上，我们生活的许多方面每天都会受到算法的影响。如今，算法几乎在所

---

[*] 本章原载：《国外理论动态》2022年第6期。原文来源：Jernej Prodnik, "Algorithmic Logic in Digital Capitalism," in *AI for Everyone? Critical Perspectives*, ed. P. Verdegem (London: University of Westminster Press, 2021), pp. 203-222. 翻译有删减。詹纳吉·浦若迪尼克（Jernej Prodnik）：斯洛文尼亚卢布尔雅那大学社会科学学院。陈文旭：北京大学马克思主义学院。

[①] 参见 Virginia Eubanks, *Automating Inequality: How High-Tech Tools Profile, Police and Punish the Poor* (New York: St. Martin's Press, 2018).

有社会领域都发挥着核心作用，并引发了各类伦理道德问题。①

在数字环境中，算法彼此重叠并相互影响，形成了分层算法系统或算法集合。② 本章不会对单个算法做抽象的解释，而是要关注这些算法集合（简称算法）的关键特征和社会后果。这将帮助我们揭示其社会影响力日益增长的根本原因。

所有技术都不可避免地被嵌入其发展所在的社会环境中并受环境的影响，因而本章将把算法视为竞争激烈和内在不稳定的资本主义社会的一部分，或者更狭义地说，作为数字资本主义的一部分。因此，本章旨在分析算法如何在数字资本主义中发挥作用、造成这种情况的关键原因以及它对整个社会的影响。考虑到算法的这些特征没有任何"自然"性，在研究数字资本主义时，需要建立传播政治经济学的理论框架。该框架以一种概括的方式指出了社会中存在的权力不对称现象，它还能使我们的分析超越那些在特定历史背景下具有有限价值的抽象概念。

二、理解资本主义的算法集合

与其他主题相比，学者们对算法的定义存在很大程度的重叠。例如，梅赛德斯·邦茨（Mercedes Bunz）指出，算法是"一组计算时需要遵循的规则"③。这一定义与泰纳·布赫（Taina Bucher）和罗伯·基钦（Rob Kitchin）的观点并无显著差异：前者认为算法"只是那些按照顺序、精心策划的指令的另一种说法"④，后者把算法看作"一组定义好的步骤，用于处理指令/数据以产出成果"⑤。从这个意义上说，所有计算机软件和数字技术基本上都是由算法组成的。⑥ 尽管这些定义是由社会科学家提出

---

① 参见 Brent Daniel Mittelstadt, et al., "The Ethics of Algorithms: Mapping the Debate," *Big Data & Society* 3, no. 2 (2016): 2-3; Mark Coeckelbergh, *AI Ethics* (Cambridge, MA: The MIT Press), 2020.

② 参见 Rob Kitchin, "Thinking Critically about and Researching Algorithms," *Information, Communication & Society* 20, no. 1 (2017): 18-21.

③ Mercedes Bunz, *The Silent Revolution* (New York: Palgrave MacMillan, 2014), p. 7.

④ Taina Bucher, "The Algorithmic Imaginary: Exploring the Ordinary Affects of Facebook Algorithms," *Information, Communication & Society* 20, no. 1 (2017): 31.

⑤ Rob Kitchin, "Thinking Critically about and Researching Algorithms," *Information, Communication & Society* 20, no. 1 (2017): 14.

⑥ 参见上书。

第 7 章 数字资本主义的算法逻辑

的，但它们无法解释清楚为何近年来算法产生了如此显著的社会影响。实际上，算法的广泛普及也并没有什么内在的技术必要性。

如前所述，本章的目标不是总结算法的普遍特征（即使这在社会科学中是可能的，或者说是有意义的），而是将它理解为现存历史时代的一部分。在这个时代，算法被捆绑在庞大而堆叠的数字集合中，主要受强大的资本主义公司控制。本章并非要将算法解释为技术或数学结构，而是想通过实施与执行算法时的社会动机、目的和后果来理解它。这种做法虽然更接近算法的流行定义，但也有明显的缺点。它留下了许多模棱两可的空间，要么会使分析范围过于广泛，要么过于关注所谓的"超级算法"而忽略了那些更基本的存在。然而，恰恰是这些基本算法最具影响力和重要性。因此，有必要对算法进行深入的研究。

1. 作为狭义人工智能的算法

在继续讨论之前必须指出，本部分将算法视为人工智能的一种狭义形式。除了所从事的任务之外，算法并没有多少自主权。虽然所谓的通用人工智能可以在各种各样的情况下做出智能的行为，并在面对新环境时运用智慧、模仿人类智能，但它仍然处于推测领域。[1] 而有时被称为"狭义人工智能"（narrow AI）的事物已经广泛存在于我们的日常生活中。它只能与通常被用于解决狭义任务的算法过程联系起来，这就意味着其应用不能被推广到其他功能领域。即使最先进的人工智能，也缺乏真正的理解能力，无法在自己的设计边界之外灵活运行。[2]

算法"不知道它不知道的东西"，人类则在复杂沟通、专家思维和创造性任务方面更具优势。[3] 对于计算机来说，执行非常规任务也是颇具挑战性的，因为人类拥有大量隐性知识和语境知识，而这些是人类自己都没有意识到的［所谓的波兰尼悖论（Polany's paradox）］。这种情况类似于

---

[1] 参见 Magaret A. Boden, *AI: Its Nature and Future* (Oxford: Oxford University Press, 2016); Nick Dyer-Witheford, A. M. Kiøsen and J. Steinhoff, *Inhuman Power: Artificial Intelligence and the Future of Capitalism* (London: Pluto Press, 2019), Chapter 1; Melanie Mitchell, *Artificial Intelligence: A Guide for Thinking Humans* (London: Penguin Press, 2019), Chapter 3; Mark Coeckelbergh, *AI Ethics*.

[2] 同上。

[3] 参见 Nicholas Diakopoulos, *Automating the News* (Cambridge, MA: Harvard University Press, 2019), pp. 29-30, 122; Mercedes Bunz, *The Silent Revolution*, p. 17; Melanie Mitchell, *Artificial Intelligence: A Guide for Thinking Humans*。

我们最基本和无意识的感觉运动能力——包括走路、操纵物体或理解复杂的语言，这些对于人类来说或许是非常简单的任务，但对于工程师来说却是最大的挑战之一［莫拉维克悖论（Maravec's paradox）］。目前，此类问题造成了难以突破的工程瓶颈。①

目前，人工智能的主导范式是机器学习，例如通过建立人工神经网络来模拟人类大脑。机器学习系统不是要构建一组自上而下地处理数据的逻辑规则，而是要使用一种归纳方法来构建模型——通常是基于统计计算和概率。统计模式识别方法以从数据中提取模型为前提，进而创建自己的推理模型。因此，系统所开发的解决方案是基于数据本身和这些算法原先习得的知识。②

如今，机器正不断学习数据，这就意味着那些能够获得更多/更好信息的操作者和机构会处于更有利的位置。这些操作者和机构可以提高手中算法的质量、效率和能力。在描述数字资本主义算法的特点时，本章将回到这一重要问题上。尽管如此，作为一种狭义人工智能，这些系统目前还只能归纳它们用于训练的数据，因此，这只是模拟了真实的智能。

2. 在资本主义中嵌入算法

算法是一个具有确定趋势和基本特征的系统，它影响着在其内部运作的所有现象。尽管这些趋势可以在许多方面——最明显的是通过政治法规——被抵消或部分中和，但它们是现存的动态社会结构的产物。算法并不预设结果，但它的确设定了框架，考虑了该系统内的各种可能。③ 换句话说，资本主义运作有其特定的逻辑，而这种逻辑的影响可以在这个系统内部运作的各种现象中被识别和分析。

沃尔夫冈·施特雷克（Wolfgang Streeck）认为，资本主义社会是一个以资本主义方式建立经济的社会，它通过自由的契约交换将其物质供应与以货币单位衡量的私人资本积累结合起来。④ 与19世纪的社会科学家

---

① 参见 Carl Benedikt Frey, *The Technology Trap: Capital, Labor, and Power in the Age of Automation* (Princeton: Princeton University Press, 2019), pp. 233 - 236。

② 参见 Magaret A. Boden, *AI: Its Nature and Future*; M. Mitchell, *Artificial Intelligence: A Guide for Thinking Humans*; Nick Dyer-Witheford, A. M. Kiøsen and J. Steinhoff, *Inhuman Power: Artificial Intelligence and the Future of Capitalism*, pp. 8 - 15; James Bridle, *New Dark Age: Technology and the End of the Future* (London: Verso, 2018), Chapter 6。

③ 参见 Andrew Collier, *Critical Realism* (London and New York: Verso, 1994)。

④ 参见 Wolfgang Streeck, "How to Study Contemporary Capitalism?" *European Journal of Sociology* 53, no. 1 (2012): 5 - 9。

相似，施特雷克强调在社会与经济之间不可能存在任何严格的经验分离，两者具有相关性。此外，由于这是一个需要不断扩展且只有在运动时才能保持稳定的矛盾系统①，经济关系会不断尝试以商品化来消耗非经济关系。因此，竞争力、永久革命性——以持续变化、创新、不稳定性和不确定性为前提——以及资本扩张是这一体系的重要组成部分，它影响着所有社会关系。②

基于前文所述，在传播政治经济学的批判性和整体性方法中，完全脱离更广泛的资本主义背景，孤立地研究算法是不合适的，也是不可能的。当今主要的算法由世界上最大的几家公司开发和拥有。字母表、脸书、微软、苹果、亚马逊或许仅仅被视为科技公司，但它们正在扩张并影响着经济领域的其他分支，进而影响着我们的生活。许多主要充当数字平台的公司，例如优步（Uber）或爱彼迎（Airbnb），给最具有重要区位意义的地区乃至周边外围地区都带来了类似的经济混乱。③甚至汽车公司特斯拉也认为自己首先是一家创新科技公司，并将其总部设在硅谷。

算法不仅在上述所有案例中扮演着最重要的角色之一，还清楚地表明"纯数字"项目已经变得不可能。算法将以某种方式从非数字世界中分离出来。在数字资本主义中，随着商品化渗透进我们的生活、社会实践和社会关系的方方面面，许多在从前十分明确的分界线已逐渐融合或完全瓦解。④

尽管大型数字公司在许多领域开辟了新天地，但它们并非完全区别于传统的公司。这些数字公司依旧追逐短期或长期利益，积极寻找其他可以扩展的新领域，同时也不断地努力创新和扩大市场占有份额。这些非常基本的追求在很大程度上限定了这些公司设计算法的方式，以及最初开发算法的动机。帕什科·比利奇（Paško Bilić）指出，这是不能将算法简单地视为技术人工制品的主要原因之一。以字母表公司为例，算法同时"也是

---

① 参见 Jernej Amon Prodnik, "3C: Commodifying Communication in Capitalism," in *Marx in the Age of Digital Capitalism*, eds. Christian Fuchs and Vincent Mosco (Leiden: Brill, 2016), pp. 233-321。

② 参见 Wolfgang Streeck, "How to Study Contemporary Capitalism?" *European Journal of Sociology* 53, no. 1 (2012): 5-9。

③ 参见 Nick Srnicek, *Platform Capital* (Malden: Polity, 2017)。

④ 参见 Jernej Amon Prodnik, "3C: Commodifying Communication in Capitalism," in *Marx in the Age of Digital Capitalism*, eds. Christian Fuchs and Vincent Mosco, pp. 233-321。

控制和支配市场的商业策略"①。在进一步思考算法的特征之前,应该先考虑到这一点。

三、算法的基本特征及其结构性原因

通过对上述算法文献的研究,可以发现数字资本主义中算法的四个基本特征:不透明与模糊性、数据化、自动化以及工具理性。由结构性原因所造成的这些特征,也有可能对社会关系和社会整体产生更广泛的影响。虽然这些特征从分析层面可以人为地分离,但它们在实践中是完全相互关联的,并且经常相互强化。前面提到的重点是,这些特征不应被视为算法的普遍固有的特征,因为它们在很大程度上是数字资本主义的产物。换言之,在不同的政治经济背景下,可能有其他结构性原因在起作用,从而导致这些基本特征发生变化,或者至少是其突出程度发生变化。

1. 不透明与模糊性

算法的第一个基本特征是不透明与模糊性,这主要是其保密性和限制性产生的结果,也是其技术复杂性和多样性产生的结果。本质上,算法的实际操作在很大程度上是不可理解或难以理解的,甚至对于专家来说也是如此。虽然我们对主要算法有了基本的了解,但要分辨它们的具体工作方式、收集的数据、使用方式、某些结果最终出现的原因以及谁可以访问这些结果等方面的细节要困难得多,甚至是不可能的。譬如,弗兰克·帕斯奎尔(Frank Pasquale)指出:"算法是秘密和限制性的黑箱。这似乎是一个恰当的比喻,因为它既是一个记录设备,又是一个隐秘工作的系统。我们可以观察它的输入和输出,但无法分辨其中的一个形态是如何变成另一个形态的。"② 算法对社会的形态和方向有着广泛的影响,它们"不透明,无法被外界批评;它们的参数、意图和假设不可分辨"③。

---

① Paško Bilić, "The Production of Algorithms and the Cultural Politics of Web Search," in *Technologies of Labour and the Politics of Contradiction*, Basingstoke, eds. Paško Bilić, J. Primorac and B. Valtýsson (New York: Palgrave Macmillan, 2018), p. 71.

② Frank Pasquale, *The Black Box Society* (Cambridge, MA: Harvard University Press, 2015), p. 3.

③ Michele Willson, "Algorithms (and the) Everyday," *Information, Communication & Society* 20, no. 1 (2016): 137-150. DOI: https://doi.org/10.1080/1369/18X.2016.1200645.

这一特征有三个主要的结构性原因。第一个结构性原因是，它们是私人拥有的，并受各类知识产权（版权、专利、商标等）的保护，这些知识产权通常被假定为保密的。正如帕斯奎尔所强调的，"大公司抵制实质性的披露，并将重要的决策隐藏在技术和样板合同背后"[1]。尽管大多数拥有算法的公司都有明显的商业理由让它们保持不透明——作为算法的一部分，脑力工作在与其他公司竞争时可以成为一个重要的市场优势，但使算法完全透明也可能导致安全漏洞和操纵企图。一个明显的例子是流氓网站与搜索引擎的博弈。

即使算法的工作方式完全透明，如果大多数互联网用户试图更好地理解算法，他们也会遇到严重的问题。因此，数字鸿沟可以被视为算法具有不透明性的第二个结构性原因，这可能与非专业用户缺乏专业数字素养和编程知识有关。权力不对称和社会不平等正在导致数字领域与非数字领域的排斥。例如，皮尤研究中心（Pew Research Center）在2018年进行的一项民意调查显示，大多数脸书用户几乎不知道他们的新闻推送是如何产生的。因此，我们只能想象，大多数互联网用户还远远无法理解算法的复杂性。

理解算法是如何运行的不仅对于互联网普通用户来说不容易，甚至对于专家来说也不是一件容易的事情。有几个因素导致了这一现象，包括它"总是有些不确定的、临时的和混乱的、脆弱的成就"，这些成就往往是由不断变化的大型程序员团队来完成的，团队彼此之间的分工高度专业化，这导致很难对整个编程过程进行总体把握。例如，在对金融算法的分析中，有时"黑箱是如此有效，以至于它们甚至'愚弄'了其创造者"[2]。这是算法具有不透明性的第三个结构性原因，它可能与我们所说的分层算法的大集合密切相关，这些算法相互关联、相互影响、不断扩展。此外，亚符号人工智能系统的结果，譬如在机器学习中越来越多地使用的深度学习神经网络将会难以解析，因为它们并不使用人类能够理解的符号和逻辑。

2. 数据化

大多数算法在没有处理数据的情况下几乎没有任何意义，甚至无法运

---

[1] Frank Pasquale, *The Black Box Society*, p. 61. 参见 Rob Kitchin, "Thinking Critically about and Researching Algorithms," *Information, Communication & Society* 20, no. 1 (2017): 20.

[2] Frank Pasquale, *The Black Box Society*, p. 32.

行。算法决策是在此基础上做出的，这意味着算法的有效性"与它们计算的数据集密切相关"①。正如前面所提到的，这就是为什么在数字资本主义中，数据是一种越来越重要的商品。

这一特征还有几个原因，最明显的是，算法所做的决策基于计算之上，而且通常只能通过可量化的信息进行计算。这种对数据的固有依赖导致各种实践和关系出现明显的数据化趋势，换言之，将社会现实和世界转化为一种排除细微差别与更广泛背景的结构化数据方案。② 数据化不应被视为静态，它是一个持续的过程，这是算法的一个重要特征，因为它们需要不断的数据流（即大数据）来执行其关键功能。由于计算能力的增强和数字网络及其无处不在的跟踪能力，这一趋势非常突出。

可以肯定地说，数据的依赖性对算法本身是正确的，但很明显，它们只有在获得大量可用信息，即能够进行大规模（超出人类认知的范围和能力）的复杂推断、关联和预测下才能真正获得相关性。这也让我们找到了算法具有数据化特征的第二个结构性原因，这与第一个原因密切相关：在竞争环境中，如果要产生更好的结果和实现更好的运行，就需要不断增强的动能和有效的算法。卡尔·贝内迪克特·弗雷（Carl Benedikt Frey）指出："数据可以被视为新的石油。"③ 尽管这个比喻已经被过度使用了，它充其量只能被理解为一个略不恰当的隐喻，但"随着大数据越来越大，算法也越来越好"④。

只有随着数字资本主义的发展，数据化才变得如此明显。在数字资本主义中，对越来越多数据的持续需求已成为一种自我延续的循环，并最终构成生产过程中的核心因素之一。如果从马克思主义的概念体系中借用一个短语，我们可以说，在特定的历史背景下，生产力的总和必须发展到一定的水平，才能使其成为现实。因此，将这视为算法的一个普遍特征将是困难的，因为它们不需要（作为一种必需）大量数据来执行最基本的功能。只有当它们在生产过程中变得至关重要时，情况才会如此。采用算法的机构和主体通常会这样做，因为这些机构和主体希望预测大规模趋势、模式和风险，或试图对生产过程施加控制，再次推动数据化，以更接近这

---

① Mercedes Bunz, *The Silent Revolution*, p. 7.
② 参见 Nicholas Diakopoulos, *Automating the News*, p. 117.
③ Carl Benedikt Frey, *The Technology Trap: Capital, Labor, and Power in the Age of Automation*, p. 304.
④ 同上。

一目标。这与数字资本主义的性质密切相关，可以被视为数据化的第三个结构性原因。

3. 自动化

数据化与流程、功能和决策的自动化直接相关。自动化是使算法如此吸引人的首要原因，但它也"意味着数据库中包含的信息必须被呈现为形式化的数据，以便算法能够自动对其进行操作"[1]。因此，自动化和数据化是相互交织的。从结构上看，自动化决策的尝试推动了更多的数据化，对（更多）数据的访问能够实现更密集和更广泛的自动化。

自动化是一个非常明显的特征，它使算法成为各种参与者和机构的一个感兴趣的选择，使其能够"做出高质量的决策，并快速、大规模地做出决策"[2]。这可能会导致一种功能或过程加速的质的飞跃，及其相当大的可扩展性。同样，声称这一特征是算法所普遍固有的、与数字资本主义几乎没有关系，似乎是完全合理的。然而，有三个相互关联但在分析上可区分的结构性原因与这一看似常识性的概念相反。

第一，算法及其能力可以为使用它们的公司带来更大的竞争优势。人类无法理解的几分之一秒可以带来数百万美元的金融交易或大幅降低劳动力成本。

第二，在算法下，现有的资源可以得到更好的利用，并有助于使决策过程超越人类固有的限制。以前费力的操作被简化，通常只需点击一下即可。如今，难以想象采集数据、互联网索引或非自动搜索等都由人类单独且非即时完成。

第三，与前面的原因相关，提高整体效率是企业应用算法时的另一个诱人前景。自动化的尝试当然是工业资本主义社会的一个组成部分，资本一直有用机器取代工人和降低劳动力成本的趋势。因此，算法只是朝着这一方向迈出的又一步，但很可能是全新的一步，因为人类越来越难以在成本、效率和速度方面与自动化系统竞争，这为整个劳动过程的自动化敞开了大门。

---

[1] Tarleton Gillespie, "The Relevance of Algorithms," in *Media Technologies*, eds. Tarleton Gillespie, P. J. Boczkowski and K. A. Foot (Cambridge, MA: The MIT Press, 2014), p. 170.

[2] Nicholas Diakopoulos, *Automating the News*, p. 19.

4. 工具理性

技术的发展和应用高度依赖于社会中更广泛的权力关系、价值观和意识形态。虽然这里并不深入研究其理论实质，但今天大多数批判都承认这一事实。譬如，传播政治经济学强调美国军事和工业在信息与通信技术发展中的历史相关性，以及这些技术是如何被改造以适应资本主义社会关系的。算法的开发通常只是达到一个非常狭隘的目的的手段，它是高度合理化和工具化的。例如，我们可以将批评家尤为重视的数字社交媒体视为一种旨在吸引和生成消费者的工具。但正如西瓦·瓦伊迪希亚那桑（Siva Vaidhyanathan）所指出的，它们的运作模式不仅使用户分心和疲惫，还使他们失去人性，因为"它把我们每个人都当作销售的手段，而不是当作我们自己的目的"[1]。

算法不能仅仅被视为技术的人造物，因为正如本部分所提及的，这将无法解释它们的社会角色和影响。正如比利奇所强调的，算法必须被视为资本主义中占主导地位的特定技术理性表达，而作为"一种生产方式，一种特定形式的资本主义——算法资本主义嵌入其中"[2]。其他类型的技术合理化总是可能的，但在资本主义社会，这一体系的必要性主要被强加在技术上。譬如，当研究搜索引擎是如何构建时，阿斯特丽德·马杰（Astrid Mager）注意到，资本主义社会关系中出现的边界被编织进了它们背后的实用性和算法操作中。它产生特定的偏见，改变了整个数字生态系统，并形成了所谓的算法意识形态。

因此，资本主义的逻辑可以被视为工具理性的主要的结构性原因，也是算法的基本特征之一。工具理性不仅描述了这一特征背后的核心问题，而且在许多方面揭示了不透明、数据化和自动化的关键原因。对于克里斯蒂安·富克斯（Christian Fuchs）来说，工具理性"以效用、盈利能力和生产力为导向"[3]，其目标被简化为成本-效益计算。在某种程度上，算法的上述所有特征都存在且有助于工具理性的强化。

---

[1] Siva Vaidhyanathan, *Antisocial Media* (New York: Oxford University Press, 2018), p. 87.

[2] Paško Bilić, "The Production of Algorithms and the Cultural Politics of Web Search," in *Technologies of Labour and the Politics of Contradiction*, eds. Paško Bilić, J. Primorac and B. Valtýsson, p. 60.

[3] Christian Fuchs, "A Contribution to Theoretical Foundations of Critical Media and Communication Studies," *Javnost-The Public* 16, no. 2 (2009): 8.

四、算法逻辑及其社会后果

我们能够从算法的四个特征中确定一系列可能的后果。表 7-1 概括了一些结构性原因及其社会后果。关于这些后果的清单远不是详尽无遗的，它们与基本特征的关系也可能不像表 7-1 列出的那样直接。然而，它至少可以捕捉数字资本主义中算法逻辑的基本特征。

这里描述的趋势在抽象意义上具有真实性，但在实践中却往往被各种方式抵消，从而形成潜在的反倾向，以限制实际的社会影响。例如，社会斗争和抗议可能迫使政府采取政治措施去缩短工作日，从而缓解失业压力；监管可以规避大规模监视和数据收集；法院判决可能会限制某些公司及其平台的市场主导地位，或者停止面部识别，等等。虽然这些对策及其社会后果是可以预料到的，但它们不应该让我们相信这些趋势不是"真实的"或一开始就是不存在的。[①]

表 7-1　数字资本主义中的算法逻辑

结构性原因	基本特征	社会后果	
知识产权	不透明与模糊性	不可知性和私密性	复制现状；强化权力不对称和不平等
数字鸿沟（专家文盲）		缺少监管和控制	
增殖、组件化、持续的变化		无民主问责制和合法性	
通过数学和规则做出的决定	数据化	加强量化、集中数据所有权	
能力和效率的提升		大规模和无处不在的监视作为常态；隐私被侵犯	
可预见的趋势和可施加的控制		表现为客观、中立的，但实际上构造性、偏见性的程序	归化
持续增长的竞争优势	自动化（程序、功能和决策）	进一步推动社会加速发展	
劳动效率、程序效率及决策效率的提高		空间（再）生产的变化	
现有资源的妥善利用；超越人的局限		对就业和劳资关系产生广泛影响	
逐利；竞争力；资本主义的技术殖民主义	↓不透明性 ↓数据化 ↓自动化	工具理性	社会原子化；商品化；控制/统治；具体化；异化

---

① 参见 Andrew Collier, *Critical Realism*。

1. 不可知性、缺少问责制和保持现状

算法的不透明与模糊性有一个重要后果,就是它们对于普通用户和专家来说都是不可理解的。从本质上说,算法的复杂性是其私密性的一个重要且无意的促成因素,所以它是具有多重含义的、私密的人造物。[1] 通常情况下,我们不了解算法是如何工作并相互关联的、它们的操作具体包含了什么、对我们的生活会产生什么影响以及在什么条件下会发生这种情况。这就是算法可能会造成一些始料未及的后果的原因,这些后果有时甚至是无法被充分解释的。

算法中存在许多编码偏见的情况,诸如种族主义或性别歧视[2],这些是在社会历史上存在的类似偏见的结果。诗人乔伊·布兰维尼(Joy Buolamwini)在一个名为"人工智能(AI),难道我不是个女人?"的课题中批判了这一现象,该课题关注的是黑人女性在面部识别方面存在的严重失误。大量类似事件表明,不仅算法远不是中立的产物(这一点稍后会谈到),而且在很多情况下,即使算法的设计者也难以理解算法运行后的某些结果究竟为什么会出现。在一个比较著名的案例中,基达软件(Grindr)作为一个相关应用程序被关联到一个寻找性犯罪者的应用程序上,这让性少数群体感到厌恶。这个案例以及许多其他类似的案例通常会让算法设计者自己也感到惊讶。日益进化、普遍和复杂的算法程序意味着非意向与非预期后果是显而易见的,并且将是一个越来越常见的结果。

根据帕斯奎尔的说法,算法中的保密性能与混淆策略旨在巩固权力和财富。[3] 这并不奇怪,因为运用知识产权可以给企业所有者带来竞争优势。许多人主张提高透明度,并把它当作解决"算法黑箱"问题的方法,这是一项有价值的事业。但透明化本身并不能为"算法是如何运作的"这一问题带来任何有意义的解释。由于算法是组件化的、复杂的应用系统,这些特性甚至对于专家来说都是难以理解的,更不用说有能力规制算法的活动团体或监管机构了。除此之外,算法的透明化也没有触及一个更严重的问题——数据的商品化和私有化。

社会科学家已经开始就算法程序对民主的威胁发出警告,尤其涉及最

---

[1] 参见 Mark Coeckelbergh, *AI Ethics*, Chapter 8。
[2] 参见 James Bridle, *New Dark Age: Technology and the End of the Future*, p.142。
[3] 参见 Frank Pasquale, *The Black Box Society*, p.14。

大的数字社交网站。① 这是因为，尽管算法程序对政治进程有巨大的影响力，但是除了它们的所有者，没有人对这些算法的使用进行真正的监督。这种问责制的缺失可被视为一个根本问题，因为合法性是民主社会中所有相关的公开决策的核心。帕斯奎尔甚至提出："复杂到难以向外人解释的交易也可能复杂到不被允许存在。"② 在他看来，信息失衡已经很严重了，尤其是在那些拥有算法的公司成为这个世界新的意义建构者之后。这些公司收集的大数据带来了巨大风险，因为在算法决策过程中，即使最小的疏忽也可能造成足以改变生活的重新分类。③ 因此，数据化在许多方面有助于再现甚至强化资本主义社会现存的权力不对称以及社会不平等。

2. 数据私有化世界中大规模的、无处不在的监视

毫无疑问，时刻存在的数据化的一个合乎逻辑的结果就是大规模的、无处不在的监视，而最终结果则是对隐私的严重侵犯。在过去的20年里，通过各种信息和通信技术进行的数字监控实际上已经成为一种常态，这催生了一个全新的研究分支（即监视资本主义研究）。尤其是在2013年斯诺登泄密事件之后，这成为一个颇受争议的话题。尽管我们没有必要重复这些争论的主要论点，然而如下事实是需要予以警示的：数字监控开辟了一条选择、分类、剖析、隔离乃至歧视人们的新途径，从而再次加剧了现有的社会不平等，并带来了新的社会弊病。

必须强调的是，数据不仅仅是尼克·斯尔尼塞克（Nick Srnicek）所指的平台资本主义，或富克斯定义的大数据资本主义中的一种资源。在机器学习的情况下，数据已然成为大公司的资源。这就是数据化——以及相应的大数据和大规模的监视——不是可有可无的原因。如果阻止监视，算法的有效性就会直线下降，许多现有的商业模式也会开始崩溃。因此，监控和隐私侵犯是数字资本主义算法逻辑的必要组成部分，是推动数字资本主义算法逻辑发展的构成性特征。

对数据化的持续推动也导致了数据所有权的高度不平等，这是通过数

---

① 参见 Martin Moore, *Democracy Hacked: Political Turmoil and Information Warfare in the Digital Age* (London: Oneworld Publications, 2018); S. Vaidhyanathan, *Antisocial Media*, 2018。

② Frank Pasquale, *The Black Box Society*, p.16.

③ 参见 Virginia Eubanks, *Automating Inequality: How High-Tech Tools Profile, Police and Punish the Poor*; Mark Coeckelbergh, *AI Ethics*。

字监控来实现的。通过算法的运行,这些信息不平等比过去更加严重。迈克尔·佩罗曼(Michael Perelman)指出:"知识产权促成了有史以来最大规模的一次财富再分配。"① 他做出这一判断的依据是,知识产权几乎完全为富人和有权势者所拥有。算法数据化的进程正在进一步加剧和强化这个问题。

3. 算法的中立性及其归化

各种研究都证明了这样一个事实:算法远非中立的技术人造物。② 这既是因为它在发展过程中就带有人类的偏见,也是因为它是带着特定目的被创造出来的,例如,"创造价值和资本;以某种方式接近行为和结构偏好"③。谁设计了算法,其潜在目的是什么,这些至关重要。例如,脸书的算法高度重视引起强烈情感反应的内容,这不是设计者的一个中立的工程决策。虽然这可能使脸书成为一个强大的激励工具——尤其是为了吸引用户注意力的工具,但这也意味着它"是一个无益于思考的工具"。它主要引发肤浅的言论,并可能破坏民主程序的稳定。

正如迪亚科普洛斯(Diakopoulos)所指出的那样,"算法做出的判断通常是通过明确的规则、设定或程序来实现的,这些都是设计师和程序员在创建算法时阐明的"④。当然,算法既不中立也不客观,实际上,"它会采用任何负载价值的一贯规则"⑤。这助长了中立的错觉,即使它只是持续强化了歧视、偏见、污名化和劣等。⑥

对于使用者来说,谷歌是如何对其搜索结果进行排序的,或者脸书是如何组织其新闻提纲的,这些似乎都是不言而喻且十分自然的事情。这些做法尽管是基于现实中的人们围绕平台呈现和排序内容所做的主观决策,但仍体现出事情发展的正常顺序。当然,当我们的许多活动和实践成为日常生活的一部分时,我们就会自然而然地接受它们,而不必质疑构成它们的权力关系。如果我们总是怀疑我们走过的每一步,甚至是最平凡的一

---

① Michael Perelman, *Steal This Idea* (New York: Palgrave, 2002), p. 5.
② 参见 Mark Willson, "Algorithms (and the) Everyday," *Information, Communication & Society* 20, no. 1 (2016): 137-150。
③ Rob Kitchin, "Thinking Critically about and Researching Algorithms," *Information, Communication & Society* 20, no. 1 (2017): 18.
④ Nicholas Diakopoulos, *Automating the News*, p. 18.
⑤ 同上。
⑥ 参见 Frank Pasquale, *The Black Box Society*, p. 35。

步，我们的生活就不可能继续。然而，这并不是算法归化的唯一原因；数据化和自动化都有助于算法决策中立假象的形成。它们基于客观的计算程序，而这些程序本身确实没有内在的偏见。这种"数学、计算和理性的设计"是算法所必需的，并可以通过数据化获得，从而营造"一种理性的普遍性的光环，一种对给定问题的可计算、高效和真实的解决方案的光环"①。由于这些决策也是自动化的，它们便获得了所谓的认知纯度以及权威光环。这可能与一种被称为自动化幻觉的现象有关，即自动化程序被认为比非自动化程序，甚至我们自己的经验更值得信任。在模棱两可的情况下尤为如此，因为"自动化信息是清晰和直接的，且混淆了模糊认知的灰色地带"②。

4. 时空变革

自动化同样带来了时间压缩和空间（再）生产方式的显著变革。流程、决定、工作的自动化和加速化是同步的，尤其就算法带来的非实体性加速而言，其级别仅能通过量化来测量。变革本质上主要是定性的，因为其超越了人类的内在限度，最显著的例子便是金融市场上高度不稳定、基本实现自动化、或多或少淘汰人工交易员的高频算法交易（High-Frequency Algorithmic Trading）。如今，人们在微秒内就能做出决策，这导致了"近年来最显著的速度增长之一"，"超出了人类的察觉范围"③。

然而，交易的加速不能仅用算法技术的进步来解释，而更应被视为一种精心安排的决策结果。算法运作模式的设计核心主要服务于速度的提升，因此，在加速和技术变化之间建立直接的因果联系，在理论和经验上都是错误的，仿佛后者是在社会真空中构建的。

哈特穆特·罗萨（Hartmut Rosa）在关于现代性的理论中，将社会加速进程指认为现代社会不可避免的一个构成要素。④ 技术加速确实是基

---

① Paško Bilić, "The Production of Algorithms and the Cultural Politics of Web Search," in *Technologies of Labour and the Politics of Contradiction*, eds. Paško Bilić, J. Primorac and B. Valtýsson, p. 59.

② James Bridle, *New Dark Age: Technology and the End of the Future*, p. 40.

③ Donald MacKenzie, "Capital's Geodesic," in *The Sociology of Speed*, eds. Judy Wajcman and Nigel Dodd (Oxford: Oxford University Press, 2017), p. 55. 参见 Frank Pasquale, *The Black Box Society*, pp. 128 – 132; Judy Wajcman, *Pressed for Time* (Chicago: University of Chicago Press, 2015), pp. 17 – 21。

④ 参见 Hartmut Rosa, *Social Acceleration* (New York: Columbia University Press, 2013)。

于算法等技术创新，竞争为它们的发展和采用提供了激励（罗萨称之为"经济马达"）。然而，单独来看，技术加速本身并不能导致社会加速。在大多数情况下，新技术使我们节省时间，按理说这会导致普遍的社会减速。只有在与其他两个范畴相关联并立足竞争性（资本主义）社会时，科技突破才能真正推进社会的加速进程。

通过类似的方法可以发现，算法实际上减慢了特定部门的运作速度。例如唐纳德·麦肯齐（Donald MacKenzie）发现，交易部门的工作已大幅放缓，而其忙碌程度的缩减实际上源于工作本身的彻底转型，即任务执行者已由人工交易员转变为研发算法的程序员。[1] 然而，即便对算法等进步技术的应用带来了上述看似矛盾的例子，社会在其影响下仍呈现出加速发展的整体性、必然性结果。

同时，算法也改变了公共和私人空间以及我们对其的感知与交互。[2] 作为智慧城市的核心，算法能够创造有关空间的新知、（重新）指挥交通、控制导航，并改写我们理解特定地理位置的方式。[3] 譬如，亚莉克莎（Alexa）公司的算法正在重塑我们在私人住宅中的生活方式，而爱彼迎正在从根本上改变人们对住所的看法以及城市地理学。[4] 可见，算法已对时空结构进行了彻底的重塑。

5. 失业与自动化

研究表明，自动化进程可能为未来的失业和全球劳动力市场带来深刻影响，即便没有通用人工智能的发展，算法、机器人和电脑的结合也将不断增加过剩人类劳动。[5] 尽管当前仍存在许多自动化技术难题，但这些都可以通过机器学习和任务简化而得到解决。这种办法已被应用于工业革命时期的工厂自动化中，当时非结构化的工作被细分和简化。然而，肯定有很多与算法和人工智能有关的毫无根据的炒作，马克思已经确定的悠久的

---

[1] 参见 Donald MacKenzie, "Capital's Geodesic," in *The Sociology of Speed*, eds. Judy Wajcman and Nigel Dodd, pp. 57-58。

[2] 参见 Brent Daniel Mittelstadt, et al., "The Ethics of Algorithms: Mapping the Debate," *Big Data & Society* 3, no. 1 (2016): 1。

[3] 参见 Eran Fisher, "Do Algorithms Have a Right to the City?" *Cultural Studies* 36, no. 1 (2020): 74-95。

[4] 参见 Luke Munn, *Ferocious Logics: Unmaking the Algorithm* (Lüneburg: Merson Press, 2018)。

[5] 参见 Mark Coeckelbergh, *AI Ethics*, pp. 136-144。

第7章 数字资本主义的算法逻辑

技术创新历史,证明了资本一直倾向于通过自动化而使劳动变得多余。对此,马克思早已指出,机器"是一个极强大的竞争者,随时可以使雇佣工人'过剩'","可以写出整整一部历史,说明1830年以来的许多发明,都只是作为资本对付工人暴动的武器而出现的。我们首先想到的是自动走锭纺纱机,因为它开辟了自动体系的新时代"①。正如尼克·戴尔-威瑟福德(Nick Dyer-Witheford)等学者所指出的,"将自动化视为一种游戏(charade)而不予考虑是完全非历史性的";在过去,"资本就已经实现了对人民乃至整个人口的支配"②。

弗雷在2013年发表的一篇论文中评估了702个具体职业(涵盖当时97%的美国劳动力)可被计算机化的可能性。③ 据其估算,近半数的雇佣劳动力都已处于危机之中,其中,仅需低等教育的低收入工作受到了最为严重的冲击。弗雷在分析其他研究后指出,学者们一致认为非技巧性的工作将面临自动化进程中的最大危机。然而经济合作与发展组织(Organization for Economic Co-operation and Development,OECD)的简报则预计,自动化并不会带来如此极端的影响,因为在经济合作与发展组织成员国中仅有14%的工作被高度自动化,32%的工作面临着工作方式的巨大变革。不过该简报也提醒我们,人工智能无法完成的工作正急剧减少,很多工作将变得完全多余。④

并非所有职业领域都会在发展中经历类似金融业的彻底变革,但是似乎仅有少部分职业能始终不受影响。虽然关于受到直接威胁的职业比例估算仍然是推测性的,而且由于推测方法的不同而导致各种估算的结论亦不尽相同,但人们非常怀疑它们的消失是否会全部被全新职业的产生抵消。兰德尔·柯林斯(Randall Collins)是那些相信技术取代会造成资本主义社会中产阶级工作消亡的众多社会学家之一,其进一步预测了算法运行带来的更严酷的不平等:鉴于如此不平等的社会现状和如此不公平的算法生产资料所有权,我们有充分的理由怀疑这些进程的益处能否被大多数人均

---

① 《马克思恩格斯文集》第5卷,人民出版社,2009,第501页。
② Nick Dyer-Witheford, A. M. Kiøsen and J. Steinhoff, *Inhuman Power: Artificial Intelligence and the Future of Capitalism*, p. 4.
③ 参见 Carl Benedikt Frey, *The Technology Trap: Capital, Labor, and Power in the Age of Automation*, p. 319。
④ 参见 OECD, "Putting Faces to the Jobs at Risk of Automation," www.oecd.org/employment/。

等地享有。[1]

五、结语

算法日益影响或直接做出了社会领域的决策。虽然就长期而言，其影响能达到何种程度仍有待观察，但不同公司的决策者和国家机构往往都会选择应用算法技术或进一步扩大其当前的应用范围。这一趋势被称为"算法的必然性"（algorithmic necessity），表明不同的机构会愈发不可避免地采纳算法技术以获取市场上的显著优势或行政功能的"合理化"（这在新自由主义国家中往往被描述为一项正义的事业），一旦不采纳便会出现由于创新能力缺乏而落后于竞争对手或无法完成季度目标等诸如此类的问题。当某一公司为获取竞争优势而使用大量个人数据改进算法时，其他公司极有可能纷纷效仿，从而形成一个近乎自我驱动的循环。

马克思所谓"竞争的强制规律"[2]的资本主义铁笼将直接促成算法的全面扩张，并决定其进一步的研发方式。不同资本之间的竞争在结构上迫使其不断增加积累，譬如，由于算法能够提高生产力（特别是通过自动化实现）、增进效率、加速资本循环，资本便被迫进行技术创新。正如朱迪·瓦克曼（Judy Wajcman）所指出的，"资金越快投入商品和服务的生产，资本扩张或自我定价的能力就越强。因为在资本主义社会中，时间就是金钱，'当时间成为金钱，更快就意味着更好'，由此加速便成为毫无疑问的存在和不可置疑的利好"[3]。

技术革新的神话外观虽然已不再充当经济理性，但我们仍不应忽视它的存在。譬如，人们极容易忽视一些机构对技术突破的炒作，但这在文森特·莫斯可（Vincent Mosco）看来是极为错误的。他说："营销炒作力图将神话抬高为当今的时代叙事，这一旦取得成功，神话就会成为常识，即看似不可挑战的信念基石。"[4] 一旦获得支配社会的权力，神话就极容易

---

[1] 参见 Randall Collins, "The End of Middle-Class Work: No More Escapes," in *Does Capitalism Have a Future？*, eds. I. Wallerstein, R. Collins, M. Mann, G. Derluguian, C. Caljhoun (Oxford: Oxford University Press, 2013), pp. 37-70。

[2] 《马克思恩格斯文集》第5卷，第368页。

[3] Judy Wajcman, *Pressed for Time*, p. 17.

[4] Vincent Mosco, *To the Cloud: Big Data in a Turbulent World* (Boulder: Paradigm, 2014), p. 5.

变为自我实现的预言。

在数字资本主义社会中，算法遵循着生产"非理性结果"和"削弱人类经验"的工具理性逻辑。① 法兰克福学派的学者将工具化进程与资本主义的发展及主导该系统的经济理性紧密结合起来，并提醒我们上述进程的加剧会带来更进一步的社会原子化、物化、支配与异化，这些都是作为数字资本主义人造产物的算法所带来的一些最基本的后果。

这些批判性的论述不应被视为对技术进步的卢德式拒斥。相反，另一种不同类型的算法毫无疑问可以提供民主手段、缓解人类辛劳、减少不平等并全方位地改善生活质量。然而，实现上述利好的前提是彻底变革算法的研发方式和使用目的，并通过政治实践使人们意识到算法能够并应该被变革的事实。同时这也不能脱离对控制者和制度所有者的变革。换言之，这预设了新型社会关系的生成及其对数字资本主义强制性社会关系的超越。

---

① 参见 Paško Bilić, "The Production of Algorithms and the Cultural Politics of Web Search," in *Technologies of Labour and the Politics of Contradiction*, eds. Paško Bilić, J. Primorac and B. Valtýsson, pp. 59–60.

第 8 章　数字资本主义与政治主体[*]

约迪·迪安/文　　张可旺/译

一、引言

作为激进主义的限定词和批判的前提条件，数字究竟意味着什么？一方面，显而易见，我们谈论的是当前的网络媒体、个性化的大众传媒及其相关设备的生产状况。在这个意义上，我们谈论的是大数据，是数字资本主义之"势"（setting）[①]。另一方面，当我们用"数字"来限定激进主义和批判时，还有一些不太清楚的东西，那就是关于主体的基本理论，即在对数字激进主义与批判进行考察时，我们会提出或假定什么样的"政治主体"概念？这种主体如何受到数字时代的影响？如果有这种影响的话，最好是从数字性（digitality）的角度来理解它吗？还是说，也许数字性事实上已经标识或者划分了对资本主义以及这种资本主义决定我们的势的方式的特定理解？在这里我需要补充一点，在批判性媒体研究中，克里斯蒂安·富克斯坚持从资本主义及其劳动、生产和价值范畴，而不是从资产阶

---

[*] 本章原载:《国外理论动态》2021 年第 1 期。原文来源：Jodi Dean, "Critique or Collectivity? Communicative Capitalism and the Subject of Politics," in *Digital Objects*, *Digital Subjects*: *Interdisciplinary Perspectives on Capitalism*, *Labour and Politics in the Age of Big Data*, eds. David Chandler and Christian Fuchs (London: University of Westminster Press, 2019), pp. 171 - 182. 约迪·迪安（Jodi Dean）：美国霍巴特和威廉史密斯学院。张可旺：复旦大学哲学学院。

[①] setting 是约迪·迪安最为核心的概念之一。就词义而言，setting 有背景、环境、设置的意思，指的是一个事件、一个过程所发生的具体背景。但是在迪安那里，setting 并不是一个消极的、对现实发生的事件漠不关心的、冷冰冰的背景和环境，而是一种有效的参数。它直接参与到事件和运动的发生机制中，并加速或阻碍某种运动的产生。为了更清楚地体现这个词的意蕴，我们将其译为"势"。关于这个词的更多解释，参见蓝江:《新共产主义之势——简论乔蒂·狄恩的〈共产主义地平线〉》,《教学与研究》2013 年第 9 期。——译者注

第 8 章 数字资本主义与政治主体

级的信息范畴来分析数字媒体。在我看来，"数字"将我们引向了数字资本主义之势。与其说它告诉了我们政治主体是如何出现的，倒不如说它告诉了我们如何阻止这种主体出现的过程。这一过程有助于人群的集中和聚集，这为真正的主体的出现提供了契机。

我认为，政治主体理论对激进主义与批判的任何形式（数字的或者其他任何形式）都很重要，这是毫无争议的。例如，我们是否认为政治主体一定是行动主体？或者，我们假设政治主体是受影响、受制约、受限制或者被决定的？我们是否认为政治主体参与了批判或受到了批判的影响？网络上的分享和讨论、推特上的头脑风暴和脸书上的更新都是政治主体的实践吗？那么黑客或博客呢？也许最重要的是，我们把这种主体当作个人的还是集体的？它是否存在于以它的名义开展的行动和事件中？如果是，它是如何存在的？

在本章，首先，我将简要地概述一种政治主体理论［基于雅克·拉康（Jacques Lacan）］，这种理论将斯洛文尼亚派［斯拉沃热·齐泽克（Slavoj Žižek）和姆拉登·多拉（Mladen Dolar）］关于主体是结构裂口（gap）[①] 的观点（参见我在 2016 年的讨论[②]）与早期阿兰·巴迪欧（Alain Badiou）强调主体化（subjectivation）和主体过程（the subjective process）是对主体介入的回应的观点结合在一起。其次，我将通过对群众（crowds）的分析来阐述这一理论。群众不是政治主体，但群众的平等发泄（egalitarian discharge）[③]［我从埃利亚斯·卡内蒂（Elias Canetti）那里借用的一个术语］可以发挥过去被分离的人（the divided people）[④] 作为其主体时所发挥的作用。再次，对群众的强调使我们有可能在数字资

[①] 在以齐泽克为代表的斯洛文尼亚派那里，主体被理解为一种裂口（gap），更准确地说是一种视差性的裂口（parallax gap），它旨在表明一个真正的主体并不存在于和谐完整的结构里。该派认为，人们常说的视角转换所带来的差异实际上并不是一个认识论问题，即并非"如果我转换了视角，我就能更接近真相"，而是应该归因于我们内居的世界（象征界）本身就是不完整的、非连贯的。因此，我们试图通过构建和谐的象征界秩序来通往真实世界是徒劳无功的。齐泽克认为，真正的政治主体存在于整个社会符号系统的裂口处，即同时处于秩序中又超越了这个秩序［某种程度上类似于朗西埃（Jacques Rancière）意义上的"非部分的部分"（part of those with no part）和阿甘本（Giorgio Agamben）意义上的"神圣人"（homo sacer）］。详细的解释，参见 Slavoj Žižek, *The Parallax View* (Cambridge, MA: The MIT Press, 2006)。——译者注

[②] 参见 Jodi Dean, *Crowds and Party* (London: Verso, 2016)。

[③] 参见 Elias Canetti, *Crowds and Power* (New York: Farrar, Straus and Giroux, 1984)。

[④] 被分离的人（the divided people）是与我们剩下的人一样的人民［参见 Jodi Dean, *The Communist Horizon* (London: Verso, 2012)］，是受压迫者的革命联盟。

本主义复杂的网络运作及其所依赖的幂律分布（power-law distributions）特征中找到资本主义的"掘墓人"。于是，数字网络政治就形成了一个一对多的双重问题，并通过一种集体性政治维持主体的裂口，而不是批判性政治。最后，我将我的论题同迈克尔·哈特（Michael Hardt）和安东尼奥·奈格里（Antonio Negri）对数字生命政治分析的进路进行对比，以证明政党形式在当前对于我们的意义，它是革命政治所必需的视角、工具和组织手段。

我不想直接进入理论讨论，而是想从幸存者（survivor）和系统（system）的角度描述我要解决的一般性问题。一些激进主义者和理论家，包括许多学生和其他活跃在社交媒体上的人，都积极地投身于身份政治和交叉领域的研究中。他们把身份视为政治的关键所在，认为必须捍卫和主张它，以反对多重侵犯和伤害。但因缺乏紧密的社会和政治联系，也没有可靠的经济前景，他们只是提出了阻碍人们获得成功和幸福的多重交叉挑战，并将这些挑战想象成具体的而非一般的、普遍的。由于曾受到体制的背叛，人们对有组织的集体缺乏信心，反过来，他们强调"依靠自己、独自行动"的规则，而对阻碍其"独自行动"的障碍感到愤怒。在这种情况下，一些倡导者认为，生活、生存能力是一项重要成就。因此，在这一理论和激进主义的层面，"幸存者"成为当代政治主体的主要形象。

然而，就在社交媒体和左翼政治文化广泛地赋予幸存者价值的同时，当代理论的另一股力量却与人、与类似于主体的事物——实际上是与人类——保持距离。对于这些理论家来说，理解当下的情况需要后人类学家所关注的系统理论——地质系统、银河系统、算法系统、混沌系统等，我们从他们强调物种灭绝、资源枯竭、客观对象和物上看到了这种普遍的变化。

这两种理论潮流与新自由主义对社会体制的瓦解和数字资本主义通过网络媒体/信息化来强化资本主义制度相对应。各级学校、家庭和工会形式都变得不稳定，多处于变化之中。社会福利保障也以"人们应该对自己负责"的名义而被取消了。社会团体和机构的崩溃使个人更容易遭遇剥削、暴力和胁迫，也更有可能将其他人视为竞争对手或威胁，并以怀疑的眼光看待对方。现在看来，照顾好自己似乎是一项具有政治意义的举动。在这种情况下，我们如果要跟上形势，那么除了照顾好自己之外，别无选择。而对此的自发反应是个人性质的：愤怒，要求政府做点什么，呼吁改变现状。数字资本主义为这种自发的个人政治提供了基本工具：手机和社交媒体。这些媒体鼓励即时反应，如发布推特、更新状态、签署请愿书等——所有个人活动都被认为属于投票这类真正重要的个体行为。所谓的政治在意识形态上促使个人屈从于资产阶级的个人主义及其个人化的政治实践。工作显得不那么可靠，人们觉得一切都更有竞争性、更不稳定。在日益复杂和不确定的信息领域中，个人面对着越来越多的选择，尽管这些个性化的选择对我们生活中的真正决定几乎没有影响，因为在这个环境中，卫星、光纤电缆、服务器群组、大数据和复杂算法驱动着高速交易，即时生产成为可能，劳动力市场被强化，财富逐渐集中到少数人手中。

纳粹法学家卡尔·施米特（Carl Schmitt）将自由主义描述为用伦理和经济问题取代政治问题。而我要说的是，在与数字资本主义相结合时，新自由主义的特征表现为对幸存者和系统进行意识形态投资（分别重视伦理学和经济学）。新自由主义迫使（并且社交媒体鼓励和提倡）人们进行个体化的自我修养、自我管理、自力更生和自我专注（self-absorption）。与此同时，数字资本主义设定并促进了客观（去个体的）决定过程、回路和系统的产生。特立独行、高度个性化的人会发现，自己面对的是一个完全确定的、不受其控制的环境。幸存者努力在无法生存的条件中挣扎，而不试图利用和改变这些条件。系统被呈现为决定我们的过程和对象，它是某些可以观察和描绘的东西，甚至可能是可以预测或哀叹的东西，但永远不会受到影响。这是有充分理由的——任何个体都无法对系统产生影响。个人可以有政治情感，并且社交媒体鼓励这些情感的表达和传播，鼓励我们通过当下的愤怒来表达强烈的情感。个人也可以记录和报道——这是这一事件的照片，这是我对这条新闻的感受。个人甚至可以畅所欲言，因为社交媒体（像无政府主义政治）告诉我们，没有人会替我们说话，每个人都要为自己说话，即使混杂的声音意味着我们更难感觉到自己被倾听，所以我们都被命令去倾听。但是，我们如何才能倾听到每个人的声音，或者如何才能倾听到大多数人的声音？而且，如果不试图让对方的发声更简短，那么即使每个人的发声只有140个字符，我们也不可能听到很多人的声音。这不是意味着我们只能成为听众（因为无法被倾听）吗？并且付出了成为免费内容提供者和永久听众的代价？我们甚至不是大众媒体的受众，而是个人化媒体的受众，这种媒体是我们为自己策划的自娱自乐的媒体。

无论如何，目前的幸存者和系统的意识形态结构使我们很难看到政治主体。我们可以看到脆弱的个体、强大的算法和地质力量（geologic forces），但却完全忽略了能够采取政治行动的主体——被分离的人，他们在历史上被描绘成工人阶级、农民、失业者、被殖民者，以及那些反抗奴隶制度、父权制和压迫的人。数字资本主义作为一个去主体化的系统来运行，而那些把政治焦点放在算法、对象、地质和灭绝上的人则提供了这种去主体化的意识形态表达。

但这里还有另一条道路：从被分离的人作为政治主体开始。

二、主体：作为人民的主体

正如我们从马克思那里学到的，人们不能（随心所欲地）创造自己的历史。政治并不是我们可以自己选择的事情，也不是我们可以在自己选定的条件下随心所欲创造的东西。这些环境是什么以及如何限制它们，既不是固定的，也不是无限可塑的。历史本身经常会重演，但它的重复不是同样的重复，首度是悲剧，再度是闹剧。用齐泽克的话来说就是，重复可以表示否定、否定性或者死亡驱力，不仅产生僵局，也产生断裂。

对于齐泽克（以及多拉）来说，这些断裂是主体：主体是结构中的裂口。我认为，政治主体是社会结构中的裂口，因为人民是政治主体（这里的人民指的是被分离的人，即无产阶级和受压迫的人，而不是民粹主义意义上作为整体性的人民）。

在与自我的关系中，人民总是与自我作对。从人民的联合中，他们遇到了实际的、物质的限制；在人民的共同性中，他们遇到了精神和情感的压力。"人民"会对自己进行过分的反思，这是政治的扭曲。政治发生在人民及其自我组织之间的非同一性、裂口或扭曲中。政治主体化使非同一性得以发生，这种非同一性感觉像是主体带来的影响。"政治主体"不仅仅是一个裂口或缺失，它是通过积极占有人民内部的结构性缺失而出现的。

政治之所以存在，是因为政治主体是集体性的、分裂的。这种分裂是实际的和物质的，是我们客观存在的状态。人民永远不可能是政治意义上的主体概念（或者，换句话说，人民不是一个本体论范畴）。政治主体只是系统的一部分，是其分支，并提出一些要求，正如群众占领公共广场、选举集会、参军和民意调查的情况。所有这些都是系统所必需的组成部分。他们的偏好——部分与（想象的）整体之间的裂口——是政治主体化令人激动的原因。即使作为部分，人也只是暂时的存在。他们可能试图将自我的存在记录在文件、实践和组织中,这些文件、实践和组织将取代人们的位置并在其位置上运作,这种运作不可避免是片面的。一定程度的异化是不可避免的,因为创建新的制度并不能消除集体与人民之间的微小差异。那么,当前政治的状态是人民与集体之间存在着现实的、客观的分裂,但它们实际上又是结合在一起的。

人民之中的分裂会一直持续下去。这种分裂不能局限在将一些人排除在人民之外的想法中(因此好像只要将他们包括在内,就可以解决裂口的问题),也不能被诠释为谁代表人民的问题(并因此通过本体论来解决该问题,这就好像只要我们能够废除代表,我们的异化状态就可以通过人民在本体论层面的充实中获得重生而得到弥补)。而且,这种分裂肯定不会通过试图以偏好集结(preference aggregation)的形式来取代联合体、政党等政治形式的平台来得到解决。这种平台提倡的技术修复(technological fixes)① 再现了数字资本主义的"幸存者对抗系统"的意识形态,也就是说,有私人需求的个人要面对一个他们无法控制的大型基础设施。在这里,我想到了亚历克斯·威廉姆斯(Alex Williams)通过指出"政党和联合体是围绕过时的结构统一原则而构建的",认为这种政党和联合体是需要克服的东西,以此支持"有能力组织一系列不可知的突发政治行动"的平台。不仅"结构上的统一"这一说法曲解了在面对敌人时采取统一行动的政治需要,而且政党还将这种政治需要称为"在不可预见的情况下仍忠实于行动的灵活组织"。威廉姆斯遗漏了忠诚和一致性的元素,遗漏了一个政党通过纲领宣布其承诺、价值观、计划和意图的政治维度。"一系列突发政治行动"根本就不是政治,实际上只不过是对脸书和推特(运行逻辑)的欣然接受。

人们并不完全了解自己,不知道自己想要什么,不能完全展现自己。冲突和矛盾的欲望、动力使人民成为分裂的主体,不断地推动着人民表达和强调其非知识性的(情绪)诉求。作为政治的集体主体,人民只不过是这种裂口,是(促使)许多人通过或反对以他们的名义提出的各种主张、提案和制度的力量或推动力。

经济(过度)决定主体化之势。它构造了一个我们在此之上产生主体化结果的地带。回到我的论点,政治不能有任何出发点,因为它不是在一

---

① 技术修复在这里指通过使用不合适的技术来进行廉价、快速的修复。这些修复通常会产生比其原本要解决的问题更多的问题,或者给人们一种"问题已经解决了"的错觉。——译者注

个开放的、无条件的多重背景下发生的。相反，它是在由断裂和基本对抗构成的环境中向前推进的。因此，经济——无论是数字化的还是非数字化的——并不决定政治主体，它只是提供了断裂或裂口主体化之势，由此证明了主体的力量。进一步来说，经济是这一见证（attestation）①斗争的背景——如果断裂意味着什么的话，可以用术语和图像来表达这种意思，即（断裂是）支持或反对某一事件是政治主体的影响的既定见证的一系列联合力量。支持或反对一个事件的既定见证的一系列联合力量是（作为断裂的）政治主体产生的影响。

群众——一种集体的、临时的异质统一体——有助于说明作为政治主体的人民是如何出现在裂口中，并作为裂口而出现的。

三、群众——集体的力量

在过去的10年里，群众和抗议活动向我们表明人民感受到了其集体的力量，许多人有能力在系统的预期中留下裂口。"在预期中留下裂口"的能力在占领运动中表现得很明显——人们终于开始抗议，开始起来反抗了，例如：在突尼斯、埃及、西班牙和希腊发生的反对民主制度带来的分裂的群众游行；大规模的反对财政紧缩政策的抗议活动；在波兰和爱尔兰发生的争取生育自由的抗议活动；2017年1月21日美国女性大游行；等等。

正是这种力量让群众在预期中留下了裂口，但也带来了一系列政治挑战。群体具有破坏性、创造性、不可预见性、蔓延性和暂时性，但没有持续性，人们最终会回家。群体是政治上不确定的人群（人们是出于各种相互冲突的原因、感受和强制力而聚集在一起的。采访单个的参与者很难抓住重点，而你又不能采访整个群体）。在这里，我想到了保罗·格博多（Paolo Gerbaudo）的著作《面具与旗帜》（*The Mask and the Flag*）。②从很多方面来说，这本书非常有趣，也很重要。格博多将群众分解为单个

---

① 这一概念来自海德格尔。在他看来，我们唯有依赖某种现象的"见证"，此在的本真性才是实际的可能性。"见证"既提供了一种对此在（存在主体）的确证，又生产了这种主体。——译者注

② 参见 Paolo Gerbaudo, *The Mask and the Flag*: *Populism*, *Citizenism and Global Protest* (London: Hurst, 2017)。

的记忆。通过这种做法，他能够使一个具有破坏性的国际群众事件下降到公民参与的层面，即"公民主义"，从而消除了 2010—2011 年各种占领和示威活动对现状的挑战。当群众分散时，群体信息的不确定性所带来的优势就变成了弱点。群众没有政治，但这也是政治的机会。换句话说，群众留下了一个裂口，它打破了预期，但却没有告诉我们如何前进，或朝着哪个方向前进。

群众如何参与政治活动取决于大家对群众事件的反应，以及这种反应是否忠实于群众平等主义的实质。在《群众与权力》（Growds and Power）一书中，埃利亚斯·卡内蒂将群众出现的那一刻描绘为发泄。[1] 在这一刻，"所有属于群众的人都会摆脱彼此之间的差异，感觉大家都是平等的"。在此之前，可能已经有很多人聚在一起，但他们还没有将身体和情感聚集在一起，聚集成群众。随着人群密度的增加，力比多效应（ibidinal effects）被释放出来："在这种密度中，几乎没有任何空间，每个人都靠近对方，一种强烈的解脱感随之产生。正是为了这幸福的时刻，当没有人比别人更伟大或更好时，人们就会变为一群人。"卡内蒂认为，人群是一种享乐的奇异吸引体（strange attractor），是一种集体享乐的形象。人群的力比多能量使他们在欢乐的时刻聚在一起。卡内蒂将这一刻描绘为一种"平等的感觉"。我们也可以将其视为共有的强烈归属感。这种感觉不会持久，不平等将随着人群的散去而卷土重来。但在高潮的释放中，"绝对平等的状态"取代了个性化的区别。

我们从卡内蒂那里获知的是绝对平等的群众形式的实质或本质。这种平等只是暂时的，但它对于群众的发泄和群体聚集的情感来说是必不可少的。卡内蒂认为，群众的平等融入了对正义的所有要求。作为归属的平等——而不是分离、权衡和衡量——给予了渴望正义的人能量。群众集中了平等和对正义的渴望。

群众事件可以被视为人们的一种运动。一些人认为群众曾经是人民，因为他们理解平等发泄的欢愉，对群众中交织在一起的勇气和正义做出回应，或许他们在欢愉之后带着一些焦虑。这些反应表明，群众事件的断裂（rupture）是一种主体化（我在这里的分析主要是基于巴迪欧的主体理论[2]）。另一些人则把群众中的人民、他们的集体力量视为被压迫者的普

---

[1] 参见 Elias Canetti, *Crowds and Power*。
[2] 参见 Alain Badio, *Theory of the Subject* (New York: Continuum, 2009)。

遍斗争。持此观点的人认为，断裂是人民解放平等运动中主体化过程的一个瞬间。群众不只是此刻在场的这些特殊的人，也是为正义而斗争的人民。忠实于平等发泄是群众行动产生的结果之一，因此作为主体的人民被理解为平等发泄的原因。

无论是首都还是各大州的政府，都不希望人民的出现。所以它们试图修补断裂，填补裂口。它们否认曾经发生过什么，并依靠媒体不断发布的新颖内容来转移和分散人民的注意力。它们声称这不是人民，而是暴徒、乱民和外来者。它们让一切照常进行，让公民像其本来应该做的那样参与政治。自发响应的左翼通过以下方式挑战了认为被分离的人民是群体事件的集体性主体的主张，如强调特定的群体、问题和身份，强调谁不在场，等等。社交媒体鼓励上述反应，认为其越多越好。数字资本主义依靠多样性、混乱性、不确定性以及任何能够驱散群众力量的东西来生存。

四、数字网络的中心特征——幂律分布

但是，数字资本主义仍然产生了群众。我们可以迅速地指出几种不同类型的群众：社交媒体中的朋友、粉丝和用户；工厂里的工人群众[1]；因各种商品而联系在一起的群众；大数据时代的群众（事实上，大数据可能是当今数字时代最强大的群众符号之一）；那些由于网络经济所加剧的不平等而失去工作、家庭、生活和未来的群众。这些群众需要用幂律分布的"长尾"这一术语来理解——99％比1％（the many to the one）。[2]

数字资本主义刺激了产生幂律分布的网络的生产。它依赖于以自由选择（free choice）、网络生长和优先连接（preferential attachment）[3] 为特

---

[1] 参见 Jack Linchuan Qui, *Goodbye iSlave*: *A Manifesto for Digital Abolition* (Urbana, IL: University of Illinois Press, 2017); 富克斯关于数字劳动力的案例研究。

[2] 在下文中"the one"翻译为1％，"the many"翻译为99％。这里化用了"占领华尔街"运动所使用的口号："我们是99％。"——译者注

[3] 互联网术语。"自由选择"指的是节点能够自主选择所连接对象的过程。"网络生长"指的是新的节点加入网络的过程。"优先连接"指的是进入一个网络的新节点时倾向于与节点度高的节点相连接。一个节点如果已经接受了很多连接，那么就更容易被新来的节点连接，即强调一种"先发优势"。这些过程共同促使了以幂律分布为特征的无标度网络（scale free network）的产生（如推特）。——译者注

征的通用字段（general fields）和公共字段（commons）① 的创造。在这种网络空间下，1%出现了，它处于顶端，并且拥有最高的点击率，成为轰动一时的超级巨星。在这种情况下，剥削来源于先发优势，然后使这种优势货币化，最后成为1%。也就是99%去做贡献，去工作，但最终受到奖励的却是1%。这种领域越大，越有力量，越有价值，1%就越有机会成为精英。

不平等是复杂网络之必然和不可避免的特征，这种复杂网络以自由选择、网络生长和优先连接为特征。正如艾伯特-拉斯洛·巴拉巴西（Albert-Laszlo Barabasi）所演示的那样，复杂网络遵循链接的幂律分布。在各领域中排在第一或处于顶端的人所获收益是排在第二的人所获收益的两倍，后者又是排在第三的人所获收益的两倍，依此类推。因此，底层人们之间的收益差别很小，但处于上层的人与底层人们之间的收益差别很大。例如，许多人都写过小说，但只有少量小说能够发表，更少量的小说被出售，少到几乎没有的小说成为畅销书。另一个例子是推特：它有超过10亿的注册用户，其中，凯特·佩里（Kate Perry）拥有超过9 400万的粉丝，而大多数普通人只有200个粉丝。大众媒体用"帕累托法则"、"赢者通吃"或"赢者吃最多"的新经济特征以及"长尾"等术语来表达复杂网络的幂律结构。

请注意，无论我们谈论的是哪种网络或领域（小说、推特、亚马逊、谷歌、电影），其中的内容都不重要。资本主义的生产力取决于对数字交往的征用与剥削。任何数字交往行为都是等价的：它们的意义或者说使用价值没有其交换价值重要，因为它们可以被共享。资本主义已经将数字交往纳入其中，这样一来，数字交往就不会提供一个批判性的外部环境。体积、数量和群众压倒了批判。在复杂网络中，群众的规模、数量是按照幂律分布的层级组织起来的，即1%比99%。

在数字资本主义中，政治的挑战在于如何有效发挥多数人的力量，即群众如何变得能够为自己而存在，也就是说，群众如何能够产生原本作为被分离的主体所取得的效果。社交媒体的作用使那些试图通过群众断裂（指群众行为）而撑开裂口的努力失效，让人民在某一时刻被遗忘、被削弱、被重新阐释。然而，这一过程也产生了新的群体形式。集体试图通过

---

① 互联网术语。"通用字段"是指被提前定义好的字段类型。"公共字段"是指具有公共属性的字段类型，与"私有字段"相对。——译者注

这些形式发挥其力量——话题标签、摹因（meme）、自拍以及其他常见的图片。与其说话题标签等形式是革命性的，不如说它们指出了当批判失效时所出现的政治裂口。

五、哈特和奈格里

我曾强调指出，复杂网络产生了阶层划分。与此相反，哈特和奈格里则特别强调生命政治劳动的民主维度。他们声称，产生共同利益的同样的网络化、合作性结构能够产生新的民主能力，甚至"可以使民主组织在政治领域的发展成为可能"[1]。考虑到数字交往贡献的交换价值取代了它们的意义或使用价值，数字资本主义推动着个体化和个性化的过程，资源和权力都集中在1%上，因此很难看出哈特和奈格里对新民主能力的主张与1990年代的技术乌托邦主义（techno-utopianism）有什么区别。同样的道理也适用于有可能出现的新的民主组织，尤其是考虑到哈特和奈格里对"先锋组织"（vanguard organization）的排斥。他们指出，所谓的先锋党对应的是一种与众不同的、更早的劳动结构（一种无产阶级的与众不同的技术构成）。根据他们的年代划分，先锋党对应的是20世纪初专业工厂的工人，20世纪中期的技术工人则与该时期的群众型政党合拍。但今天，哈特和奈格里认为，适合生命政治劳动的政治形式必须是民主、合作、自治和水平网络化的，先锋党不符合时代，因为它看起来不像当今生命政治生产所编织起来的网络。

哈特和奈格里的论证是没有说服力的。复杂网络并不是他们想象的那种水平的、合作的和自治的形式。正如巴拉巴西在关于复杂网络的研究中所指出的那样，自由选择、网络生长和优先连接产生了等级制度，在被选中和被偏爱的1%同没有被选中和被偏爱的99%之间产生了不可避免的巨大差异。[2] 网络交往表面上的创造性、合作性和民主特征并不能消除等级制度；相反，它利用我们自身的选择来对抗我们，从而进一步巩固了等级制度。而且，正如巴拉巴西的研究所表明的那样，这种等级制度不是自上

---

[1] Michael Hardt and Antonio Negri, *Commonwealth* (Cambridge, MA: Harvard University Press, 2009), p. 354.

[2] 参见 Jodi Dean, *Crowds and Party*, pp. 12–13。

而下强加的，而是一种基于自由选择、网络生长和优先连接所产生的内在效应。

反映生命政治生产的政治形式不可能是水平的、民主的。所谓的民主将产生幂律分布、不平等的节点或结果、赢家与输家、少数与多数。我们在推特上看到了这种现象：人们围绕热门话题标签争论不休，话题标签提供了常见的话题名称以及争吵的确切地点。当这些话题成为舆论讨论的趋势时，它们就会超越网络上数百万不受欢迎的未读推文的"长尾"。这种民主因素——人们使用和推动（部分话题标签）的讨论的选择——产生了不平等，它让一些标签看起来很重要，甚至在持续的一段时间内都很重要。新兴等级制度的事实表明，新兴的先锋可能是在生命政治条件下进行斗争所必需的政治形式，即数字资本主义时代斗争所必需的政治形式。

与哈特和奈格里的主张不同，生命政治产生的复杂网络结构表明，先锋党并不落伍，相反，它是一种符合动态的数字交往网络的形式。这种结构也反映了哈特和奈格里拒绝先锋党的另一个原因：他们将列宁式政党描述为是通过一个来自群众运动之上的组织过程而组织起来的。这种暗讽显然是错误的。布尔什维克党只是在革命动荡的背景下，由多个政党、多种倾向、多个派系所组成的一个团体，它们活跃在被压迫的工农运动中。在这些运动中，通过胜利和失败、短期和长期的联盟，合作的新模式以及政治组织的进步使布尔什维克党迅速兴起。同时，该党又进一步发展了这些运动。

对于哈特和奈格里来说，革命的目标是"产生新的社会生活形式"①。他们把革命斗争描述为建立共同利益的解放过程，并认为这一过程能够巩固斗争成果，因为它将使新的集体习性和实践制度化。于是，体制就成为对人与人冲突的管理、社会断裂的延伸以及对体制中的人进行改造的场所。

这些机构与先锋党之间有着惊人的相似之处。它们像政党一样有共同的名字、语言和一整套策略。它有将人民整合在一起的实践。它的目的是占有和扩大阶级斗争所意指的社会裂口。正如卢卡奇（Lukács György）所认为的那样，列宁的党组织理念把灵活性和一致性放在首位：党有而且必须有自我革新的能力。哈特和奈格里所描述的将暴动（所提出的诉求）延伸至制度建立过程中加以考量是政党理论化的另一种方式。

---

① Michael Hardt and Antonio Negri, *Commonwealth*, p. 354.

哈特和奈格里勾勒出来的是一个没有载体、没有人为之奋斗的需求平台。他们描绘的机构模型表明，一个或多个政党能够成为这样的载体，但是哈特和奈格里并没有将他们的纲领作为一个政党的纲领，而是将其描述为向现有政府和全球治理机构提出的一系列要求（但是谁去提出这些要求呢？）。这些要求是为了给人们提供最基本的生活方式、全球公民身份和进入公共领域的机会。哈特和奈格里承认，"不幸的是，如今的统治力量甚至不打算满足这些基本的要求"①。二人以笑声来回应这一现状，"一种创造和快乐的笑声，稳固地扎根于当下"②。难怪他们不把这些要求作为政党的纲领。这些要求也不是通过斗争实现的。它们标志着在公共的生命政治生产中、在资本主义控制下已经存在的潜力。

哈特和奈格里暗示，政党形式已经过时了。我曾说，当代网络不仅产生了少数人和多数人组成的幂律分布，而且涌现的阶层——特别是从政治运动中已经出现的先锋和实践来看——指向了政党组织出现的方式。例如，人们采用共同的策略、名称和符号将以前独立的、不同的甚至相互竞争的斗争结合起来。当地方政治和议题政治通过一个共同的名字联系在一起时，一个地区斗争的成功推动了整个斗争的成功，单独的行动就会发展为它们自身的行动，以及（因它们而引发的）其他行动。它们给其他人灌输热情，激发他们的模仿行为。

我们很多人都相信，资本主义的危机已经到了决定性的时刻。我们知道，资本主义制度是脆弱的，它产生了自己的"掘墓人"，并且它为一个专制的国家结构所掌控。然而，我们却装作不知道这件事。政党提供了一种形式，让我们相信我们所知道的。正如我们从列宁身上所学到的，革命的政治意识是以党的理论和重大历史任务为导向在党内组织起来的集体观点。没有党，就很难看到人民。人民的行为已经被同化和取代、被引导和包装，以支持他们所反对的体制。在数字资本主义中，多重阻力模糊成一串观点和选择，以及与真理无关的选项。人民斗争的遗产及其群众活动由大学、文化和临时组织传递，屈从于资本主义的需要，成为失去活性的生存资源。系统的力量重新出现，成为影响数字交往、流通、积累的力量。我们如果想要打败这些系统，就不能重复或者强化它们，而是必须夺取、利用它们。这就需要政治组织。

---

① Michael Hardt and Antonio Negri, *Commonwealth*, p. 382.
② 同上书，第383页。

那么，让我们回到幸存者和系统的主题上来：当代理论中的这些倾向遮蔽了主体的空间，使我们无法确认数字资本主义中的矛盾——但是处于"长尾"位置的是群众，群众能够被组织、集中起来，并被政治化。此外，一些新兴的等级体系/分级结构——话题标签、共同的形象、常见的政治形式，如职业甚至政党——成为争夺（话语权）和政治斗争的重要手段。超越批判的是集体性。

第 9 章　交往资本主义中新的共产主义视野[*]

约迪·迪安　托米斯拉夫·梅达克
佩塔尔·扬德里奇/文　　刘曙辉/译

　　约迪·迪安是美国霍巴特和威廉史密斯学院唐纳德·R.哈特人文社会科学教授、费舍尔性别与公正研究中心主任。她先后获得普林斯顿大学历史学学士学位，哥伦比亚大学文学硕士学位、哲学硕士学位和政治学博士学位。迪安的研究兴趣集中于当代媒体技术与左翼政治之间的互动，其著作有《外星人在美国：从外太空到网络空间的阴谋文化》(Aliens in America: Conspiracy Cultures from Outerspace to Cyberspace)、《民主与其他新自由主义的幻象：交往资本主义和左翼政治》(Democracy and Other Neoliberal Fantasies: Communicative Capitalism and Left Politics)、《共产主义视野》(The Communist Horizon)、《群众与政党》(Crowds and Party) 等。2018 年，她接受了英国考文垂大学托米斯拉夫·梅达克 (Tomislav Medak) 和克罗地亚萨格勒布应用科学大学佩塔尔·扬德里奇 (Petar Jandric) 的采访，对什么是交往资本主义、交往资本主义时代的民主危机及其出路，马克思的重要性，新的共产主义视野，反资本主义的斗争形式，以及群众与政党的相互作用方式等问题做了回应和解答。

---

　　[*] 本章原载：《国外理论动态》2020 年第 5 期。原文来源：Jodi Dean, Tomislav Medak and Petar Jandric, "Embrace the Antagonism, Build the Party! The New Communist Horizon in and Against Communicative Capitalism," *Postdigital Science and Education* 1 (2019): 218-235. 约迪·迪安 (Jodi Dean)：美国霍巴特和威廉史密斯学院。托米斯拉夫·梅达克 (Tomislav Medak)：英国考文垂大学。佩塔尔·扬德里奇 (Petar Jandric)：克罗地亚萨格勒布应用科学大学。刘曙辉：中国社会科学院马克思主义研究院《马克思主义研究》编辑部。

一、反对民主的交往资本主义

梅达克和扬德里奇：交往资本主义是您作品中的主要概念之一，请问什么是交往资本主义？它与早期资本主义有何不同？

迪安：交往资本主义是指一种新的资本主义形式，其中交往成为资本积累的核心。这意味着交往在商品和自然资源的生产、消费与流通方面发挥着不同且更根本的作用。由于网络媒体、信息化和全球通信网络的兴起，交往已成为积累的资源、手段和工具。有人将这种形式称为信息时代或认知资本主义，但我认为将它理解为交往资本主义最为准确，也最有政治价值。这让我们看到前几代人称为民主核心的交往过程在当前是如何被完全采纳的。交往以一种比以往任何时候都更加重要的方式推动着资本主义生产力的发展。例如，如果我们把交往视为一种资源，那么大数据就很有趣，因为每种交往互动都会通过这种方式生成元数据，元数据由位置数据、不同层次的社会关系和网络以及它们之间的联系组成。当前，我们所有的社会内容都可以进行封装、分析和出售。

梅达克和扬德里奇：显然，信息和通信技术是交往资本主义的关键要素。用您的话说，它们促成了在民主想象中根本无法想到的联系和参与。也就是说，它们用一组不同的价值观取代了对代表性、问责制和合法性的民主假设。在这里，我们强调的重点是辅助性、多利益相关者、专业知识和信誉管理，但这个列表是不断变化且不完整的。[①] 在交往资本主义时代，民主会发生什么变化？

迪安：与民主互动相关的规范，如包容、参与和互惠，将成为资本生产和流通的主要动力。包容不仅仅是政治上的，或者更糟的是，政治包容与资本包容是一回事，因为现在纳入更多人意味着将更多人的交往信息转变为资源，并形成消费者数据超市和信息数据提供者。"参与"曾经具有某种政治影响，现在则为资本的流通和生产提供更多人员。人成为内容的

---

① 参见 Jodi Dean, Jon W. Anderson and Geert Lovink (eds.), *Reformatting Politics: Information Technology and Global Civil Society* (New York and London: Routledge, 2006), p. xvi。

提供者和消费者。这导致批判失去所有目标，变得全无定形，就像蒸汽一样。为什么会这样？因为批判只是另一种内容，另一种可以分享和传播的东西。因此，辩论成为资本的功能，而批判则失去实现目标的能力。

我喜欢用马克思主义的使用价值和交换价值概念来思考这个问题。交往通常是指发送者给接收者的消息。我们可以说，消息的使用价值是接收者能够用它做什么以及能够理解什么。如今，消息的使用价值已被其流通价值取代，或者说消息被转发、共享、分发的能力和流通价值与内容无关。消息可以是谎言，可以是事实，也可以是两者兼而有之，只要能够被分享即可。因此，我们实现了话语的使用价值到其流通价值的转变。

梅达克和扬德里奇：这改写了交往理性概念[1]和民主社会是一种反身结构（reflexive structure）的观点。在这种结构中，社会学习过程在交往的媒介中展开。

迪安：我早期的工作是在哈贝马斯（Habermas）的框架内展开的。我非常相信话语伦理学，并把交往理性理解为指出交往是解决问题、达成共识的手段等诸如此类的事情。我的第二本著作是关于外星人绑架的。[2]当我采访声称被外星人绑架的学者以及其他人时，这些人坚定地承诺其陈述具有真实性。在这里，言语与信仰之间民主的和批判性的交流以及相互对立的合法性诉求的规范性辩护都被完全接受。然而，从主流的现实观念来看，UFO社区中的每个人似乎都是完全疯狂和错误的。没有中间立场！现在的事实是，他们既不是白痴，也没有被欺骗，但他们确实对现实有着完全不同的看法，并且通过支持同行评议的研究、会议、方法和证据的讨论等来支持其观点。于是，我开始认为，如果我们要处理的是相互对立的"实在"概念，那么哈贝马斯关于相互对立的合法性诉求之间冲突的交往解决方案就没有意义。

传统自由主义是关于相互对立的"善"概念的，但在其背后也存在着相互对立的"实在"概念。因此，民主主义的自由主义版本有一个严重的问题。协商取决于某种共同的背景和准则，即人们可以用来评估有效性的标准，即共同的实在。但是，当这种实在本身存在严重分歧时，会发生什

---

[1] 参见 Jürgen Habermas, *The Theory of Communicative Action*, Vol. 1: *Reason and the Rationalization of Society* (Boston: Beacon Press, 1984).

[2] 参见 Jodi Dean, *Aliens in America: Conspiracy Cultures from Outerspace to Cyberspace* (New York: Cornell University Press, 1998).

么呢？民主不能包含其自身的基础。所以，交往理性存在概念上的局限性。今天，在交往资本主义的环境中，我们遇到了一个更深层次的问题，即交往式交流对资本的作用越来越大。现在，交往理性似乎是交往资本主义的一层薄薄的意识形态外衣，在这里，所有交往规范都越来越多地嵌入资本积累过程中，并与这一过程密不可分。

梅达克和扬德里奇：一些学者认为，解决当前民主危机的一个方案可能是更多的民主，通常是激进民主。① 然而，在您参与写作的《激进民主与互联网：理论与实践的质疑》（Radical Democracy and the Internet： Interrogating Theory and Practice）一书中，您认为激进民主不足以应对交往资本主义的挑战。② 那么，什么是更好的呢？

迪安：这很简单，就是共产主义。说起来也很简单，让我们退一步说说它在实践中意味着什么。首先，当左翼激进分子认为自己的研究视野是民主时，他们犯了巨大的错误，因为这没有抓住资本主义的根本问题。民主不能准确表述左翼的政治视野，它只能表述我们已经拥有的更多相同的东西。在交往资本主义的条件下也是如此。每个左翼激进分子所处的社会环境都有一个特征，即所有解决方案都是一个网站、一个应用程序、一个更好的数据库或某种试点投票系统。让我们为民主做一个应用程序，我们就会以某种方式解决问题！但事实并非如此。左翼必须是引起分裂的，阐明对抗，命名对抗，并在对抗的道路上进行斗争。我们生活在一个民主的环境中，我们不能只是重复这一环境的条件！这就是为什么激进民主是不够的。

梅达克和扬德里奇：十多年前，您写道："尽管信息和通信技术带来了许多重大变化，但民族国家的形象仍在继续形成对政治的思考。"③ 在您看来，民族国家在交往资本主义中扮演着什么角色？未来它的角色应该是什么？

迪安：我不相信今天民族国家的主导地位像这个问题所暗示的那样强

---

① 参见 Michael Adrian Peters and Petar Jandrić, *The Digital University：A Dialogue and Manifesto* (New York：Peter Lang, 2018).
② 参见 Lincoln Dahlberg and Eugenia Siapera (eds.), *Radical Democracy and the Internet：Interrogating Theory and Practice* (New York：Palgrave Macmillan, 2007).
③ Jodi Dean, Jon W. Anderson and Geert Lovink (eds.), *Reformatting Politics：Information Technology and Global Civil Society*, p. xxi.

大。像欧盟这样的区域性制度安排超出了民族国家的范围，而且它们似乎很重要（例如在希腊）。各种复杂的贸易协定、武器协定和环境协定跨越民族国家，提供了比民族国家更大的框架。这再次表明，我们如果仅仅从民族国家的角度来思考，就可能遗漏一些重要的东西。还有别的东西使民族国家不同于其100年前的主导形式，它们是世界交往、全球贸易和在许多国家都设有总部的跨国公司。与此同时，保守的反革命力量无处不在：是荷兰、匈牙利、美国或英国脱欧背后的主要力量。在民族主义的基础上，我们看到资产阶级为维护自身的权力而主张民族国家的政治形式。在交往资本主义下，民族国家显然是斗争的场所。在围绕边界、难民、移民和贸易协定的许多斗争中，我们看到了民族国家的脆弱性和不稳定性……显然，现在的民族国家是不同于20世纪的民族国家那样的权力机构，但它们并没有消亡。

梅达克和扬德里奇：我们想指出国家垄断资本和全球垄断资本之间有趣的对比。1970年代我们曾经拥有全球竞争性市场，现在我们拥有全球垄断性市场，民族国家作为监管机构的地位已经被削弱。今天的民主国家无法制定经济政策，只要看看特朗普政府在实施国民经济驱动的议程方面效率低下就知道了。

迪安：这是非常重要的一点。民主是不够的，因为它几乎与国家民主选举层面发生的事情无关。民族国家在全球资本主义市场中运作，它们对挑战的反应不如以往那样灵敏。我想到了玻利维亚的水资源抗议及其科恰班巴的水资源战争。它们即使在某个层面取得了胜利，也会在更高的层面与贸易协定抵触。在《这改变了一切：资本主义与气候》(*This Changes Everything*: *Capitalism vs. The Climate*) 一书中，娜奥米·克莱因 (Naomi Klein) 讨论了加拿大安大略省的立法胜利，它为当地的可再生能源公司提供了一些保障，但最终还是在国际贸易领域被击败了。[①] 所以，你们是对的：国家正在失去充当中介机构的能力。与此同时，到处都存在的主要言辞是什么？是民主。这种言辞是否意味着我们希望找回我们失去控制的过程？或者说，民主是不是通过以下言辞在意识形态上发挥作用：“嘿，各位，出去投票吧！嘿，各位，把你们的意见放到网上！积极一点，

---

① 参见 Naomi Klein, *This Changes Everything*: *Capitalism vs. The Climate* (New York: Simon and Schuster, 2015).

你可以做到的!"我找不到任何机制能让前者看起来可信,所以我认为是后者。

二、交往资本主义时代的马克思

梅达克和扬德里奇:2000 年,理查德·巴布鲁克(Richard Barbrook)发表了《网络共产主义:美国人如何在网络空间取代资本主义》("Cyber-Communism: How the Americans are Superseding Capitalism in Cyberspace")一文,宣称网络资本主义实际上支持控制论共产主义(cybernetic communism)。[1] 虽然巴布鲁克本人声称这个论点是一个具有讽刺意味的笑话[2],但一些理论家却非常重视它。数字技术在创造非资本主义的未来方面的潜力是什么?

迪安:控制论共产主义似乎以避免政治斗争和形成集体意志的技术手段为前提。它一下子跳到"想象一下我们将如何在控制论意义上组织一切",而完全忽略了实现这一目标的政治斗争。我更关心的是政治斗争和集体意志的形成。你是如何使人们受到如此程度的刺激从而让这一切发生的?让我印象深刻的是,我们现在拥有支持参与式集中规划的技术。我们有多种办法来取代市场,找到无须依赖价格之类的东西的好的分配机制。我们在网上一直都是这样做的,很多东西都是在根本不考虑价格机制的情况下在网上流通,从而绕开了市场。我们拥有控制论共产主义的技术条件,但我们缺少政治条件,技术永远无法为我们提供这些政治条件。所以,这就是需要重点关注的地方,也是需要投入精力的地方。

梅达克和扬德里奇:在创造一个更公正的世界的数字潜力中,关键因素是网络中立原则。因此,网络中立是人民与大资本之间持续斗争的场所也就不足为奇了。让我们想象一下,大资本成功地放弃了网络中立,所有互联网流量都被商品化。这种设想对交往资本主义的性质有什么影响?

迪安:在一般的理论层面,我认为网络中立主要是资本主义内部各派

---

[1] 参见 Richard Barbrook, "Cyber-Communism: How the Americans are Superseding Capitalism in Cyberspace," *Science as Culture* 1, no. 9 (2000): 5–40.

[2] 参见 Petar Jandrić, *Learning in the Age of Digital Reason* (Rotterdam: Sense, 2017), p. 89.

系之间的斗争。我在这些派系之间并不保持中立。我认为，一些供应商基于支付能力等因素来决定内容的主导地位是可怕的。这是资本主义内部的斗争，但其结果可能会或多或少地使我们陷入困境。如果反对网络中立的决定继续有效，那么接下来会发生什么？这是不是建立一种更好的人民的基础设施（people's in frastructure）的机会？在互联网成为私营企业的工具之前，人们就承诺要建立一种响应更快、分布更广、更水平化、更平等和更网络化的基础设施。矛盾的是，五年后，我们可能会说：哦，网络中立的终结也是脸书的终结，所有人最终都转向这种更好的、分布更广的技术。我通常不会采取加速主义的立场，但在这种情况下我希望会有光明的一面。但我并不相信。如果这在资本主义世界里是可能的，那它应该早就发生了。

梅达克和扬德里奇：在某种程度上，网络中立允许互联网以与无政府状态相差无几的方式运行。[①] 然而，自从巴枯宁与马克思在第一国际中分裂以来，无政府主义思想与共产主义思想就沿着截然不同的道路发展。在交往资本主义时代，我们应该努力调和共产主义与无政府主义，还是继续坚持两者之间的差异？您能指出交往无政府主义在取代交往资本主义方面可能做出的贡献吗？

迪安：只要资本主义经济占主导地位，资本家就会锁闭并吞噬我们制造的任何东西。我认为，即使我们设法开发一个新的人民的互联网（people's Internet），它也会被吞噬。因此，我认为重要的问题与组织人民进行政治斗争有关。如果不希望资本主义总是把一切都拿走，我们就必须摆脱资本主义。无政府水平主义的视野仍然无法同构成复杂网络的权力法则抗争。阿尔伯特·拉兹洛·鲍劳巴希（Albert Laszlo Barabasi）在其著作《联系：一切事物与其他事物如何联系及其对商业、科学和日常生活的意义》（Linked: How Everything Is Connected to Everything else and What It Means for Business, Science, and Everyday Life）中指出，复杂网络根本不是平面的或水平的，而是具有自由选择、增长和优先依附的特征。[②] 这三个特征生成集线器，它们的链接按照幂律分布，其中顶部

[①] 参见 Petar Jandrić, "Wikipedia and Education: Anarchist Perspectives and Virtual Practices," *Journal for Critical Education Policy Studies* 8, no. 2 (2010): 48 - 73; Petar Jandrić, *Learning in the Age of Digital Reason*。

[②] 参见 Albert Laszlo Barabasi, *Linked: How Everything Is Connected to Everything else and What It Means for Business, Science, and Everyday Life* (New York: Basic Books, 2003)。

（集线器或最受欢迎的节点）的链接数是下一个的两倍，而下一个的链接数又是再下一个的两倍，依此类推。所以，顶部是一，下面是多。无政府自由主义者支持的水平过程创造了他们所反对的等级制度的条件。好像他们看到的是长长的尾巴，而不是等级制度，即陡峭的曲线。拆除这个结构需要更大的组织力量。一旦人们了解复杂网络的结构，交往资本主义产生垄断就不足为奇了，这就是它的动力释放出来的东西。

梅达克和扬德里奇：网络效应……

迪安：确实是。这就是令我痛苦的东西。为什么这些精通技术的无政府主义者从不考虑网络效应呢？

梅达克和扬德里奇：如今越来越多的人致力于在交往资本主义时代复兴马克思。① 您对这些努力有何看法？在工业社会初期发展起来的马克思主义理论与我们当前这个数字化饱和的环境有什么相关性？

迪安：现在，马克思比200年前更加重要。为什么会这样？因为资本主义的强化。具体地讲有三个原因。第一个原因是无产阶级化和劳动力市场的强化。在北半球，福利国家的制度和结构的崩溃产生了一个比20世纪中叶更加动荡、更具竞争性的劳动力市场。我们的安全感更弱，我们变得更脆弱、更不稳定，并拥有了一个全天候的劳动力市场。在《资本论》（*Capital*）中，特别是在《共产党宣言》（*The Communist Manifesto*）中，马克思预言了我们现在从全球的角度所看到的资本强度。第二个原因来自马克思对剥夺性积累②的理解。这种积累方式是通过拿走和锁闭（而不是通过剥削）来实现的。交往资本主义发挥作用的主要方式之一是锁闭交往公共产品。马克思在《资本论》第八部分中关于原始积累的著名论述对于理解这一锁闭是必不可少的。现在，即使走在街上，我们的活动也被锁闭在一个数据集中，我的行踪信息现在是别人的财产了。第三个原因是

---

① 参见 Christian Fuchs, *Reading Marx in the Information Age: A Media and Communication Studies Perspective on Capital Volume 1* (New York: Routledge, 2016); C. Fuchs and V. Mosco (eds.), *Marx and the Political Economy of the Media* (Leiden: Brill, 2016); Peter McLaren and Petar Jandric, "Karl Marx and Liberation Theology: Dialectical Materialism and Christian Spirituality in, against, and beyond Contemporary Capitalism," *Triple C: Communication, Capitalism and Critique* 16, no. 2 (2018): 598–607.

② 参见 David Harvey, "The 'New' Imperialism: Accumulation by Dispossession," *Socialist Register* 40 (2004): 63–87.

马克思的政治著作。大多数人只看到马克思的经济著作，但生活在特朗普时代的美国，马克思的《路易·波拿巴的雾月十八日》（The eighteenth brumaire of Louis Bonaparte）比以往任何时候都更重要。正如我们在心怀不满的小资产阶级与工人阶级之间新的联盟中看到的，马克思的政治著作在当代语境中发出了响亮的声音。

梅达克和扬德里奇： 如果马克思像以往一样重要，为什么还要提出交往资本主义观念呢？马克思著作中提出的资本主义观念有什么问题吗？

迪安： 交往资本主义跳过或改变了商品形式。它是资本转化为一种剥削形式的方式，这种剥削形式直接进入社会物质，而不使这种物质采取商品的形式。相反，锁闭、捕获、存储、归档和搜索的过程将我们所有生成和丢弃的数据都转化为一种从算法上可用于模式挖掘的资源。这些算法生产出待售的商品（比如关于特定购买模式的数据）。通过日常的交往活动，人们提供原材料，即"自然"资源。所以，我们可以用马克思的理论来理解剥削的过程，以此为基础，然后认识到生产并非以完全相同的方式进行。资本主义每上一层的残余物在一定程度上仍然存在，而网络层、信息层、交往层有其他作用。这是一系列新的难题。难的不是稀缺，而是有很多无法货币化的东西，所以我们现在面临着如何支付这类劳动的问题。这些劳动力是如何在提供材料、内容和投入（它们逃避了商品的形式，没有以同样的方式货币化）的同时获得食物和生存的呢？马克思为我们提供了开展研究的基础。

三、21世纪的共产主义视野

梅达克和扬德里奇： 在特朗普时代，您的著作《外星人在美国：从外太空到网络空间的阴谋文化》变得越来越重要。

迪安： 我很高兴你们问起这个问题，因为在这本20年前出版的书中，我诊断出特朗普所说的假新闻和其他人所说的后真相。在该书中，我谈到了相互对立的"实在"概念破坏了民主辩论的可能性。这并不是新闻真假的问题，没有一个根本的现实来决定一个故事是假的还是真的。我要澄清的是，这并不意味着没有根本的现实，而是没有办法解决这些对立，它们导致人们对现实产生不同的看法。在《敏感的主体——政治本体论的缺席中心》(*The Ticklish Subject: The Absent Centre of Political Ontology*)一书中,斯拉沃热·齐泽克提出了一个很棒的术语——符号效率的下降①,我一直在使用这个术语。它表示缺乏一套共同的符号、规范和总体概念;缺乏共同的意义。当我长途驾驶时,我有时会听右翼广播,因为我想知道敌人在想什么。昨天,当我收听拉什·林博(Rush Limbaugh)的演讲时,有人打电话到节目组问:在当今的假新闻时代,最客观的新闻来源是什么?他回答说:没有。你唯一能做的就是多看几件事,然后自己决定。我很惊讶,但他也同意并没有共同的符号层,只有个人的决心。个人为自己决定什么是正确的,什么是真实的。奇怪的是,林博与自由主义相对论者竟然有一致之处,后者认为个人是一切事物的基础。

梅达克和扬德里奇:您曾引用兰登·温纳(Langdon Winner)的话说,在西方技术社会中,对世界的主要取向是宗教的而不是科学的。② 基于宗教的政治思想和实践的主要问题是什么?

迪安:在美国,首要问题是宗教思想的重要地位阻碍国会应对气候变化问题。许多保守派,特别是保守派联盟中的福音派基督徒,否认气候变化科学(climate change science)。这源于他们信奉神创论,排斥进化论。从非常实际的角度来看,这具有全球意义,因为美国排放的碳、甲烷以及其他温室气体占全球排放总量的很大比例。

如果不那么务实地思考,而是更多地从理论上思考,那么我会开始担忧:我是秘密的自由主义者吗?我只是在重复关于政教分离的自由主义观点吗?也许不是;也许我可以从马克思的《论犹太人问题》(*On the Jewish Question*)中寻找答案。马克思指出:"宗教的定在是一种缺陷的定在"③。那么,我可以高兴地说,我不是秘密的自由主义者,我只是同马克思一样认识到了资产阶级自由国家的缺陷持续存在。

梅达克和扬德里奇:马克思指出:"宗教是人民的鸦片。"④ 然而,尽

---

① 参见 Slavoj Žižek, *The Ticklish Subject: The Absent Centre of Political Ontology* (London and New York: Verso, 2009)。
② 参见 Jodi Dean, *Aliens in America: Conspiracy Cultures from Outerspace to Cyberspace*, p. 170。
③ 《马克思恩格斯文集》第1卷,人民出版社,2009,第27页。
④ 《马克思恩格斯选集》第1卷,人民出版社,2012,第2页。

管科学推理有明显的好处,但宗教似乎铭刻在人性中。我们应该通过坚持无神论/不可知论来反对资本主义吗?我们需要一种新的(交往)共产主义宗教吗?

迪安: 在美国,我们面临严重的阿片类药物问题。现在美国的预期寿命已经连续两年减少,这部分缘于阿片类药物危机。这一危机发生在宗教人士众多的地区,因此宗教似乎不足以阻止人们使用阿片类药物。我们如果赞成宽容的毒品政策,那么是否也应该赞成宽容的宗教政策?阿片类药物问题不应该在政治辩论中发挥影响,宗教争论不应该阻碍科学的发展。

在我认为的理想的共产主义社会里,我们不会排斥宗教人士,不会把他们关进集中营。可以让人们信教,只要确保宗教争论不是政治争论!我也不赞成一种交往共产主义的宗教。这让我想起了让-雅克·卢梭(Jean-Jacques Rousseau)在《社会契约论》(*The Social Contract*)中提出的观点,即必须建立某种公民宗教。我认为,我们应该抛开宗教,让人们在这个领域做他们想做的事。我们如果能够确保经济上和政治上的平等,那么就不用担心其他事情,比如宗教和性,我们将给人们的信仰和爱留有空间,只要他们不侵犯基本的平等。

梅达克和扬德里奇: 我们猜测您的政治理论中有阿兰·巴迪欧的成分,到目前为止,我们必须从承诺回到现实来看。您怎么看待巴迪欧在《圣保罗》(*Saint Paul*)一书中提到的政治理论中的神学?

迪安: 神学是否垄断了对尚未存在的事物的希望?我认为神学不是将希望概念化的唯一途径。我出生在南卡罗来纳州,在南部一个浸礼会家庭中长大,那里经常谈论宗教。我们每周去教堂三次。关于共产主义,总是让我产生共鸣的一件事是它与《使徒行传》第4章第35节的密切关系:"照各人所需用的,分给各人。"不可否认,这里可能有神学的成分,但我想坚持这样一个理论观点,即神学不是上述思维的唯一来源。巴迪欧的圣保罗与神学人物相去甚远,他是一个光彩夺目的斗士,他让我们将忠诚视为一种正确的政治取向。这不仅是信徒的政治取向,也是同志的政治取向。

梅达克和扬德里奇: 20世纪后期,共产主义者与基督教信徒(主要是在拉丁美洲,也包括其他地方)以解放神学的形式调和了马克思主义与基督教。您对解放神学有什么看法?这是朝着结成更强大的左翼联盟迈出的积极一步，还是与敌人同床共枕或者介于两者之间？

迪安：这是朝着与左翼建立更好的联系和一种向其他结构渗透的模式迈出的积极一步。左翼总是担心如何吸引人们走出来，如何让更多的人做这做那，而教会仍然是可以定期让人们走出来的机构！人们每天或者每个星期日都来这里……你能想象左翼像全世界的教会一样强大吗？这将是惊人的！我认为解放神学是左翼接管天主教会的途径，也是接触那些被其他地区的左翼疏远的人的途径。

梅达克和扬德里奇：让我们回到太空旅行。在《外星人在美国：从外太空到网络空间的阴谋文化》中，您声称："美国的太空计划是为了吸引观众。国内外的人们将其成就看作民主项目成功的标志。任何人都可以仰望在月球上行走的美国人。通过太空计划，美国创造了一种关于自由和进步的叙事，这种叙事将构成人们对真理和主体性的普遍理解。"① 这些理解是什么？谁应该从中受益？

迪安：真理和主体性的标准是根据一个非常具体的美国例外主义的、男性主义的、殖民主义的观点制定的，即什么是自由，什么是胜利，以及资本主义和民主将如何始终产生最好的结果。这种对真理和主体性的憧憬只是美国幻想的一小部分。正确思考美国太空计划的唯一途径是认识到它在冷战中的地位。要不是冷战，它不可能起步。这就是肯尼迪（Kennedy）如此担心载人航天计划启动的原因。整个登月计划的观众是全国性的和国际性的。美国的太空计划旨在建立国家信心，因为当苏联发射人造卫星时，我们的火箭却不断坠毁，美国感到在技术层面被打败了……美国很难发射任何像样的火箭，而苏联却如此成功，这真是太丢人了。在全球范围内，美国的太空计划旨在告诉其他人，美国人拥有太空旅行的技术和意愿，从而显示资本主义和民主的优越性。

梅达克和扬德里奇：太空旅行的时代，尤其是太空旅行中的英雄们，有助于增强美国人（和世界另一边的俄罗斯人）对自身成就的自豪感，这也顺理成章地增强了国民感。然而，数字技术时代带来了一种截然不同的感受，一些美国人可能为硅谷的成就感到骄傲，但数字公民身份是跨国

---

① Jodi Dean, *Aliens in America: Conspiracy Cultures from Outerspace to Cyberspace*, p. 19.

的，甚至是全球性的。到目前为止，这只是促成了全球公司的崛起，甚至加剧了更为严酷的资本主义形式；国际主义在传统上一直是无产阶级斗争的关键因素，现在却似乎已经转向反对它。① 有什么办法可以让国际主义回到支持当代左翼的立场呢？

迪安：苏联和东欧社会主义国家失败后，西方左翼变成了自由主义者。自1968年以来，他们一直处于成为自由主义者的过程中；到1991年或1992年，左翼承认社会主义被击败，认可资本主义民主是最值得关注的。在那之后，国际主义的唯一愿景是全球贸易、资本主义和人权的结合。在全球北方的意识形态结构中，必须承认人权话语是真正的无产阶级国际主义的替代品。这使右翼能够接管在全球贸易中陷入困境的工人阶级的怨恨和愤怒得以表达的空间，并利用民族主义和爱国主义之类的东西来动员他们。

我认为，对硅谷的信心不是美国爱国主义的一部分。这可能是科技精英、狂热爱好者、一些孩子等的心态，但这实际上更多是一种沿海心态，而不是全国范围内的心态。在美国中部，爱国主义的载体是乡村音乐、国旗和一种怪异的文化习俗，比如戴难看的"让美国伟大"风格的帽子、吃快餐、声称喝64盎司的可乐是我们的权利。这是一种回应性的爱国主义，针对的是与硅谷有联系的精英们，这些精英做着美国中部的人们所不理解的技术工作，并夺走了他们的工作。知识分子是国际主义者，工人阶级则不是。因此，我们可以看到一个相当小且不一定有效的国家和全球左翼，它主要是自由主义的。我们需要把它与政治经济学（对金融、生产、债务、流通、物流的分析）和扩大的工人阶级斗争意识（教育、卫生和环境斗争应被理解为阶级斗争）联系起来。

梅达克和扬德里奇：您的历史分析表明，"在太空计划之前，美国很少明确表明自己是殖民大国，尽管扩张主义已经成为其自我理解的组成部分"。然而，在20世纪下半叶，各国政府和研究人员已经采纳尼瓦尔·布什（Vannevar Bush）的比喻，即把从太空旅行到计算机领域的科学技术比喻成"无止境的前沿"（美国科学研究与发展办公室，1945年）。这些天来，我们了解到，"无止境的前沿"是一个旨在宣传理查德·巴布鲁克

---

① 参见 Michael Hardt and Antonio Negri, *Empire* (Cambridge and London: Harvard University Press, 2001), p.49。

和安迪·卡梅伦（Andy Cameron）所称的加州意识形态的骗局。① 我们明白，在人类世时代不存在"无止境的前沿"这样的东西。显然，与交往资本主义的斗争不仅仅是社会制度的改变，更重要的是，它还涉及将"殖民主义不可能永远持续下去"这一事实内在化。您怎么看待这个问题？

迪安：我出生于 1962 年。在我小时候，我爸爸在空军服役。我们住在基地附近，那里的太空计划是想象的一大部分。观看登月和人们在月球上行走真是太棒了，太令人兴奋了！然后，在 1990 年代初，太空计划几乎没有资金支持了，人们对它也不再有热情，"挑战者"号爆炸了……太空旅行不再是一个令人兴奋或想要发展的领域；所有的兴奋和发展方向都围绕着互联网。这意味着想象的转变，我认为它从外太空向地球上的人际互动转变是非常重要的。

那么，左翼发生了什么呢？左翼不再抱有远见，不再开展反对资本主义和支持共产主义的全球斗争，反而开始担心内部关系。左翼将视角转向国内，思考自身的发展。这是同一种转变。我认为这不是关于殖民与非殖民的问题，也不是关于进步与非进步的问题，而是人们在哪里看到政治可能性的范围与斗争的范围的问题。我们如果曾经转向一个大的愿景，那么可以再次转向它。我不完全知道如何做出这一转变，但我认为通过不断地进行积极斗争，这一转变会实现。

四、反资本主义斗争的诸多面孔

梅达克和扬德里奇：我们已经缓慢但确实进入了就业不稳定的时代。不稳定并不是一个新概念，但它目前的表现形式比以往更深刻、更广泛。② 随着优步和爱彼迎等资本主义在线平台的出现，信息技术似乎更是火上浇油。怎样才能制衡这种残酷的网络资本主义？由特雷博尔·朔尔茨（Trebor Scholtz）和内森·施奈德（Nathan Schneider）领导的平台合作主义运动是一个可能的发展方向吗？

迪安：我认为平台合作主义不是交往资本主义条件下超越不稳定的

---

① 参见 Richard Barbrook and Andy Cameron, "The Californian Ideology," *Science As Culture* 6, no. 1 (1996): 44 – 72。

② 参见 Guy Standing and Petar Jandrić, "Precariat, Education and Technologies: Towards a Global Class Identity," *Policy Futures in Education* 13, no. 8 (2015): 990 – 994。

一种方式。优步、跑腿兔（TaskRabbit）、户户送（Deliveroo）和其他平台都是加剧这种不稳定性的工具，仅仅说这些平台将归合作所有并不改变这种基本结构。我认为，向前迈进必须重建和振兴工会（当前美国工会会员人数处于历史最低点）。这也是马克思在今天之所以重要的又一个原因。《共产党宣言》是在工人运动尚未取得重大成就、工人组织正在兴起以及正在努力建立工会和将工人阶级组织成政党的时候写成的。这也是目前不稳定的契约劳工面临的情况。人们分散在不同的工作场所，所以将这些劳动力组织起来是唯一的途径，但不是通过平台合作主义这类方式。

梅达克和扬德里奇：您如何看待被理解为工人的用户，比如脸书工资运动？[1]

迪安：在亚马逊土耳其机器人这样的在线平台，没有什么具有解放性的东西，人们做一些微不足道的工作，就得到一些小钱——这只是另一种形式的垃圾劳动。然而，脸书工资运动可以被理解为类似于1970年代的家务劳动工资运动[2]，这是一场旨在推动更激进政治的思想实验。我们如果以这种方式来看待脸书工资运动，就可以发现它指出了一个奇怪的事实，即这些平台依赖于无偿劳动，它们把我们当作资本的自然资源，就像把女性的无偿家务劳动当作资本的自然资源一样，因此这一运动是有用的。玛利亚·米斯（Maria Mies）的《父权制和世界范围内的积累：国际分工中的妇女》（*Patriarchy and Accumulation on a World Scale*：*Women in the International Division of Labor*）一书讨论了殖民、自然和家务劳动是如何被视为资源的。[3] 脸书工资运动是思考交往资本主义中的劳动如何被视为资源的一种有用方式。但以下版本的脸书工资运动是没有用的：我每天在脸书工作8小时，所以我可以得到8美元的工资。这里必须有一种更具解放性的视野。

梅达克和扬德里奇：脸书工资运动指出了这样一个事实，即交往和社

---

[1] 参见 Laurel Ptak, "Wages for Facebook," https：//www.digitalmanifesto.net/manifestos/192/.

[2] 参见 Silvia Federici, *Wages for Housework* (Bristol：Falling Wall Press, 1975).

[3] 参见 Maria Mies, *Patriarchy and Accumulation on a World Scale*：*Women in the International Division of Labor* (London：Zed, 1986/1999).

会关系是交往资本主义的先决条件，正如家务劳动工资运动指出的，社会再生产劳动是隐蔽的，但对资本主义关系的再生产是非常重要的。

迪安：当然。这就是现在人们对社会再生产理论重新产生这么大兴趣的原因。

梅达克和扬德里奇：反对交往资本主义的斗争在许多不同的战线上同时进行。其中一个发展动向就是去增长运动①，它设想的经济和政治的未来并非基于增长。这样的未来与资本主义的逻辑是直接对立的。您如何看待去增长运动在反对交往资本主义的斗争中的潜力？

迪安：去增长感觉很像新农民化。它不是提倡更好、更清洁地使用工业流程和资源，而是将其完全切断。我喜欢飞行场所，我认为青霉素和公共卫生是很好的东西，我不喜欢在花园里工作。去增长希望重新建立与土地相关的社会关系。作为全球城市化的征兆和反应，这是有意义的。但对于世界上的大多数人来说，它并没有延缓城市化的步伐。再加上城市主义等围绕城市的运动，这种新农民化就变成了新封建制度。因此，你会得到城市和像硅谷这样的地方，这些地方有着很酷的文化活动，周围是农民的腹地，他们从事着高强度的劳动，然后回家在网上玩一会儿。我认为，我们需要一个愿景，不是假装我们可以放弃工业，而是让工业发展得更好。我们已经经历了工业的发展，现在需要从生态、经济、政治方面对工业进行整顿。这意味着将工业集体化，使工业服从于以下政治决定，即是否需要工业以及如何组织工业。

梅达克和扬德里奇：您如何看待尼克·斯尔尼塞克和亚历克斯·威廉姆斯对地方主义与水平化的批判？②

迪安：我同意他们的很多观点，他们从凯西·威克斯（Kathi Weeks）和舒拉米思·费尔斯通（Shulamith Firestone）身上汲取了很多东西。女权主义者已经提出过这样的论点，但斯尔尼塞克和威廉姆斯却因此而获得了很多赞誉。这有点恼火：男人又一次抢了女人的功劳！完全自动化的部分是我最讨厌的地方，因为它有理由把这么多人赶出劳动力市场，却没有

---

① 参见 Giacomo D'Alisa, Federico Demaria and Giorgios Kallis (eds.), *Degrowth: A Vocabulary for a New Era* (London: Routledge, 2014)。

② 参见 Nick Srnicek and Alex Williams, *Inventing the Future: Postcapitalism and a World without Work* (London and New York: Verso, 2015)。

在过渡时期为他们的生计提供任何保障。

梅达克和扬德里奇： 无论我们喜欢与否，当今的技术开始摧毁的就业机会都超过了其创造的就业机会，而且这种趋势很可能（至少）在不久的将来会持续下去。① 我们应该如何应对技术性失业的上升？也许实行全民基本收入是可行之道？

迪安： 我反对全民基本收入，因为它使原因、问题和解决方案个人化。这只是实施新自由主义私有化和个人化进程的另一个借口，在这个进程中，公共产品——学校、医疗保健、公园、自然、森林等——不可避免地会消失。全民基本收入只涉及个人及其消费需求。硅谷人（Silicon Valley People）支持全民基本收入并不奇怪，因为它生产出他们想要的东西，即更多的消费者。

梅达克和扬德里奇： 最近俄罗斯总统普京宣布对机器人士兵进行大规模投资。这种特殊的技术性失业可以挽救许多人的生命；它也导致战争的抽象化，赢得战争的能力可能变成谁拥有更好装备的问题。您怎么看待这种抽象化？它会带来什么样的（假想的）未来？

迪安： 你们的问题让我立刻想到奥巴马政府的无人机战争，这场战争导致叙利亚大量平民死亡，也使美国公众更期盼没有战争。这甚至比传统战争还要糟糕，因为它远离任何形式的批判和回应。但死去的人是真实的。我认为，基于机器人和小装置的军事的未来是世界末日。它是终结者。

五、群众与政党

梅达克和扬德里奇： 请您描述一下群众与政党之间相互作用的方式。

---

① 参见 Michael Adrian Peters and Petar Jandrić, "Education and Technological Unemployment in the Fourth Industrial Revolution," in *Oxford Handbook of Higher Education Systems and University Management*, eds. Gordon Redding, Antony Drew and Stephen Crump (Oxford: Oxford University Press, 2019); Michael Adrian Peters, Petar Jandrić, and Sarah Hayes, "The Curious Promise of Educationalising Technological Unemployment: What can Places of Learning really do about the Future of Work?" *Educational Philosophy and Theory* 51, no. 3 (2019): 1–13。

第9章　交往资本主义中新的共产主义视野

迪安： 线上线下，我们看到了人数的力量，如街头的人数，这些数量是群众的力量，它们对于群众来说具有一定的强度。现在强度几乎是群众的全部。他们没有政治主张：当你在推特上看到热门标签时，你在解释大量信息之前并不了解它的政治主张。"政党"是将群众政治化或在群众中找到政治的政治形式。共产党会在群众中看到人民。也就是说，它捍卫阶级斗争的观点，即在民众起义中看到被压迫者起来反抗压迫者。政党看到的不是一小部分或特定的有其特殊不满的人，而是整个世界的人。群众与政党的这种相互作用认识到了人数的力量，并认为这种力量不同于政治；政治来自像政党这样的政治形式，它对群体性事件做出反应，并认为人民是群体性事件的原因或主体。

梅达克和扬德里奇： 有人提到互联网是社群主义的。它在很大程度上确实是如此。每个事物都有自己的社区，这有助于抽象出这样一个观念，即社会是存在的。您对集体和组织的问题有何看法？

迪安： 在特朗普当选后，自由主义媒体抱怨，这是因为人们置身于自己的网络泡沫中，置身于"回音室"中，与志同道合者交谈，而不主动接触其他观点。我不同意这个诊断。实际上，我认为我们需要更多的网络泡沫，尤其是关于左翼的网络泡沫。左翼必须强调我们与资本家之间的分歧，这些泡沫和"回音室"有助于认识到我们实际上是一种力量。这与社群无关，而与社会有关：社会从根本上是分裂的，存在着根本的对立。我们必须为这种对立而斗争。这意味着需要通过加强分裂和强化联盟来使我们自己成为一支战斗力量。我对民众与政党的讨论源于对这种根本对立的强调。

梅达克和扬德里奇： 互联网将就业变成一种声誉游戏——对于记者而言，推特的关注者数量比文章的质量更重要（实际上，糟糕的文章似乎常常会吸引更多的点击）。对于像我们这样的学者来说，观点被引用和演讲邀请往往比我们工作的内容更重要。在反对交往资本主义的道路上，我们应该如何处理声誉？

迪安： 我认为，资本主义内部的问题是声誉同经济收益和效益相关。因此，我们必须确保声誉不会带来经济效益。从结构上讲，摆脱声誉几乎是不可能的，你所能做的就是摆脱依赖和刺激声誉的生产、测量与比较的平台，并试图构建使声誉越来越不重要的互动模式。

梅达克和扬德里奇：这也涉及先锋的问题。

迪安："先锋"是创新者和早期采用者。当然，当不是先锋的人声称自己是先锋的时候，我们会批评他们是虚假的先锋。在科技界，你把人称为创新者，每个人都会很兴奋。但在政治上，如果创新者被称为先锋，则每个人都会讨厌他们。我认为，我们需要停止1960年代对先锋的老式批判，也要停止对迈克尔·哈特和安东尼奥·奈格里的批判。顺便说一句，考虑到他们的影响力及其观点被广泛引用的程度，实际上他们本身就是先锋。没有先锋也行，这是一个神话。我们必须摆脱这个神话，承认先锋，如果我们不喜欢他们，可以因其政治的特殊性，而不是因为他们是先锋这一事实瓦解掉他们。在《共产主义视野》一书中，我认为"占领华尔街"运动是一个先锋，世界上每个人都追随最初的占领者。① 我们并不会因为这一运动做了一些新的事情就谴责它，而是钦佩它并追随它。

梅达克和扬德里奇：您也根据情感基础结构来定义政党，并将这一结构的表达定义为先锋。不管是否个人化，政党都会要求每个人朝着一个目标共同行动。

迪安：政党的情感结构体现了政党是如何团结起来的。政党不是中央委员会对一群追随者自上而下的命令，而是同志之间的一系列人际关系。在心理分析的意义上，这些关系是"移情的"，它们带有投射、强度、期望、内疚的色彩。我们必须永远记住，政党成员身份是自愿的。人们选择加入并成为政治集体的一部分。作为集体，政党作为其成员的新的象征秩序发挥作用。它发挥的作用越多，就越能影响政党外的"同伴"。

梅达克和扬德里奇：在互联网发展的早期，人们非常关注群众智慧。② 请您评价一下网络群众智慧的认识论。

迪安：是的，我在《群众与政党》一书中也想到了霍华德·莱茵戈德（Howard Rheingold）的《聪明的暴徒：下一次社会革命》（*Smart Mobs: The Next Social Revolution*），这源自该书对群众知识和群众来源的理解。他的观点在詹姆斯·苏罗维茨基（James Surowiecki）的《群众的智慧》

---

① 参见 Jodi Dean, *The Communist Horizon* (London and New York: Verso, 2012)。

② 参见 Howard Rheingold, *The Virtual Community: Homesteading on the Electronic Frontier* (Cambridge, MA: The MIT Press, 1995); Howard Rheingold, *Smart Mobs: The Next Social Revolution* (New York: Basic Books, 2002)。

(*The Wisdom of Crowds*) 一书中得到了分享和延伸。① 苏罗维茨基特别清楚的是，群众知识或"群众智慧"与群众完全无关。它实际上是将群众用作知识的产生者或生产者，这些知识可以被所有者或公司利用和控制。事实上，在这些文献中被称为"群众"的组成物甚至都不是相互影响的真正的群体。它们只是数据集。因此，我们在这里所说的"群众智慧"是从个人主义的角度产生的一个构想。它采取的形式是："我有我想要解决的问题，所以我试着创造一个会解决这个问题的人群。"它只是一个为自己的解决方案而启动的操作，而不是一个真正创造知识或做任何事情的群体。

梅达克和扬德里奇：那维基百科呢？

迪安：维基百科作为一种分布式的知识注册、知识记录和知识存档的形式非常有趣。它不产生新的知识。撰写词条的人需要通过引用他人的作品来证明其条目是有效的或者正确的。当然，这同群体智慧不是一回事。

梅达克和扬德里奇：您在定义群众时如何处理知识呢？您认为群众的认识论是什么？

迪安：我不会说群众产生知识，群众产生强度。我以这种方式思考群众的主要理论依据来自埃利亚斯·卡内蒂的《群众与权力》。② 群众可以是成堆的粮食、海洋、山脉、金钱。"群众"不应该主要被理解为认知的或认识论的强度；它是一种抽象的强度，通过人和物的聚集而产生。

梅达克和扬德里奇：为了对抗强大的敌人，例如交往资本主义，当代左翼应该团结起来。然而，正如您在《民主与其他新自由主义的幻想：交往资本主义和左翼政治》一书中所写道："我们有一种伦理意识。但是，我们缺乏连贯的政治主张，主要是因为我们仍然执着于我们当前的价值观。"③ 请问您想到了哪些价值观？在您看来，当代左翼分裂的主要原因是什么？

---

① 参见 James Surowiecki, *The Wisdom of Crowds* (New York: Anchor, 2005)。
② 参见 Elias Canetti, *Crowds and Power*。
③ Jodi Dean, *Democracy and Other Neoliberal Fantasies: Communicative Capitalism and Left Politics* (Durham and London: Duke University Press, 2009), p. 175.

迪安：我在该书中想到的价值观是技术、自由贸易和民主，这些价值观把决心配置为个人的直觉，把伦理配置为自由主义的默许，把确定性配置为精神病。左翼分裂的根本原因是苏联东欧国家集团的解体。为了将左翼团结成我们需要的左翼，我们的政治目标应该是使共产主义的愿景清晰可见。

梅达克和扬德里奇：对于您来说，政党是政治斗争的基本形式，为什么？

迪安：我不认为政党是政治斗争的基本形式，但我认为这是我们当前需要的有效的政治斗争形式。在所谓先进的资本主义议会制社会中，对抗国家权力的政治形式是政党。政党可以在地方、地区、国家和国际各个层面发挥作用。它是一种超越国家范围的政治工具，把人们聚集在一起，为特定的政治愿景而战。这就是我们现在比以往任何时候都更需要政党的原因——它是一个致力于改变世界的战斗集体的愿景。

第 10 章　平台资本主义、平台合作主义和开放合作主义[*]

埃万耶洛斯·帕帕季米特普洛斯/文　　王文泽/译

经过数十年的发展，信息和通信技术催生了三种新经济模式，即平台资本主义（platform capitalism）、平台合作主义（platform cooperativism）和基于共有资源的同侪生产（commons-based peer production），后者也被称为开放合作主义（open cooperativism）。本章旨在讨论平台资本主义能否成功转向以共有资源为导向的后资本主义伦理经济。

本章首先介绍平台资本主义的主要特征。平台资本主义是数字技术与新自由主义相结合的产物，它可以被视为建立于在线平台上的数字资本主义，旨在促进产品和服务的商品化，以实现利润最大化。随后，本章将梳理有关平台资本主义批判的一些观点，并着重分析平台资本主义与平台合作主义的关系。由特雷博尔·肖尔茨（Trebor Scholz）首次提出的平台合作主义可以被视为传统合作主义的数字版本。平台合作主义将算法应用于在线合作的商业模式，以促进去中心化、民主的共有权和公平的价值分配。本章还将评述米歇尔·博旺（Michel Bauwens）和瓦西利斯·科斯塔基斯（Vasilis Kostakis）的研究。博旺和科斯塔基斯主张以民主的、自我制度化的社会为基础，建立一种以共有资源为导向的伦理经济。他们认为，只要在封闭运行的版权制度下运行，平台合作主义就无法在资本主义竞争中存续。平台合作主义应在基于共有资源的同侪生产的原则下融入一种更加宽泛的模式——开放合作主义。

---

[*] 本章原载:《国外理论动态》2022 年第 1 期。原文来源：Evangelos Papadimitropoulos, "Platform Capitalism, Platform Cooperativism, and the Commons," *Rethinking Marxism* 33, 2 (2021): 246-262。翻译有删减。埃万耶洛斯·帕帕季米特普洛斯（Evangelos Papadimitropoulos）：希腊克里特大学哲学与社会学系。王文泽：中国人民大学经济学院博士生。

一、平台资本主义

自1980年以来，数字化极大地推动了新自由主义的全球化。在信息和通信技术的帮助下，企业能够自主缩减生产规模，采用外包和众包等生产模式来降低成本，提升市场竞争力。在过去的数十年里，我们经常见到这样一种商业模式，即一家公司雇佣另一家公司（外包）或个人（众包）来完成本应由本公司员工承担的工作、操作或服务。

互联网、软件技术和电子通信设备的应用使企业能够将生产外包，从而在降低生产成本和交易成本的同时提高生产率，进而增强自身的竞争力。众包是集权式的，因为公司控制着自由职业者和同侪生产者的劳动过程与利润；但同时它又是分权式的，因为自由职业者和同侪生产者可以通过劳动来谋生。例如，在亚马逊土耳其机器人（Amazon Mechanical Turk）这样的数字平台，企业与自由职业者（如设计师、程序开发员、译员等）可以实现远程沟通与合作。除此之外，还有一款比较有名的众包平台"跑腿兔"，它可以将自由职业者与消费者的需求匹配起来。人们可以在这个平台上购买劳动服务（包括保洁、搬家、快递和杂工等日常服务）。简言之，众包促成了"零工经济"（gig economy），即由自由职业者组成的劳动力市场。

诚然，数字化并不会自动提高生产率和总体就业水平。一项研究显示，自1970年代以来，全球生产率的增长速度均呈下降态势。埃里克·布林约尔松（Erik Brynjolfsson）和安德鲁·麦卡菲（Andrew McAfee）的研究表明，数字化导致1990年代末的失业人口陡增，生产率与就业水平因之脱钩。数字化推动了技能偏向型技术的变迁。既然相对简单的任务可以通过算法来完成，那么由若干简单任务组合而成的常规工作便更容易被机器替代。在这种情况下，簿记员、出纳、建筑工、电话接线员等职业被计算机取代也就不足为怪了。因此，劳动力市场被两极分化为高收入的脑力劳动和低收入的体力劳动，而常规的中等收入工作则出现了空心化。卡尔·弗雷（Carl Frey）和迈克尔·奥斯本（Michael Osborne）认为，虽然工资水平和受教育程度与计算机化的概率成反比，但在未来的一段时间内，自动化仍然会造成劳动力市场的波动。

从历史经验来看，技术的研发与应用使新工作取代了旧工作。但就目前而言，低技能工作的数字化降低了企业的相关劳动力需求，这使原本收入就不高的低技能工人的工资进一步减少，从而加剧了收入不平等问题。国际劳工组织（International Labour Organization，ILO）的一项调研结果表明，如果只考虑带薪工作，一名普通工人的平均时薪是 4.43 美元，但如果同时考虑带薪和无薪工作，一名普通工人的平均时薪是 3.31 美元，而当时美国的最低时薪为 7.25 美元。

布林约尔松和麦卡菲指出，智力偏向型技术的变迁催生了一个"赢家通吃"的市场，在这个市场中，拔尖人才与普通人之间的收入差距不断扩大。在过去的 20 年里，美国企业的首席执行官（CEO）与工人的薪酬比率从 46∶1 上升为 331∶1，而社会收入水平的中位数在过去的 40 年里处于停滞状态，社会最低工资则低于 60 年前的水平。在新古典经济学的劳动力市场理论的基础上，布林约尔松和麦卡菲提出，收入的两极分化在很大程度上归因于技术变迁，工资近似于劳动的边际生产力。技术变迁使少数精英群体受益更大，因而只会产生少数赢家。然而，收入两极分化并非源于精英人才的稀缺，而是因为技术变迁加剧了资本主义权力关系的不对称性，并在数字空间产生了网络效应，从而提高了垄断利润、租金和首席执行官的工资水平。

2008 年爆发的全球金融危机进一步恶化了过去几十年的低工资危机，再加上新自由主义的扩张和数字化的发展，一种被称为共享经济（sharing economy）的新经济模式应运而生，同时出现的还有零工经济。后者主要涉及自由职业者的劳动力买卖，而前者则主要是指汽车、自行车、房屋等闲置资产的租赁和交换。零工经济和共享经济都是由资本主义在线平台推动形成的众包模式。当前，共享经济泛指一种合作经济模式，个人可以通过在线软件平台开展合作，以点对点的方式开展商品和服务的生产、分配、交换与消费。目前，共享经济已延伸至各个经济领域。

然而，在过去的 10 年里，礼物经济（gift economy）的在线商业化使"共享经济"一词成为一种谬论。用共享经济来描述商业化平台，掩盖了这些平台与基于共享的同侪生产之间的区别。在同侪生产中，确实实现了礼物经济的共享。本章用"平台资本主义"一词来代指在多边平台（multisided platforms，MSPs）中扮演媒介角色的中介机构（公司），这个中介主要通过实现两个或多个客户或参与者之间的直接互动来推动价值的创造与交换。较为知名的多边平台有爱彼迎、优步和脸书等。在线平台有助于企业获取大数据、广告空间和基于云计算的垄断租金，销售产品和服务，通过促成点对点交易来收取费用，或者以上各种业务的组合。

在平台资本主义中，互联网的数字化与网络化加速了商品和服务的货币化，从而使各种订单交易变得更加可行和高效。与控制一条生产线来创造价值的"流水线"企业不同（生产线一端的投入转化为另一端的产出），平台资本主义将经典的价值链模式融入数字环境中，主要体现为三个重要的转变：(1) 从严格控制资源的生产模式转变为生产者与消费者相协调的生产模式；(2) 从重视自身生产条件的优化转变为重视网络互动；(3) 从关注客户价值到关注生态系统价值。工业资本主义由供给侧规模经济组成，平台资本主义则依托基于网络效应的需求侧规模经济，即由控制大数据的应用程序和算法产生的社交网络与总需求。也就是说，平台资本主义在生产者与消费者之间"嵌入"了一个既自上而下又自下而上的关系网。

平台资本主义将消费者转变为小微企业家，他们可以交易、共享、交换以及租赁产品和服务，这就释放了闲置的资产与服务的未开发价值和过剩产能。依托于在线平台的订单经济（on-demand economy）创造了一个全天候的全球市场，有助于减少浪费并降低交易成本，促进人力资本专业化，提高劳动力市场、就业、资产管理和定价的效率，从而带来更高水平的生产力、创新、环境可持续性和包容性增长。

以新自由主义的观点来看，平台资本主义的出现是向更加自主、宽松、灵活的市场的自然过渡，在这个市场中，公司和独立承包商可以摆脱传统的时间与地点的束缚而更加自由地工作。在平台资本主义的条件下，自由职业者可以从事更富创造性、自主性和灵活性的工作，从而可以获得更加自由的个人生活。平台资本主义会使去中心化的状态长期存在，这将转化为经济民主和参与式文化，从而为企业、家庭和个人带来尽可能多的自由。

不过，近来针对平台资本主义的批评越来越多。接下来，我将概述一些有代表性的观点，并重点介绍肖尔茨提出的平台合作主义。

二、平台资本主义批判

阿鲁·萨丹拉彻（Arun Sundararajan）错误地认为，所谓的共享经济是基于人群的网络，而不是集权化的制度或等级制度。诚然，平台资本主义可能有助于经济活动的去中心化，但绝不意味着真正的去中心化。在线平台可供前端用户使用，但这一平台由集中的后端服务器等基础设施控制，由硅谷制定的政策进行分层管理，各种任务的执行由算法黑箱完成。在收入分配方面，消费者和提供商需要向平台支付使用费，这给平台的所有者带来了巨额利润。绝大部分利润被平台股东和所有者占有，订单工人只能获取其中的一小部分利润。简言之，平台资本主义凭借中央处理器，利用网络效应和市场力量从市场参与者那里榨取租金。

用马克思主义的观点来说，平台资本主义支持着网络社会中一般智力的商品化，并通过信息和通信技术在社会中完成再生产。网络效应包括互联网用户在社交媒体、网络平台、搜索引擎、博客和移动应用程序上的社交活动中产生的使用价值。肖尔茨将网络效应的商品化称为"群体欺诈"（crowd fleecing），即四到五个新贵开展的一种新型剥削，实时吸引着全球数百万工人。

有些人迷信地认为，平台资本主义可以将雇佣工人变为小资本家或能够自由选择就业形式的自由职业者。然而实际上，平台资本主义是将劳动力转化为拍卖商品，迫使他们以更低的价格出卖劳动力，进而处于不利境地。平台资本主义不提供最低工资、安全保障、医疗保险、养老金、失业保险、带薪休假或带薪病假，而是以企业家精神、劳动灵活性、个人自主权和选择自由等名义，将负担（失业、疾病、养老）转嫁到工人身上。处于信息劣势和权力不对称地位的工人会因为权利和民主价值观（如问责权和同意权）的缺失而更加缺乏尊严。

许多学者从马克思主义的"无产阶级"概念出发，认为数字化使无产阶级的构成更加多元化。乌苏拉·胡斯（Ursula Huws）提出了"赛博无产阶级"（cybertariat）概念，用以指代从事数字工作的工人阶级。与此类似，盖伊·施坦丁（Guy Standing）和尼克·戴尔-威瑟福德认为，低收入、没有安全保障和缺乏技能的服务业从业者构成了一个新型的无业游民阶级。安德烈·高兹（Andre Gorz）则认为，自动化和计算机化使未得到充分就业的工人、试用工、合同工、非正式工、临时工和兼职工成为"后工业时代的新无产阶级"。平台资本主义通过先进技术对无产阶级进行剥削，经常使工人的工资和生活水平被迫出现"逐底竞争"（race to the bottom）。

平台资本主义已经完全渗入公共和私人领域，它将信息和通信技术整合进全球网络市场中，模糊了虚拟与真实、工作与游戏、生产与消费、公与私之间的界限。达拉斯·斯麦兹（Dallas Smythe）提到了"受众商品"

(audience commodity),它将网络媒体的受众视为一种可以卖给广告商的商品。尤其在今天,社交媒体通过将受众的网络活动转化成卖给广告商的数据,使普通大众用户在互联网上的社交属性被商品化了。社交媒体收集的庞大个人数据集被用来制作和投放极具针对性的广告,普通大众用户的点击和购买过程都会为广告公司带去利润。非工作时间变成了一个服务于商品再生产的营销平台。从休闲、娱乐、友谊到爱情,一切都变成了全天候的商品市场。

阿尔文·托夫勒(Alvin Toffler)创造了"产消者"(prosumers)一词来刻画已经超越了被动消费的消费者阶层。产消者在使用社交媒体时源源不断地产生个人数据,这些数据即为商品。克里斯蒂安·富克斯指出,使用社交网络和搜索引擎所产生的使用价值转化为社交媒体公司的剩余价值,从而创造了一种新的剥削形式。互联网中的产消者是一种新型的、被剥削的数字工人,他们生产出(剩余)价值,并将其转化为平台资本主义的垄断租金。

数字化和自动化不仅使许多工人成为不稳定就业的劳动者,而且使产消者成为工人阶级的一部分,将整个社会转变为在线数字劳工的赛博工厂,有的劳工能够获得劳动报酬,而有的劳工则没有获得。有偿在线劳动是在众包平台上开展的,而无偿在线劳动则指互联网上几乎所有的社交活动,包括聊天、发帖、搜索、浏览和评论。所以,从更广泛的意义上说,数字劳工养活了平台资本主义。

平台资本主义被众包给产消者,而产消者则通过数字劳工创造出一种喜好经济(an economy of likes)。大数据将互联网转变为广告商的不动产。广告商和营销主体通过大数据提升了需求定制能力,可以通过数据分析来预测消费者的购买意愿。人们可以在互联网和社交媒体上获得关注度与声誉,但只有名人和明星才有可能通过社交媒体将其兑现。其他人只能参与到大数据的生产中,不成比例地交换个人隐私,并从搜索引擎和社交媒体提供的服务中获益。人们被简化成一组易于管理的数据流、类别和数字,并在无意中助长了人工智能的非人性化。

微任务化(比如在亚马逊土耳其机器人这样的众包平台上将一项工作分解成若干小任务)是泰勒主义逻辑在数字领域的进一步拓展,它将工人与其生产的产品分隔开来,从而使工人变成了一台无名生产机器中的一个齿轮。劳动异化、剥削、不稳定和不安全是平台资本主义选择性遵守劳动法的直接结果,这些公司利用法律未曾规定的灰色地带将雇佣工人归类为独立承包商，进而不缴纳税款，这严重违反了当地法规、劳动法、隐私和反歧视法等。最后，强有力的证据说明，就业没有保障和不稳定会诱发劳工的心理疾病。

三、走向平台合作主义

肖尔茨将平台资本主义与平台合作主义相提并论。平台合作主义的使命是将持续了近 170 年的合作化运动与基于共有资源的同侪生产结合起来。"基于共有资源的同侪生产"最早由尤查·本科勒（Yochai Benkler）提出，用于描述进行信息、知识和文化生产的非市场部门，这种经济模式不是私有财产，而是一种开放共享、自我管理和合作的道德规范。这一想法是利用优步等应用程序的算法设计来服务于一种合作性的商业模式，该商业模式的前提是共有权、民主治理、透明、可持续发展，以及在多个利益相关者之间分配剩余价值。数字劳工宁愿自己设计、管理和拥有应用程序，也不愿从有可能会使资本家变得更加富有的不稳定工作中赚取微薄薪酬。平台合作主义在消费者、提供商、投资者和生产者等多方利益相关者的合作模式下运行，这将在平台自治的情形下把现有的合作社和工会重新团结起来。

今天，平台合作主义覆盖了各个经济领域。在过去的 10 年里，许多行业都涌现出了平台合作的身影，包括电子商务、保洁服务、文化工作、金融、软件开发和交通运输等。迄今为止，记录在案的关于平台合作主义的案例已有 274 个之多。接下来，本章将以斯托克西（Stocksy）和费尔蒙多（Fairmondo）这两大平台为例，深入地探讨平台合作主义的组织原则。

斯托克西是一家平台合作社（platform cooperative），它通过在线市场来接受与提供免版税的图库照片和视频，以共同所有、利润分享和透明的商业活动等形式为艺术工作者创造有前景的职业生涯。布鲁斯·利文斯通（Bruce Livingstone）和布里安娜·韦特劳费尔（Brianna Wettlaufer）于 2013 年创立了斯托克西，他们希望把"权力"重新交回到艺术工作者手中。

作为一家多方利益相关者合作机构，斯托克西包含三类成员：创始人、公司员工和艺术工作者。该公司 90% 的利润分配给艺术工作者，5%

的利润分配给创始人，5%的利润分配给公司员工。每个成员都享有平等的投票权。公司治理并没有采用委员会投票的方式，而是采用了一种透明的、扁平化的决策过程，成员可以通过在线系统参与其中。

费尔蒙多是一个旨在挑战亚马逊和易贝等电子商务巨头的在线市场。2012 年成立于德国的费尔蒙多是一家同时面向公司和私人卖家的多方利益相关者合作机构，它承诺将始终坚持极高的透明度和民主问责制。一人一票的原则保证了民主管理的正常运转。该平台的董事会由员工选举产生，决策的提出须以多数人的共识为基础。

费尔蒙多通过众筹的方式筹集资金。公司红利的 25% 通过股份分配给合作成员，25% 通过"公平资助点"（Fair Funding Points）分配（自愿工作以合法地获取未来盈余的奖励份额），25% 捐赠给费尔蒙多公司会员选择的非营利组织，25% 用于建立一个支持本公司开发更多项目的共同基金。

这两个案例遵循了肖尔茨提出的平台合作主义的七项原则：(1) 平台的成员资格对社会开放；(2) 平台的运转由成员民主决定；(3) 平台成员之间有经济互动关系；(4) 平台与成员都具有自主性和独立性；(5) 平台要满足成员的教育、培训和信息需求；(6) 平台之间要开展合作；(7) 要关心社会。肖尔茨认为，平台合作通过降低交易成本和维护成本将剩余价值分配给成员，保护工人免受剥削，避免短期主义倾向，为数据民主创造了良好前景，这些都有效地应对了平台资本主义的市场失灵问题。

肖尔茨还指出了平台合作主义面临的一些挑战。合作化运动从一开始就面临着竞争、融资、监管、教育、成员参与和身份识别等重大障碍。平台合作主义面临着来自传统资本主义和平台资本主义的无情竞争，平台合作主义的原则可能会因此而遭到破坏。鉴于像优步这样的公司会扣留 20%~30% 的费用，肖尔茨提出的解决方案是平台合作机构拿出 10% 的费用，一部分用于运营开支，另一部分用于提高工人的福利。肖尔茨意识到，平台合作主义的竞争问题仅通过定价策略是无法解决的。推进平台合作主义的必要条件是构建一个有相应公共政策支持的更广泛的监管框架。

极左翼人士对此提出了批评意见，认为平台合作主义仍然在模仿零工经济，是一种资本主义结构。他们认为，要真正消灭资本主义，就必须在国家政治层面进行根本性的变革以监管谷歌等垄断企业，并提供全民基本收入和全民医疗等公平的、可分配的资源。肖尔茨反驳了上述言论，他认为，资本主义的内部改革可以奏效，并且能够真正改变劳资关系。自相矛盾的是，他又认为，平台合作是无法主导资本主义市场的。他设想的是一种更加多元的经济模式。还有一种更加激进的观点认为，平台合作主义应该被整合到一种更加广泛的开放合作主义模式中。

四、从平台合作主义到基于共有资源的开放合作主义

博旺和科斯塔基斯认为，一般的合作机构，尤其是平台合作机构，通常是在现有的版权制度下运营，所以它们既没有创造和保护公共资源，也没有创造出新的公共资源。平台合作仅限于某一区域内部，而全球领域仍然为资本主义企业所主导。因此，平台合作机构都是封闭的市场主体，随着时间的推移，它们会屈从于资本主义企业的竞争压力。为了克服这些问题，博旺和科斯塔基斯主张将平台合作主义纳入一种更加广泛的开放合作主义模式中，这种模式以基于共有资源的同侪生产的原则为前提。

博旺和科斯塔基斯将基于共有资源的同侪生产描述为"一种新的合作模式，围绕着一个共同的目标，可自由使用共享资源的群体构成了一个网络，该模式是指在这个网络中创造价值的市场实体"。从公众的角度来看，开放合作机构始终立足于现实，将负外部性进行内部化处理，采用多方利益相关者治理模式，有利于加速创造物质的（自然资源、技术）和非物质的（知识、文化）公共资源，并朝着更加广泛的社会经济和政治方向变革。

博旺和科斯塔基斯试图将基于共有资源的同侪生产纳入更加广泛的开放合作主义生态系统中，目的是解决肖尔茨提及的合作化运动中存在的挑战和问题。开放合作机构是在自然资源丰富和开放式设计的基础上运转，在这种条件下，所有可以共享的东西为公众所共享。市场价值由稀缺资源创造，在丰富的公共资源基础上增加价值。开放的供应链和公开账簿核算有助于商品生产的可持续发展，通过开源技术实现的合作确保了生产能够得到最大程度的参与。最后，开放合作机构在获得互惠共享许可证后，有权对共有资源进行商业利用，并为会对共有资源做出贡献的、有道德的企业营造一个公平的竞争环境。与版权和知识共享许可证不同，互惠共享许可证允许将共有知识商业化以换取租金或互惠帮助。这样一来，相对于资本主义企业，开放合作机构能够实现可持续发展，并始终拥有自主权。

开放合作主义的新生态系统由三个机构组成：生产共同体、企业联盟

和利益协会。生产共同体由全球公共资源的所有成员、用户和贡献者组成，其以有偿或无偿的方式生产可共享的资源。企业联盟由在稀缺的公共资源上创造附加价值的新型企业组成，它们不会通过将剩余价值用于维持生产共同体的再投资来寻求利润最大化。利益协会则将生产共同体与以公共资源为导向的新型企业联系在一起，为基于公共资源的同侪生产提供基础设施方面的支持。与在资源稀缺条件下运作的传统的非政府组织和非营利组织不同，利益协会在资源充裕的条件下运转。

博旺和科斯塔基斯尝试将设计全球化与制造本土化的生产模式（the design-global，manufacture-local ecological model，DG-ML）纳入开放合作主义，并将本地与全球共享空间相连接。信息和通信技术与桌面制造技术（如3D打印和计算机数控CNC机器）的结合，使DG-ML模式成为可能。简言之，开放式编码借助于互联网和3D打印机等硬件设备，就能实现全球化的设计与本土化的制造环节的整合。因此，软件的开放是以硬件的开放为基础的。

DG-ML模式遵循的逻辑是：充裕的资源是全球性的（即全球共享知识、设计和软件），而稀缺的资源（即硬件）则是地域性的。全球公共资源通过可持续发展的城市、分散的社区和工厂实验室/制造商（基于免费/开源的软件/硬件，以及通过区块链和物联网微电网分布的可再生能源系统）与地方公共资源相连接。在开放自治、去中心化和公平分配原则的基础上，区块链技术具有与DG-ML模式接轨的潜力。迄今为止，农业、制造业和生物技术等领域已经涌现出许多知名案例。

维基之家（WikiHouse）的案例较好地诠释了开放合作主义模式。通过维基之家，所有用户都可以自行设计、共享、制造和搭建自己的房屋。本土建筑构件的制造可以通过全球众包和免费下载的设计完成。可见，维基之家是DG-ML模式的一个独特案例：首先，软件（如设计模板、蓝图、帮助手册和服务支持等）可以在全球范围内共享；其次，硬件（如木材砍伐、房屋搭建等）可以在当地完成；最后，用户将对设计进行的改进反馈给全球公共资源库。

2014年，维基之家以非营利性法人实体的形式正式成立，其主要业务是维护公共基础设施和开源许可证、筹资，以及协调生产共同体与企业联盟之间的合作。

维基之家的做法已经被广泛地应用于全球。维基之家是对自工业革命以来集权化制度和市场失灵的回应。它旨在通过打破人们对化石燃料和债务的依赖，向公民赋权，建设富有韧性的群体以及健康的、可持续的、经济高效的、宜居的城市，以解决不可持续、不民主和普通人难以承担的高额房价等问题。维基之家的目标是建立一套数字工具来助推社会和经济基础设施建设，支持民主发展，将可持续的住房工具传递到地球上每个公民与公司手中。

维基之家的模式可以被广泛拓展和应用到其他经济领域，这将有利于开放合作主义的早日实现。博旺和科斯塔基斯认为，开放合作主义模式应该从地方层面延伸到国家以及国际层面，从而建立起一种对抗与超越掠夺性资本主义和新自由主义的霸权反制力量。在宏观层面，生产共同体、企业联盟和利益协会分别适用于民间社会、市场实体和国家三个层面的发展。利益协会可以被视为未来伙伴国家的缩影，它可以促进市民社会和道德市场实体以共有资源为基础的同侪生产。

总而言之，开放合作主义既可以被视为改革主义路线，也可以被视为革命主义战略。因为，开放合作主义的目的是将当前的经济模式转变为一种民主的、自我制度化的、以共有资源为导向的伦理经济模式。从长远来看，这种开放合作主义的模式会让资本主义中相对友好的那部分人同意向一个以共有资源为中心的社会逐步过渡。

然而，有人认为，接受某种"资本主义共有资源"好比国际商业机器公司（IBM）投资开源软件，博旺和科斯塔基斯提出的模式会重复资本主义中的剥削，而根本原因就在于他们支持市场、商品、剩余价值、利润和资本等资本主义要素。但是，我们应该注意到，博旺和科斯塔基斯提出互惠共享许可证的目的并不是要出售共有资源，而是要通过出租来获取租金。与使用版权许可证可以免费使用共有资源不同，这种模式将改变资本流向共有资源致使共有资源被过度使用的现状，从而保证共有资源的可持续发展。

有观点认为，开放合作机构会剥削其贡献者的剩余价值并将共有资源出租给资本主义企业。但是，考虑到利润会在共有资源内部进行重新分配，所以该观点是站不住脚的。在任何情形下，无论是改良主义者、革命主义者还是政府主导的变革，未来社会向共有资源过渡的必要条件都是价值（土地、劳动力、专有技术、资本）从资本主义转移到共有资源领域。被剥削的剩余价值最终都会回到"源头"。

与肖尔茨的平台合作主义相比，博旺和科斯塔基斯的开放合作主义具有一些显著的优势，但在一定程度上仍然是有局限的，因为它有时会停留在技术官僚主义和经济主义的自我制度化的视野中。博旺和科斯塔基斯设想，借助于由分权与自我管理发展出的技术和经济优势，开放合作主义就能在一定程度上击败资本主义。但这还远远不够，为了撼动新自由主义的统治地位，我们必须在制度设计中嵌入政治文化伦理，将"经济人"转变为"合作人"。基于共有资源的同侪生产不仅仅要成为一种经济模式，更要成为更广泛的政治斗争的一部分。这场斗争的发起者和主要参与者是充满了自治主义精神、坚持经济民主原则的"新型人"。

开放合作主义的优点在于沿着民主的、伦理的和生态的路线，引入了社会自我制度化的模式，包括国家和市场机制等内容。博旺和科斯塔基斯主张在信息和通信技术的推动下实现开放、分散、灵活的合作。然而，这种模式必须要有一套更具活力的政治说辞来吸引关键的群体。

博旺和科斯塔基斯指出，彻底放弃福利国家模式和新自由主义制度是必要的。我们应当建立一个以共同利益为中心的、由国家控制的公共生态系统，并推行激进的民主程序与实践。然而，博旺和科斯塔基斯的观点存在一个重大缺陷，即没有提出具体举措来实现上述构想。只有建立相关制度并推广可持续发展的有益案例，基于共有资源的同侪生产才会获得公众的支持和参与。唯有如此，该模式才能兼顾个人利益与集体利益，进而调和自由与平等的关系。因此，开放合作主义的实现主要取决于多方面的政治改革，同时，国家还须与支持共有资源构想的社会群体协调一致。

第 11 章　作为资本主义新形式的平台经济：调节学派的视角[*]

马修·蒙塔尔班　文森特·弗里甘特
伯纳德·朱利安/文　郑舒婷　张洋/译

一、引言

　　自从爱彼迎、优步、跑腿兔等知名数字平台诞生以来，"共享经济""协作经济""平台经济"等术语迅速传播开来，数字平台与受管制行业中的企业展开竞争并试图"颠覆"它们。数据的数字化和智能手机的普及为应用程序新功能的开发创造了条件，用户、专业人员和消费者通过应用程序进行匹配，无偿或有偿地"共享"资产。本章的目的是研究平台经济对当前资本主义体系的影响，更具体地讲，就是研究经济的"平台化"，即利用集中化的数字工具进行资源交换。平台经济的倡导者们引发了一场技术和社会革命，并着手建设一个崭新的社会。这种情况在 1990 年代末互联网泡沫破灭之前就已经出现。当时，人们认为互联网的"新经济"模式将减少存货，提升经济灵活性，提高交易量，并最终会加速经济增长，减少经济波动。这种想法虽然美妙，但实际上只是一种臆想。

　　关于平台经济的作用，有必要探讨一下"革命假说"及其对实践的影响。历史告诉我们，工业革命与去嵌入或再嵌入过程有关。从卡尔·波兰尼的理论视角来看，经济总是嵌入在社会与制度框架中。但资本主义和经

---

[*] 本章原载：《国外理论动态》2022 年第 4 期。原文来源：Matthieu Montalban, Vincent Frigant and Bernard Jullien, "Platform Economy as a New Form of Capitalism：A Régulationist Research Programme," *Cambridge Journal of Economics* 43, no. 4 (2019)：805-824。翻译有删减。马修·蒙塔尔班（Matthieu Montalban）、文森特·弗里甘特（Vincent Frigant）、伯纳德·朱利安（Bernard Jullien）：法国波尔多大学经济管理学院。郑舒婷：辽宁大学纪检监察学院。张洋：自由职业者。

济理论正在导致经济的去嵌入过程。有些人相信存在一个纯粹的、自我调节的、自主的、不受任何形式的社会关系影响的市场。这种观点虽然会对现实产生影响，但仍然只是一种臆想，原因是市场需要制度，政治也会对经济产生反作用（再嵌入）。这种观点的影响越来越大。因此，把去嵌入化理解为市场制度的等级控制和霸权则更方便理解。市场制度包括私有财产、竞争和供求法则等，它们主导着其他社会关系，导致经济活动日益商品化。本章主要研究通过数字市场平台的崛起以及围绕平台经济的臆想而产生的去嵌入过程。

一方面，平台经济被媒体称为"非资本主义"，甚至"共产主义"新生产方式，因为它为开发公共资源，发展共享、合作、绿色经济提供了条件；另一方面，平台经济又被称作"优步化"，被视为资本主义的新形式。有趣的是，这两种说法相互对立：一种说法是将平台经济看作积极的、全新的"转型"，其中的再嵌入过程促进了非市场交易和社会联系；另一种说法却将平台视为激烈的去嵌入过程，与商品化、私企的自我监管和市场交易相伴相生。换句话说，一种说法规避了资本主义，另一种则将平台经济定义为市场和竞争获得显著发展的新自由主义资本主义的新形式或新阶段。

法国调节学派的理论特别适合用来分析平台经济：被视为资本主义新阶段和再嵌入/去嵌入过程的平台经济是否具有创新性？是否会产生积极作用？调节理论从积累机制和调节模式① 概念出发，通过分析五种主要制度形式② 的等级结构、制度互补性以及社会阶层之间的政治冲突和妥协的作用，来研究资本主义内生的结构性危机的历史阶段、演变和机制。利用调节学派的理论框架进行分析后，本章认为，尽管平台经济可能会推动某种再嵌入过程的发生，但它总体上是一种大规模的、失调的内生性去嵌入过程，并与金融化积累机制的危机相关。平台经济在服务业中的增长尤其迅速，但尚未在经济领域全面展开。平台的扩散会推动商品化进程，进而可能影响调节模式，这也间接地证明了使用调节学派的理论框架来解释这一系统性转变的合理性。

---

① "调节"可以被理解为各种形式的规则、规范或机制，用以确保经济主体之间的协调，保证资本主义主要社会关系的再生产。必须将"调节"与"监管"区分开来，因为"监管"只是其中的一种"调节"形式。

② 五种主要制度形式包括：货币和金融制度、雇佣-劳动关系、竞争形式、国际体系、国家形式。

二、平台经济如何颠覆竞争

当前,平台经济正在蓬勃发展,每天都有新的应用程序诞生,为民众提供多种多样的服务,如送餐、个人服务(教学、遛狗等)、租赁、赠送或出售闲置资产(船、车等)、筹集资金等。为纳入平台经济的多种形式,我们将平台经济定义为提供商与用户通过集中化的电子平台来交换有形或无形资源的经济活动。无论交易什么类型的资产,无论以什么方式进行交易,平台经济都必须具备两个特征:平台是匹配用户和提供商的工具;平台是一套规则,规定了交易过程(包括创建交易、实施交易和关闭交易)中的二元关系。这两个层面包含在两个工具之中。第一个层面涉及构成数字基础设施的软件和硬件,包括计算机、数据中心、智能手机、全球定位系统和软件包,尤其是预测分析工具。每个平台都是一个由算法支撑的网络空间。算法收集与供求相关的数据并进行分析,首先是用户和提供商的数据。所有交易通过算法进行安排。第二个层面是治理。每个平台构成一个私人治理结构,制定并执行平台的规则,包括平台会员资格、监测程序和奖励制度。从这一层面来看,平台经济是一种调节方式。

有三个彼此联系的动态过程与平台经济相关。第一个过程涉及市场领域的扩大。平台使原来存在于经济领域之外的关系变成了商品。数字基础设施的功能强大,它可以便捷地为想搭车的人找到一辆车,为度假的家庭找到一个照看宠物的人,于是人们不再采用传统的方法(如求助朋友、社区、家庭等),而是代之以应用程序。虽然其中一些交易曾经通过"市场"来完成,但平台经济还是从总体上提升了社会关系的商品化程度。另外,平台完全可被用来进行非市场交易,这与平台经济自身的第二个动态过程有关。除了营利平台之间的互相竞争外,非营利的、纯粹的共享平台也在与营利性交易平台进行竞争,后者试图通过利润的诱饵来提升交易量。竞争促进了社会关系的商品化。一些学者认为,思想的传播、共享经济的魅力推动了共享平台的增长,但没有切实的证据证明哪种类型的平台增长得更快。因新旧方式的交替而产生的效应有待考察,但去嵌入过程确实得到了强有力的推动。第三个动态过程存在于现有公司与初创公司之间。平台重塑了竞争关系,以"颠覆"的方式对现有公司提出了挑战。所有类型的商品和资产都可能由于不同的目的而参与平台经济运行,包括劳动力、资金、生产资料等。此外，现有公司不仅面临初创公司的竞争，同时也面临礼物经济的竞争。优步或爱彼迎可能是媒体最常提及的案例，但许多其他行业的企业也面临着被平台企业侵入并颠覆的风险。平台经济对"旧"经济构成了真正的威胁。

平台公司企图颠覆其他公司的野心与数字化的本质直接相关。平台保留着删除不可靠会员的权利，从而降低了逆向选择和道德风险。与此同时，信息技术运营成本的大幅降低和新接口设计为新一代平台提供了技术优势，降低了技术依赖与平台之间串谋的必要，解决了长期以来困扰外包的问题。平台是关于网络的技术，平台技术催生网络经济，平台因用户的增加而获得收益。更准确地说，平台有两个网络，每个网络由不同类型的用户组成。平台为用户提供服务时会产生成本，同时也可以根据平台业务模式从用户那里提取利润。平台的目的是迅速扩大两个用户群体的用户数量，从而推动平台交易的迅猛扩张，因此平台面临的主要挑战是如何吸引更多的提供商和用户。平台可以采用经典的做法，雇用低成本国家的劳动力，也可以动员"群众"。相比之下，传统公司只能利用自己的资源来提供商品和服务，因此平台公司比同类型的传统公司更具竞争优势。在不同类型的平台中，利用他人的闲置资源来提供服务的平台是最具颠覆性的，因为这些平台可以激活的资源几乎是无限的，几乎不需要投资，不需要为生产资料融资。闲置资源的所有者把租赁视为一种补充性收入，所以他们能够以非常优惠的价格提供资源。此外，这种交易的核心是逆向拍卖原则，平台与平台之间、同一平台的提供商之间在全球范围内展开竞争，导致价格下降。对于其他类型的平台而言，获得竞争优势的关键在于扩大用户人群、调用数字基础设施、提高互补性服务之间的关联性。例如，亚马逊的颠覆性在于其提供商品的多样性、基于算法为用户进行个性化推荐，以及快捷的配送服务。因此，即使在像法国这样图书价格由政府统一监管的国家，传统的书店和音像店也难以维持下去。

后文会进一步阐述平台的另一个增长来源——新型服务。平台可以利用监管体系中的漏洞来制造不公平的竞争。以房产出租平台为例，专营酒店必须遵守安全规范或专业标准，但通过平台租赁的民宿则无须遵守上述规范，从而规避了相关成本。因此，平台公司所谓的"高效率"来自对监管的规避。平台凭借想象力和设计数字基础设施的能力，从那些"遵守规范的、保守的公司"手中赢得了市场份额。平台经济正在增长，尤其是从事服务业的平台企业，但平台经济并没有颠覆主流经济活动。在平台经济扩大商品化范围和促进竞争的过程中，它也对竞争形式，以及其他制度形式产生着影响。

三、货币金融体制：作为平台融资战略之先决条件的初创公司、风险投资和纳斯达克

虽然平台经济"颠覆"了大多数制度形式和金融资本主义的调节模式，但我们认为，这种转变并不意味着新的积累机制已经诞生，而是金融化新自由主义积累机制的内生转变。平台经济以一个非常相似的制度等级结构为基础，仍在货币金融制度内运行，并加速了之前的趋势。我们认为，平台经济有力地推动了去嵌入和商品化过程。

1. 金融化是平台经济产生的条件

专注于价格稳定和银行系统稳定的金融自由化与货币政策产生了由机构投资者管理的养老基金系统的信贷和储蓄推动的泡沫。这种易于滋生泡沫的金融体系成为初创公司发展的条件。

大多数平台公司都致力于发展网络经济，通过增加平台用户来提升平台收益。平台通常采取"先下手为强"的策略。在创新和开发的最初阶段，"新经济商业模式"无法形成规模，平台资金由商业天使基金或风险投资人提供，平台处于"烧钱"阶段。平台公司的增长预期建立在如下假设的基础之上：只要先吸引足够多的用户，占据垄断地位，就可以变现。目前的四大巨头企业是谷歌、亚马逊、脸书和苹果公司，风投基金正在寻找有希望成为新巨头的"独角兽"公司。一旦成功，从巨头公司获取的极高资本收益就足以补偿风投基金之前的所有失败投资。

这种新局面对应着新的金融规则的出现。不平等加剧导致全球性储蓄出现剩余，其中很大一部分储蓄被硅谷的商业生态（风险资本和新经济）吸收。少数初创公司变成了"独角兽"，被当作成功案例广为宣扬，以提振信心，而众多失败案例则被人遗忘。富人们（包括名人）常常把自己视为推动社会变革的积极力量。少数具有个人魅力的老板，如埃隆·马斯克（Elon Musk）、马克·扎克伯格（Mark Zuckerberg）等，成为各自企业的标志，加之媒体渲染，提升了他们所在公司和数字化公司整体的魅力。这些公司的高投资回报率也很有吸引力，已处于成熟期的行业无法与其

相比。

平台经济是主流商业模式的产物,因此主要在金融化积累体制内运行。风险投资的发展在很大程度上是金融化发展的结果,包括改革养老基金制度、给予投资者更多法律保护、降低对"新"股票市场的监管、为创新企业提供融资渠道和退出通道等一系列金融化措施。研究表明,1970年后的知识产权制度与软件、生物行业的金融市场扩张之间存在制度互补,其原因是专利和无形资产成为新企业融资的信号。虽然专利不是平台经济的核心,但其商业模式显然建立在无形资产的基础之上。尽管这些公司在短期内屡有亏损,但无形资产为赢家或先行者创造了未来收取网络经济的垄断租金的预期。平台创始人未必想创造价值和利润,他们的目标是增加平台的市值,然后将股份卖给大公司,由大公司利用平台的数据和网络来创造价值。

因此,平台可以帮助其他公司,尤其是大型老牌公司提高灵活性,降低采购成本和生产成本。企业间的电子商务平台为公司提供了获取资源(如劳动力和资金等)的渠道,这对想集中精力打造核心竞争力和进行开放式创新的大公司是非常有益的,可以使公司变得更为精简、专业和灵敏。根据一些经济学文献的分析,金融化和股东价值管理减少了上市公司对生产的投资,这也是新型产品出现的原因。为达成股东价值管理的目标,旧经济和成熟期企业通常采取增加股票回购、提高分红和减少投资的方法被迫"缩小规模和外包"。公司也可以选择众包的方式,但这样做往往低估了协调的难度。众包通常意味着承接低端的工作任务,相比之下,合作平台更有可能承担研发任务,为销售和设计提供支持。值得一提的是,初创公司和创新型公司更容易获得融资,可以大肆花钱而不需要承受短期内盈利的压力,也不需要提取利润来支付股息或回购。初创公司的管理模式是创新性的,风投公司扮演着顾问和长期投资者的双重角色,因此这类公司可以掌控自己的商业模式,通过股市融资来实施其快速增长战略。在一定程度上,平台经济通过承担风险、创新和融资为成熟期企业提供帮助,成为旧经济的有益补充。换言之,平台帮助老牌公司经受住融资压力,并实现经营目标。从金融的角度来看,平台经济增加了市场的流动性,推动大公司实现生产流程的市场化,使大公司可以根据公平原则进行外包,并集中力量打造核心竞争力。

外包对于初创公司而言并不是新事物。在一些行业中,外包已经成为金融化积累机制的特征。例如,大型制药公司已经将大部分临床前的研究工作外包给生物技术公司,有些公司还创建了风投基金来资助本行业的初创公司。大公司的这种"创新联合体"得到了金融化体系的支持,可以借此专注于核心业务、实现股东价值最大化。生物技术或通信技术领域的初创公司在不盈利的情况下也能在股票市场上筹集到资金。

2. 货币和金融体系的平台化:前景并不明朗

在反馈效应的作用下,数字平台与初创公司的创新可能会改变货币和金融体系。基于区块链技术的比特币、以太币等加密货币与美元、欧元等官方货币展开竞争。区块链是一种去中心化的、透明的且不可变更的账簿,网络中的所有计算机自动检查所有交易并确保交易的安全性。区块链的出现是为了颠覆银行、央行或公证处等"可信任的第三方"机构。一些初创公司已经开始通过首次代币发行(ICO)[①]来筹集资金。这些货币由初创公司创造,无须监管,也不需要银行执照。它们同区块链相连,并在交易平台上进行交易。中央银行不是这些平台的最后贷款人,于是传统的货币合法流通路径被打破了。与此类似,贝宝(PayPal)——一种在线移动支付系统的数字平台——广泛应用于在线交易,目前也作为一家领先的金融科技公司与传统银行展开竞争。一些众筹平台通过募集资金为艺术家、创作者、发明家和科学家的项目提供支持,支持者可以得到礼物作为回报。这种融资模式不同于风投项目,因为它不仅资助资本企业,还致力于推动"公益"项目。很多项目在起始阶段由众筹供资,但随后由风投接手。因此,众筹不太可能代表对股东价值追求的终结,它更像是一种补充性的融资模式,与包括风投、信贷、债券和股票在内的传统融资模式并行不悖。此外,尽管就其本身的数量和其交易(加密货币作为记账单位、储备货币、投机性资产的交易)数量而言,加密货币在显著增长,但目前并未在日常交易中使用。

加密货币因此可被视为一种能够替代货币的金融资产。这些创新带来的变革可能会进一步深化,但也取决于一系列因素,包括央行的反应、私人银行的反应、家庭的反应(如不懂技术、不喜欢投机的家庭能否接受加密货币的不确定性)等。国家和央行出于主权与财政考虑,需要维护国家

[①] "首次代币发行"(ICO)是一种融资方式:初创公司不发行股票,而是发行加密货币代币,以换取"真正的"法定货币。代币赋予其所有者购买公司未来产品或服务的权利,也可以用作投机性资产(如股票等)。

货币。政府可以强行要求个人和企业使用国家货币纳税，从而保证国家货币的使用。私人银行正在设法抓住区块链提供的机会，避免其寡头垄断地位受到威胁。私人银行还希望保有部分区块链交易，并减少政府的行政管制。区块链技术可以降低结算时的交易成本，数字加密货币平台可以打破封闭的、集中化的传统金融市场运行模式。区块链技术还可以将所有交易记录分散保存，从而保证资产交易的安全。最后，加密货币的数字化平台可能会以推动金融全球化进程的方式，创造去中心化的全球共同交易市场。

因此，平台经济与金融化有着潜在的、深层次的联系，这种联系进一步加速了以灵活的雇佣-劳动关系和外包为典型特征的新自由主义趋势。

四、雇佣-劳动关系的持续灵活化和个性化

平台资本主义使"新型"雇佣-劳动关系作为制度确立下来。但这种"新型"关系，尤其是"劳动力的优步化"，其实并不是新生事物，而是某些已有趋势的进一步发展。二战后，福特主义成为一种调节模式，其中雇佣-劳动关系是占主导地位的制度形式。福特主义有利于企业进行标准化生产，工资的增长支撑了大众消费的增长。这种发展模式的基础是生产率的提高，工资拉动需求，以及适度开放的国际体系。福特主义出现危机是多种因素综合作用的结果。由于泰勒制导致的冲突日益增多，随着生产率的增长放缓，一种通货膨胀-垄断式的监管模式出现了。当民众汽车保有量增加、贸易自由化程度加深时，人们的需求发生了显著变化，对产品多样化的期望越来越高。为了应对这场危机，福特主义劳资协议被打破，资本转向了新自由主义政策，通过货币主义政策、金融化和全球化来降低通货膨胀。去工业化和失业率上升推动了福特主义劳资协议走向终结，但也导致生产率的增长更为缓慢。与此同时，全球化和金融化推动了雇佣-劳动关系的灵活化和个性化。

大型机构投资者的重要性日益增强，原来占主导地位的管理形式——由大型公司承担"股东价值管理"的职责——发生了转变。为了提高股本回报率，金融化的公司将越来越多的生产份额外包给提供商，并向首席执行官许以高薪和股票期权，以确保他们服从于提升公司股价这一主要目标。这些新做法加速终结了高层管理人员与工会之间达成协议的历史，取

而代之的是股东与管理者之间的协议，以对抗工会和低技能员工。因此，自 1980 年代中期至 2008 年全球金融危机，大多数经济合作与发展组织成员国的工资份额有所减少，但利润率和分红份额则有所增加。此外，利润再投资的下降催生了金融部门的扩张以及金融泡沫，并导致了新自由主义调节模式下贫困率攀升、双重劳动力市场和不平等加剧。

1. 劳动力的个性化和灵活化过程持续，并走向下一阶段：劳动力的数字化、优步化

平台经济的发展正在改变雇佣-劳动关系、资本/劳动关系，以及企业的商业模式。个体经营者和自由职业者的规模在扩大，他们正在取代普通工薪族/雇员。专职优步司机或快递员等职业劳动力与为优步拼车、亚马逊土耳其机器人或跑腿兔等平台工作的兼职"临时"劳动力没有明显区别。"优步化"对不同资质水平的劳动者产生着不同影响。我们可以预期，在金融化积累机制中已经存在的资本/劳动关系的个性化、灵活化和二元化的趋势将会继续深化。

平台经济的出现显然有利于自由职业者的发展。硅谷模式在一定程度上是建立在自由职业者及其流动性的基础之上的，程序员、工程师、会计师、广告商和设计人员等专业人士通过短期合同开展业务，并辗转于不同的企业之间。在平台的发展过程中，自由职业模式扩大，纳入了低技能劳动者，并将劳动合同替换为商业合同，把先前由资本承担的风险和成本转嫁给劳动力。因此，平台经济是劳动力"失权"的一种新形式，也是新自由主义资本主义的一个新阶段。以众包形式出现的"优步化"是劳动力外包的一种形式，它削弱了劳动力加入集体组织的能力。"优步化"本质上不是一种新的劳动组织体系，因为它与前工业化时期盛行的散工制没有太大区别。在散工制中，工人是个体经营者，利用自己的生产资料在家里工作，提供原材料的资本家只是工人与消费者之间的中介。散工制最初被工厂取代，随后被制造业体系取代。制造业和泰勒制的出现是为了加强对劳动力的控制，减少投机行为带来的风险。

平台化就是重建 2.0 版的散工制。在数字应用程序的帮助下，资本家能够更便捷地进行匹配和销售，也更容易控制劳动力。此外，大多数平台的服务不涉及一体化生产，因此避开了团队合作可能导致的相关问题。平台用商业合同取代了雇佣合同，通过控制平台访问权限来匹配供给方和需求方，并消除了职业劳动力与非职业劳动力之间的区别。优步等平台公司通过这些手段制造了低技能工人之间的竞争。低技能工人如果没有工作，收入就更加不稳定，以前的计件工资等报酬形式重新出现了。低技能工人之间的竞争削减了这些工人的收入，也使他们的工作条件日渐恶化。

这种新型散工制的主要问题在于非雇佣劳动者不受劳动法保护，也没有社会保障。如果"优步化"成为普遍现象，那就意味着雇佣-劳动关系将不再作为一种制度而存在，而是转变为商业关系。目前，大多数劳动者仍然是"雇佣劳动者"，"优步化"是否会成为普遍现象尚不明确。由于平台在很大程度上可以控制低技能工人，所以许多低技能工人实际上可以作为雇员被重新雇佣。例如，快递员必须穿上制服；如果没有接到足够的订单，就可能被平台除名。在美国加州及英国和法国，一些平台的快递员和司机正在争取将他们的合同重新认证为雇佣合同。到目前为止，法律已经做出了对工人有利的裁决。如果这一趋势在未来的法律诉讼中得到确认，此类平台的业务模式将面临风险，这种"新"形式的资本/劳动关系的扩张将受到极大的限制。

2. 自由职业和平台经济发展的根源：危机、贫穷和不平等

不平等与平台经济的发展之间存在着一种相辅相成的关系。贫穷和不平等促进了平台经济的发展；反过来，平台经济又通过剥夺低技能劳动力的权利、打造高薪酬的"明星"来加剧贫困。

在大萧条期间，大多数经济合作与发展组织成员国的失业率和贫困率都有所上升，从而削弱了工人和工会的权力平衡，只有内部人士仍享有稳定的社会福利和就业保护。21世纪初，失业率上升，个人收入中位数停滞或有所下降，也是在这个阶段，爱彼迎和优步开始崛起。在竞争激烈的国际环境下，失业率升高，工资水平停滞，增加购买力的唯一出路是降低价格，或以新举措补充民众的初次收入。这是典型的通货紧缩机制。朱丽叶·朔尔（Juliet Schor）着重分析了平台经济如何加剧了最贫穷的80%人口之间的不平等。对于具备罕见资质的高技能工人来说，如果他们选择成为自由职业者，数字化和求职平台可以增加他们的收入。对于利用求职平台找兼职的高技能工人来说，情况也是如此，他们可以将低技能工作作为第二职业来补充收入。也就是说，不依赖这些平台生存的工人可以利用这些平台来增加收入；但对于依赖平台生存的低技能工人来说，情况恰恰相反，因为平台产生的内部竞争减少了他们的收入。

对于为什么要使用平台，人们给出的理由往往是积极的，认为平台经济"更有趣""更环保""更具协作性""更具包容性"等。不过，法国最近的一项研究显示，人们使用平台的主要原因是平台更经济。平台的吸引力主要在于服务费用较低，或者人们可以通过出租房屋或当司机等赚取额外收入。关于使用平台的原因，80%的受访用户表示是为了省钱，24%的人表示是为了"以不同的方式或非传统渠道消费"，只有15%的人是为了"保护环境"而使用平台，还有7%的人是为了人际交往。在使用平台出租房屋和做兼职司机的用户中，57%的受访者表示是为了赚取外快。朔尔认为，用户可能在不同社会动机的激励下参与平台经济，存在着利他主义因素，但最贫穷的、对平台依赖度较高的工人使用平台仅仅是为了谋生。

因此，金融化积累机制的危机导致了不平等加剧和失业率升高，进而促进了平台经济的发展。平台的出现反过来又加剧了高技能工人与低技能工人之间的不平等。

五、公共政策"硅谷殖民化"：熊彼特式"工作制福利国家"的最后支柱

国家的作用在于通过制度化的妥协，调解暴力和冲突，制定公共政策。为促进平台经济的发展，调节模式中的其他制度形式做出了相应的调整，国家作为一种制度形式，也因其他制度形式的变化而发生了重大转变。大股东有两项政治诉求：一是政府放松对行业的管制；二是减少开支。这两项诉求与金融自由化、货币制度改革互为补充。"平台化"赋予去嵌入化一种新形式，并对国家管辖的领域提出了新限制，从而加强了去嵌入化进程。叶夫根尼·莫罗佐夫（Evgeny Morozov）解释了金融化和平台化如何在政治层面以及国家转型过程中分饰"红脸"和"白脸"的角色。目前的整体趋势是直接缩小公共领域，由国家制定相关的公共政策，以确保四巨头和优步等全球数字化巨头的霸权地位。

要从理论上解释这些变化，必须理解"制度化妥协"是以多种形式呈现的，其多样性为国家的形式提供了多种可能，这也是国家的形式呈现差异化的原因。例如，"福特制国家"不能被简单地抽象为"福利国家"，因为国家也有能力按照凯恩斯主义的政策分配生产收益。根据中央和地方的法规与公共政策，不同的国家资本主义产生了不同形式的福特制国家。差

异化的公共政策不仅用作地方经济政策，也需要在交通、教育、卫生、住房等多个部门间达成更巧妙的妥协和平衡。国家必须为每个领域制定规则，明确税收和补贴的形式，其目的不仅是解决市场失灵问题，也为存在利益冲突的社会群体和地方群体创造达成妥协的条件。

为了使地方性政治妥协稳定下来，国家制定的规则中嵌入了私人倡议和竞争机制，因此与之相关的措施在很大程度上是"混合式"的，尼尔·弗雷格斯坦（Neil Fligstein）强调了这种嵌入性对限制企业间的竞争和价格战的必要性。为此他引入了"控制理念"，解释了如何控制/适应竞争，以及如何管理公司。[1] 控制理念也有助于我们理解国家的形式，以及国家在稳定利益相关方的关系中发挥的关键作用。举例来说，在提供医疗服务时，国家可以调和患者的需求和制药业的需求，或根据家庭的需要提供交通服务。国家通过调解企业和利益相关方之间的关系来确定企业的控制理念，中央和地方的国家机构在这个过程中积累能力，并形成政策体系和指令。

从这个角度来看，在货币和经济政策、竞争形式、雇佣-劳动关系的转型时期，公职人员、政客和地方政治需求结成的联盟在很大程度上帮助确定了不同部门间的妥协形式。在1980年代—1990年代，这些妥协推动了放松管制政策，减轻了全球化对家庭和地域的破坏性影响，也因此在不同程度上加深了各国中央政府的贫困程度。突出的例子是法国，中央政府的贫困化与中央向地方政府（包括地区和城市）让渡大量资源和权利的过程同时发生。地方政府制定了积极的政策，地方公职人员努力维持着公共服务以及交通、住房或教育方面的地方政策。

然而，事实表明，平台化对这些妥协构成了直接挑战，因为在实现相关领域的变革和现代化的过程中，公职人员和政客采用的方法与理念更为"有效"。福瑞德·特纳（Fred Turner）在四巨头企业文化的历史框架内研究了"硅谷企业家"创立的学说，及其在不同领域的演变。他阐述了加州的平台经济企业家与1970年代反对美国社会保守主义的反主流文化之间的联系。随着时间的推移，他们将自己对社会变革的追求转变为通过"数字革命"来追求商业机会。[2] 还有学者将"硅谷殖民化"定义为硅谷

---

[1] 参见 Neil Fligstein, *The Architecture of Markets: An Economic Sociology of Twenty-First Capitalist Societies* (Princeton: Princeton University Press, 2001).

[2] 参见 Fred Turner, *From Counterculture to Cyberculture* (Chicago: University of Chicago Press, 2006).

文化和意识形态入侵多个领域并开始传播，甚至波及政治领域。① 硅谷企业家的话语越来越直率，声称采用他们的方法可以解决公共问题。在坚持基本的自由主义思维方式的同时，他们还支持新自由主义的诉求。这些"数字领域的权威"严厉批评了官僚主义、保守主义和社团主义，认为正是这些"主义"造成了公共政策的低效率。

鲍伯·杰索普（Bob Jessop）曾分析了熊彼特式工作制福利国家产生的原因。②"硅谷殖民化"似乎为杰索普提出的结构性变革观点添加了点睛之笔。他认为，经济和社会的主要目标是促进创新，提高开放经济体的结构竞争力，制定社会政策，以提升劳动的灵活性和竞争力。这一转型阶段的说辞本质上是现代主义的。

数字化和平台经济被推崇，被视为一种更"现代"、更便宜和更民主的方式，可以解决所谓的"市场失灵"问题，而在以往，这些问题往往需要公共监管或由国家提供公共产品来解决。对于政策制定者来说，这一观点非常具有吸引力，因为几十年来新自由主义的发展已经显著削弱了政策制定者的合法性，减少了他们掌握的财政资源。由于财政上受限，也由于受到私营企业更为高效的观念的误导，他们出乎意料地放弃了其所擅长的传统专业领域，允许优步、谷歌等初创公司接管，因为这些公司声称能够以更有效的方式解决当下问题。

四巨头制定了自己的"数字化解决方案"，积极参与不同领域公共政策的讨论，逐渐改变了这些领域的现状，并赢得了公职人员的支持。因此，公共服务并未受到"联合的打击"，而是出现了多种形式的由商界、公职人员和专家构成的地方性联盟。数字公司的老板在推销本公司的数字化解决方案之前，通常会参加专门的座谈会，分享自己的专业知识，并说服公共领域人士和专家相信数字分析的优势。他们不断地重复"用更少的钱做更多的事""通过数字化解决方案将用户、患者、学生的利益放在首位"等说辞，以解释"改变现有范式"的重要性；他们反对"旧世界"，认为官僚机构臃肿、官员的能力令人怀疑、垄断机构令人无法忍受，建议利用数字工具和大数据来制定实时的、高效的方案，取代强制性的、自上而下的方案，以应对复杂现实的挑战。最初，民选代表和公职人员可能不

---

① 参见 Eric Sadin, *La silicolonisation du monde*: *L'irrésistible expansion du libéralismenumérique* (Paris: édition L'échappée, 2016).

② 参见 Bob Jessop, "Towards a Schumpeterian Workfare State? Preliminary Remarks on Post-Fordist Political Economy," *Studies in Political Economy* 40 (1993): 7–39.

愿意接受这些方案，但随着时间的推移，他们逐渐被说服，而且会积极支持改革方案，因为他们已经深信，利用新工具设计的新方案更为经济和有效。他们因新世界出现的新挑战而备受鼓舞。

平台影响着公共交通、医疗保健、教育培训和房地产等领域，进而甚至可能对规则和法律施加影响，而正是这些规则和法律定义了企业的游戏规则。作为一种私人治理结构，平台可以自行修改规则，它们的大多数规则往往都踩着法律的底线。如果平台企业能使决策者相信，它们在这些领域的运作比在现行规则和政策下的运作更为有效，那么它们的做法和政治要求就能被合法化。更重要的是，这种"政治活动"是消除"平台化"发展阻力的有效手段。例如，市场平台利用互联网无国界的性质，在一些国家销售违禁品或管制品（如药品）。网络求职平台也可以规避与外包相关的国家法律。不公平竞争还涉及税收，包括增值税和公司利润税。通过证明有能力提供等效的公共服务，四大数字巨头公司、初创公司将避税、获得公共补贴、向州政府和地方政府出售服务等做法合法化。这些做法仍存在争议，经济合作与发展组织和欧盟委员会都在重新设计财政规则来打击避税。但法国政府在2017年9月决定停止建设耗资巨大的基础设施项目（如城际铁路和高速公路），允许共享汽车平台优化利用现有的道路和车辆。

六、结语

表11-1总结了主要制度形式的转型。平台经济不是一种全新的积累机制，更像是金融资本主义和原有社会关系的内在转型。与金融化积累机制一样，平台经济中占主导地位的等级制度仍然是货币/金融制度、竞争形式和国际体系。国家、雇佣-劳动关系仍然是主导的制度形式。平台经济仍然是一种金融化积累机制和去嵌入过程，只是表现得更为激进。因此，前文所描述的积累机制导致的主要问题仍可能无法改变。债务、充满泡沫的增长、经济不稳定和工资增长缓慢等现象可能会一直持续，同时伴随着"债务紧缩"的监管模式，以及生产率的缓慢增长（与服务经济增长相关）。

表 11-1 金融化积累机制与平台资本主义的制度形式对比

制度形式	金融化积累机制	平台经济
货币和金融制度	纯粹信用货币、央行最后贷款人与金融危机担保;私人银行和机构投资者占主导地位;金融市场高度发展;货币资本主义;股东价值管理占主导地位;风险投资和私募股权投资。	金融化的货币制度,以及私有加密货币竞争;区块链和金融科技对私人银行与资产管理行业的小规模颠覆,对风投起补充作用的众筹。
竞争形式	外包;竞争的金融化和全球化(收购,企业并购,股票价格的作用等);关注无形资产;跨国公司占主导地位;经济活动日益商品化和金融化;规避监管和避税的竞争策略。	金融化的竞争形式:平台加大了竞争,加深了商品化;以众包为形式的外包;跨国公司、四大数字巨头/大型平台机构占主导地位;"先下手为强"策略以及颠覆性竞争。
雇佣-劳动关系	个性化、灵活化、去工会化;奖励制度金融化;股票期权;养老基金;社会和就业保护弱化;工资涨幅小于生产力的增长。	金融化形式的雇佣-劳动关系;计件工资;新型散工制(依赖于平台的独立工人)。
国家形式	新自由主义国家;福利制国家的弱化;公共政策的口号——竞争力、信用和吸引力;公共政策的技术化和去政治化。	紧缩的新自由主义和硅谷殖民化的熊彼特式国家;通过外包给平台使负债国集体陷入贫困;公共政策的硅谷殖民化和技术化;数字化和平台作为政治问题的技术解决方案。
国际体系	自由贸易和资本自由流动;跨国公司和机构投资者占主导地位;国家之间的竞争;美国霸权的衰落与新兴国家的成长。	

尽管当前普遍认为,平台经济的扩张具有创新性,但出乎意料的是,劳动生产率并未提高。研究人员将重点放在了"索洛悖论"(Solow's paradox)和全要素生产率长期放缓的趋势上。目前仍没有充足的证据表明平台经济足以创造一种高速增长的机制。此外,经济理论认为纵向一体化和团队合作具有优势,能够增强企业的能力。平台经济的创业模式也面临着困境:在颠覆原有市场后,如果项目成本过高或过于复杂,很多中小型平台企业不会为了打造企业技术优势而对原行业进行投资。

有很多平台无法盈利或无法增加价值。优步在 2016 年亏损惨重,爱彼迎直到 2016 年下半年才开始盈利,而这两家公司还是行业内的巨头。小型企业通常会产生负"增值",即现有的价值低于原有企业的价值。当然,平台经济的总体贡献要高于平台企业增加的价值,因为平台经济为消费者和用户创造了新的服务与体验价值。一些研究者认为,创新带来的经济增长被低估了，尤其是破坏性创新带来的增长。还有人指出，平台可以通过增加服务提供商与公司之间的竞争来降低特定服务的价格。但是这些观点遗漏了一点，那就是任何形式的资本的目标都是产生（交换）价值，进而获得利润，而不是只提供使用价值，提供使用价值只是资本的一种手段而已。平台作为中介或"市场组织者"可以获得一定的租金。但能够为资本创造价值的平台非常少，因此平台的经济活动类似于剩余价值再分配，而不是价值创造。平台对平均利润率的净效应尚不十分明确，但考虑到劳动生产率的增长仍有很大的不确定性，以及不平等、紧缩政策、金融化以及需求方工资增长停滞，很难想象在这种新环境下如何产生一种新型的、稳定的、高增长的积累机制。

由此看来，劳动生产率是否真正得到提高将取决于谷歌、脸书或优步等公司在人工智能和机器人领域的进展。这些技术的发展得益于大数据，因为大数据的广泛运用可以提高资本和劳动力的替代率。有研究者认为，劳动生产率将因此而显著提高。但这将进一步加剧低技能工人与高技能工人之间的不平等，阻碍工资增长和需求增长，也将进一步加剧资本与劳动力之间的冲突。在这种情况下，如果不制定法规来解决冲突，就可能出现新一轮的卢德运动。机器人技术对劳动生产率和就业的净影响引发了许多讨论，既有危言耸听的说法，也有积极乐观的态度。

因此，平台经济驱动的新型积累机制的出现高度依赖于调节模式的相机抉择和社会政治妥协。这种"新型"调节模式和硅谷殖民化是一种新的尝试，试图通过数字化市场等手段来代替政策制定和政治活动，以达到经济去政治化的目的，并试图使国家概念成为过去式。莫罗佐夫称之为"技术解决主义"。这种方式不是为了集体目标而组织审议，而是在提供技术解决方案的同时提高适应能力、促进竞争行为。这就是去嵌入化的本质。这种方法实际上是通过否定政治的作用来强制实施自由主义政策，以实现资本的统治地位。这对极客、程序员、自由职业者、管理者等高技能工人非常有利，但会损害服务业和工业中低技能、低收入工人的利益。

因此，故事刚刚开始，平台化的未来发展前景非常不明确。随着去嵌入过程的推进，平台将面临政治威胁，局势将会更加紧张。对于出现了再嵌入化和政治活动的行业，平台资本主义将会通过颠覆性措施来制造冲突。在2016年的法国总统大选辩论中，一些候选人公开反对优步化，但赢得大选的马克龙则提出了一些支持平台经济的措施。目前，支持"硅谷殖民"式的现代化的政治力量并不强大，大多数发达国家都处于深度政治危机的边缘，这可能导致平台经济在发展过程中出现一些关键节点和不可预测的转型。因此，关于平台经济调节模式的后续研究需以更细致的案例分析为中心，探索与平台经济相关的政治动荡、冲突、游说团体以及可能达成的政治妥协。

第 12 章　监视资本主义及其应对方案[*]

亚历山大·威廉姆斯　保罗·雷克斯塔德/文　　赵庆杰/译

一、引言

　　技术正在以各种不可预测的方式重塑我们的生活方式。在当代社会，我们的大多数互动，包括日程安排、工作申请、获取新闻、旅行、购物，以及与伴侣、朋友和家人进行亲密交流等，都是由不同的信息技术介导的，这些信息技术大多由强大的公司控制。每当我们使用这些技术时，拥有这些技术的公司都会收集关于我们的大量数据。这些收集行为通常获得了法律的许可，但对此几乎没有有效的监督或监管，通常我们并不知道这些公司收集了哪些数据或如何使用这些数据。因此，当今资本主义的时代被称为监视资本主义时代。

　　尽管学界对这些技术的规范和使用方式进行了各种各样的讨论，但没有人对其新的支配和不自由的形式做过专门的评判。本章首次系统地分析了监视资本主义所固有的新的支配和不自由的形式，并为思考如何消除它们奠定了理论基础。与共和主义文献一样，我们认为，自由意味着不受他人支配。我们采用了菲利普·佩迪特（Philip Pettit）对"支配"的定义，即不受接受者控制的权力。按照这个观点，当且仅当你受制于一种自己无法控制的权力时，无论该权力如何使用，也无论该权力是不是为了你的利益和/或改变你的行为，你都会因被支配而不自由。例如，作为行为主体，

---

[*]　本章原载：《国外理论动态》2022 年第 5 期。原文来源：Alexander Williams and Paul Raekstad, "Surveillance Capitalism or Information Republic?" *Journal of Applied Philosophy* 39, 3（2022）：421—440。翻译有删减。亚历山大·威廉姆斯（Alexander Williams）、保罗·雷克斯塔德（Paul Raekstad）：荷兰阿姆斯特丹大学社会和行为科学学院。赵庆杰：中国政法大学马克思主义学院。

你面临着 X、Y、Z 三个选项，而假设我可以通过将其中一个选项（第三个选项）变得不那么吸引人，即将选项 Z 变成选项 Z−，来干扰你的选择。根据佩迪特的说法，我以你无法控制的方式干涉你的选项的能力支配着你，因为我的干预（无论多么轻微）剥夺了你在 X、Y、Z 之间的不受限制的选择权，取而代之的是在 X、Y、Z− 之间进行选择。此外，欺骗和操纵都具有支配性。欺骗具有支配性，因为即使实际的选项的确是 X、Y、Z，我也会迫使你做出选择。操纵也具有支配性，因为它剥夺了你在正确理解选项的基础上做出选择的可能性。因此，通过让你面对看起来与客观上可用的选项不同的选项，我以一种不受控制的方式限制了你的选择，即使操纵尝试没有产生效果，情况也是如此。信息隐私对共和主义者很重要的一个原因是，它可以防止某些形式的操纵和支配。

监视资本主义通过催生新形式的结构性支配和监视条款的支配来破坏自由。我们借鉴了亚历克斯·古雷维奇（Alex Gourevitch）对劳工共和主义传统的分析，这一分析能够使我们了解为什么各种补救措施不适合应对这些新的挑战，并就解决方案需要包括哪些内容提供建议。由此，我们将展示如何发展共和主义思想，以应对 21 世纪新的社会技术挑战。

二、何谓监视资本主义？

对当前技术的分析大多是伴随着过去 10 年来大型科技公司的日益发展、行业和社会的数据化而出现的。尽管现有的分析对社会技术发展现状的理解存在一定差异，但它们在如下一些问题上具有一致性，包括数据在新型经济中的中心地位、大型科技公司基于技术所采用的商业模式以及技术服务在当前生活中的普遍性。

"数据是 21 世纪的石油"这句话揭示了两个至关重要的事实，这些事实触及了理解我们当前所处困境的核心。首先，这句话将数据定位为 21 世纪资本主义收入和增长的巨大潜在来源。其次，这句话抓住了一个要点，即从我们的活动中获得的数据充当着监视资本主义生产过程中的一种原材料，而不是一种（无偿）劳动。那么，我们通常所说的数据是指什么呢？尼克·库尔德里（Nick Couldry）和乌利塞斯·A. 梅希亚斯（Ulises A. Mejias）认为，数据是一种信息流，这种信息流可以将人类生活的各个方面传递到用于收集和处理的基础设施中。从这个意义上说，数据通过将生活转换为可由计算机存储和处理的信息，进而把生活抽象化，并通过将生活转换为第三方的价值来占有生活。我们还借鉴了肖莎娜·祖博夫（Shoshana Zuboff）关于数据的看法，即谷歌等公司过去只是利用数据来改善其核心服务，但现在它们积极扩大数据的记录范围，以创造一个符合商品化需求的海量数据库。

在拥有了将数据转化为经济价值的能力后，科技公司就开始搜取尽可能多的数据。这些公司利用数据实现利润最大化的方式各不相同。数据之所以被视为一种原材料，是因为数据可被用来训练算法，并赋予算法竞争优势，比如预测我们行为的算法；数据可以协调和组织劳动力；数据可以提高生产流程的效率，改善核心服务。各平台公司利用数据实现不同的目的，它们致力于获取最大数量的数据，并将其转化为经济利益。这种趋势有时被称为"提取必要性"（extraction imperative）。这一概念的提出依据是，数据在个人层面基本上毫无价值，但在被大规模提取时，它会作为一种资源而迅速增值。这是谷歌和脸书等监视资本主义公司商业模式的重要组成部分。它们获取的用户数据越多，就越能更好地进行算法训练以预测用户的行为。

这一问题的特殊紧迫性源于这些监视公司在我们的日常生活中和更广泛的社会环境中扮演的突出角色。许多学者强调，我们周围的信息提取基础设施无处不在。我们正沉浸在一个由传感器组成的架构中，这些传感器的任务是将我们生活的方方面面呈现为数据。无论是电话公司每天大约300次地追踪你的位置，还是谷歌等公司提供的垄断服务，或嵌入传感器的智能设备日益侵入家庭空间，或我们越来越依赖平台以使我们的日常活动更加便利，我们无论走到哪里，似乎都面对着另一台负责监视的设备。这种竭力将我们的生活呈现为数据的行为也延伸到了社区。谷歌率先推出了谷歌街景，最近还尝试创建第一个"智能城市"。

另一个值得关注的问题是，数据提取不仅用于为私营企业创造利润，还用于塑造我们的行为。虽然这并不适用于数据经济中的所有参与者，但对于谷歌和脸书等监视资本主义公司来说确实如此。这些公司通过分析我们的数据来预测我们的行为，它们有额外的动机通过推动、引导以及调整我们走向可预测的结果，来进一步塑造我们的行为。这方面的典型案例是2018年引起极大轰动的剑桥分析公司丑闻。曾是剑桥分析公司雇员的克里斯托弗·怀利（Christopher Wylie）指出，该公司曾"利用脸书获取了数百万人的个人数据，并建立了模型去了解他们，直击他们内心深处的欲望"。即使有人怀疑剑桥分析公司能够影响大量选民来左右选举这一说法的真实性,我们也有理由相信这种技术至少能够发挥一定的作用。除此之外,监视资本主义还利用数据引导人们的行为朝着特定的方向发展。这种操纵即便没有产生重大影响,共和主义者也会为此感到担忧。如果监视公司使用它们从用户那里获取的数据来预测用户的偏好,并自动播放向其推荐的视频,让用户与该服务建立稳定的联系,那么这与干扰选举的本质就是相同的,都属于公司利用用户的数据来塑造其行为。这意味着,公司可以通过对用户施加力量来让他们做其本来并不会去做的事情。此外,这种力量不受接受技术服务的用户的控制,最终导致公司通过这一形式对用户施加控制。使用这些技术的用户首先在形式上接受了控制,进而使自己服从于这种控制。

祖博夫认为,我们目前看到的正是资本主义的一个新阶段,其核心是持续监视和提取数据以预测与改变人们的行为。我们将使用祖博夫的"监视资本主义"这一术语来描述这种情况。监视资本主义最重要的一个方面是新的支配形式及其带来的不自由。

三、监视资本主义和结构性支配

当前的社会技术条件以及监视资本主义的引导实践使我们当中的许多人以新的方式在结构上占据支配地位。在本部分,我们将利用古雷维奇的"结构性支配"概念来解释这种情况,思考并回应一些持反对意见的观点。

1. 监视资本主义中的结构性支配

古雷维奇认为,工人的结构性支配是资本主义经济中资本分配不均的结果,这导致了至少两个阶级的形成:资本家和工人。工人尽管在形式上有拒绝出卖劳动力的自由,但仍然被迫出卖劳动力,因为他们缺乏属于自己的生产资料,除了出卖劳动力之外,没有"合理的选项"供他们选择。根据劳工共和主义者的观点,工人受制于来自雇主的不受控制的支配权。因为工人如果不这样做,就变得更加贫穷,甚至无家可归,而这些都不是合理的选项。从某种意义上说,这个决定是工人自愿选择的,因为如果工人拒绝工作,他们只是有可能没有收入,并不会受到人身威胁。然而,从劳工共和主义者的角度来看,这并不是问题的关键,因为"自愿达成合同并不意味着合同是由双方自由订立的"。对于劳工共和主义者来说，结构性支配反过来会导致资本主义对工作场所和劳动合同的控制。工人的结构性支配使资本家占据了优势地位，使他们能够在不受工人控制的情况下直接决定劳动合同的内容，进而支配工人。但应该注意到，这一论述并不适用于资本主义社会的所有人，甚至不适用于所有工人。例如，在一些地区，工人可以选择移民到其他国家，并且可以获得免费的土地，从而在那里谋生；还有一些工人可能通过努力工作改变阶级地位，摆脱这种支配，成为资本家。然而，对于大多数无法摆脱这些结构性条件的工人来说，结构性支配仍然存在。

需要明确的是，我们并不认为这一观点适用于当代资本主义。我们需要考虑更多因素，包括当代工人所面对的更广泛的法律和政治框架、社会福利等。古雷维奇开发与维护的结构性支配和契约性支配概念可以用于分析人们在资本主义监视下遭受的支配类型。

就像工人除了出卖劳动力之外没有其他合理的选择一样，在监视资本主义下我们大多数人除了服从公司监视之外，也没有其他更好的选择。无论何时何地，无论使用哪些应用程序和设备，我们都被迫将自己置于公司的持续监视之下。许多受到监视资本主义影响的人在结构上处于被支配的地位，因为监视资本主义的监视设施让他们除了同意这些企业访问其大量的个人数据、对其行使不受控制的支配权之外，别无选择。

2. 部分反对意见和回应

针对上述观点的第一种反对意见认为，是否使用互联网是一种自愿的选择，这并非由监视资本主义所致。例如，在浏览某些网站时，网站会自动弹出窗口，提示会有第三方使用用户的 cookie（储存在用户本地终端上的数据），并指导用户了解隐私政策和条款。这些弹出窗口通常会显示"使用本网站表示您同意使用 cookie"，但是用户若想关闭窗口并访问页面，就只能选择"我接受"，即用户想要进入网站，就必须选择同意第三方收集数据。

问题的关键在于，我们做出选择的行为并不等于我们没有受到结构性支配。正如劳工共和主义者所言，合同可以在没有自由签订的情况下"自愿"且合法地获得同意。"自愿"点击"我接受"并不意味着我们在结构上没有受到监视。正如工人选择签订劳动合同是因为没有合理的选择而受到支配一样，当代互联网用户选择使用互联网、应用程序等，也是因为没有合理的选择而在结构上受到支配。除了这样做，我们没有其他合理的选择，因为拒绝使用互联网将会导致各种问题，例如无法申请工作、无法学习专业技能、无法进行社交等，其导致的最终结果并不是一个合理的选择。

第二种反对意见认为，用户可以一种更注重隐私的方式使用互联网。当前，有很多工具可以增强隐私保护功能并限制跟踪行为，如广告拦截程序、"鸭鸭走"（DuckDuckGo）等具有无痕浏览功能的搜索引擎、洋葱浏览器（Tor）等注重保护隐私的浏览器。还有一部分人因社会特权、消息灵通或具有隐私意识而能够在其生活中减少甚至消除互联网的消极影响。如果是这样的话，我们谈论结构性支配还有意义吗？

对此，我们有两种回应：一种是实证的，另一种是规范的。实证的回应是，上述反对意见严重低估了我们正在讨论的这一问题的规模。虽然监视资本主义诞生于互联网领域，但它并不局限于互联网领域。人们确实可以使用保护隐私的工具来减少在上网时受到的监视，但对于那些在使用条款与条件中包含监视功能的产品和服务来说，这些工具形同虚设。例如，许多智能手机的应用程序主动提取数据的策略并不受此类在线隐私工具的影响。

数据收集无处不在。例如，美国最大的电信公司威瑞森通信公司（Verizon）曾试图通过为客户分配单独的精准身份鉴定（Precision ID）来扩大监视范围。这个独一无二且无法检测到的数字与一个"僵尸cookie"配对。之所以叫"僵尸cookie"，是因为客户无法将其从移动设备上删除。当两者组合在一起时，客户就会始终受到监视，"因为公司绕过并覆盖了用户的防御设置，包括不跟踪设置、匿名和其他私人浏览模式，以及cookie删除等"。根据网络安全专家布鲁斯·施奈尔（Bruce Schneier）的说法，这样的隐私漏洞并不是监管疏忽，而是公司故意为之，因为"监视是互联网的商业模式"，"无处不在的大规模监视逐渐常态化"。

正如研究人员所指出的那样，各种隐私工具尽管可以减少我们受到的监视，但却无法消除这种监视。只要互联网由提取我们数据的平台主导，这些私营公司就会不断以新的方式规避这些隐私工具。隐私工具无法为需要使用互联网的用户提供合理的替代方案，无法保护他们免受结构性支配。大量证据表明，监视资本家与在线个人用户之间的权力不对称，以及监视公司隐藏其数据提取的方法和能力，使任何试图利用隐私工具屏蔽数据收集的尝试都不可能成功。因此，任何认为现有的隐私工具足以消除结构性支配的观点,在实践经验上似乎都是站不住脚的。

此外,一些人不受资本主义结构性支配的监视,或者能够通过努力工作、享有社会特权或其他方式来逃避压力,并不意味着大多数人可以不受结构性支配的约束。正如前文所述,资本主义制度下的许多非劳动者(如资本家和统治者)在结构上不是为资本家工作;小偷、土匪和能够成为资本家的工人也同样能够逃脱资本主义的约束。但以上这些都是例外情况,并不是常态,也不能反映资本主义制度下绝大多数工人的生活条件。因此,它们不能被用来表明资本主义制度下的大多数工人不受制于为某些(但不是某一特定)资本家工作的结构性支配。

类似地,我们可以想象这样一个人,他对公司监视有着敏锐的认识,因此拒绝与现代技术打交道,拒绝使用有可能被监视的硬件(没有智能手机,没有智能设备),非常注重隐私保护(擅长使用互联网插件,避免使用谷歌和脸书,使用洋葱浏览器),极力避免自己的数据被收集。但是,能够逃避监视资本主义公司结构性控制的情况只是例外,大多数人仍受制于新形式的结构性支配。

上述反对意见所提出的实证证据是,大多数人都有一个现实的替代方案来替代公司的数据监视与信息提取。研究人员强调,我们需要比针对特殊情况和现有隐私工具的一般诉求更强大的替代方案,但到目前为止,我们还没有发现任何能做到这一点的例子。

需要注意的是,虽然在结构上受支配的工人被迫陷入了资本家对其行为拥有控制权的境地(不仅仅在工作场所),但在结构上受监视资本主义支配的人们只是被迫放弃了他们的数据。这就是后一种结构性支配更难以被正确认识和规范性分析的原因之一。然而,这两种结构性支配在道德上有着共同的特点,即导致人们受制于他人不受控制的支配权。事实上,对于祖博夫来说,迫使个人放弃数据的关键在于通过改变他们的行为来提高对其行为的可预测性。谷歌等监视公司利用我们的数据"做对它们有利的事情进而增强确定性:它们在特定的方向上推动、调整、引导、操纵和修改人们的行为"。正如本章引言所说的,操纵包括支配,因为它剥夺了人们在正确理解选项的基础上做出选择的可能性,并因此限制了人们的选择,"让人们面对与客观上可用的选项不同的选项"。尽管这不同于主人命令奴隶或者老板命令工人,但这些微妙的操纵仍是支配行为,两者均为使工人/用户承受不受接受者控制的支配权。

这就引发了另一个问题:如果我们谴责监视资本主义让人们受制于他

人不受控制的支配权,那么这种逻辑是否同样适用于传统广告呢?毕竟,广告也试图通过宣传活动来改变人们的行为,使人们以本来不会采取的方式行事:购买他们本来不会购买的产品,购买某些产品而不是其他产品,等等。如果我们承认广告有能力改变我们的行为,且广告不是我们可以控制的东西,那么同理,广告也是一种支配形式。如果广告也出于同样的原因具有支配性,那么我们为什么要选择关注监视资本主义呢?

尽管传统广告和监视资本主义有一个共同的特征,那就是潜在的支配性,但它们在一些重要的方面并不相同。首先,传统广告在获取数据方面并不涉及支配关系。当然,广告活动使用的是包含数据的市场调查,但这些数据是广泛的,且基本上是匿名的,或者是由焦点群体中的个人自愿提供的(以非支配的方式)。一般情况下,这种市场调查并不涉及受结构性支配的人们放弃其个人数据。相比之下,监视公司不会让用户选择能否获取他们的数据,从而在结构上控制用户。在数据收集方式、数据的隐私性、数据收集规模、人们是否有放弃此类数据收集的合理选择,以及对数据提取条款的控制方面,两者也存在着根本性的差异。在所有这些情况下,监视资本主义都涉及新的、比早期的广告形式更具有支配力的形式。其次,由于监视公司比传统广告公司获取的数据更多,我们有理由认为监视公司有更大的改变人们行为的潜力。如果通过算法获知一个人刚刚在健身房锻炼了一小时,并有针对性地对其投放运动服装广告,那么这个人就有更大的概率改变其行为,购买该运动服装。但传统广告永远无法实现这种程度的个性化。因此,与监视资本家的技术相比,传统广告对个人的控制力要小得多。最后,广告公司历来是通过向消费者成功销售商品来获利。虽然监视公司有时也销售商品,但它们是通过将个人行为转化为数据来获利,这是一个巨大的、潜在的收入来源。更为重要的是,监视公司甚至在发布各种广告之前就已经积累了有价值的数据(用于训练算法、了解更多关于消费者的信息等),而传统广告做不到这一点。1980年代,当看到耐克的广告时,人们不必考虑这样一种可能性:他们之所以看到广告,是因为有一家公司在过去的两周里一直监视着他们的活动,打包出售了他们的行为分析数据以获取利润。然而,在监视资本主义下,情况并非如此。

因此,虽然广告与监视公司的活动有相似之处,但监视资本主义在规范上与传统广告的不同之处值得深思。两者的差异主要体现在三个方面:监视资本主义在结构上支配着个人,以传统广告无法提供的方式向人们提供数据；这些数据为监视资本主义公司提供了比传统广告更有效的、不受控制的支配形式；监视资本主义通过提取、分析和出售数据来获取利润，从而可以在任何广告发布之前创造财富。综上所述，这些差异足以让我们更加关注和仔细评判监视资本主义，并探讨如何面对由此带来的问题。

四、对监视条款的控制

监视资本主义的结构性支配也导致了相应的公司对监视条款的控制。简言之，监视技术所产生的无处不在的结构性支配意味着，用户对技术公司的监视条款没有有效的决策权。此外，这些条款也缺乏有效的公共控制和监督。控制这些技术的公司能够以不受控制的方式决定监视条款。因此，我们以一种新的方式被监视资本主义下的私营公司控制，因为它们对监视条款拥有不受控制的支配权——比如我们的个人数据被收集了多少、被用来做什么，以及可能被出售给谁，等等。个人用户不仅无法控制监视条款，通常还必须接受公司随时单方面地对这些条款进行的修改，即这些条款可能在用户不知情或不同意的情况下被修改。最终，受监视的用户与监视公司之间的权益不对称让用户无法控制监视条款，包括从用户身上提取多少数据、提取何种数据以及提取数据的时间和地点。

劳工共和主义者认为，19世纪的工人在劳动合同的制定过程中处于被支配的地位，因为他们首先在结构上是被支配的：他们没有其他合理的选择，只能签订这样的合同。随之而来的工人与资本家之间的权益不平衡赋予了资本家决定劳动合同的支配权，而这种支配权是不受工人控制的。同样，使用许多现代技术、缺乏合理的替代方案以及对监视资本主义公司提供的监视条款缺乏民主控制，都意味着监视公司能够以接受方无法控制的方式确定监视条款。因此，受监视的用户在决定其所受监视的条款时也处于被支配的地位。

五、监视资本主义的激励结构

在继续讨论上述问题的潜在解决方案之前，我们应该重申数据对监视资本主义商业模式的绝对重要性。数据是监视公司巨大的潜在收入来源，例如，字母表和脸书等公司的成功从根本上取决于它们能够从用户那里提取的数据的数量和质量。这些公司主要在预测其用户的未来行为方面进行交易，交易的客户主要是广告商以及其他对未来行为感兴趣的实体（如剑桥分析公司）。监视公司受到了极大的激励，进而提取更多的数据，以帮助它们更好地预测用户在未来的行为，从而获得更大的利润。事实上，祖博夫甚至表示，监视公司受制于两项经济任务：提取和预测。她认为，谷歌"受制于提取需求"，并"被迫改善预测"。如果监视资本家真的受到这种力量的影响，可能会有人认为这是资本主义社会关系，尤其是其竞争性市场中固有的非个人支配的特例，但这些细节并不在我们关注的范围内。我们想强调的是，这意味着监视资本家在将数据的结构性利益最大化，以维持当前的结构性支配体系以及他们对监视条款的支配，因为这是一个可以为他们带来可量化利益的体系。

鉴于这些公司在竞争中的成功与否取决于它们能够收集到的数据量，我们应该警惕那些表面上的改革和监视公司做出的承诺。因为它们必然会反对、破坏和规避任何限制其控制、提取数据的政策。我们在寻找解决方案时，必须牢记这一点。

六、寻找解决方案

最近，因脸书等公司的监视丑闻，大型科技公司的监管问题成为当前政治辩论的焦点。美国民主党参议员伊丽莎白·沃伦（Elizabeth Warren）一直是反垄断立法的明确支持者，她主张打破大型资本主义公司的垄断权。此外，由于剑桥分析公司丑闻，人们对公司使用个人数据的认识不断提高，呼吁建立个人数据市场，发起"脸书报酬"活动，对监视提出了补偿要求。然而，这两项政策建议对于纠正前文分析的支配形式几乎没有作用。

脸书和字母表等公司确实具有明显的垄断倾向，它们持续收购与其具有竞争关系的初创公司就表明了这一点，但反垄断立法对于打击结构性垄断行为收效甚微，结构性支配这一根本性问题仍然悬而未决。即便脸书解体，我们也仍可能被更多的公司以不受控制的方式监视。但除了被监视，我们没有合理的选择。从数据中获得的潜在收入使目前面临着激烈市场竞争的小公司受到了进一步的激励，并继续对我们实施监视。不管是一家垄断公司，还是其成千上万的竞争对手，都在争夺我们的数据，监视资本主义下的结构性支配依然存在。

用户作为一种受监视的原材料发挥作用的事实引发了一系列学术研究。许多学者认为，个人应该被视为其数据的所有者，使用这些数据的企业应该给予个人补偿。支持这种个人数据市场的人认为，对个人数据进行小额支付可以纠正监视资本家不公正地利用个人数据牟利的现象。然而，我们认为不应该存在个人数据市场。一个人的个人数据相对来说并无价值，个人数据市场的前提忽略了一个事实，即数据只会在规模上增值，因为只有当数据被聚合在一起时，人工智能才能产生有意义的预测。因此，"大数据"是社会共同创造的东西，其价值不体现在个人用户身上。更确切地说，要求"脸书报酬"的想法只会加强我们对监视资本主义下结构性支配的分析与古雷维奇对劳工共和主义者论点的重建之间的相似性。对个人数据进行补偿并不能改变我们对个人数据没有合理的选择这一事实，也不能加强我们对提取和使用此类数据的控制。因此，这一解决方案不能充分解决我们所分析出的监视资本主义所固有的新支配形式。

如果针对监视公司的主流政策提案不足以解决我们的担忧，那么传统的共和主义解决方案是如何应对的呢？一个经常被引用的解决方法是让工作场所民主化。这背后的基本理念是：通过将公司置于工人的民主控制之下，可以消除资本家在工作场所支配工人、在劳动力市场支配工人并支配劳动合同的能力，取而代之的是相关工人非支配性的、民主组织的权益。这有可能对由其他原因导致的资本主义支配形式有效，但我们严重怀疑这是否会消除监视资本主义所固有的新支配形式。

我们尚不能确定工作场所民主化能否有效地消除监视资本主义下的新支配形式，更不能确定其是不是必要措施，原因有二。其一，使用这些技术的用户所受到的结构性支配、监视支配，不一定会因为公司被员工控制而得到改善。由于监视资本主义的结构性支配的目标是将用户作为原材料而不是将员工作为劳动力，所以民主化的工作环境不会消除结构性支配或监视方面的支配。大多数人仍然无法有效地控制这些进行监视的公司，无法控制它们提取多少数据、如何处理这些数据。其二，这些公司仍将在竞争激烈的市场上竞争，所以也会受到同样的激励来获取数据以维持利润。因此，工作场所民主化不足以解决我们分析出的新支配形式。事实上，这只会加强我们的立场与劳工共和主义者的立场之间的类比。正如他们建议将工作场所民主化作为解决工作场所控制问题的解决方案一样，我们也建议对用户的数据进行民主控制，以应对监视资本主义下监视公司对我们的控制。

七、迈向信息共和国

资本主义商业模式的新颖性意味着它产生了新的支配形式，而现有的解决方案无法应对这种支配形式，那么需要采取什么措施才能在未来摆脱这些新的支配形式？在理想的情况下，在信息共和国，我们可以享受现代技术带来的好处，同时不必屈从于获取我们数据的私营公司不受控制的支配权。我们的目标不是制定一个完整的政策方案，而是阐述方案应该满足的基本原则。我们认为，如果要想保障现代技术用户的共和主义自由，任何旨在建立信息共和国的政策计划都必须满足以下原则：

第一，用户应该具有单方面选择拒绝监视和数据提取的能力。每个公民都应该有选择权，如果他们愿意，可以选择让公司搜索不到自己，不成为它们的数据和价值的来源。公民必须有一个合理的替代方案，而不是放弃对数据访问的选择权，以换取使用现代技术设备。

第二，用户应该能够对其监视条款施加控制。重要的是，监视公司不再拥有不受控制的支配权来决定我们的监视条款。无论反对监视公司支配的力量是什么，都必须包括以下六个方面：(1) 从用户那里提取了多少数据（规模）；(2) 如何从用户那里提取数据（方法）；(3) 从用户那里提取了哪些数据（内容）；(4) 从何处提取的数据（地点）；(5) 何时提取的数据（时间）；(6) 谁来接收数据（接收者）。

为了对监视公司的监视行为进行有意义的控制，以上六个问题都必须得到解决。对于个人来说，希望控制个人绝对数量的信息、控制这些数据传播的距离以及最终的使用者都是合理的。有社会意识的公民甚至可能希望与国家分享私下收集的某些数据，以便更多人能够受益于由此产生的数据分析。同样，公民希望控制数据的提取方式、提取地点和时间也是合理的。总之，信息共和国的目标应该是保证用户对其监视条款得到最大程度的控制，并将控制范围扩展到上述领域。

人们可能会认为上述两个原则之间有些矛盾。我们同时倡导个人单方面选择退出监视基础设施的能力，以及用户（或集体）控制其监视条款的权益。如何平衡选择不提供数据的单方面能力与为公共利益收集某些形式数据的集体决定之间的关系呢？我们对此并没有明确的答案。然而，无论双方达成何种妥协，都应该是经过充分民主审议的结果，该审议过程能够确定个人选择退出的权利与公共利益应该如何取舍。

第三，对谁可以成为数据来源进行法律限制。给予同意的能力是任何数据提取形式的一个重要先决条件——事实上这就是第一条原则的含义，即所有用户都应该有能力拒绝监视公司的监视。这意味着，在信息共和国，儿童和严重智障人士应该严禁成为数据提取的对象。有一种观点认为，应该允许儿童在不受监视的情况下自由地犯错误和学习。很明显，即使结构性支配和对私营监视公司缺乏民主控制的问题得到解决，如果个人不能理解他们为了获得现代技术而放弃了什么，控制的可能性就仍然存在。

第四，对数据使用进行监督和监管。我们可能需要有某种形式的立法，根据公共规范禁止某些数据被使用。在未来数据将继续在社会中发挥重要作用的情况下，还需要就集体价值观进行健康的公共对话，如隐私和可接受的数据使用等，并制定强有力的保障措施以确保数据不会被滥用。本章暂无法详细说明这是如何实施的，而且很可能不同的社会将提供不同的限制措施。

八、结语

如果说监视资本主义的现实才刚刚开始从经验上得到理解，那么对于它们为我们最珍视的政治价值观带来了何种挑战，我们仍然缺乏规范性的把握。本章解释了如何将共和主义的理念应用于监视资本主义，让我们能够判断新的支配形式。本章首先展示了科技发达社会的居民是如何在结构上被支配并将数据交给监视公司的，然后阐述了在我们所受的监视方面，我们是如何处于被支配地位的。

新的问题需要新的解决方案。如果我们的判断是正确的，那么监视资本主义确实对我们的自由构成了威胁，而现有的政策建议并没有完全消除这些威胁。令人满意的政策尚未制定出来，一旦制定出来，就必须对计划解决的问题进行充分的规范性分析。本章试图提供一种分析标准，遵循信息共和国必须遵循的原则，消除监视资本主义的支配，让我们重新掌握对数字生活的权利。

第三编

新帝国主义

第13章　新帝国主义的结构*

萨米尔·阿明/文　陈俊昆　韩志伟/译

当代的资本主义是广义的垄断资本主义。这意味着，在非垄断企业的海洋中，垄断企业不再是相对自治的一个个孤岛，而是一个综合体系，并因此而紧密地控制着所有生产系统。中小型公司以及那些非寡头企业拥有的大型公司都被上游和下游的垄断企业建立的控制网络包围着。因此，它们的自治范围大大缩小了。这些生产单位已成为垄断企业的分包商（subcontractors）。这种广义的垄断制度是1980年代—1990年代在"三合会"国家中发展起来的资本集中化新阶段的产物。①

同时，这些广义的垄断企业统治着世界经济体系，"全球化"是它们赋予这种体系的名称。通过这种体系，它们控制着处于世界资本主义体系外围（"三合会"国家及其伙伴之外的整个世界）的所有生产系统。这无非是帝国主义的新阶段。

作为一种体制，全球化的垄断资本主义确保这些垄断企业能够获得大量垄断租金，它产生于资本对劳动的剥削。由于这些垄断企业大多运转于全球化系统的外围国家，所以这种垄断租金就成为帝国主义的租金。资本的积累过程也因此而受到垄断（帝国主义）租金最大化需求的支配。

资本积累重心的这种转移导致了垄断企业对收入和财富集中的不断追求，以及垄断租金的不断增加，并且它们主要被寡头（财阀）攫取，这对于劳动力乃至非垄断资本来说都是一种损害。这种持续增长的不平衡进而

---

* 本章原载：《国外理论动态》2020年第1期。原文来源：Samir Amin, "The New Imperialist Structure," *Monthly Review* 71, no. 3 (2019): 32–45。萨米尔·阿明（Samir Amin）：已故埃及经济学家。陈俊昆：复旦大学马克思主义研究院。韩志伟：吉林大学哲学基础理论研究中心。

① "三合会"（the Triad）国家指美国、欧盟15国、日本等世界主要经济体。在1980年代—1990年代，这些国家在全球经济地理中表现为世界经济体系的三极。——译者注

又成了经济体系金融化的根源。越来越多的盈余不再投资于扩大和强化生产体系,"金融投资"才是继续维持垄断性积累的唯一可能选择。这种金融化使收入和财富分配不均的状况进一步恶化,同时使积累盈余不断增加。金融投资(或更准确地说是金融投机)继续以惊人的速度增长,这与国民生产总值的增长率(其本身在很大程度上变得虚假)或生产系统的投资率不成比例。金融投资的惊人增长也使各种形式的债务持续增加,特别是主权债务的增长。政府"减少债务"的承诺明显是一句谎言。金融化的垄断战略需要增加债务,而且这还是一种极具吸引力的手段。正如人们所说,以"减少债务"为目标的紧缩政策实际上会导致债务的增加,而这其实正是某些人所追求的结果。

一、财阀:过时的资本主义的新统治阶级

积累的逻辑在于资本控制的日益集中化。形式上的所有权可以分散(如养老金计划中股份的"所有者"),而对这一财产的管理则由金融资本控制。

我们已经处于一个资本的支配权力高度集中的时代,资产阶级原有的生存和组织形式都发生了彻底的变化。资产阶级的最初形态是稳定的资产阶级家族,一代又一代家族继承人经营着家族企业。资产阶级的形成是一个长期过程。这种稳定性鼓舞了人们对"资产阶级价值观"的信心,并提高了它们在整个社会中的影响力。资产阶级作为统治阶级,在很大程度上就是这样被接受的。资产阶级享有的舒适生活和获得的财富似乎是对其提供的服务的回报。从国家层面看,即使这个说辞显得模棱两可又充满局限性,它依然可以服务于国家利益。但新的统治阶级突然打破了这一传统。一些人将这种转变描述为积极股东(active shareholders)[有时甚至称其为平民股东(populist shareholders)]全面重建产权的过程。这种具有误导性的描述使这一转变合法化,但它没有意识到这种转变主要涉及的是资本控制的集中程度以及随之而来的权力集中化。新的统治阶级不再像以前的资产阶级那样规模庞大。此外,新的资产阶级中的很大一部分由"新来者"(newcomers)组成,他们的出现更多是基于其在金融业务(特别是股票市场)上的成功,而不是基于对我们这个时代的技术突破所做出的贡献。他们的迅速崛起与其前辈形成了鲜明对比,因为后者的崛起要花费数

十年的时间。

另外，权力的集中化甚至比资本的集中化更为明显，它加强了经济权力与政治权力之间的相互渗透。资本主义的"传统"意识形态一般会强调财产的优点，特别是"名义上的"小型财产（实际上是大中型财产），因为在一般情况下，人们认为它具有能够支持技术和社会进步的稳定性。与此相反，新的意识形态不假思索地对"赢家"大加赞扬，而对"输家"则不屑一顾。"赢家"几乎总是对的，即使他们所使用的手段几近违法，同时又不顾及普遍的道德价值观。

通过积累，当代资本主义已成为裙带资本主义（crony capitalism）。"裙带资本主义"这个术语不应只被用来描述"经济学家"（自由主义美德的信徒们）早些时候所谴责的东南亚和拉丁美洲的"不发达且腐败"的资本主义形式，它现在也同样适用于描述当代美国和欧洲的资本主义。目前这个统治阶级的行为与黑手党非常接近，即使这种比较似乎是侮辱性的和极端的。

财阀制是当代资本主义的政治制度形态。这种财阀制适应了代议制民主实践，因为代议制民主已经沦为"低强度民主"。你可以自由地投票给任何人，但这并不重要，因为决定一切的是市场，而不是国会或议会。与此同时，财阀制在其他地方也适应了专制形式的管理或选举。

这些变化改变了中产阶级的地位及其融入全球体系的方式。中产阶级现在主要由工薪阶层组成，而不再像以前那样由小商品生产者组成。这种转变带来了中产阶级危机，其特点是分化日益加剧：特权阶级（高薪阶层）已成为处于支配地位的寡头阶级的直接代理人，而其他人则处于贫困状态。

二、买办商人：外围国家的新统治阶级

中心国家与外围国家的对立并不是新鲜事物。从五个世纪前开始，它就是资本主义全球化扩张的一部分。因此，无论是身处独立国家还是殖民地，外围资本主义国家的统治阶级虽然与其国家联系在一起，并从全球化资本主义进程中获利，但都始终是低级别的统治阶级。

这个阶级具有相当大的多样性，其成员主要出身于资本主义（帝国主义）到来前曾在本土社会占统治地位的那些阶级。在重新争取独立的过程中，新的统治阶级（官僚与国家资产阶级）往往会取代这些旧的（协作主

义的）从属阶级，前者在人民眼中（起初）更具合法性，因为它们与民族解放运动联系在一起。然而，无论是旧帝国主义（1950年以前的形式）还是新帝国主义（从万隆时代到1980年左右），在它们所统治的外围国家中，地方统治阶级都从明显的相对稳定中获得了利益。新的集体帝国主义（collective imperialism，即"三合会"国家）创造的寡头资本主义将这些外围国家旧统治阶级的权力连根拔起，取而代之的是一个新的阶级，我称之为"买办商人"（profiteers）。他们是商人，而不是有创造力的企业家。他们的财富来源于他们与当地政府及外国主人之间的关系，无论他们是帝国主义国家的代表（特别是美国中情局）还是寡头。他们充当高薪中介，并从政治租金中获益，这是他们积累财富的主要来源。买办商人不再服从于任何道德和民族价值观。在一幅描绘他们的"他我"（alter-egos）处于统治中心的讽刺漫画中，他们除"成功"和积累金钱外，对任何东西都毫无兴趣，在对个人主义的"赞美"背后，最为突出的是他们的贪婪。即便他们采取类似黑手党式的犯罪行为，也绝非天方夜谭。

新的买办商人阶级的形成与当代南方世界普遍存在的流氓式发展模式（lumpen-development）密不可分。但也只有在非新兴国家中，这一阶级才能成为主导力量。而在新兴国家中，占主导地位的政治势力是不同的。

三、被统治阶级：一种广义却又分裂的无产阶级

卡尔·马克思严格定义了无产阶级，即被迫将其劳动力出售给资本的人，并承认这种出售的条件（用马克思的术语来说是"正式的"或"真实的"）总是多种多样的。无产阶级的分裂不是一个新现象，而且对于这个阶级的某些部分来说，这种描述是非常准确的，例如19世纪新制造业中的工人，或者20世纪福特制工厂中的工人。对工作空间的关注促进了共同斗争中的团结和政治意识的成熟，但同时也激活了存在于历史马克思主义（historical Marxism）中的工人主义（workerism）。在现代技术背景下，资本战略的执行导致了生产分散，但却并没有失去对分包或去本地化生产的控制，其结果是削弱了无产阶级的团结意识，同时增强了利益观念的多样性。

因此，无产阶级似乎在它变得更加普遍的那一刻就消失了。小型的、自主的生产形式以及数以百万计的小农、工匠和商人消失了，取而代之的

是分包工作以及大型连锁店等组织形式。从事的无论是物质生产还是非物质生产，90%的工人在形式上都变成了挣工资的工人（wage workers）。我发现，工资的多样性远远没有与工人所付出的培训成本成正比。但这并没有阻止无产阶级团结意识的重生。占领运动声明："我们是99%的人。"这种双重的现实，即资本对每个人的剥削以及这种剥削所采用的各种形式和暴力行为，对于左翼来说是一种挑战，左翼不能忽视"人民内部的矛盾"，但也不能放弃朝着目标一致的方向前进。反过来，这又意味着新的无产阶级在组织形式和行动方式上存在多样性。那种搞"运动"的意识形态忽视了这些挑战。要采取进攻态势的话，就需要对具有一致性目标的战略中心进行重建，这是必须要做的。

外围国家（无论是不是新兴国家）的广义无产阶级在生存状态方面至少有以下四个特点：（1）在新兴国家中，"无产阶级"的生存条件出现了明显的改善；（2）广大农民日益融入资本主义市场，即使这一过程是间接的，他们也受到了资本的剥削；（3）流氓式发展所导致的"生存"活动迅速增加；（4）广大中产阶级在独享增长利益的同时仍持有反动立场。

在这种情况下，激进左翼面临的任务是"团结农民和工人"，学会使用来自"第三国际"的术语，同时在反买办（anticomprador）阵线中将工人（包括所谓的非正式工人）、具有批判精神的知识分子和中产阶级团结起来。

四、政治统治的新形式

制度的经济基础以及随之而来的阶级结构的转变，改变了权力行使的条件。政治统治现在通过一种新型的"政治阶级"和媒体神职人员（media clergy）来维持，两者都致力于为垄断化的抽象资本主义（abstract capitalism）服务。在不提出工人和人民夺取权力的情况下，"个人为王"（individual as king）的意识形态和"运动"的幻象只会强化资本行使权力的新方式，而并不会改变世界，也不会"改变生活"。

在外围国家中，当流氓式发展将权力掌握在买办国家和买办商人手中时，就形成了一种极具讽刺意味的形式。相比之下，在新兴国家，不同类型的社会集团行使实际权力的合法性来源于所实施的政策在经济领域的功效。"全球化的资本主义及资本主义运作模式"只是新兴国家的幻觉，它有可能会为新兴国家提供赶超中心国家的机会,但在这种情况下,潜在的限制和随之而来的社会与政治冲突也可能会成为现实,这一幻觉为各种可能的发展路径打开了大门,它们既有可能朝着最好的方向发展(社会主义方向),也有可能朝着最坏的方向发展(失败并重新沦为买办国家)。

五、过时的资本主义与资产阶级文明的终结

这里所描述的新统治阶级的特征并不是短期的反常现象,它们完全符合当代资本主义的运作要求。

资产阶级文明同任何文明一样,都不属于经济制度的再生产逻辑。资产阶级文明包括意识形态与道德方面的内容:赞扬个人的主动性,但也要诚实守法,甚至要与人民团结在一起,而且这些内容至少要在国家层面表达出来。这个价值体系确保了整个社会再生产的稳定性,同时也标志着其所处世界的政治特征。但这个价值体系正在消失,取而代之的是一个没有任何价值观的体系。无知和粗俗是这个"支配者们"(dominants)的世界中越来越多的人的特点。这种戏剧性的变化预示着一个文明的终结,它再现了在其他堕落时代中清晰可见的东西。基于这些原因,我认为,无论当代寡头资本主义获得了多么立竿见影的成功,它都是过时的,因为所有成果都被完全汇聚到了一条会通向新野蛮主义(barbarism)的道路上。①

当下,"全球化的"(帝国主义的)和金融化的广义垄断资本主义制度正在瓦解。这一制度显然无法克服其自身日益增长的内部矛盾,因此注定要走向疯狂。这一制度的危机完全源自其自身的"成功"。直到今天,垄断企业所采用的策略还在大行其道,例如紧缩计划,即所谓的社会(事实上是反社会的)裁员计划,尽管遭到抵制,却仍在实施。即使是现在,这种主动权仍然掌握在垄断企业(市场)及其政治仆从(按所谓市场要求做出决定的政府)手中。

从挑战帝国主义的统治思想入手来分析斗争和冲突,能够使我们认清由一些"新兴"南方国家所带来的新现象。

---

① 参见 Samir Amin, "Révolution ou Decadence? La Crise du Système Impérialiste Contemporain et Celle de l'Empire Romain," *Review: A Journal of the Fernand Braudel Center* 4, no. 1 (1980): 155-157。

然而，资本主义的这个秋天并不与"人民的春天"同时出现，这一判断意味着各国工人和人民在斗争中对自身的诉求做出了准确的界定，即他们不是要"结束资本主义危机"，而是要"结束资本主义"。① 但这一诉求还没有实现，或者说还没有到实现的时候。把资本主义的秋天与人民可能的春天分开的鸿沟，为当前的历史性时刻增添了危险的戏剧性特征。资本主义秩序的捍卫者与抵抗力量之间的战斗还没有开始。因此，所有替代方案（最好的和最野蛮的）都是可能的。

这种鸿沟的存在确实需要一些解释。资本主义不仅是一种以资本剥削劳动为基础的制度，也是一种在全世界发展过程中以两极分化为基础的体系。资本主义和帝国主义是同一种现实存在，即历史资本主义（historical capitalism）不可分割的两个方面。对这一制度的挑战贯穿了20世纪的前80年，这也是一段工人和被统治人民进行长期斗争、取得胜利的过程。在马克思主义和共产主义旗帜下进行的革命、在逐步走向社会主义的道路上开展的改革、在殖民地和被压迫人民的民族解放运动中取得的胜利，这一切变化共同建立了一个比以往更有利于工人和人民的发展环境。但是，由于没有成功地创造出使其继续发展下去的新条件，这股浪潮遭遇了挫折。这种疲态使垄断资本重新夺回了进攻主动权，并确立了绝对优势，而且能够对其构成威胁的新一轮挑战尚未出现。在黎明前的昏暗微光中，魑魅魍魉轮番登场。尽管垄断资本主义的丑恶是不争的事实，但能够与之抗衡的力量还有待形成。

六、新兴模式与流氓式发展

"新兴"这个词被不同的人用在极其不同的语境中，而且通常都没有明确界定其含义。新兴既不是以长期（超过10年）GDP或出口增长率的提高来衡量，也不是如世界银行和传统经济学家所认为的那样，通过人均GDP的水平来判定。新兴意味着更多，包括了一个国家工业生产的持续增长，以及在世界范围内工业竞争能力的增强。

此外，还有两个问题需要澄清：这里都涉及了哪些行业，以及竞争意

---

① 参见 Samir Amin, *Ending Capitalism or Ending the Crisis of Capitalism?*, trans. Victoria Bawtree (Oxford, UK: Pambazuka, 2011)。

味着什么。我们应该排除采掘业（矿石和燃料开采），因为只有在自然资源丰富的国家，采掘业才能在不拖累该国所有生产活动的情况下实现加速增长。不属于新兴国家行列的极端例子是海湾国家、委内瑞拉和加蓬。我们还必须考虑经济中生产活动的竞争力以及整个生产系统的竞争力，而不是仅仅考虑那些被选定的若干生产单位的竞争力。通过去本地化或分包，在南方国家经营的跨国企业可以支持这些国家建立起能够出口到世界市场的本地生产单位（跨国企业的子公司或自治单位），从传统经济学的角度看，这使这些国家具有一定的竞争力。生产系统的竞争力取决于各种经济和社会因素，例如各级工人的一般教育和培训水平，以及管理国家政治经济的所有机构的效率。反过来，所涉及的生产系统不应局限于加工工业（尽管这些企业的缺失确实意味着没有名副其实的生产体系），还应包括粮食生产和其他农业生产，以及保障经济系统正常运行所需的服务业（尤其是物流和信贷）。

所以，"新兴"这一概念意味着思考问题时采取一种政治的和整体的方法。因此，一个国家只有在政府政策旨在建立和加强内向型经济（即使它对外开放）并因此能够维护其国家经济主权的情况下才是新兴的。这个复杂的目标意味着，对主权的主张涉及经济生活的方方面面。其中尤为重要的是，一项政策必须使一个国家能够强化其粮食自主权，以及控制自然资源和从其领土以外获取自然资源的自主权。这些多重和互补的目标与买办型政府的目标形成了鲜明对比。买办型政府只满足于根据"自由全球化"世界体系的要求及其提供的可能性来调整增长模式。

到目前为止，我们还没有对任何一个特定国家和社会实施的政治战略方向进行评论，即它们是资本主义的还是要走向社会主义。这一问题无法从争论中消除，因为统治阶级的取向选择对于新兴经济体而言有着重大的积极或消极影响。新兴经济体的政策与随之而来的社会变革之间的关系不仅取决于前者的内部一致性，还取决于它们与后者的互补（或冲突）程度。社会斗争（阶级斗争和政治冲突）并非来自"适应"新兴经济体的国家计划逻辑，它们是国家行为的决定因素。当下经验反映了这些关系的多样性与波动性。新兴往往伴随着不平等的加剧。然而，这些不平等的准确含义应予以阐明：这些不平等现象是否产生在使少数人或较多人（中产阶级）受益于工人普遍贫困化的政策背景下，或者产生在大多数人的生活条件得到改善，但其收入增长率仍低于体制受益者的收入增长率的情况下呢？换言之，这里所指的政策是否可以将新兴与贫困化联系在一起？新兴并不是一个国家可以一劳永逸地获得的地位，它是通过连续的步骤实现的：较早的步骤如果成功，就将为接下来的步骤铺平道路；如果不成功，就会导致僵局。

同样，新兴经济体与世界经济的关系本身也在不断变化，充满了不确定性，这种关系既可以促进社会团结，也可以将其瓦解。因此，新兴并不是出口增长和一个国家实力上升的代名词。出口的增长取决于一个利益指向明确的内部市场（满足工人阶级和中产阶级的利益）的发展，前者既有可能支持后者的发展，也有可能成为后者发展的障碍。因此，出口增长既可以削弱也可以增强新兴经济体在世界体系关系中的相对自主权。

"新兴"不仅与经济有关，而且是一项政治议题。因此，对一个新兴经济体成功与否的评估是建立在对其能力的检验基础上的，即它能否削弱处于支配地位的资本主义中心国家的统治能力。在我看来，中心国家的统治能力是指对技术发展、自然资源的获取、全球金融和货币体系、信息技术及大规模毁灭性武器等支配性力量的控制权。我还坚持这样一个论点，即帝国主义"三合会"确实存在，它会使用一切方式来维护其在世界统治中的特权地位，并阻止各新兴国家挑战这种统治。由此，我得出结论：新兴国家的野心与帝国主义"三合会"的战略目标冲突，这场冲突的暴力程度与新兴国家对上述中心特权的挑战的激进程度成正比。

"新兴"也同样离不开相关国家的国际政策。它们是否会与"三合会"的政治军事联盟结盟？它们是否会因此而接受北大西洋公约组织实施的战略？或者选择与之对抗？

一个真正的新兴经济体的计划与单方面服从全球化垄断资本主义要求的计划是完全抵触的，后者只能导致我所说的"流氓式发展"。虽然时空条件不同，但我在这里仍想借用已故的安德烈·冈德·弗兰克（Andre Gunder Frank）的术语来分析类似的发展。今天，流氓式发展是社会加速解体的结果，这种解体与帝国主义垄断中心强加给外围国家的"发展"模式（其实不配称为"发展"）有关。这体现为生存活动（即所谓的非正规活动）的急剧增长。换句话说，这是资本积累的单边逻辑所必然导致的贫困化。

但在一些新兴经济体的经验中，有一些不属于流氓式发展的例子非常值得关注。换句话说，在这些情况中，贫困化不会影响到工人阶级。相反，工人的生活条件都得到了改善。在这些经验中，有两个例子显然属于资本主义范畴，即韩国和中国台湾地区的经验（在这里，我不会讨论使它们的新兴计划成功的特殊历史条件)。另外,中国和越南则继承了社会主义革命遗产。如果古巴成功地克服了目前面临的矛盾,它也可以被列入这一群体。

还有其他一些将新兴模式与显而易见的流氓式发展进程结合起来的情况。印度是最好的例子。该国部分地区拥有符合新兴经济体发展所需的环境。那里具有旨在强化大规模工业体系的国家政策,随之而来的是中产阶级规模的扩大,而且在技术能力和教育方面也取得了进步。但与此同时,绝大多数人口(占整个印度社会的2/3)的贫困化也加剧了。因此,这是一个混合体制的例子,它将新兴模式与流氓式发展结合起来了。我们甚至可以在现实中找到这两个方面的互补性。我相信,在不进行过度概括的情况下,其他所有被公认的新兴国家都属于这种混合情况,无论是巴西、南非,还是其他国家。除此之外,在大多数南方国家中,新兴模式的特征非常不明显,而流氓式发展模式显然占据了主导地位。

七、毛泽东思想的贡献

第二国际的"工人马克思主义"和"欧洲中心马克思主义"以及当时的主导意识形态都持线性历史观,在这种观点中,所有社会都必须首先经历资本主义的发展阶段,而殖民化(从上述角度出发,它被认为"具有积极历史意义")则为此播下了种子,正是在此基础上才可能实现社会主义。与此不同的是,有的观点认为,一些国家(支配性的中心国家)的发展与另一些国家(被支配的外围国家)的"不发展"是密不可分的,这就像一枚硬币的两面,都是资本主义在世界范围内扩张的内在产物。

资本主义全球化所固有的两极分化是具有世界性影响的、基本的社会与政治事实,需要用一种超越资本主义的思维方式来对其进行解读。这种两极分化是占主导地位的国家中大部分工人阶级,尤其是中产阶级(其发展本身受益于其在世界体系中的中心地位)可能支持社会殖民主义(social-colonialism)的基础。同时,在长期对抗资本主义世界秩序的过程中,这种分化将外围国家转变成了"风暴区"。当然,对抗不是革命的同义词,但它增加了革命的可能性。甚至在中心国家,也不乏拒斥资本主义模式的激励,正如1968年的例子所展现的那样。超越资本主义,进而向全球社会主义过渡的全球战略,必须协调同时发生在中心国家和外围国家的斗争。

最初，列宁脱离了第二国际的主流理论，成功地领导了"薄弱环节"（俄罗斯）的革命。而且，他始终坚信，俄国革命将引发欧洲的社会主义革命浪潮。这是一个落空了的愿望。列宁随后提出了另一种观点，该观点更加重视将对抗转变为东方革命。但对这一新观点的系统化是由以毛泽东为主要代表的中国共产党人完成的。

毛泽东思想对全面评估全球化资本主义（帝国主义）扩张问题做出了决定性的贡献。它使我们能够将中心-外围模式与固有的帝国主义扩张及两极分化的"真正的"资本主义作为分析中心进行对比，并从这一分析中得出在所有支配性中心国家和被支配性外围国家中进行的社会主义斗争所带来的隐含性教训。这些研究可以被总结成一句完美的中国式表达："国家要独立，民族要解放，人民要革命。"当世界上所有国家的统治阶级不是外部力量的走狗和传话人时，这些国家就会努力扩大其行动空间，使它们能够在（资本主义）世界体系内行动，从单方面适应帝国主义命令的"消极"行动者发展为参与塑造世界秩序的"积极"行动者。民族，即潜在的进步阶级的历史集团，需要解放，特别是需要"发展"和"现代化"。人民，即被统治和剥削的工人阶级，向往社会主义。这句话使我们能够理解复杂的现实世界，并因此而制定出有效的行动策略。它指出了从资本主义向世界社会主义的过渡将是一个漫长的过程，从而也放弃了第三国际的"短期过渡"概念。

八、生态学与马克思主义

生态问题几乎出现在所有争论中。这是可以理解的，因为生态灾难的规模现在是显而易见的。然而，这些争论很少能免于混乱。只有少数运动能够指出，应对挑战需要抛弃资本主义的积累逻辑。老牌的大国很快就认识到了危险，并做出了巨大的、据说是科学的努力。但这些努力实际上是纯粹的意识形态宣传，以证明绿色资本主义（green capitalism）是可行的。我在分析"可持续"发展问题时谈到过这一点。[1] 我认为，马

---

[1] 参见 Samir Amin, *The Law of Worldwide Value*, trans. Brian Pearce and Shane Mage (New York: Monthly Review Press, 2010), pp. 135–144。

蒂斯·瓦克纳格尔（Mathis Wackernagel）和威廉·里斯（William Rees）的著作说明了在远离资本主义的条件下计算（即一种量化的度量）使用价值的可能性。弗朗索瓦·霍塔特（François Houtart）的书剖析了"绿色资本主义"骗局。约翰·贝拉米·福斯特以生态学家的身份对马克思进行了精辟的分析。① 由于这些原因，我认为，对于读者来说，了解我对这些问题的看法可能是有用的，这正是我在许多争论中倡导的观点。以下文字摘自我的《全球价值法则》（The Law of Worldwide Value）一书：

> 环境保护主义的主流观点（尤其是宗教激进主义）与马克思主义的观点并不相同，尽管两者都正确地谴责了"发展"的破坏性作用。
>
> 环境保护主义将这些破坏性影响归因于"现代性"的欧洲中心主义和普罗米修斯主义（Promethean）哲学。在这种哲学中，人类不是自然的一部分，而且认为人类的需求应该从自然界得到满足。这一论断牵涉到了一个致命的文化主义推论，但也激励了人们去寻找另一种哲学，一种强调人类属于自然、自然是人类"母亲"的哲学。在这一背景下，所谓的替代性和更好的哲学（例如从印度教中衍生出来的哲学）在反对所谓的西方哲学的过程中受到了赞扬。但这种赞扬考虑不周，因为它忽视了这样一个事实，即印度社会与所谓的西方社会之间并没有任何不同（过去和现在都是如此），印度哲学既没有讨论关于使用暴力的问题（印度社会根本不像一些人声称的那样是非暴力的），也没有涉及对自然的剥削问题。
>
> 而马克思则在一个完全不同的领域展开了他的分析。他将资本积累的破坏性归因于资本主义的理性逻辑，这种逻辑完全由追求眼前利益（短期盈利）来决定。他证明了这一点，并在《资本论》第1卷中得出了明确的结论。
>
> 以上两种解释历史和现实的方法产生了关于挑战（"发展"的破坏性影响）的不同判断。环保主义者"谴责进步"，从而与后现代主义者一起消极地看待科学发现和技术进步。与此同时，在这种谴责中还产生了一种关于未来的不现实的设想。他们预测某一特定的自然资

---

① 参见 Mathis Wackernagel and William Rees, *Our Ecological Footprint: Reducing Human Impact on the Earth* (Gabriola Island, Canada: New Society, 1996); François Houtart, *Agrofuels: Big Profits, Ruined Lives and Ecological Destruction*, trans. Victoria Bawtree (New York: Pluto, 2010); John Bellamy Foster, *Marx's Ecology: Materialism and Nature* (New York: Monthly Review Press, 2000).

源（例如化石燃料）将被耗尽，然后断言地球的资源不是无限的。它的前提在原则上肯定是正确的，但从其中却不一定能够推论出必然的结论。当然，遥远的未来仍然是未知的，并且永远无法保证"进步"总是能够找到解决未知挑战的办法。科学不能代替对永恒（宗教或哲学）的信仰。在这种情况下，就挑战的性质和应对方式进行争论将无济于事。

相反，把争论放在马克思所开辟的论域，我们就能在分析挑战方面取得进展。是的，未来仍将有科学发现，在此基础上，控制自然财富的技术可能会被开发出来。但是，只要资本主义的逻辑仍然根植于短期盈利，就只有那些能够带来短期收益的新技术才会被选择。这意味着随着技术的进步，环境遭到破坏的风险将会越来越高。人类只有在设计了一种基于使用价值（而非交换价值）的社会管理方式时，才能更好地协调人类与自然的关系。我说的是"更好的管理"，而不是"完善的管理"。后者意味着消除所有人类思想和行为所受的限制。我早期提出的对欧洲中心主义的批判延续了马克思所开创的工作，并将其视为文化主义、后现代主义和所谓环境保护主义话语的对立面。①

环保主义者选择在有缺陷的理论背景下讨论这些问题，因而不仅在理论上，而且首先在政治上陷入了僵局。这种选择允许受到资本支配的力量操纵所有政治提议。众所周知，"危言论"（alarmism）使帝国主义"三合会"国家得以保留其获取地球资源的特权，并使外围国家的人民无法满足自身发展的需求。虽然"危言论"是游说团体有意捏造的，但只是通过指出这一事实来响应"反危言论"观点是无效的。捍卫各部门资本利益的游说团体无休止地相互对抗是资本世界的运作逻辑，而且这一逻辑将延续下去。能源密集型企业选择的游说团体必然会反对"绿色资本主义"的游说团体。因此，环保主义者只有在意识到自己必须成为马克思主义者时，才能走出这个迷宫。

---

① 参见 Samir Amin, *Eurocentrism*, trans. Russell Moore and James Membrez (New York: Monthly Review Press, 2009)。

第 14 章　全球商品链与新帝国主义 *

因坦·苏万迪　R. 贾米尔·约恩纳
约翰·贝拉米·福斯特/文　　李英东/译

一、引言

21 世纪的资本主义生产已不再是国家经济的简单集合,各个国家都深深地内嵌于全球商品链之中。全球商品链由横跨不同国家的跨国公司管理,生产被分割为许多环节,每个环节都代表着经济价值的转移。跨国公司控制了超过 80% 的世界贸易,其年销售额现在约占全球 GDP 的一半。这些商品链可以被视为整合世界经济的网络或纽带,它们把主要在南方国家进行的生产与主要在北方国家进行的最终消费以及垄断跨国公司的财富积累连接起来。①

通用汽车的商品链遍及全球两万家企业,任何美国汽车制造商从国外进口的车辆零部件都不低于其总零部件的 20%,有时甚至达到 50% 以上。波音公司约 1/3 的飞机零部件从国外采购。同样,耐克和苹果等公司将生产外包给外围国家的次级承包商,并让这些承包商根据其提供的精确标准进行生产,这种现象被称为"独立企业间贸易"(arm's length contracting),有时也被称为"非股权经营模式"(non-equity modes of production)。在过去的 30 年里,由发达国家的跨国公司主导的离岸生产使全球工业的主要就业地点从 1970 年代的"北方"迁移到了 21 世纪的"南方"。

---

* 本章原载:《国外理论动态》2019 年第 10 期。原文来源:Intan Suwandi, R. Jamil Jonna and John Bellamy Foster,"Global Commodity Chains and the New Imperialism,"*Monthly Review* 70, no. 10 (2019):1-24. 翻译有删减。因坦·苏万迪(Intan Suwandi)、约翰·贝拉米·福斯特(John Bellamy Foster):美国俄勒冈大学社会学系。R. 贾米尔·约恩纳(R. Jamil Jonna):《每月评论》(*Monthly Review*)副主编。李英东:中国人民大学经济学院博士。

① 参见 World Bank,"Arms-Length Trade,"*Global Economic Prospects*, 2017:62, http://pubdocs.worldbank.org.

离岸外包步伐的加速与外围低工资地区的外国直接投资（foreign direct investment，FDI）密切相关，同时涉及企业内贸易。2013年，流入发展中经济体的外国直接投资占全球外国直接投资总额的52%，达到历史新最，且首次超过流向发达经济体的投资额。[1] 此外，独立企业间贸易也是当前另一种十分重要的贸易形式。世界银行指出，美国57%的贸易属于独立企业间贸易，其中某些快速增长的部分主要采取垄断形式，分包商按照跨国公司的要求从事特定化生产。一般来说，美国的贸易伙伴的人均收入越低，美国的独立企业间贸易份额就越高，这表明一切都与低工资息息相关。即使是外国直接投资水平较高的跨国公司，也会积极参与独立企业间贸易，并以这种方式在直接剥削与间接剥削之间灵活切换。2010年，独立企业间贸易销售额约为两万亿美元，其中大部分发生在发展中国家。而2010年到2014年，在世界经济增长率为4.4%的背景下，独立企业间贸易的增长率达到了6.6%，远超前者。

尽管上述现象并非首次出现，而且在跨国企业的发展过程中也可以找到很多先例，但当前全球商品链的规模和复杂程度确实反映出了某种质变，并且这种质变正在重塑全球政治经济格局。这种新现象给右翼和左翼的政治经济分析带来了巨大混乱。工业就业的转移与外围国家特别是东亚国家经济的快速增长，使像大卫·哈维这样著名的马克思主义学者都断言，全球帝国主义霸权已经迁移，西方或者全球的"北方"已经衰落。正如他所说的那样："财富由东方国家向西方国家流动的历史已经持续了两个世纪，然而在过去的30年里，这种情况发生了逆转……我十分认同乔万尼·阿瑞吉（Giovanni Arrighi）的观点，他放弃了严格的帝国主义和中心-外围概念，倾向于从一种更具流动性的角度来理解全球体系内霸权的竞争和转移。"[2]

然而，这种论断是基于以下这种误判做出的：21世纪的帝国主义和它的早期形态一样，都可以通过民族国家层面的研究来把握其本质。这种观点忽视了跨国公司不断增长的全球影响力和日益普遍化的全球劳动套利，这有时在商业界被称为低成本国家采购。发达国家的全球垄断资本在

---

[1] 参见 United Nations Conference on Trade and Development (UNCTAD)，*World Investment Report*，2013 (Geneva: United Nations, 2013), p. xii.

[2] David Harvey, "A Commentary on *A Theory of Imperialism*," in *A Theory of Imperialism*, eds. Utsa Patnaik and Prabhat Patnaik (New York: Columbia University Press, 2017) pp. 169 – 171.

不平等交换过程中剥夺了外围国家工人创造的价值，在改变全球工业生产结构的同时，保持并加剧了全球范围内的价值剥削和转移。表14-1包括了2008年和2013年全球商品链中就业占比排在前列的一些国家，体现了由全球商品链带来的世界就业形势的复杂性。中国和印度在全球商品链就业总人数中占比位列前二，并且它们的主要出口国都是美国，这使世界经济中的生产和消费日益分离。

全球商品链包括三个不同的要素：一是生产要素，它连接着复杂生产链中的零部件和商品；二是价值要素，它侧重于体现商品链作为一种价值链的作用，揭示跨国企业之间和跨国企业内部的价值转移；三是垄断要素，它表明跨国垄断企业总部通过控制商品链来获得大量垄断租金。在所有资本主义生产中，来源于劳动剥削的价值成分在商品链中都占据主导地位。我们将聚焦于劳动价值商品链（labor-value commodity chains）的理论和实证分析，在强调价值形式要素的同时，考虑物质或使用价值要素。在此基础上，我们将尝试剖析新帝国主义体系下的全球劳动套利运作模式，以及外围国家的低工资劳动所创造的价值是如何被剥夺的。利用公开的世界经济活动数据库，我们将劳动生产率与工资水平相结合，得出了一系列单位劳动力成本。[①] 我们将从单位劳动力成本视角来考察商品链中的每个节点，目标是提出一种根植于马克思劳动价值理论的方法，可以用来比较各国的劳动剥削率，从而为商品链分析建立理论和实证基础。单位劳动力成本在很大程度上决定了利润率。生产的关键节点（例如产品的最后组装环节）是劳动力最为集中的环节，因此涉及最多数量的社会必要劳动。

表14-1 全球商品链中就业占比排在前列的国家及其主要出口地

国家	2008年 全球商品链中就业占比	2008年 主要出口地	2013年 全球商品链中就业占比	2013年 主要出口地
中国	43.4%	美国	39.2%	美国
印度	15.8%	美国	16.8%	美国
印度尼西亚	4.6%	日本	4.6%	中国

---

① 参见 John Bellamy Foster, "Monopoly Capital at the Turn of the Millennium," *Monthly Review* 51, no.11 (2000): 1-17.

续表

国家	2008 年 全球商品链中就业占比	主要出口地	2013 年 全球商品链中就业占比	主要出口地
俄罗斯联邦	4.1%	德国	4.1%	中国
巴西	3.5%	美国	4.1%	中国
德国	3.4%	法国	3.6%	中国
美国	3.3%	加拿大	3.6%	中国
日本	2.3%	美国	1.9%	中国
墨西哥	1.8%	美国	2.2%	美国
韩国	1.7%	美国	2.1%	中国
英国	1.7%	美国	1.9%	美国
总和	85.6%		84.2%	

资料来源：Takaaki Kizu, Stefan Kühn and Christian Viegelahn, "Linking Jobs in Global Supply Chains to Demand," ILO (International Labour Organization) Research Paper (Geneva: ILO, 2016), p. 15。

对北方发达地区和南方外围地区主要国家的单位劳动力成本的考察表明，21 世纪帝国主义和跨国公司可以通过不平等交换过程，以较少的劳动换取更多的劳动，并且这些超额剩余价值往往归因于帝国主义国家的创新、金融和价值攫取等经济活动。实际上，全球劳动套利带来的巨大价值大部分来源于外围国家工人的劳动，中心经济体在这一过程中几乎没有从事任何生产性活动。这一过程有助于中心经济体大量财富的积累，而这种积累与发达国家本身的经济增长脱节了。大部分外围地区的价值流失都是以隐蔽形式完成的。挪威经济学院的一项研究指出，2012 年，发展中国家和新兴经济体向富裕国家的净资产转移估计为两万亿美元。① 这种金融掠夺是整个垄断金融资本时代的特征，其掠夺本质类似于马克思在詹姆斯·斯图尔特（James Steuart）的基础上提出的征收获利或异化获利。当前，跨国公司的利润越来越取决于不断加剧的价值剥夺，而不是直接的价值创造。

---

① 参见 Financial Flows and Tax Havens (Bergen, Norway: Centre for Applied Research, Norwegian School of Economics and Global Financial Integrity, 2015), p. 15, https://www.gfintegrity.org。

生产全球化主要建立在中心与外围经济体之间单位劳动力成本的鸿沟基础之上，并反映了外围地区更高的剥削率，同时也表明南北方国家之间工资的差距比它们之间生产率的差距要大。我们的数据显示，在过去的30年里，主要外围新兴国家（中国、印度、印度尼西亚和墨西哥）制造业的单位劳动力成本大约是关键中心国家（美国、英国、德国和日本）制造业的单位劳动力成本的40%~60%。南北方国家单位劳动力成本之间的鸿沟源于一种允许资本自由流动但同时严格限制劳动力自由流动的制度。这使外围地区的工资水平难以提高，而且使中心国家对外围国家的价值抽取成为可能。

二、全球商品链与帝国主义价值剥夺

全球商品链可以被看作金融集团对全球空间与制造业活动的整合。全球空间为资本积累开拓了一种战略视野，资本可以在超出国界的范围内实现自身价值的增殖，同时规避国家监管。全球空间被有机地整合在一起，空间内包含成百上千的生产、研发和金融等领域的子公司。这些子公司的活动由核心机构（母公司或控股公司）来协调和控制，它们通过管理资产来确保资本以最低的成本实现最大化的增殖。各国深度嵌入全球商品链对全球劳动力产生了深远影响，与全球商品链相关的就业迅速膨胀，从1995年的2.96亿人增加到2013年的4.53亿人。与全球商品链相关的就业增长主要集中在新兴经济体国家，1995年到2013年新兴经济体的就业增长约为1.16亿人，其中直接向北方国家出口产品的制造业部门占主导地位。[①] 2010年，世界上79%的产业工人生活在南方国家，制造业已成为第三世界（特别是东亚和东南亚）经济活力的主要来源。

探究上述复杂的经济现实是当代马克思主义者的重要任务。早期马克思主义者认为，商品交换链条是资本主义经济的重要特征之一。马克思提到了商品世界中发生的、与商品使用价值和交换价值相关的一般变形链条，后来鲁道夫·希法亭也提及了商品交换链条中的链接。[②] 受到这一观

---

① 参见 ILO, *World Employment and Social Outlook: The Changing Nature of Jobs* (Geneva: ILO, 2015), p.132。

② 参见 Rudolf Hilferding, *Finance Capital* (New York: Routledge, 1981), p.60。

点的启发，特伦斯·霍普金斯（Terence Hopkins）和伊曼纽尔·沃勒斯坦（Immanuel Wallerstein）在 1980 年代提出了"商品链"概念，并将其作为世界体系理论的一部分。[1] 随着加里·杰里菲（Gary Gereffi）和米盖尔·科泽涅维奇（Miguel Korzeniewicz）主编的《商品链和全球资本主义》（Commodity Chains and Global Capitalism）一书的出版，全球商品链框架在 1990 年代中期获得进一步发展。[2] 商品链是劳动和生产过程的网络，通常分布在广阔的地理空间中，包含多种生产单位，具有多种薪酬模式。商品链研究者使用"节点"一词来指代构成商品链的可分离过程或特定的生产过程。商品链中的每个节点涉及原材料或半成品的获取与输入、劳动力的组织与供给以及运输、分配和消费等过程。目前，全球大部分商品的生产均采取高度组织化的商品链形式，中心经济体越来越依赖低收入国家的商品和服务。

企业战略的转变是全球化浪潮的关键驱动因素。企业战略寻求更低的成本、更大的灵活性，以及为金融活动和短期股东价值分配更多的资源，同时减少在长期就业和工作保障方面的承诺。那些自身不制造产品的大型跨国公司的出现是离岸外包新趋势的核心。这些公司通常是大型零售商和品牌营销商，它们可以被视为全球商品链中的新驱动因素。在过去的几十年里，这些驱动因素正变得越来越突出。诸如耐克和苹果等跨国公司的外包型生产与其治理结构紧密相连，在这种治理结构中，通常由位于发达国家地区的企业总部主导建立分散化的全球生产网络。这些跨国公司并不从事产品制造，而只是负责设计或营销产品。

非股权经营模式在某种程度上体现了全球生产链条的分散化，但这并不意味着跨国公司对生产控制权的分散。跨国公司虽然在其分包的公司中没有股权，但公司总部凭借其对信息、技术和市场的垄断，控制了整个分散的商品生产链条，占用了全球生产链条中每个环节的大部分增殖。非股权经营模式使垄断资本在没有进行跨国直接投资的情况下，可以通过跨国公司对全球商品链施加控制，从而获得极高的利润。这种价值攫取过程十分隐蔽，因为跨国公司往往与生产其产品的工人只存在间接联系，而这些外国分包商所获得的利润也没有明显地流向北方跨国公司。在会计核算过

---

[1] 参见 Terence Hopkins and Immanuel Wallerstein, "Commodity Chains in the World Economy Prior to 1800," Review 10, no. 1 (1986): 157–170.

[2] 参见 Gary Gereffi and Miguel Korzeniewicz (eds.), Commodity Chains and Global Capitalism (New York: Praeger, 1994).

程中，苹果公司或通用汽车的利润根本无法追溯到那些为其从事生产性活动的南方国家工人。正是这种在全球商品链中日益盛行的非股权经营模式，将跨国公司与生产越来越多中间投入品和消费品的低工资工人联系起来，这使对全球劳动套利的影响进行实证分析变得越来越困难。

只有深入这些离岸外包背后的逻辑，我们才能窥见劳动价值商品链和嵌入其中的权力结构关系。问题不仅是跨国公司如何管理商品链，还有它们如何从南方国家攫取剩余价值。斯蒂芬·罗奇（Stephen Roach）将美国等发达国家的工人被拥有同样生产力但工资更低的工人替代的现象称为"全球劳动套利"。北方国家的公司将这种价值剥夺手段合理化为自己的紧急生存策略，并指出其原因是受迫于削减成本和提高生产率的压力。事实上，这种成本控制就是一种最大化地利用工资差异的套利行为，而这种工资差异来源于世界市场上劳动力的非自由流动。移民政策在很大程度上将劳动力限制在国境内，而全球资本和大宗商品可以自由流动。于是，全球劳动套利成为跨国公司从劳动力成本的巨大国际差异中获益的主要手段，其本质上是国际资本对南方国家劳动力的剥削，这使北方国家可以用更少的劳动交换南方国家更多的劳动。这种不平等交换使北方国家的垄断金融资本受益于南方国家的低成本劳动力，同时也标志着南方国家被进一步卷入全球经济体系。

全球劳动套利得以实现的部分原因正在于马克思所指的产业后备军的存在，只是当今的产业后备军并不局限于某一个国家，而是涵盖全球范围。在过去的几十年里，全球产业后备军的规模不断扩大，这与前社会主义国家和曾经奉行保护主义的国家的劳动力融入全球经济体系息息相关。另外，农业综合企业不断发展，使大部分南方国家释放出大量农业劳动力，这也是全球产业后备军规模不断扩大的重要原因之一。这种强迫农民与土地分离的做法导致了城市贫民窟人口的快速增长。全球产业后备军的存在和再生产不仅有助于增加资本的短期利润，同时也是资本在全球范围内对工人分而治之的有效手段。此外，全球产业后备军的长期存在保证了国家垄断资本的不断积累，并且可以促进与这种长期积累体制相适应的国家体系的建构。工人之间（特别是南方国家工人之间）的竞争随着相对过剩人口的增加而不断加剧，这有助于整合分散的过剩劳动力，确保向全球产业后备军队伍源源不断地供给新生力量，工人也会因为面临持续的失业威胁而变得无比顺从。

上述事实表明，自由竞争模型已经过时，但追求低成本生产条件的竞争依旧存在，并且在垄断金融资本时代愈演愈烈。跨国公司的目标始终是垄断权力和垄断租金的创造，并将其永久化，即通过在生产成本的基础上进行一定程度的加价来获得永久性的高额经济利润。领先的寡头垄断企业竞相降低劳动力和原材料成本，它们通过向不发达国家输出资本，来剥削大量廉价劳动力和垄断关键性自然资源，进而获取高额经济利润。无论是通过企业内贸易还是通过独立企业间贸易，最近几十年离岸外包的迅速发展都是跨国公司的帝国主义逻辑的最新表现形式。美国、加拿大、日本以及欧洲等发达国家和地区的跨国公司的发展都遵循这一逻辑。

全球化生产是实现不平等交换和构建全球帝国主义等级制度的重要过程，这种对全球化生产的一般性理解可以通过经验分析而被具体化。同时，经验分析还可以进一步揭示出不同国家参与全球商品链的方式与单位劳动力成本变化之间的相关关系。劳动价值商品链分析以单位劳动力成本数据为基础，将劳动力置于全球商品链的中心，旨在揭示不同的劳动剥削率及其与全球化生产的关系。

三、劳动价值商品链的经验分析

2015年，国际劳工组织在关于世界就业形势的报告中专门论述了全球生产模式变化对企业和就业的影响。该报告显示，在1995年至2013年，与全球商品链相关的就业急剧增加，全球约有1/5的工作岗位与全球商品链相关，新兴经济体制造业部门中与全球商品链相关的就业更是显著增加。虽然参与全球商品链使企业的生产率和盈利能力不断提高，但工人的工资却基本不变。不断提高的生产率与不变的工资意味着在全球商品链中，分配给工人的增加值部分不断减少。[1] 单位劳动力成本的国际比较旨在揭示利润率的本质，与前述国际劳工组织的报告中提出的问题息息相关。单位劳动力成本是一种综合指标，我们可以通过将其与劳动生产率和工资数据相结合来评估相关国家的价格竞争力。它通常表示为单位实际产出的平均劳动力成本，或小时工资与小时产出的比率。尽管可以从整个经济体层面来测算单位劳动力成本，但大多数学者还是将分析重点聚焦于制造业，以增强可比性。

---

[1] 参见 ILO, *World Employment and Social Outlook*, p. 143。

与劳动生产率相比，单位劳动力成本可以被视为一种更为全面的国际竞争力衡量指标。在对不同经济体进行比较分析时，相对生产率指标和相对工资指标都存在一定的局限性，而单位劳动力成本分析可以很好地将两者统一起来。例如，生产率增长较快的国家可能会在激烈的竞争中输给生产率增长较慢、工资成本较低的国家。相反，工资成本较低的国家可能会在激烈的竞争中输给生产率增长较快的国家。单位劳动力成本可以融合这两项数据，并发现毛利率最高的地区和国家。

为了研究发达国家之间的竞争，我们比较了1985年到1998年七国集团（Group of Seven, G7）的制造业单位劳动力成本的年平均变化率，其间美国的单位劳动力成本的增长速度低于其他国家。这一事实让美国劳工统计局得出的结论是，虽然1985年以后美国的实际生产力水平增速略低，但美国相对于其他主要竞争对手在整体上具有决定性优势，这反映了美国打击工人阶级的斗争取得了良好效果。这一发现表明，对单位劳动力成本变化的分析可以揭示北方资本如何通过离岸外包的方式从南方劳动力身上榨取剩余价值。下面我们将尝试探究单位劳动力成本随时间的变化与各国参与全球商品链之间的关系，以及北方国家是如何利用这种关系从南方国家榨取剩余价值的。

为了研究单位劳动力成本与全球商品链之间的联系，我们利用"世界投入产出数据库"（the World Input Output Database, WIOD）及其子数据库"社会经济账户"（the Socio Economic Accounts, SEA）对国际间单位劳动力成本进行了测算与比较。我们主要研究了八个高度参与全球商品链的国家，包括美国、英国、德国、日本、中国、印度、印度尼西亚和墨西哥。为了突出单位劳动力成本数据的重要性，我们首先需要看一下按美元计算的小时工资，这体现了全球南北方之间工资水平的巨大差异。虽然一般情况下都是从购买力平价的角度来考察小时工资，但我们更倾向于从中心国家的跨国公司的视角来考察价值剥夺。从这个角度来看，作为霸权货币的美元是整体货币价值和全球范围内货币财富积累的核心。用美元来衡量的劳动力成本在很大程度上决定了跨国公司的整体利润率。图14-1展示了前八国制造业的小时工资，以及全球南方和北方经济中的巨大工资差异。这里的小时工资根据市场汇率转换为美元，而不是根据购买力平价汇率进行转换，因为霸权性质的美元作为储备货币决定了工资、利润率和国际金融流动。

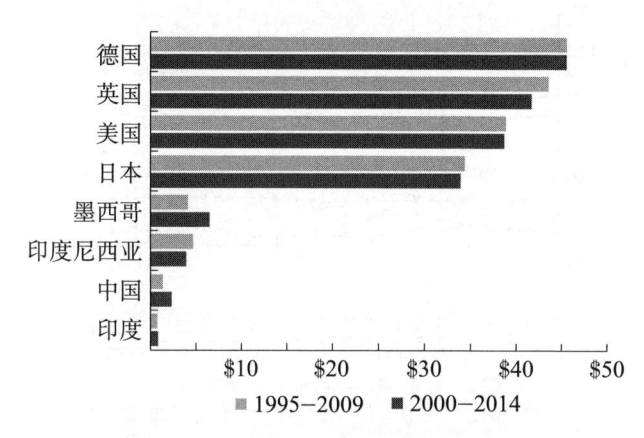

第 14 章 全球商品链与新帝国主义

图 14-1 不同经济体制造业的小时工资

资料来源：WIOD：Socio Economic Accounts（SEA），Release 2013 and 2016. Marcel P. Timmer, Erik Dietzenbacher, Bart Los, Robert Stehrer, Gaaitzen J. de Vries, "An Illustrated User Guide to the World Input-Output Database：The Case of Global Automotive Production," *Review of International Economics* 23（2015）：575-605；Exchange Rates："The Next Generation of the Penn World Table," Robert C. Feenstra, Robert Inklaar, Marcel P. Timmer, *American Economic Review* 2015；USD Conversion Factors："Individual Year Conversion Factor Tables," Robert Sahr, Oregon State University, 2019。

在南方国家中，存在较高的剥削率不仅源于低工资，还源于北方和南方之间的工资差异大于其之间的生产率差异。图 14-2 显示了一些主要中心发达国家和外围新兴国家的单位劳动力成本指数，这些国家在 1995 年至 2014 年占据全球商品链就业的主要份额。这一时期从 1990 年代的高科技泡沫延续到 2007—2009 年的金融危机，再延续到从危机中复苏的早期阶段。[①] 图 14-2 显示了北方发达工业经济体与南方新兴经济体之制造业的单位劳动力成本之间存在巨大差异。四个发达工业经济体（美国、英国、德国和日本）紧密地聚集在一起，它们的单位劳动力成本要比四个新兴经济体（中国、印度、印度尼西亚和墨西哥）高得多。

图 14-3 侧重于南方新兴经济体的单位劳动力成本相对于美国的变化。墨西哥的单位劳动力成本相较于美国下降了 12%，反映了过去 20 年间劳动力的灵活化。印度的单位劳动力成本基本持平，仅下降了 2%。

[①] 现有数据库的不足是其历史数据的可用性，为此，一些研究者开发出一种基于联合国工业发展组织（United Nations Industrial Development Organization, UNIDO）的工业统计数据库的单位劳动力成本测算方法。参见 Janet Ceglowski and Stephen Golub, "Does China Still Have a Labor Cost Advantage?" *Global Economy Journal* 12, no. 3 (2011)：1-28。

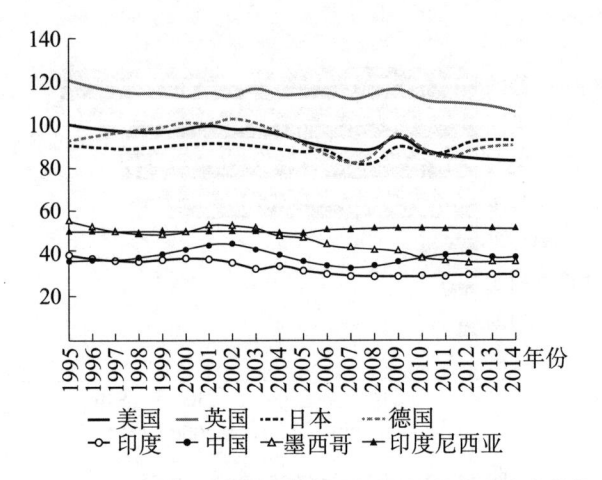

图 14-2 1995—2014 年制造业平均单位劳动力成本指数

注：单位劳动力成本为小时总工资除以小时总产出。

资料来源：WIOD：SEA, Release 2013 and 2016. Marcel P. Timmer, Erik Dietzenbacher, Bart Los, Robert Stehrer, Gaaitzen J. de Vries, "An Illustrated User Guide to the World Input-Output Database：The Case of Global Automotive Production," *Review of International Economics* 23（2015）：575-605。

相比之下，中国和印度尼西亚分别增长了 9% 和 12%。印度一直处于低劳动力成本状态，其 2014 年的单位劳动力成本为美国的 37%，而中国和墨西哥的这一数值分别为 46% 和 43%。尽管印度尼西亚占据全球商品链就业的第三大份额，但其制造业的单位劳动力成本目前为美国的 62%。

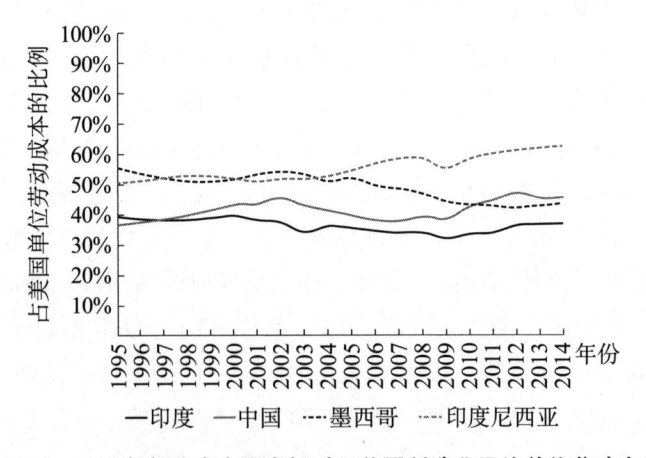

图 14-3 1995—2014 年部分南方国家相对于美国制造业平均单位劳动力成本的变化

资料来源：WIOD：SEA, Release 2013 and 2016. Marcel P. Timmer, Erik Dietzenbacher, Bart Los, Robert Stehrer, Gaaitzen J. de Vries, "An Illustrated User Guide to the World Input-Output Database：The Case of Global Automotive Production," *Review of International Economics* 23（2015）：575-605。

除单位劳动力成本因素外，基础设施、税收、主要出口国家、运输成本和金融等其他因素也会影响商品链中关键节点的位置。但是，随着中国的单位劳动力成本不断上升和印度的单位劳动力成本相对持平，苹果公司已经开始向印度转移其 iPhone 产品的组装生产线。可以看出，与在富裕经济体国家进行生产相比，将生产外包给贫穷新兴经济体国家可以获得更高的利润率。相对于美国来说，这项研究所涉及的中国、印度、印度尼西亚和墨西哥等四个南方国家的单位劳动力成本普遍持平或下降。

总的来说，单位劳动力成本分析揭示了北方经济体将大部分商品链放在南方新兴经济体的动因与获利的内在机制。位于低工资国家的一些商品链的关键节点（就单位劳动力成本而言）使北方公司能够获得对其全球竞争力至关重要的低成本优势，而这种优势从根本上说是基于更高的劳动剥削率。这里需要强调的是，iPhone 等产品的零部件通常在德国和韩国等不同国家生产，但这些零部件的组装发生在中国，因为中国拥有较低的单位劳动力成本、发达的基础设施以及强大的规模效应。换句话说，虽然全球商品链十分复杂，且空间分布十分广阔，但单位劳动力成本低的国家往往是最终的生产或装配场所，并成为增加毛利率的最关键节点。

中国已经成为大部分现代制造业的全球装配中心。中国生产的 iPhone 可以更好地展示劳动价值商品链的具体运行模式。中国工厂主要为跨国公司从事产品装配工作，并且严重依赖农村的廉价劳力或者流动人口。组装所需的主要零部件在别国生产，然后进口到中国。例如，苹果公司将其 iPhone 零部件生产分包给许多国家，然后将最后的组装工序交给富士康。劳动密集型装配工作只能得到极低的工资，2010 年从中国进口到美国的每部 iPhone 4 的零售价为 549 美元，其中仅有 10 美元（最终销售价格的 1.8%）用于支付中国从事零部件生产和组装的工人的工资，但其毛利润却高达 324 美元（最终销售价格的 59%）。[1] 全球化剥削是跨国公司通过其分包商来实现的，主要隐藏在劳动价值商品链中。不仅仅是中国，其他嵌入全球商品链的南方国家也遭受着类似的剥削。

这些极具剥削性的经济关系有助于我们深入理解劳动价值商品链的结构，及其背后隐藏的全球劳动套利机制。从本质上说，劳动价值商品链中的每个节点代表了一个盈利点，每两个节点之间的链接构成价值转移。实

---

[1] 参见 John Bellamy Foster, "The New Imperialism of Globalized Monopoly-Finance Capital," *Monthly Review* 67, no.3 (2015): 13-14.

际上，价值转移部分地为 GDP 核算和增加值计算所掩盖，北方国家攫取南方国家生产价值的过程并没有被记录下来。跨国公司在掩盖价值转移的过程中起到了至关重要的作用，但从根本上说，这种掩盖源于当前世界经济权力结构的不对称。劳动力成本基础上的大幅加价会形成一种超级剥削，这种现象藏匿在全球资本主义定价与国际交换过程中，且为之前的全球商品链分析框架所忽视。超级剥削不只是在相对意义上高于平均剥削率，还意味着工人在绝对意义上被支付低于满足其劳动力再生产的工资。中心国家通过对外围国家施加政治经济压力，来提高其垄断资本的利润率，并引发全球经济的过度积累。从结构上说，这种不平等程度是全球商品链剥削体系的必然产物，是一种新的帝国主义国际分工与全球垄断金融资本之间的紧密相连。

一些马克思主义学者认为，之前的帝国主义的历史特征已经改变，南方国家当前的成功是通过剥夺北方国家实现的。这种论断是在对新兴经济体（特别是中国和印度）的经济增长进行非常肤浅的分析后得出的，是站不住脚的。事实上，从金融财富和资产集中度来看，世界资本主义经济正越来越集中化和等级化。我们所看到的是一个全球财富金字塔的出现，几乎所有国家（包括最富裕国家和最贫穷国家）内部及相互之间的不平等都在加剧。① 可以看出，帝国主义正给全球经济带来持续不断的负面影响。

劳动价值商品链分析揭露了国际贸易背后隐藏的剥削，填补了其他全球链分析框架中缺少的要素，强调了以前在某种程度上被忽略的系统性关系，具体包括全球劳资关系、南北方之间巨大的工资差异、全球劳动套利所依据的不同剥削率以及价值剥夺。最重要的是，这种方法将劳动价值理论作为一种分析工具，对当代全球的政治经济现实进行了有效的批判性分析。所有这些都有助于我们理解由垄断金融资本主导的全球商品链，即新自由主义全球化背后的权力结构关系。

除了单位劳动力成本，还有其他因素会影响商品链的盈利能力及配置地点，但单位劳动力成本是揭示南北方之间劳动套利机制和剥削率差异的关键。全球商品链使帝国主义以单个商品为基础嵌入全球化生产。在全球商品链中，劳动密集程度最高的环节位于南方国家，因为这里的产业后备军规模较大，单位劳动力成本较低，剥削率相应较高。生产全球化的结果

---

① 参见 Jason Hickel, "Is Global Inequality Getting Better or Worse? A Critique of the World Bank's Convergence Narrative," *Third World Quarterly* 38, no. 10 (2017): 2208-2222。

是跨国公司获得了相对较高的利润率,而附加值往往归功于中心国家本身的生产,整个剥削过程产生的利润为中心国家带来了大量财富。由于上述机制的普及,帝国主义的剥削与掠夺变得更加隐蔽无形。因此,要剖析当代帝国主义的本质,就必须离开自由贸易占主导地位的交换领域,进入存在极高剥削率的生产领域;只有通过对单位劳动力成本进行分析,才能真正揭示全球化垄断金融资本的本质。

第15章 中东欧的新帝国主义[*]

卢特菲·多安/文　　覃诗雅/译

本章分三个部分考察了欧盟东扩过程中的帝国主义因素。首先，讨论欧盟东扩背后的目的；其次，为帝国主义与新帝国主义概念提供理论框架；最后，通过对一体化进程中中东欧国家（CEECs）的经济转型进行实证分析，阐释中东欧（CEE）新帝国主义的特征。[①]

一、欧盟东扩背后的目的

东扩对于欧盟来说是一个有争议的问题。争论围绕着是否接纳中东欧的低收入国家加入欧盟这一疑虑而展开。实际上，在苏联解体之前，欧盟已经与该地区建立了一些经济关系。类似于美国援助西欧重建和作为对马歇尔计划等美国类似企图的战略反应，斯大林于1949年发起成立了由苏联、保加利亚、捷克斯洛伐克、匈牙利、波兰和罗马尼亚组成的经济互助委员会（COMECON 或 CMEA），以促进东欧的经济发展和一体化。虽然经济互助委员会在官方上"直到1972年才承认'资本主义'共同体"，

---

[*] 本章原载：《国外理论动态》2021年第4期。原文来源：Lütfü Doğan, "The New Imperialism in Central and Eastern Europe," METU Studies in Development 47, no.2 (2020)：183-204。翻译有删减。卢特菲·多安（Lütfü Doğan）：土耳其科奇大学、伊斯坦布尔宜特大学。覃诗雅：中国社会科学院马克思主义研究院。

[①] 中东欧（CEE）包含了中欧维谢格拉德集团国家、巴尔干半岛、波罗的海国家以及东欧的广阔区域。中东欧国家（CEECs 或 CEE countries）是经济合作与发展组织的一个定义，指由阿尔巴尼亚、保加利亚、克罗地亚、捷克、匈牙利、波兰、罗马尼亚、斯洛伐克、斯洛文尼亚以及爱沙尼亚、拉脱维亚和立陶宛三个波罗的海国家组成的一系列国家。除了阿尔巴尼亚，目前所有中东欧国家都是欧盟成员国。本章提到的中东欧国家指的是在2004年和2007年的欧盟东扩中成为欧盟成员国的10个中东欧国家。本章使用中东欧（CEE）一词来描述由这些国家组成的区域。

但自1970年代以来，欧洲两大组织之间已经举行了一些会议，签订了一些协议，以发展贸易关系和其他经济合作。[1]

当东扩凸显出来时，一些有争议的问题就变得显而易见了。令人担忧的问题包括：中东欧国家的人口问题，欧盟成员国与中东欧国家之间人均收入差距过大的问题，中东欧国家加入欧洲货币联盟的问题，以及欧盟共同农业政策在一些拥有过剩农业劳动力的中东欧国家加入后可能出现的问题。人们认为，如果欧盟接纳这些中东欧国家的加入，上述这些问题将给欧洲一体化带来新的矛盾。

与上述怀疑态度不同，德国前总理赫尔穆特·科尔（Helmut Kohl）支持欧盟东扩。以科尔为代表的德国政要对欧盟东扩的支持基于，德国与中东欧之间的"地理邻近性"以及"历史悠久的经济往来"可以促进德国"经济、安全和政治上的利益"。此外，欧盟东扩还将保障德国东部边界的军事安全。德国领导层暗示的一个关键点揭示了东扩对于德国的重要性："没有任何一个国家像德国一样面临着这一政策所带来的风险和成本。"[2]德国领导层敢冒这个风险，是因为德国与中东欧国家的关系取决于德国的经济竞争优势，这种优势使德国成为中东欧国家的主要贸易伙伴。[3]必须强调的是，在冷战时期，德国公司与中东欧国家之间也有着重要的经济往来。德意志联邦共和国仅次于苏联，是波兰、捷克斯洛伐克和匈牙利的第二大贸易伙伴。[4]基于这一原因，欧盟东扩会为德国带来比欧盟其他任何一个成员国更多的经济优势。

抛开这一切，欧盟东扩背后的主要目的是什么？对这一问题广为接受的回答是，通过在中东欧国家构建和平、民主和自由市场，为这些国家提供一个"重返欧洲"的机会。[5]自由派人士认为，鉴于中东欧国家建立了

---

[1] 参见 H. Ingham and M. Ingham, "Towards a United Europe?" in *EU Expansion to the East*, eds. H. Ingham and M. Ingham (Cheltenham: Edward Elgar Publishing, 2002), pp. 6-8.

[2] M. Zaborowski, "More than Simply Expanding Markets: Germany and EU Enlargement," in *Questioning EU Enlargement: Europe in Search of Identity*, ed. H. Sjursen (London and New York: Routledge, 2006), p. 105.

[3] 参见 J. M. Trouille, "France, Germany and the Eastwards Expansion of the EU: Towards a Common Ostpolitik," in *EU Expansion to the East*, eds. H. Ingham and M. Ingham, pp. 57-58.

[4] 参见 M. Zaborowski, "More than Simply Expanding Markets: Germany and EU Enlargement," in *Questioning EU Enlargement: Europe in Search of Identity*, ed. H. Sjursen, pp. 107-109.

[5] 参见 J. Zielonka, *Europe as Empire: The Nature of the Enlarged European Union* (New York: Oxford University Press, 2006), p. 24.

市场经济和自由民主政治，因而欧盟东扩是成功的。同样，欧盟东扩也被视为欧盟在促进中东欧国家的"市场民主"和实现"欧洲西部与东部统一"方面取得的一项成就。①

然而，建立自由民主国家的观念仅仅是针对中东欧国家的帝国主义计划的主要意识形态手段。这些国家被赋予了二重性，比如极权主义。这一计划的理论支持主要来自学术界和媒体。帝国主义计划被视为"向民主过渡"。例如，索罗斯奖学金（Soros Scholarship）旨在在中东欧国家推广民主社会的理念；拉尔夫·达伦多夫（Ralph Dahrendorf）关于"东欧转型"的著作呼吁卡尔·波普尔（Karl Popper）的"开放社会"；尤尔根·哈贝马斯提出了"交往的公共空间"。这意味着，中东欧国家从共产主义体制向资本主义市场体系转变的"社会工程项目"是帝国主义计划的理论支持的一部分。②

此外，北约的扩大也是针对中东欧国家的帝国主义计划。冷战结束后，美国非常愿意同中东欧国家建立政治和军事关系。欧盟国家无法建立一个统一的军事力量，这对于美国来说是一个利好。北约（或美国）在欧洲的力量通过其向东欧的扩张而得到了增强。北约的东扩始于1999年波兰、匈牙利和捷克的加入，并继之以欧盟的东扩。

实际上，欧盟东扩背后的主要目的是，根据新自由主义的市场规则以及自由主义的社会规范和政治规范重组中东欧国家（这些国家经历了几十年的社会主义经济、政治和社会的关系的发展）。换句话说，东扩的目的是在中东欧重建资本主义制度，重返欧洲意味着重返资本主义。实现欧洲东西部一体化基本上就是实现这些地区的资本主义一体化。因此，作为扩张的结果，中东欧建立了资本主义社会经济秩序。但是，扩张也显示出了欧盟的不平衡结构以及成员国之间的等级制度。中东欧国家已经成为欧洲资本主义的新外围。

总而言之，欧盟东扩是帝国主义的一个独特案例。中东欧的帝国主义以其独特的方式得以实现，即通过把中东欧国家纳入欧盟并使它们依赖区域市场。那么，哪种依赖构成了中东欧新帝国主义的特征？在讨论这个问题之前，有必要讨论一下帝国主义与新帝国主义概念。

---

① 参见 G. Ross, *The European Union and Its Crises: Through the Eyes of the Brussels Elite* (London: Palgrave Macmillan, 2011), p. 50。

② 参见 P. Gowan, *The Global Gamble: Washington's Faustian Bid for World Dominance* (London: Verso, 2002), pp. 250-251。

二、帝国主义与新帝国主义

帝国主义的历史可以追溯到罗马帝国。但分析帝国主义的关键是区分前资本主义时期的帝国主义与资本主义时期的帝国主义。罗马帝国的扩张也具有帝国主义的特征。罗马帝国通过直接的军事力量占有土地和剩余。15—16世纪西班牙和葡萄牙对美洲的征服也体现了这种类型的帝国主义。这种旧"帝国主义"的主要动机是通过征服领土的超经济强制和勒索来攫取剩余，但却"完好地保留了被征服或被统治领土的经济基础"。而资本主义时期的帝国主义则是基于"规模不断扩大的商品生产和销售的（资本主义）内在必然性"，从而依据"中心的资本积累"的需要重塑了"被征服或被统治地区的经济和社会"[①]。17世纪，英国对美国和爱尔兰的殖民统治主要就是基于资本主义生产方式的这种内在必然性。[②] 换句话说，它不同于以往那种为了攫取土地和剩余、掠夺奢侈品和奴隶进行贸易以及积累财富的殖民主义。

更确切地说，资本主义的出现改变了帝国主义的特征。资本主义之前的旧殖民国家通过超经济手段侵占并直接控制他国领土，但"资本主义的帝国主义"[③] 并不直接需要通过超经济手段来控制这些领土，而是可以通过经济手段操纵市场力量来达到其目的。

17世纪以来，帝国主义一直通过殖民非资本主义世界来维持自身发展。19世纪下半叶以后，资本主义强国之间为瓜分世界而进行的帝国主义竞争愈演愈烈。约翰·霍布森（John Hobson）、鲁道夫·希法亭、卡尔·考茨基、尼古拉·布哈林（Nikolai Bukharin）、罗莎·卢森堡和列宁等人对帝国主义的研究都是基于对这一时期的分析。这些研究的共同点

---

① H. Magdoff, *Imperialism: From the Colonial Age to the Present* (New York and London: Monthly Review Press, 1978), pp. 2–3.

② 参见 E. M. Wood, *Empire of Capital* (London and New York: Verso, 2003), pp. 89–90.

③ 艾伦·M. 伍德（Ellen M. Wood）使用"资本主义的帝国主义"一词来区分帝国主义和殖民主义。换句话说，该术语指向了前资本主义时期的帝国主义与资本主义时期的帝国主义之间的差别。前一种帝国主义的主要特点是通过直接的军事力量侵占土地和被征服领土的剩余价值。而后一种帝国主义的主要特点是通过资本主义力量的扩张来扩展到新的领土，以满足资本主义生产和资本积累的需要。在这里，重点讨论帝国主义的资本主义特征。

是，强调资本输出的增长导致了资本的国际化，以及垄断的形成以巨大的力量驱动了国际市场。但是，列宁的分析有一个显著的特征：他指出，帝国主义是资本主义发展的最高阶段。资本主义在英国兴起后，以资本主义"对竞争、资本积累和提高劳动生产率的需求"强迫欧洲其他国家，英国资本主义对德国和法国构成了"外部挑战"。[①] 而且，资本主义通过非资本主义世界的殖民化来扩张到这些地区，以满足资本主义生产的需要。这意味着资本主义在其发展过程中成为帝国主义。强调列宁观点的重要性在于指出帝国主义就是发达的资本主义。

这一时期也被称为帝国主义历史中的"新帝国主义"，"其特点是，更多的国家寻求在殖民地分一杯羹，包括德国、美国、比利时、意大利，以及首次出现的非欧洲殖民国家日本"[②]。但是，新帝国主义成为帝国主义争论的主要话题始自美国霸权决定了非殖民化时期的帝国主义的新特点。换句话说，这是帝国主义的一个新时期——"没有殖民地的帝国主义"，即美国在战后时期凭借有利的经济地位和军事地位，"通过扩大出口、资本投资以及在发达资本主义国家和第三世界国家的国际金融业务"[③] 重建了帝国主义体系。

虽然哈里·马格多夫曾用"新帝国主义"一词来描述战争时期和美国霸权的崛起，但今天该术语主要用来描述全球化时期的帝国主义。根据大卫·哈维的观点，新帝国主义的一个重要特征是"剥夺性积累"，即通过国际货币基金组织（International Monetary Fund，IMF）和世界贸易组织施加制度压力，在美国（以及有时是欧洲）的力量的支持下，迫使世界范围内的市场保持开放。剥夺性积累与新自由主义和私有化有关。[④] 因此，新帝国主义的运行与全球资本主义的新机制相适应。实际上，新帝国主义与全球化时期的资本国际化密切相关。全球化时期的新帝国主义并不类似于古典资本主义的帝国主义时期的"资本主义世界与非资本主义世界的关系"。此外，

> 这不仅仅是控制特定领土的问题，而是一个随时随地控制整个世界经济和全球市场的问题。这也不仅仅通过发达资本主义国家的跨国

---

① 参见 E. M. Wood, *Empire of Capital*, pp. 119-120。
② H. Magdoff, *Imperialism: From the Colonial Age to the Present*, p. 35.
③ 同上书，第 144-145 页。
④ 参见 D. Harvey, *The New Imperialism* (New York: Oxford University Press, 2003), pp. 181-182。

公司直接剥削廉价劳动力来实现，而是更多地通过债务和货币操纵等间接手段来实现。帝国主义之间的竞争也发生了变化。它们仍然存在，只是较少以直接、明确的军事手段发生在资本主义竞争的冲突过程中。①

实际上，帝国主义在必要的时候从未停止使用军事干预来控制特定地区。但全球化时期的一个重要特征是，帝国主义国家通过国际货币基金组织、世界银行和世界贸易组织等国际机构的施压进行渗透，以便重构领土。国际货币基金组织的调整方案、世界银行的改革或新的贸易协定不会违背欠发达国家中居于主导地位的联盟的意愿，只有当联盟的成员在这些转变中有利可图时，上述国际机构才会对其政策施加影响。

全球资本主义的自我维系是通过两个方面实现的：一方面是通过区域内生产和投资的集中化，另一方面是通过这些机构的主导地位来推动国内市场的自由化和私有化。全球化时期的新帝国主义是帝国主义列强之间对全球资本主义的新规则渗透到世界各国的一个共识。这套新规则显然是指新自由主义经济计划的规则：经济自由化、公共部门私有化、工资和政府支出的减少、对世界贸易组织贸易规则的依赖，以及对国际货币基金组织和世界银行的金融依赖。至关重要的是，这一过程明确地被称为"一体化"。这个神奇的词语掩盖了中东欧的新帝国主义。

三、对欧洲单一市场的依赖

与以往欧盟扩张的案例相比，欧盟东扩是一个独特的例子，它的独特性源自它是在严格的条件下进行的。不同于欧盟之前的扩张，自1993年欧盟哥本哈根峰会召开以来，申请加入欧盟的国家必须符合若干成员国标准。毫无疑问，之前的扩张也是按照某些入盟要求进行的。但是，准许中东欧国家入盟依照的是以前从未对任何申请国使用过的严格标准。

哥本哈根标准已经提出了欧盟扩张政策的新框架。申请国必须符合欧盟哥本哈根峰会提出的三项主要标准：

　　具有保障民主、法治、人权以及尊重和保护少数群体的机构稳定

---

① E. M. Wood, "Kosovo and the New Imperialism," *Monthly Review* 51, no. 2 (1999): 3.

性（政治标准）；

具有运行有效的市场经济以及应对联盟内部竞争压力和市场力量的能力（经济标准）；

具有履行成员国义务的能力，包括遵守政治、经济和货币联盟的目标（法律标准）。[1]

这些标准指向欧盟的改革性扩张政策。这是该标准成为中东欧国家转型的主要动力之一的原因。在欧盟哥本哈根峰会之后，欧盟一直从扩张的视角来制定其重建中东欧国家的战略。因此，中东欧国家的转型过程也成为其加入欧盟的过程。欧盟参与了这一进程，它资助中东欧国家，以便向它们施加经济和政治转型的条件并指导它们成为成员国。哥本哈根标准为中东欧国家加入欧盟指明了道路。但是，欧盟成员国并不像陪审团那样中立，而是在中东欧国家的转型中发挥了积极作用。

欧盟针对中东欧的战略在欧盟哥本哈根峰会之前就已经实施。贸易和合作协议消除了欧共体与中东欧国家之间的旧障碍。欧盟开始通过签订欧洲协定来开放中东欧国家的贸易，通过制定波兰和匈牙利经济重建援助计划（即"法尔计划"，Poland and Hungary: Assistance for Restructuring their Economies, PHARE)[2] 和欧洲复兴开发银行（European Bank for Reconstruction and Development, EBRD)[3] 来资助中东欧国家，以便推动它们的新自由主义转型。法尔计划包括资助中东欧国家进行制度建设和（特别是）投资[4]，该计划是欧盟的入盟前期战略（pre-accession strategy)[5]的工具之一，旨在完善制度结构和支持中东欧国家的基础设施投资，

---

[1] European Council of Copenhagen, *Conclusions of the Presidency*, Copenhagen, June 21-22, 1993. Retrieved from https://www.consilium.europa.eu/media/21225/72921.pdf.

[2] 法尔计划于1989年制定时，是针对波兰和匈牙利的资助计划。但在欧盟向该地区扩展的过程中，也扩展到了其他中东欧国家。

[3] 欧洲复兴开发银行自1991年成立以来一直是这一进程中最关键的机构之一，其目标是支持前共产主义国家建立市场经济。

[4] 法尔计划预算的30%用于制度建设，70%用于投资。

[5] "入盟前期战略"这一术语用于指欧盟自向中东欧扩大以来的扩大进程中的特定阶段。1995年，欧盟委员会发布了关于中东欧国家的白皮书，作为这些国家加入欧盟的指南。白皮书阐明了入盟前期战略，根据这一战略，加入欧盟的首要条件是适应单一市场原则，而这一原则基本上意味着经济自由化。针对中东欧国家的入盟前期战略主要是通过欧洲协定、欧洲复兴开发银行、法尔计划、入盟前期结构性政策工具（Instrument for Structural Policies for Pre-Accession, ISPA）以及农业和农村发展特别入盟计划（Special Accession Programme for Agriculture and Rural Development, SAPARD）等实施的。

从而为这些国家提供一个为加入欧盟做好市场准备的机会。法尔计划由欧盟委员会、欧洲投资银行（European Investment Bank，EIB）、欧洲复兴开发银行和世界银行共同管理，类似于针对中东欧国家的"马歇尔计划"。简言之，欧盟同全球经济机构一起直接管理着中东欧建立市场经济的过程。

欧盟内的新帝国主义的特征是形成了区域市场，即欧洲单一市场。欧盟的强大经济体（主要是德国）主导着这个单一市场。因此，实力较弱的国家开始依赖这个单一市场。这种依赖关系清晰地体现在中东欧国家的转型案例中。德国是将中东欧国家纳入单一市场的主要参与者。在东扩之前，德国是仅次于苏联的中欧国家的第二大贸易伙伴。通过向中东欧扩张，德国在该地区取得了重要地位。如今，德国已成为大多数中东欧国家的主要贸易伙伴。在捷克、匈牙利、波兰、斯洛伐克、斯洛文尼亚、保加利亚和罗马尼亚等国的进出口贸易伙伴中，德国排名第一。对于波罗的海国家而言，德国是第二大进口伙伴和第一大出口伙伴。此外，德国资本是该地区的主要投资方之一。简言之，中东欧国家对欧洲单一市场的经济依赖实质上是对德国经济的依赖。

中东欧的新帝国主义通过贸易和资本流动来维持发展，这些流动使中东欧的经济体依赖于区域市场。由于德国市场已成为大多数中东欧国家的主要供应方、采购方和投资方，所以我们将分析10个中东欧国家与代表欧盟的德国之间的经济关系。这一实证分析旨在提供一些有关中东欧国家自欧盟东扩进程开始以来依赖于欧洲单一市场的见解。我们首先研究中东欧国家与德国之间的双边贸易，接着讨论流入该地区的外国直接投资及其与贸易的关系，最后对这些国家从1990年代至今的国际收支统计数据进行总体分析，以解释中东欧国家对欧洲单一市场的依赖。

在分析中东欧国家与德国之间的双边贸易的相关数据之前，有必要提出这样一个问题：在全球资本主义中，贸易关系如何制造了依赖性？新自由主义的观点认为，竞争是在贸易关系中获取优势的基础，这一观点主要基于古典自由主义理论，特别是大卫·李嘉图（David Ricardo）的"比较优势理论"。根据李嘉图的理论，对于贸易伙伴来说，最好的选择是专门生产其在双边贸易中具有比较优势的产品。这一理论主要基于这样的假设，即贸易伙伴在国际贸易舞台上处于平等地位。对李嘉图理论的修正也基于这个假设，且忽略了贸易伙伴之间的不平等。所有这些自由主义理论的共同特点是，强调"作为新自由主义经济原理"的"竞争"。然而，并不是缺乏竞争才导致发达与欠发达并存、富裕与贫困并存、就业与失业并存。这些正是竞争本身所导致的……国家之间的自由贸易的运行方式与国家内部的竞争几乎相同：它有利于（具有竞争力的）强者，而不是弱者。①

正如安瓦尔·谢克（Anwar Shaikh）所强调指出的，竞争性自由贸易使强者比弱者更有优势。这是马克思主义批判竞争性自由贸易观点的基础。马克思主义的批判准确地指出了资本主义的"不平衡与综合发展"，以及双边贸易中的"不平等交换"。这里有关不平等交换的讨论主要是指阿吉里·伊曼纽尔（Arghiri Emmanuel）的观点，即"低工资国家出口的商品所包含的劳动力远远多于它们从高工资国家进口的商品所包含的劳动力"②。这种观点将双边贸易中的不平等交换解释为"在不同生产率的基础上将剩余价值从外围国家转移到中心国家"③。换句话说，它是资本主义等级制中的一种剥削手段。

必须指出的是，"不平等交换"是资本主义不平衡与综合发展的结果。列夫·托洛茨基在20世纪初用"不平衡与综合发展"一词从资本主义发展的角度讨论了俄国等落后国家进行社会主义革命的可能性。在当代资本主义已经扩张到世界各地时，各个国家经历着不同水平的资本主义发展，因此出现了发展的差距或集群。换句话说，资本主义生产关系只能以地区和国家之间不平衡发展的形式再现。这就是帝国主义的显著特征。

由于资本主义中心国家已经高度工业化，故而这些国家专门从事技术密集型生产，而外围国家则集中于劳动密集型生产。然而，在全球资本主义时期，生产的国际劳动分工并非如此简单。生产地点的变化、生产的碎片化、离岸外包、分包、外国直接投资与全球资本主义贸易之间的紧密联系使情况变得更加复杂。尽管如此，资本主义中心（或帝国主义）国家依然在全球经济中占据着有利地位，这种有利地位通过在生产中创造高附加值、将重要的制造业转移到低工资国家、影响贸易条件的确定以及向欠发达国家提供贷款来获得。这就是在不平衡发展的情况下不平等交换不可避

---

① A. Shaikh, "The Economic Mythology of Neoliberalism," in *Neoliberalism: A Critical Reader*, eds. A. Saad-Filho and D. Johnston (London: Pluto Press, 2005), p. 43.

② J. E. King, "Ricardo on Trade," *The Economic Society of Australia*, *Economic Papers* 32, no. 4 (2013): 466.

③ A. Bieler and A. D. Morton, "Uneven and Combined Development and Unequal Exchange: The Second Wind of Neoliberal 'Free Trade'?" *Globalizations* 11, no. 1 (2014): 40.

免的原因。另外，综合发展指依赖性成为不平衡发展形式之间的关系的主要特征，这是因为资本主义是一个全球霸权体系。

在这一背景下，中东欧国家的情况反映了欧盟内部的不平衡与综合发展。尽管中东欧国家的经济自1990年代以来有了一定的发展，但正如格利姆·卡切迪（Guglielme Carchedi）等指出的，这对于中东欧国家来说是一种"依赖性发展"。[①] 中东欧国家的贸易额已经增长到融入区域集团的程度。作为全球资本主义的一个显著特征，全球贸易一方面主要集中在区域内，另一方面也集中在区域之间（全球贸易）。但是，在区域之间进行贸易的主要是具有较大生产能力的资本主义中心国家。[②] 这些国家通过世界贸易组织等国际组织，对全球和区域范围内贸易条件的确定施加影响。结果是，欠发达国家大多在区域范围内进行贸易。换句话说，这些国家变得依赖于区域市场。因此，中东欧国家的大规模贸易发生在欧洲单一市场内（见表15-1）。作为出口目的地和进口来源地，欧盟在这10个中东欧国家贸易中的占比都超过了60%。对于几乎所有欧盟成员国而言，欧盟内部贸易在其总贸易中的占比为50%以上。这是全球资本主义的一个普遍趋势。值得注意的是欧盟在某些中东欧国家出口中所占的比重，例如斯洛伐克（85.1%）、捷克（83.7%）、匈牙利（79.4%）和波兰（78.9%）。这表明，上述国家主要是为欧盟市场进行生产。

表15-1 2016年欧盟（28国）和德国在中东欧国家贸易中的占比（%）

	出口		进口	
	欧盟 （28国）	德国	欧盟 （28国）	德国
保加利亚	66.8	13.7	66.1	13.1
捷克	83.7	32.4	67.3	30.6
爱沙尼亚	69.2	5.9	66.7	11.0
匈牙利	79.4	28.2	78.0	26.3
拉脱维亚	73.8	6.8	79.8	12.3
立陶宛	60.7	7.7	70.5	12.1

---

① 参见 B. Carchedi and G. Carchedi, "Contradictions of European Integration," *Capital & Class* 23, no. 1 (1999): 119-153; G. Carchedi, *For Another Europe: A Class Analysis of European Economic Integration* (London and New York: Verso, 2001)。

② 在全球贸易方面，中国是一个例外。虽然中国不是一个资本主义中心（帝国主义）国家，但由于具有较大的生产能力和巨大的贸易量，中国是全球贸易的最大参与者之一。

续表

	出口		进口	
	欧盟 （28国）	德国	欧盟 （28国）	德国
波兰	78.9	27.3	59.6	28.3
罗马尼亚	75.0	21.5	77.1	20.5
斯洛伐克	85.1	21.9	58.3	20.2
斯洛文尼亚	76.6	19.3	70.8	16.8

资料来源：World Trade Organization Statistics Database, Country Profile, 2016; The World Fact-book Publications, Central Intelligence Agency, 2016。

德国在中东欧国家进出口中的占比相当高。捷克32.4%的产品出口到德国；匈牙利（28.2%）和波兰（27.3%）对德国的出口占其出口总额的比重超过1/4；斯洛伐克（21.9%）、罗马尼亚（21.5%）和斯洛文尼亚（19.3%）对德国的出口占其出口总额的比重约为1/5。保加利亚对德国的出口在其出口总额中占比较小，但仍很可观（13.7%）。至关重要的是，德国是除波罗的海国家以外的中东欧国家的主要出口伙伴。对于波罗的海国家而言，这一占比相对较低，但德国仍是这些国家的最大出口伙伴之一。至于进口比率，德国在中欧国家（CECs）[1] 以及罗马尼亚和保加利亚的占比大致相同。因此，德国是这些国家的主要供应国。德国在波罗的海国家的进口占比几乎是其出口占比的两倍，是波罗的海国家的第二大进口伙伴。

德国在中东欧国家贸易中所占的份额相当于中东欧国家在欧盟内部贸易中的最高比率。此外，德国在中东欧国家进出口中所占的份额超过了20%，这在对外贸易中是一个相当高的比率。在这种情况下，有必要弄清楚谁是双边贸易中占有优势的国家。考察德国与中东欧国家之间双边贸易的商品构成有助于评估这种关系是否存在依赖性。然而，中东欧国家与德国之间双边贸易的商品构成中有一个引人注目的方面，即中间产品在中东欧国家与德国的进出口中所占的比重相当高[2]，有必要进一步阐述这种贸易关系中中间产品的高比率。

在全球资本主义时期，国际劳动分工已经发生了显著变化，变化的主要特征是生产碎片化，因此有了"生产/供应链"（production/supply

---

[1] 此处中欧国家（CECs）指的是捷克、匈牙利、波兰、斯洛伐克和斯洛文尼亚。
[2] 参见经济合作与发展组织2017年6月统计的按产业和最终用途划分的双边贸易数据库。

chain)这一术语。这意味着"提供给客户的最终产品由来自多个国家的商品和服务的增加值组成"。生产碎片化的一个明显结果是,"各国专门从事特定阶段的生产,而不是特定商品的生产"[1]。

新的国际分工导致各国集中精力生产中间产品。由于中间产品的生产已经成为各国制造业的重要组成部分,所以中间产品的贸易也日益重要。这一趋势不仅体现在外围国家,也是世界贸易的一个重要特征。

那么,如果中间产品的贸易在中东欧国家与德国的进出口中均占主导地位,那么是什么使德国公司在与中东欧国家的双边贸易中处于优势地位呢?考察中东欧国家与德国的贸易增加值(trade in value added,TiVA)统计数据,将有助于我们找到上述问题的答案。在生产过程的特定阶段,各国为产品增加了价值。由于生产分散在不同的国家,所以在特定生产阶段创造的增加值流向了多个国家。增加值的这种流动就是"全球价值链"(global value chains,GVCs)。由于全球价值链指的是贸易增加值的流动,所以贸易统计数据以总额和增加值两种方式计算,以获取更准确的数据。[2] 这是中间产品在贸易中的重要性日益提高的结果。值得注意的是,在2011年,中间产品贸易的占比超过了世界贸易的一半。中间产品在欧盟内部贸易以及中东欧国家与德国之间的双边贸易中均占有很高的比率。

贸易增加值体现了"一个国家创造的增加值有多少被另一个国家吸收或消费"[3]。这一术语是指在中间产品和最终产品的贸易中所包含的增加值。因此,与贸易总额不同,贸易增加值使阐明碎片化的世界生产结构中各国的生产任务具有了可能性。根据增加值的含义,在双边贸易中,一方面,一国体现在国外最终需求中的国内增加值是指该国出口的增加值。这意味着在该国创造了多少增加值,然后以中间或最终产品/服务的形式出口给外国的生产者或消费者。另一方面,一国体现在国内最终需求中的国外增加值是指以最终产品或服务的形式从国外购买的增加值,即进口的增加值。同样,可以用贸易总额和增加值来计算双边贸易中的贸易差额,其中,用贸易增加值计算可以显示出双边贸易中发生的实质性变化。[4] 重要

---

[1] L. Ambroziak, "The CEECs in Global Value Chains: The Role of Germany," *Acta Oeconomica* 68, no. 1 (2018): 2.

[2] 贸易增加值(TiVA)是在经济合作与发展组织的协调下为实现这一目的而提出的。

[3] L. Ambroziak, "The CEECs in Global Value Chains: The Role of Germany," *Acta Oeconomica* 68, no. 1 (2018): 4.

[4] L. Ambroziak, "The CEECs in Global Value Chains: The Role of Germany," *Acta Oeconomica* 68, no. 1 (2018): 20.

的一点是，用贸易增加值计算可以确定双边贸易中在收入和就业方面获益的优势国家。① 简言之，贸易的优势不是来自某个部门的专业化，而是来自全球生产碎片化结构中的特定生产阶段。②

由于德国是中东欧国家的主要贸易伙伴，所以，中东欧国家创造的增加值中有很大一部分以中间或最终产品/服务的形式出口给了德国的生产者或消费者。同样，中东欧国家吸收或消费的国外增加值中有很大一部分来自德国的工业。据资料显示，除爱沙尼亚和拉脱维亚外，中东欧国家与德国之间的双边贸易差额按增加值计算大大低于按总额计算。两个数据之间的差异最大的是捷克。捷克与德国之间的双边贸易差额按总额计算近70亿美元，但按增加值计算则为21亿美元。波兰的两个数据之间的差异超过30亿美元，斯洛伐克的约为18亿美元，斯洛文尼亚的约为10亿美元。这些差异说明，尽管捷克、波兰、斯洛伐克和斯洛文尼亚在与德国之间的双边贸易中有贸易顺差，但这些国家创造的增加值较少，因为根据增加值计算，它们对德国的出口大幅下降。保加利亚和匈牙利在贸易总额方面对德国也有贸易顺差，但在贸易增加值方面，这两个国家都有贸易逆差。另外，爱沙尼亚、拉脱维亚、立陶宛、罗马尼亚在总额和增加值上与德国均存在贸易逆差。但是，立陶宛和罗马尼亚与德国的贸易增加值差额增加了它们的贸易逆差。在这个方面，对于与德国在增加值上存在双边贸易逆差的国家（保加利亚、匈牙利、立陶宛、罗马尼亚、爱沙尼亚和拉脱维亚）来说，德国在这些国家最终需求中的出口增加值大于它们在德国最终需求中的出口增加值。③

从总额和增加值两个方面比较中东欧国家与德国之间双边贸易的统计数据，可以看出德国是占据优势的国家。与贸易总额差额相比，贸易增加值差额表明，中东欧国家（主要是中欧国家）在与德国之间的双边贸易中获利较少。增加值计算减少了一些中东欧国家与德国之间的双边贸易中的

---

① 参见 L. Ambroziak, "The CEECs in Global Value Chains: The Role of Germany," *Acta Oeconomica* 68, no. 1 (2018): 4; M. P. Timmer, B. Los, R. Stehrer and G. de Vries, "Fragmentation, Incomes and Jobs: An Analysis of European Competitiveness," *Economic Policy* 28, no. 76 (2013): 651-652。

② 参见 M. P. Timmer, B. Los, R. Stehrer and G. de Vries, "Fragmentation, Incomes and Jobs: An Analysis of European Competitiveness," *Economic Policy* 28, no. 76 (2013): 652-653。

③ 这部分资料来源于贸易增加值数据库（2016年12月）。该数据库由经济合作与发展组织和世界贸易组织联合推出，它提供了从1995年到2011年的数据，旨在更好地跟踪全球生产网络和供应链。

顺差，增加了一些中东欧国家的逆差。增加值统计数据表明，对于中东欧国家而言，与德国的贸易关系反映了一种依赖关系。

德国在中东欧国家经济中的地位不仅来自贸易关系，也来自对这些国家特别是中欧国家的直接投资。德国公司是中东欧国家的主要投资者，这是它与这些国家的贸易关系的衍生物。维谢格拉德集团四国（Visegrád four）① 在德国汽车和机械生产中发挥着重要作用，这些领域的一些德国公司已将部分生产转移到东部。中欧国家吸引德国投资者的地方主要是廉价和熟练的劳动力、良好的基础设施条件以及地理邻近优势。德国汽车工业向维谢格拉德集团四国的转移包括大众汽车集团的大部分投资，用于生产汽车零部件以及最终产品。位于中东欧国家的德国子公司生产了维谢格拉德集团四国出口德国的很大一部分产品。②

流入中东欧地区的资金主要来自欧盟，尤其是德国。中东欧市场吸引了外国直接投资，尤其是在进入欧盟市场之后（见图 15-1）。从 2003 年到 2007 年，流入中东欧国家的外国直接投资大幅增加。换句话说，2004 年（8 个）中东欧国家的加入（欧盟）吸引了投资者进入该地区。这种趋势一直持续到全球金融危机爆发。在危机期间（2007—2009 年），流入中东欧国家的资金急剧减少。危机之后，资金的流动才出现了波动。

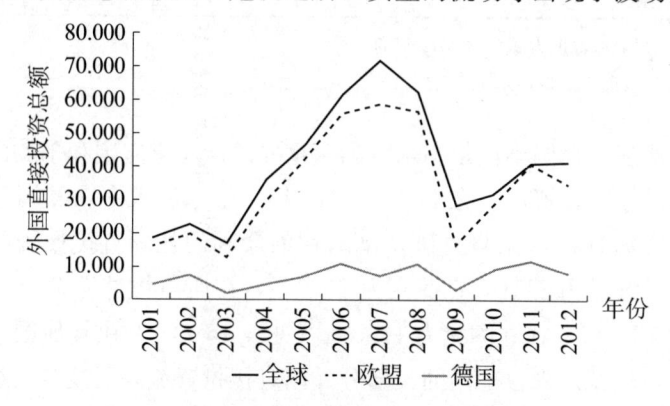

图 15-1　2001—2012 年按地理划分的中东欧国家的外国直接投资总额（单位：百万美元）

资料来源：UNCTAD FDI/TNC Database, April 2014.

---

① 维谢格拉德集团四国包括捷克、匈牙利、波兰和斯洛伐克。
② 参见 L. Ambroziak, "The CEECs in Global Value Chains: The Role of Germany," *Acta Oeconomica* 68, no. 1 (2018): 12; G. Heiduk and A. McCaleb, "Germany's Trade and FDI with CEECs," http://16plus1-thinktank.com/1/20170807/1470.html.

就像在贸易关系中一样，外国直接投资在全球资本主义的区域内大量流动。在这些年里，欧盟在中东欧国家的外国直接投资中所占的比重约为该地区全部外国直接投资总额的83%。在单个国家中的占比也类似（见表15-2）。这意味着中东欧国家在外国直接投资方面与在对外贸易方面一样，依赖于欧盟市场。

表15-2　2001—2012年中东欧国家的外国直接投资总额

国家	世界 （百万美元）	欧盟 （百万美元）	德国 （百万美元）	欧盟占比 （%）	德国占比 （%）
保加利亚	49 846.5	40 470.4	3 272.4	81.2	6.6
捷克	77 189.2	66 906.0	16 114.3	86.7	20.9
爱沙尼亚	17 122.2	14 793.7	153.7	86.4	0.9
匈牙利	61 942.6	45 378.4	19 124.4	73.3	30.9
拉脱维亚	10 328.4	7 243.9	377.1	70.1	3.7
立陶宛	12 018.3	10 458.3	1 376.4	87.0	11.5
波兰	149 363.6	137 612.3	31 424.1	92.1	21.0
罗马尼亚	63 336.8	57 646.0	10 365.8	91.0	16.4
斯洛伐克	28 928.7	24 222.8	5 389.7	83.7	18.6
斯洛文尼亚	9 136.4	7 311.8	447.4	80.0	4.9

注：罗马尼亚的数据为2003—2012年的。
资料来源：UNCTAD FDI/TNC Database, April 2014。

如上所述，德国不仅是中东欧国家重要的产品供应国和采购国，还是这些国家的主要投资国。在2001—2012年，全球流入中东欧国家的外国直接投资中约有20%来自德国。德国在匈牙利的外国直接投资的占比为30.9%，在波兰为21%，在捷克为20.9%，在斯洛伐克为18.6%，在罗马尼亚为16.4%，在立陶宛为11.5%（见表15-2）。在其他国家中，这一占比相对较低。来自德国的大部分外国直接投资流入了波兰（约314亿美元）。重要的是，德国对该地区的直接投资中有81.8%流入了维谢格拉德集团四国。如前所述，汽车和机械生产吸引了来自德国的大部分投资。在2001—2012年，维谢格拉德集团四国吸引的来自欧盟的外国直接投资占欧盟对中东欧10国直接投资的66.2%。因此，可以说维谢格拉德集团四国或中欧国家已成为欧盟特别是德国的工厂。

中东欧国家对欧洲单一市场的经济依赖，一方面源自对外贸易的依赖，另一方面源自向这些国家贷款所引起的资金流动。自中东欧国家加入欧盟以来，流入这些国家的外资①显著增加（见图15-2）。直到2007年，这些资金流入在一定程度上促进了中东欧国家的经济增长，但也导致了这些国家经常项目赤字的增长，特别是在2003—2007年（其间流入中东欧国家的外资急剧增加）。与之相应的是，在此期间，中东欧国家的净外债显著增加。② 由此可见，中东欧国家对欧盟市场的依赖达到了顶峰，特别是在2003—2007年。

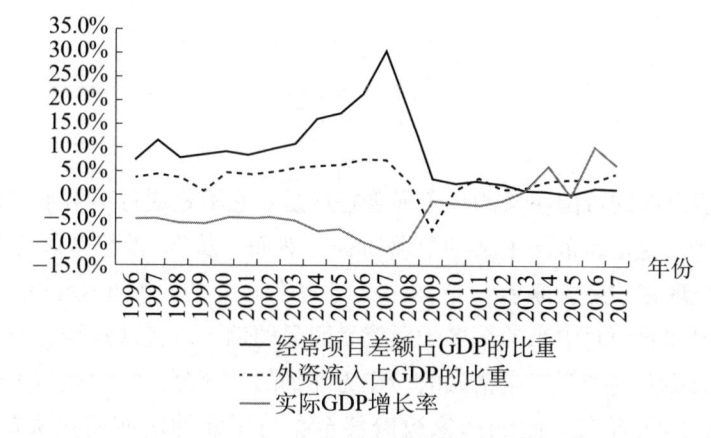

图15-2　1996—2017年10个中东欧国家国际收支和增长率的平均值③

资料来源：International Monetary Fund, *World Economic Outlook Database*, April 2018; The World Bank, *World Development Indicators*, June 2018。

然而，在2007—2009年金融危机时期，外资流入急剧下降。中东欧国家对外部融资的依赖增加了其经济的脆弱性④，在危机时期，它们不得不经历严重的经济衰退。而危机时期外债的增长又进一步增加了它们的脆弱性。因此，一些中东欧国家与国际货币基金组织谈判，并签署了备用协议。⑤ 国际货币基金组织的贷款和紧缩政策被强加给中东欧国家作为应对危机后果的方案。⑥ 危机过后，中东欧国家的经济在2011年之前实现了

---

① 外资流入是指非居民的资本流入。有关外资流入的数据是采用科尔库特·博拉塔夫（Korkut Boratav）的方法计算的。
② 参见欧盟统计局的《净外债——年度数据（占GDP的百分比）》（"Net External Debt—Annual Data, % of GDP"）的数据。
③ 10个中东欧国家的平均值显示了从1996年到2017年这些经济体转型的总体趋势。
④ 参见B. Galgóczi, "Central Eastern Europe Five Years after Enlargement: In Full Grip of the Crisis," *Journal for Labour and Social Affairs in Eastern Europe* 12, no. 1 (2009): 24。
⑤ 参见K. Boratav, "A Comparison of Two Cycles in the World Economy: 1989-2007," I-DEAs Working Paper Series 7 (2009): 11。
⑥ 参见B. Galgóczi, "Central Eastern Europe Five Years after Enlargement: In Full Grip of the Crisis," *Journal for Labour and Social Affairs in Eastern Europe* 12, no. 1 (2009): 28-29。

增长，但已无法达到 2007 年之前的增长水平。外资流入有所波动，但也低于 1990 年代的水平。经常项目赤字已经减少，其中一些国家还出现了顺差。简言之，2003 年之后中东欧国家的经济增长主要取决于外资流入，这种依赖在危机时期表现得尤为明显。这些情况都明显地体现出中东欧经济体的脆弱性。

四、结语

欧盟内部的帝国主义的一个显著特征是：它不是通过军事手段来运行的。显然，这是新帝国主义的显著特征。然而，从 20 世纪帝国主义的经验甚至是现在的经验来看，帝国主义势力在必要的时候也会诉诸军事手段，美国和北约对中东的军事干预就是明显的例子。将这些经验与欧洲帝国主义的势力割裂开来是错误的。作为北约的一部分，它们参与了上述干预行动。1990 年代，欧洲国家政府甚至参与了北约对南斯拉夫的干预，以重塑巴尔干地区的版图。超经济手段对帝国主义仍然有用，也适用于中东欧国家。在中东欧国家转型期间，新自由主义的意识形态和政治手段在这些国家得到了积极运用。在中东欧国家，推崇自由民主、民主社会和市场经济的新兴资本家阶级得到了欧洲国家政府和商界的大力支持。中东欧国家的社会主义和共产主义政党不再构成威胁，因为它们被限制在社会党国际（Socialist International）内部。

尽管如此，中东欧的新帝国主义仍主要是通过经济手段实现的。鉴于中东欧国家的廉价劳动力，全球生产的碎片化结构和新国际劳动分工使欧洲生产的某些环节转移到了这些国家。相应地，中东欧国家在对外贸易中也变得依赖欧盟市场，特别是德国市场。对于这些国家而言，这一过程已经成为新自由主义的转型，导致这些经济体变得脆弱，并依赖资金流入。在市场条件由欧盟中较为强大的经济体决定的情况下，较弱的经济体面临的结果就是依赖和被剥削。

第16章　数字殖民主义：美帝国与全球南方的新帝国主义*

迈克尔·奎特/文　顾海燕/译

一、引言

2015年3月，南非前总统雅各布·祖马（Jacob Zuma）宣布开启"教育领域的费吉萨"项目（Operation Phakisa in Education，OPE），计划将数字技术快速普及到南非的2.6万所公立学校。如果这一项目能够得到顺利推进，大部分贫穷的黑人学生将首次获得使用笔记本电脑、台式电脑或平板电脑的机会，这将使他们走出廉价手机的世界。从表面上看，该项目似乎使人们在不断变化的世界中朝着公平的方向迈进了一步。谁不想让贫穷的黑人学生拥有电脑呢？然而，该项目的目的在于将美国的科技产品植入课堂，并将整个南非的教育系统纳入大数据监控之下。

这项行动标志着，全球南方的许多国家即将向大多数贫困人口提供计算机设备和网络连接。然而，数字技术的传播将对全球南方产生怎样的影响？它们应该采用美国科技巨头的产品和技术模式，还是寻求其他选择？它们能够决定自己的数字化命运吗？

数字殖民主义这一潜在的新现象使全球南方笼罩在阴影之中。这种数字结构形式的控制是通过集中拥有和控制数字生态系统的三个核心支柱——软件、硬件和网络连接——来实现的，它赋予美国巨大的政治、经

---

* 本章原载：《国外理论动态》2022年第3期。原文来源：Michael Kwet, "Digital Colonialism: US Empire and the New Imperialism in the Global South," *Race & Class* 60, no. 4 (2019): 3-26。翻译有删减。迈克尔·奎特（Michael Kwet）：美国耶鲁大学法学院访问学者。顾海燕：中共中央党史和文献研究院信息资料馆。

济和社会权力。在这种情况下，谷歌/字母表、亚马逊、脸书、苹果和微软（即 GAFAM 五家企业）等企业巨头，以及美国国家安全局等国家情报机构都是国际社会的新帝国主义者。被以美国为首的外国势力的科技产品、模式、意识形态同化构成了 21 世纪的殖民形式。

但是，人们也可以选择其他类型的科技产品、模式、意识形态来构建符合人权、民主和社会经济正义要求的数字社会，这种做法的前提是将软件、硬件和网络连接的所有权与控制权去中心化。

在进行民主转型的 20 多年后，南非仍在努力解决过去遗留下来的种族隔离问题。目前，南非的经济不平等问题正在加剧，并落入世界上最不平等的国家行列之中。这个国家不仅在收入、财富、就业和教育等方面存在显著的种族差异，而且至今依然存在种族居住隔离现象。南非非洲人国民大会（African National Congress，ANC，简称"非国大"）为穷人提供了一些简单的服务，包括重建和发展计划中的数百万套廉价住房、电力供应和小额社会福利补贴，然而南非的贫困状况依然严峻。全国约有 55％的人口生活在每天低于 3 美元的贫困线之下。63％的非洲人/黑人生活在贫困线以下，而白人的这一比例不到 1％。鉴于非国大以及主要反对党民主联盟所青睐的新自由主义发展道路在南非导致的后果，一些学者给南非贴上了"新种族隔离"社会而非"后种族隔离"社会的标签。

随着科技一体化时代的到来，许多南方国家都急于为 21 世纪的生活制定新的政策，南非也不例外。通过展望本国数字化转型的未来，近期非国大提出了数字时代的新议程。目前，尽管新技术受到关注，但政府官员、非政府组织、商界和知识分子几乎没有对新技术在架构层面的发展方向进行过评判，反而致力于追赶北方国家，寻求将主流数字技术应用到社会的各个角落，并培育南非人的数字素养以适应美国的产品。南非在数字技术方面并未对大型科技跨国公司及其为数字社会提供的模式提出过批评。

本章试图回答在公共话语中完全缺失的问题，例如：亚马逊、微软和谷歌建立的云中心对南方国家有利吗？哪些技术能更好地保护隐私权、提高透明度、促进协作和区域发展？

二、经济控制——企业殖民

在殖民主义时期，欧洲人掠夺了原住民的土地并在其领土上定居。他们强迫原住民像奴隶和仆人一样劳作，对他们实施暴力行为，并且通过对当地实施滞后的发展战略使其长期处于从属国和被掠夺的地位。一些大型公司"对利润和权力的病态追求"对这种局面的形成发挥了关键作用。1602年，荷兰东印度公司成为第一家现代跨国公司。50年后，随着开普殖民地（the Cape Colony）的建立，它开启了欧洲对南部非洲的侵占历史。

在接下来的两个世纪中，随着殖民者向内陆的扩张，白人掠夺了大量土地。在发现钻石和黄金后，英国人和阿非利坎人（Afrikaners）侵占了南非其余的大部分土地，不断将非洲人置于种族主义的劳工剥削制度下。很快，少数几家公司就主导了当地的大部分经济活动。

今天，企业殖民的新形式正在逐步形成。大型科技公司不再侵占土地，而是殖民了数字技术领域。少数几家美国的跨国公司主导了以下技术功能：搜索引擎（谷歌）、网络浏览器（谷歌浏览器）、智能手机和平板电脑操作系统（谷歌安卓、苹果移动操作系统）、台式电脑和笔记本电脑操作系统（微软视窗）、办公软件（微软、谷歌办公软件）、云基础设施和服务（亚马逊、微软、谷歌、IBM公司）、社交网络平台（脸书、推特）、交通运输（优步、来福车）、商业网络（微软、领英）、流媒体视频（谷歌、优兔、网飞、葫芦）和在线广告（谷歌、脸书）等。目前，谷歌、苹果、脸书、亚马逊、微软是世界上最富有的五家公司，总市值超过3万亿美元。如果南非允许大型科技产品进入社会领域，美国将在南非经济中获取巨大的权力，并制造技术依赖，形成对南非永久性的资源开发。

早期的研究和案例表明，大型科技中介机构带来的经济冲击对南非当地的产业不利。

从媒体对交通运输业的报道中也可以得出类似的结论。自2013年优步约车系统在约翰内斯堡（Johannesburg）运营以来，"南非出租车大战"中就不断有工人罢工和暴力冲突发生。与此同时，许多优步司机为了微薄的收入忍受着高强度的工作。

优步给非洲及其他地区带来了毁灭性的影响。除隐性成本外，该公司还在每次运营中收取25%的佣金，导致当地经济收入流入他国金库。此外，优步还能通过人为压低价格来削弱当地市场的竞争力，这有赖于华尔街和其他富有的投资人对优步的补贴，使其可以承受高达数十亿美元的运营亏损。在企业融资的支持下，优步利用掠夺性的补贴、网络效应、大数据分析以及因其"中介"地位而享有的放松监管效应，压制竞争并开拓殖民市场。在短短两年的时间里，优步在南非境内实现的净资产就达16.5亿兰特（约1.25亿美元）。

媒体行业也存在类似的问题。2017年4月，在线新闻网站南非新闻协会（GroundUp）在其网站上删除了谷歌的广告。该协会成员内森·格芬（Nathan Geffen）解释说，对于那些"不得不忍受劣质的、误导性的广告以换取微薄收入"的出版商来说，谷歌的广告模式是有"缺陷"的。格芬指出："问题在于，几乎所有涉及在线广告的权力都掌握在谷歌手中。"

2017年11月，《金融周刊》（*Financial Mail*）记者安东·哈勃（Anton Harber）指出，谷歌和脸书是"对南非新闻媒体的最大威胁"。在南非本土的在线广告市场中，谷歌占据了70%的份额，以脸书为首的社交媒体占据了12%的份额，而南非的主要媒体集团只占据了余下的少量份额。谷歌和脸书这对"竞争对手"是不断扩张的双头垄断，它们瓜分了美国77%的在线广告支出，获得了2016年几乎所有的广告增量。哈勃断言，如果这种状况持续下去，"两大巨头对媒体在界定民主方面的作用会产生毁灭性的影响"。

这些数字殖民主义的实例清晰地表明，外国公司正在逐渐削弱全球南方地区的发展，主导当地市场，从这些地区攫取收益。

三、通过架构设计进行帝国控制

殖民扩张意味着殖民国家对原住民的宝贵资源以及基础设施的所有权和控制权的掠夺。在全球南方的许多地区，铁路等重要基础设施都是由帝国主义国家设计并服务于其利益的。殖民者剥削当地劳工进行原材料开采，然后将这些原材料装船运回本国。殖民者也会将廉价的机械产品出口到当地村庄，以此来削弱当地手工业者以及当地建立竞争性产业的能力。在非洲和其他地区，铁路从内陆直接通向港口和军事驻地，几乎没有产生与原住民相关的"扩散效应"。可见，殖民者的建筑设计并不是为了造福当地居民，而是为了满足欧洲人的迫切需要。

在数字殖民主义的背景下，以美国为首的外国势力正在全球南方设计建造满足其自身利益需求的基础设施，以便在推行私有化治理形式的同时，实现对当地经济和文化的控制。为了完成这一任务，大公司采用了数字技术，以确保自己在科技生态系统的重要功能上占据主导地位，继而在租金收入（以知识产权或基础设施使用权的名义收取）和监控收入（以大数据的名义收取）中积累利润。这些技术使它们能够控制信息流动（如新闻和流媒体服务的发布）和社交活动（如社交网络和文化交流），以及其他大量受其技术影响的政治、社会、经济和军事功能。

代码控制是数字控制的基础。在《代码及网络空间的其他法律》（*Code: and Other Laws of Cyberspac*）一书中，劳伦斯·莱西格（Lawrence Lessig）提出了一个著名的观点：计算机代码以类似于塑造物理建筑（例如为殖民化而设计的帝国铁路）的方式塑造了以计算机为媒介的网络体验的规则、规范和行为。"代码就是法律"，因为从某种意义上说，它有能力颠覆影响社会中的政治、经济和文化等各领域的法律、制度与社会规范。这一重要见解已被应用到版权、言论自由规则、互联网治理、区块链、隐私甚至侵权等领域。然而，人们却忽略了美国是如何通过控制代码——以及控制其他形式的数字架构——来侵犯其他国家主权的。

数字形式的权力通过数字生态系统的三大支柱（软件、硬件和网络连接）联系在一起。

软件功能对应于编码逻辑，约束和支持特定的用户体验。例如，软件决定了规则和政策，程序员在软件中编写的规则在很大程度上决定了技术的自由程度，并影响着用户使用设备时的体验。因此，软件对使用数字技术的人的行为、策略和自由施加了很大的影响。数字控制的来源有以下三个：

第一，控制软件。对软件的控制主要通过软件许可证和硬件所有权来实现。自由软件许可证允许人们使用、学习、修改和分享软件；非自由软件许可证通过排除用户行使上述权限，授予软件设计者控制用户的权限；专有软件对公众封闭可读的源代码，限制公众在未付费情况下的使用权限。例如，通过专有许可，微软把持了对视窗软件工作方式的绝对控制。因此，非自由软件为其所有者提供了控制用户体验的权力，属于权力主义的软件。

第二，控制硬件。至少有三种渠道可以实现对硬件的控制：第一种渠道，软件在他人的计算机上运行。在这种情况下，执行指令通过云中的"软件即服务"（Software as a Service, SaaS）来完成，用户被剥夺了控制软件的权限。为了方便远程控制用户体验，企业和第三方设计了云服务，这使它们拥有了控制个人、团体和社会的巨大权力。第二种渠道，人们被剥夺了硬件的所有权。随着云计算的兴起，硬件制造商可能只会提供低功率、低内存的设备（类似于 1960 年代—1970 年代的终端）。数据的处理和存贮主要在中心云（centralised clouds）中进行。随着终端用户的数据处理权限和存贮空间被剥夺，软件和数据将处于云的所有者及运营商的绝对控制中。第三种渠道，制造硬件时进行加锁处理，防止用户更改设备上的软件。通过把设备锁定在相关软件中，硬件制造商可以决定在你打开设备时，哪些软件能够运行。由此，硬件限制可以阻止公众控制自己的设备，从而使设备制造商拥有了对用户的控制权。

第三，控制网络连接。网络中立规定指出，互联网流量应该是"中立的"，互联网服务提供商（Internet Service Providers，ISPs）要平等地对待在其电缆、基站和卫星中传输的内容，不应操控流经其传输通道的数据。对于不太富有的媒体提供商（例如草根组织、小企业和普通民众）来说，这样的规定可以限制富有的媒体提供商操控更快速地上传内容的能力。更重要的是，网络中立可以防止对公民权利和公民自由至关重要的各种形式的流量的网络歧视，保护终端用户在没有第三方偏袒、阻止或限制的情况下按照自己的意愿使用网络的自由。

四、知识产权和帝国

版权产业受到了互联网上大量的共享付费出版物（即"盗版"）的威胁。由于硬盘容量和网络速度随着时间的推移而迅速增加与提升，共享海量音乐、电影、书籍和其他媒体的数据库的容量也在逐步增加。如果人人都拥有一个 40 万亿字节的硬盘，并且可以在一小时内交易 20 世纪的全部流行音乐，我们该怎么办？因此，技术的发展加深了通过架构控制来保护版权系统的需要。有以下三种方式可以阻止文件共享：

第一，控制软件。为了防止用户在计算机上播放版权受限的出版物，该行业开发了数字版权管理软件，这对专有软件非常有效，因为用户无法将其删除。因此，作为版权执法的手段，专有软件使出版业的状况得到了改善。

第二，控制硬件。如果人们通过云服务器运行自己的计算机，那么云服务器提供商可以决定他们是否有权限访问受版权保护的数据。在这种情况下，用户无法在互联网上复制和交易媒体内容，因为数据是从内容所有者的平台流向用户的设备的，这些平台通过自己的服务器提供多媒体内容。因此，分布广泛的存储能力和宽带互联网对版权垄断构成了威胁。

第三，控制网络。人们可以拥有并控制自己的软件和硬件，但他们如果受到互联网服务提供商或政府的监控，则可能会因为侵犯版权而被罚款或逮捕，或者互联网连接受到限制或终止。人们也许会使用隐私保护技术来隐藏内容共享，例如使用洋葱网或虚拟专用网（Virtual Private Networks，VPNs），但这会被互联网服务提供商通过限流而阻止。在使用网络控制的情况下，匿名进行内容共享变得不切实际。因此，公众对网络的控制不利于版权执法。

为了将知识产权保护带入殖民主义，美国的跨国公司以各种方式设计了数字架构，这使其能够依靠租金或对数据的提取积累巨额财富。在版权问题上，它们通过控制软件、硬件或互联网，以知识产权的名义保护版权垄断。鉴于制作数字作品的边际成本接近于零，一些著名的知识分子和社会活动家为了实现社会经济正义，同时出于对必须使用严苛的技术实施对数字版权保护的担忧，纷纷对版权付费墙（copyright paywalls）提出质疑。如果地球上的所有人，无论财富多寡，都能免费获得数字出版物，那么教育、文化、平等、民主和创新的状况将得到改善。然而，西方数字技术的设计理念会阻止自由分享，使穷人缺乏获取知识和文化的能力，并减少贫富阶层之间的交流。

20世纪后期，知识产权成为西方关注的重点。尽管有强大的知识产权保护，但大部分技术创新领域的发展都是由公共部门推动的。例如，互联网、全球定位系统（GPS）、多点触控屏（multi-touch screens）、超文本标记语言（HTML）、苹果语音虚拟个人助理（Siri virtual personal assistant）、液晶显示器、微处理器、内存、硬盘驱动器、谷歌搜索算法和锂离子电池等都是由公共机构或用大量公共资金开发的。此外，美国80%的基础科学研究和开发是由政府部门与非营利部门资助的。因此，数字世界的基础知识和技术在很大程度上是由国家主导的研究与开发推动的。

版权保护范围的扩大是近期出现的现象。直到19世纪末，美国才开始保护外国的版权，在此前的大约一个世纪中，美国出版欧洲有版权的作品时从未支付过许可费。而随着国内产业的发展，为了保护本土的内容产业，美国改变了态度。最初，版权有效期仅为14年，续展权可再延续14年。到了20世纪末，美国迫使国际社会接受了冗长的版权期限（著作者的一生再加上几十年）。虽然美国（和其他国家）在不尊重外国版权的情况下建立了自己的知识经济，但它今天企图"过河拆桥"，对世界其他地区强制推行广泛的版权限制。

全球南方国家之所以接受这些条款，在很大程度上是缘于国际贸易协定和组织的施压。特别是，世界贸易组织执行的《与贸易有关的知识产权协议》（*Agreement on Trade-Related Aspects of Intellectual Property Rights*）要求成员国提供包括版权和专利在内的多项知识产权保护。发展中国家之所以认可了此项协议，是因为该协议是加入世界贸易组织的先决条件。2004 年，包括南非在内的发展中国家向世界知识产权组织（World Intellectual Property Organization，WIPO）提出了一项发展议程，该议程将通过知识产权的"公共利益灵活性"来弥合"知识鸿沟"和"数字鸿沟"。2007 年提出的建议虽然包含了对发展中国家的特殊考虑（例如技术转让和增加研究共享），但远没有要求大幅削弱知识产权。如果要减少或逐步取消版权和专利，发展中国家与发达国家的联盟将不得不推动由政府采购知识产品。

五、大型科技公司提供互联网服务

脸书的免费基础服务是大型科技公司在全球南方进行帝国扩张的另一个案例。这一服务为那些可支配收入很少或没有可支配收入的人们提供了精简版的免费互联网服务，决定了穷人可以访问哪些内容和网站，同时，它还将脸书以应用软件的形式提供给民众使用。然而，互联网服务提供商给这项服务的评级为零，这意味着其应用程序内的数据传输费用由互联网服务提供商支付，而不是由用户支付。互联网服务提供商希望用户在体验过免费的服务后会购买数据，以获得完整的体验。免费的基础服务不仅让脸书充当了穷人的互联网守门人的角色，还违反了网络中立法：零评级服务将内容提供商置于不平等的地位。一些国家已经终止了此项服务，部分是因为民众的强烈反对。然而，互联网组织已经使包括南非在内的 60 多个国家的 1 亿多个用户使用了脸书平台，从而将他们纳入了脸书的数字生态系统。

在美国以外的地区，脸书等一体化服务平台不仅会瓜分当地大量的广告收入，还会破坏各种形式的地方治理。如今，75% 的网络出版商的流量来自谷歌（46%）和脸书（29%），它们把服务集中在自己手中，通过代码的方式集中控制通信。这两家公司使用专有的黑箱算法过滤搜索结果和新闻推送，这使它们拥有了决定谁看什么新闻的巨大权力。左翼媒体公布的数据表明，谷歌会审查社会主义观点，而脸书更偏爱主流自由媒体。

这些平台也会管控言论自由和结社自由。如果在线社交网络检测到某些关键词和言论，平台可以对此进行审查或者封禁该用户。此外，平台还可以禁止为寻求社会、政治、经济、文化和宗教的目的而与他人交往的权利。美国的跨国公司还有权力在它们认为合适的情况下监控外国领土上的新闻、言论和社团。这些大公司从大数据监视中的获利不断增加，这是剥削性地侵犯全球南方国家人权的行为。

六、全球监控资本主义

在 21 世纪前 10 年，对互联网监控的批评开始增多。2014 年，几位著名学者在《每月评论》夏季特刊中提出了"监控资本主义"（surveillance capitalism）概念，他们的研究重点是国有企业监控、商业剥削和互联网治理的问题，还有一些学者关注数据货币化和算法歧视等问题。

大数据是监控资本主义的核心组成部分。企业和国家正在建立庞大的中央数据库并收集、存储和处理全球网民信息，从而能够推断出个体的特征（如宗教信仰、政治立场等）。随后，这些数据被用于操控个人、群体和组织，以谋取公司利润和国家权力方面的利益。

大数据社会是一个对人类进行全面监控的计划。企业和政府利用先进的统计学和人工智能来梳理庞大的数据库，寻求上帝般的全方位科学来管理人口。大部分数据的收集都是通过云端的集中化来实现的。大型科技跨国公司在南方国家的存在，将监控资本主义的触角伸向了这些国家的居民。在这一过程中，美帝国发挥了核心作用。

大数据设计本身就是对隐私的侵犯。为了梳理收集到的海量数据集，数据挖掘者使用了大量人工智能，通过分析庞大的数据集进行"学习"以预测结果。当人工智能被应用于人时，需要收集个人及其历史信息以预测未来。由于机器不会"思考"，大数据必须从收集到的个人及群体的丰富数据中获取预测的准确性。鉴于这一过程需要海量数据，大规模监控就在所难免。

此外，与竞争对手相比，那些能够访问最有价值类型的数据并拥有海量数据的人将具有最大的优势。例如，脸书可以获取超过 20 亿人的敏感信息，包括他们"喜欢"什么、朋友是谁、与谁交谈以及去过哪里等；谷歌把控搜索引擎，以及来自其广告服务和智能手机应用的数据（通过谷歌安卓系统）；亚马逊拥有独特且有价值的商业数据，包括客户在亚马逊网站（市场渠道）购物时的习惯、购买记录以及其他数据。很少有公司能够收集到这类数据。

出于多种原因，全球南方的公司几乎不可能与这些老牌巨头公司竞争。首先，网络效应给竞争造成了相当大的障碍，因为网络的用户越多，网络就越有价值。在线平台往往会集中用户群，它们拥有的用户越多，网络效应就越强。正如人们不希望在50个通信网络上拥有50部电话一样，人们也不希望拥有50个社交媒体账户以及太多的网约车服务、搜索引擎、电子商务等平台。

其次，规模经济形成了极高的进入壁垒。由于云基础设施的价格昂贵、高质量的产品需要熟练的程序员团队，数据必须得到有效管理，而且服务必须赢利才能支付上述成本，所以集中化的社交网络的运营成本非常高。此外，竞争对手中包括市值数十亿美元的公司，这些公司已经占领了市场，享受着网络效应带来的好处，积累了品牌资产和商业秘密，有能力兼并小公司。

于是，就形成了这样一种局面：最大的、有价值的数据集——诸如社交数据（脸书、推特）、电子商务（亚马逊）和检索（谷歌）——被少数"赢家"（跨国公司）控制。甚至全球北方的企业和国家也开始对大数据与人工智能带来的数据垄断表示担忧。然而，简单的改革并不能解决问题，因为网络生态系统的结构设计有利于集中。在这种情况下，全球南方几乎不会出现有力的竞争者。

随着监控成为科技行业中的新收入模式，全世界的人民都成为美国国有企业统治阶层的目标。在这种布局中，"大数据"这个过于宽泛的术语只不过是监控的委婉说法，用来掩盖监控活动和权力格局。人类敏感信息的获取以及货币化产生的经济和伦理后果与机器开采石油截然不同。正如一些学者所倡导的那样，为人类提供"合乎伦理的大数据"就好比为环境提供"清洁煤"。

综上，监控资本主义给现代社会带来了一种不道德的隐私降级，使全球南方处于不利地位。与帝国的铁路类似，监控资本家把从全球南方提取的数据传送到宗主国进行处理，然后向没有竞争力的殖民地臣民提供信息服务。更糟糕的是，如此庞大的原始数据库掌握在私营部门手中，以美国为首的情报机构可以借助美国的公司实施大规模的监控项目。正如揭发者所揭露的那样，大多数（如果不是全部）美国大型科技巨头都与美国国家安全局有合作关系。因此，北半球对技术架构的控制导致数字殖民主义的另一个要素——国家监控——正在演变成更加严重的问题。

七、帝国的国家监控

阿尔弗雷德·麦考伊（Alfred McCoy）在其著作《守护美帝国：美国、菲律宾和监控国家的崛起》（*Policing America's Empire：The United States, the Philippines, and the Rise of the Surveillance State*）中详细介绍了全球监控国家的起源："19世纪晚期，大规模监控的技术能力是通过'美国第一次信息革命'建立起来的。四联电报、商用打字机、杜威十进制系统、生物识别技术、图像文件和霍尔瑞斯穿孔卡片机（the Hollerith punched card machine）组合在一起，实现了'文本、统计和分析数据的管理'。"

20世纪中叶，美国政府为了配合种族隔离而增强了监控力度。IBM公司提供了用于剥夺非洲人国民权利的打卡系统，将其人口按照四类种族分类体系（非洲人、有色人种、印度人和白人）进行登记。1970年代末期，IBM公司赢得了"生命之书"参考登记系统的合同，该系统旨在将全景监控覆盖到全体居民。其他美国公司通过向白人至上主义者提供武器、车辆、能源、财政支持和计算机，从该地区的业务中获利，对当地黑人进行有组织的压榨。美国情报机构还将反种族隔离活动家列为目标。二战后期，美国中央情报局扶持南非大学系统中白人自由主义的反共产主义学生项目，并很可能在1962年协助逮捕了纳尔逊·曼德拉（Nelson Mandela）。2018年7月，数千份解密文件披露了美国联邦调查局对曼德拉的监控以及对反种族隔离运动的大规模调查行为。

在南非从种族隔离制度向民主制度过渡的过程中，美国对南非境内的监控活动逐渐减少。然而，随着数字技术的普及，监控的作用再度显现出来。在21世纪前10年，几个举报者揭露了美国情报机构在全球范围内实施的有针对性的大规模监控项目。美国国家安全局主要使用两种数据收集方式：一是与网络公司合作（通过棱镜计划）；二是利用互联网骨干网（通过上游计划）。这些数据收集的范围可以通过其存储设施的规模进行估算，例如位于犹他州布拉夫代尔（Bluffdale，Utah）的价值20亿美元、占地2.5万平方英尺的存储设施。

大型科技产品在全球南方的应用扩大了外国情报机构的耳目。美国对科技基础设施的控制，加上它所拥有的丰富资源，使其具备了对其他国家的影响力。然而，南非这样的国家若想获取某个相关人员的信息，就必须通过《相互法律协助条约》(*Mutual Legal Assistance Treaty*)进行申请，才能从推特或脸书等网络平台获取信息。相比之下，美国的情报机构可以以国家安全的名义要求访问这些信息。由此可见，权力不对称使北方国家在数据共享协议中占据了上风。此外，美国还拥有开发大数据的优势资源：它拥有世界上最先进的设备，并拥有一支由高级数学家和计算机科学家组成的队伍来梳理数据存储库。相比之下，南方国家的相关预算很少，数据存储微不足道，对大型数据集的分析能力也较弱。由于北方国家掌握着国有企业监控领域的权力，故而保持对科技生态系统的控制符合其利益。

八、技术霸权

殖民主义不仅是侵略行为，也是殖民者为了将征服和平息殖民地的抵抗合理化而确立的意识形态。在南非，阿非利坎人挑选出《圣经》中的一些章节，将自己塑造成上帝的选民，以便在被占领的土地上定居。19世纪，欧洲人创立了为资本家剥削服务的生物学种族理论。英国人弗朗西斯·高尔顿（Francis Galton）在这方面发挥了关键作用，他的种族理论在其为期两年的南部非洲之旅中逐步发展起来。在旅行过程中，他对非洲人产生了极度的蔑视。此后不久，高尔顿提出了"优生学"一词，并改进了爱德华·亨利（Edward Henry）爵士于1900年引入南非警力部门的指纹识别技术。高尔顿继而又对统计学领域进行了彻底的变革，提出了统计学中的相关性和均值回归概念。这些概念被整理出来服务于种族智商的社会达尔文主义意识形态，受到英国知识分子阶层的高度认可。

事实上，统治学说——无论是基于宗教使命、种族秩序、民族主义诉求还是"教化"责任——在殖民地社会中无处不在。在种族隔离制度下，非洲人接受了"班图教育"（Bantu education），这种教育旨在灌输对欧洲人的尊重，为非洲人从事卑贱的劳动和承受被奴役的生活做准备。正如沃尔特·罗德尼（Walter Rodney）所言："殖民地的学校教育是为臣服、剥削、制造精神错乱和不发达的发展提供的教育。"

进入 21 世纪，大型科技公司为数字时代打造了一种新的"宿命"。西方学说推崇大数据、中央云、专用系统，以及充斥着监控、自动化、预测分析和类似发明的智慧城市。一些分析人士承认这种状况存在潜在的缺陷，例如失去隐私、工作岗位被机器夺走和面临算法歧视，但他们认为，核心技术是技术"进步"的必然要素。在南非，同样的说法借助于世界经济论坛创始人克劳斯·施瓦布（Klaus Schwab）的所谓"第四次工业革命"理论而得以传播，该理论赋予私营部门特权，并推动了将数字资本主义作为控制工具的趋势。南非的政要、记者和知识分子（在媒体中起重要作用）已经把他的学说内化，几乎所有讨论技术的文章或广播节目都提到了"第四次工业革命"。

与此同时，南非的精英们正试图通过"教育领域的费吉萨"项目让大型科技产品快速进入闭塞的课堂。贫困学生和贫困家庭依靠国家提供的更平等的数字体验，通过补贴的形式使用生产设备（如笔记本电脑等）和高速宽带。对于学校而言，技术选择的重要性不言而喻：从孩提时期开始，通过塑造这个国家第一代科技人员的习惯、偏好和知识基础，特定的技术配置将使他们形成路径依赖。教育为大型科技帝国主义提供了最大的温床。把产品植入校园可以占领新兴市场，并加强对全球南方大型科技产品、品牌、模式和意识形态的控制。成年后的年轻人更愿意消费他们在学校时接触过的产品，而未来一代的技术开发人员很有可能成为在其成长过程中使用过的产品的开发人员。

尽管数字化过程带来了诸多后果，但目前对此的表态都是呼吁同化，缺乏实质性的讨论。正如南非威特沃特斯兰德大学副校长亚当·哈比卜（Adam Habib）所说："对技术创新的考虑甚至还没有进入公众话语体系，我们正处于集体风险之中，再次成为我们无法控制的经济力量和经济进程的受害者。"

九、自由软件运动

公众拥有和控制的技术可以抵制出现在南非的大型科技殖民扩张，这些技术是在架构层面为了实现自由而设计的。自由软件运动（Free Software Movement)一直站在这场政治斗争的最前沿。为了应对通用软件的封闭，自由软件运动先是通过专有软件、目前是通过网络集中化在帝国的中心发展起来。这项运动以实现个人和集体的自由为目的，聚焦多种技术模式的开发，将软件的控制权赋予个人和社区。在21世纪前10年，自由软件被包括南非在内的全球南方国家的公共部门认可。自由软件的构想在世界各地的发展和传播与社会主义在欧洲的发展和传播相似。欧洲社会主义运动的发展源于对圈地运动和工业剥削的抵制，随后在世界各地的解放运动中广泛传播。

在21世纪，软件是自由的核心组成部分。因为软件在很大程度上决定了你的计算机可以做什么，进而决定了你的数字自由程度。这一观念促使麻省理工学院的计算机程序员理查德·斯托曼（Richard Stallman）在1983年发起了自由软件运动。他意识到，如果你想改变自己计算机中某个功能的工作方式，用补丁修复漏洞，或者把软件开发者强加给你的功能删除，那么你必须能够访问和修改程序的源代码。因此，有些自由对于用户来说是必要的，用户需要掌控自己的设备如何工作，并控制自己的使用体验。

自由软件必须包含四项基本自由：按照自己的意愿运行程序的自由、研究和更改程序运行方式的自由、重新发布文档副本的自由、将修改后的文档副本发布给他人的自由。可以访问源代码是第一项和第三项自由的前提条件。如果个人和集体要掌控计算机，那么这四项自由是必不可少的。它们可以让一个工作组的成员更改程序，以便开展合作。

由于对自由软件的反占有设计理念印象深刻，南非前大主教德斯蒙德·图图（Desmond Tutu）表示支持自由软件运动。

然而，自由软件本身并不能提供控制技术的自由。哥伦比亚大学法学教授埃本·莫格伦（Eben Moglen）在《思想是自由的》（*Die Gedanken Sind Frie*）一书中开发了一个框架，对数字生态系统进行了更完整的描述。莫格伦认为，必须把数字生态系统的三大核心支柱调整好，以防止数字技术的专制。软件必须是自由软件，这样公众才有能力控制自己的设备；硬件必须是没有数字锁的自由硬件，且广泛地为人们所拥有；互联网必须是中立的，并在平等的条件下为所有人提供带宽。

莫格伦补充说，自由软件、自由硬件和免费频谱（网络连接）构成了自由文化的基础，任何拥有设备和互联网的人都应该可以自由地访问、制作和分享已出版的作品。总之，数字生态系统的核心支柱是至关重要的组成部分，它们的充分自由和充分开放，可以使公众对决定其生活方式的设备和数字生态系统进行直接或集体的控制。数字权利的倡导者认为，我们需要新技术以使互联网去中心化、保护隐私并颠覆集中式云储存。

十、互联网的去中心化

目前，客户端-服务器这种主从式网络模式将数十亿用户作为边缘客户端，这些客户端向中心的少数（主要是公司）服务器请求信息，服务器在加工、存储信息后再将它们返回客户端。这种架构是有问题的，它将巨大的权力赋予了拥有与运营云的公司和国家。这种模式助长了全球范围的殖民掠夺。

为了使用户摆脱上述困境，自由软件运动正在构建去中心化的网络替代方案。2010年2月，莫格伦和他的同事启动了自由盒子（FreedomBox）项目以应对集中式云储存。该项目旨在运行安全的个人服务器，以保护隐私并为社区提供基础设施，使用户的在线活动在不需要集中化媒介的情况下联网。用户可以在家中的设备上运行自由盒子（免费与开源）软件，并将其安装在小型廉价设备上作为个人云运行。该设备提供了一个无线接入点和一个存储用户个人数据的硬盘，这样，用户就可以通过互联网从任何设备上访问其所需信息。自由盒子还可以作为个人隐私保护器运行：用户只需点击按钮就可以启用洋葱路由器，洋葱网络为用户传送流量并提供匿名服务以及私人邮件和广告拦截等服务。最重要的是，通过本地社区服务器的点对点或高度去中心化的网络，自由盒子允许对为保护隐私而建立的替代平台进行去中心化托管，例如革奴计划（GNU）和长毛象（Mastodon）社交网络。在自由盒子的模式中，每个设备既是客户端又是服务器，这项技术显然是为了改进互联网的去中心化问题而设计的。

可以肯定的是，有些问题是新技术没有（或不能）解决的。例如，自由盒子并未充分覆盖蜂窝数据通信，还需要新的技术措施和法律对策来限制对移动设备的监控。越来越多的网上购物及"智能"闭路电视监控系统都是对隐私保护的挑战，这些挑战无法用替代技术来解决。除了更广泛的社会经济正义斗争外，行动主义和法规措施，如杰克·巴尔金（Jack Balkin）和乔纳森·兹特兰（Jonathan Zittrain）提出的"信息受托人提案"，也将在新兴技术领域的斗争中发挥关键作用。有了信息受托人，数据公司在处理用户数据时就必须履行忠诚、谨慎和信任的职责。然而，这些法规也存在局限性，因为它们不会阻止对个人数据的大量收集。比较而言，基于自由软件、自由硬件和去中心化（中立）网络的自由开放的互联网，将通过以下方式大幅减少数字控制：减少网络效应；削弱垄断；抵制审查制度；阻止大数据和国家监控的关键形式；消除专制的软件控制；提高透明度；使穷人更容易负担得起并获取技术和知识；促进定制化、多样性和本地控制。

新的去中心化技术必须界面简单、易于使用；可以满足数百万甚至数十亿人的使用需求，而不是监控他们；必须使用穷人负担得起的设备；必须禁止互联网服务提供商对比特流（Bit Torrent）和洋葱路由器等技术进行节流；需要有足够的资金进行发展。这需要自下而上的推动，因为上述变化会冲击世界帝国的核心。民众参与、教育、行动主义和法律创新是对抗科技霸权的关键。

十一、反对意识形态控制

真正的替代方案是存在的。社会活动家、家长、学生、教师和政策制定者可以将保护人民权力的技术（People's Tech for People's Power）交到教师、学生及其家人手中。学校可以为南方国家提供技术，使其拥有促进教育、共享、个人和集体的控制权与所有权、直接民主、地方主权、真正的隐私以及本土商业和创新的能力，努力将帝国主义势力赶出去，打造一个新的数字社会。

然而，这些问题却被各种讨论忽视了。在北方国家，批评者关注的是算法歧视、假新闻以及需要通过监管来削弱大型科技公司的力量的问题。但是，保持技术架构完好无损的宽松的隐私及反垄断法规，既无法约束大型科技公司，也不足以限制其在全球的影响力。

新技术通常被认为是在市场中"脱颖而出"的事物，而不是被特定价值和权力关系嵌入其中而设计出来的产品。从工程学的角度来看，事实并不一定是这样的：数字技术可以被大众阶层拥有和控制。围绕技术的讨论应该是全面的，并可以解决结构性的不平等、身份、文化和政治问题。在思考数字世界时，只关注美国和欧洲的经验（像北方国家的大多数讨论一样）是不够的。全球南方的许多国家正在实现社会数字化，但必须从全球的角度来看待数字生态系统。这需要进行范式转换，将西方人关注的焦点从表面上的结果（在隐私和歧视等领域）转向全球背景下的技术架构层面的结构性权力。

南非有能力解决这一问题，并有能力开展反对数字殖民化的草根运动。1970年代和1980年代，反种族隔离活动人士曾向IBM公司以及其他为种族隔离提供计算机的公司提出抗议；1980年代，他们发起了"人民教育争取人民力量"的运动，支持教育中的直接民主；2000年以来，他们在获得非专利艾滋病病毒/艾滋病药物的斗争中赢得了胜利。此外，在"治疗行动运动"（Treatment Action Campaign）的领导下，南非社会活动人士成功发起了反对大型制药公司知识产权的斗争。今天，南非和其他全球南方国家正准备反击，它们会提出哪些具体的反对意见和替代方案，仍有待观察。如果不进行结构性变革，技术"进步"的进程将与过去的殖民时期类似。一场自下而上的运动可能会引发一场反对数字殖民主义、支持为自由而建的技术的全球运动。

第四编

资本主义经济危机

第 17 章　大衰退十年之后*

哈达斯·蒂尔/文　　车艳秋　张蕙莹/译

2009 年 2 月,《我们现在都是社会主义者》的标题赫然出现在《新闻周刊》(*Newsweek*) 封面。《加拿大金融邮报》(*Canada Financial Post*) 也宣称:"救市计划标志着卡尔·马克思归来。"① 2007 年和 2008 年爆发的大规模金融危机使政客、资本家和专家们恐慌不已。这是否意味着资本主义体系的失败?马克思会不会在坟墓中发笑?诸如此类的疑问出现在主流媒体的报道中。时任美国财长的汉克·保尔森(Hank Paulson)忧心忡忡地表示:"世界可能会崩溃。"时任美国总统的乔治·W. 布什则表达得更为含蓄:"这个家伙可能会趴下。"

2007 年至 2009 年的经济危机后来被称作"大衰退",这是美国自大萧条以来持续时间最长、影响最深远的经济危机。衰退始于巨型地产泡沫的破灭,之后出现了一系列连锁反应——股市崩盘、美国最大的投资银行倒闭、商品价格暴跌、信贷冻结、国际贸易放缓。其后果是 900 多万所房屋被取消了赎回权,800 多万个工作岗位消失。到 2009 年年底,约 3 000 万人(相当于 18% 的劳动力)处于失业、就业不足或放弃寻找工作的状态。② 首先受到冲击的是穷人。2009 年,处于收入最底层的 1/10 家庭的失业率高达 30%,而处于收入最高层的家庭的失业率仅为 3%。前者就业

---

* 本章原载:《国外理论动态》2019 年第 12 期。原文来源:Hadas Thier, "Ten Years since the Great Recession," *International Socialist Review* 112 (2019): 3-26. 哈达斯·蒂尔(Hadas Thier):《国际社会主义评论》(*International Socialist Review*) 定期撰稿人。车艳秋、张蕙莹:辽宁大学外国语学院。

① Martin Masse, "Bailout Marks Karl Marx's Comeback," *Canada Financial Post*, September 29, 2008.

② 参见 Andrew Sum, "The Labor Market Impacts of the Great Recession of 2007-2009 on Workers Across Income Groups," *Spotlight on Poverty and Opportunity*, April 12, 2010.

不足（非自愿兼职）比例达到 30%。①

危机发端于美国，但影响波及全球，许多国家面临着更为严重的衰退和萧条。全球有近 3 400 万人口加入失业大军，受冲击最大的是年轻人和流动工人。中东欧的大部分地区以及牙买加、阿根廷都出现了严重的、类似于萧条的经济收缩。大部分拉丁美洲国家陷入了深度衰退。深处危机中的各国实施了救市计划，但也付出了沉重代价。在希腊、牙买加、西班牙、爱尔兰、巴西、波多黎各等地，工人们承受着严苛的经济紧缩政策，以"帮助国家偿还公债"。

10 年后，我们被告知：一切已恢复正常。曾在大衰退期间敦促社会进行全面反思的媒体调整了论调，开始报道美国资本主义的丰厚利润和股市的空前繁荣。奥巴马政府推出了价值数万亿美元的救市计划，银行、投资公司、大企业因此而恢复了元气，而埋单的却是纳税人。之后，"反建制派"政客、亿万富翁唐纳德·特朗普签署了"掠夺性的"（特朗普认为其是"不同凡响的"）税收法案，美国企业因此而发了横财。对于统治者而言，大衰退时期的种种担忧现在似乎只是一种朦胧而遥远的回忆。

根据民意调查，在大衰退结束后的很长一段时间里，大多数美国民众仍然认为国家处于衰退甚至萧条中。民众之所以有如此印象，是因为在大衰退结束后，虽然企业恢复了利润率，但收入不平等程度加剧，家庭财富中位数下降。就业率也是直到 2016 年才开始回升，但增加的主要是低薪、低技能、临时性或兼职岗位。根据报道，大萧条结束 10 年后，只有 1/3 失去住房的家庭"可能再次拥有自有产权"②。因此，穷人、移民、有色人种、学生、年轻工人无法感受到"经济复苏"，能够感受到"经济复苏"的只有公司高管。

事实上，美国经济两极分化的程度超过以往任何时期。根据美联储的报告，2016 年，美国 1% 的人口掌控了全国 39% 的财富，这一比例再创历史新高，而底层 90% 的民众只持有 23% 的财富。③《金融时报》曾感叹

---

① 参见 Andrew Sum, "The Labor Market Impacts of the Great Recession of 2007-2009 on Workers Across Income Groups," *Spotlight on Poverty and Opportunity*, April 12, 2010.

② Laura Kusisto, "Many Who Lost Homes to Foreclosure in Last Decade Won't Return," *The Wall Street Journal*, April 20, 2015.

③ 参见 Matt Egan, "Record Inequality: The Top 1 Percent Controls 38.6 Percent of America's Wealth," WWW.CNN.com, September 27, 2017.

"美国就业市场回暖,但显然大部分美国人并未感受到暖意"①,原因应该就在于此。

尽管金融崩溃和随之而来的经济衰退引发了大范围的动荡,使广大民众遭受了苦难,但主流经济学家的表现却无法令人满意。在危机发生时,美联储前主席、谦逊的"经济学摇滚明星"艾伦·格林斯潘(Alan Greenspan)表示:"这一切令人震惊,令人难以置信。"他的结论是:危机是由无法解释的、"百年一遇的信贷海啸"引发的。② 被誉为"有效市场假说(该理论推崇完全的市场民主,认为民主的市场一定会导致'正确的'经济结果)之父"的经济学家尤金·法马(Eugene Fama)说:"我们不知道是什么导致了经济衰退。我不是宏观经济学家,所以我对此并不感到难过!我们从来都无法弄清楚原因。时至今日,人们仍在争论大萧条的起因。经济学并不擅长解释经济波动。"③

作为马克思主义者,我们必须要在理解与解释大衰退方面做得更好。这不仅因为衰退(无论在过去还是现在)对劳动人民的生活产生了巨大影响,而且因为我们知道,周期性危机不是偶然的,而是资本主义特有的。理解资本主义危机是革命社会主义理论和政治的核心。由自身特有的周期性危机带来的波动和破坏使资本主义从根本上成为一种不稳定的、存在严重断裂的体系,进而催生了阶级斗争。

一、大衰退的新自由主义根源

如要寻找大衰退的根源,就应该追溯到美国的"新自由主义"时期。"新自由主义"被用来定义自 1970 年代以来美国资本主义几十年的发展状况,它既包括自由市场的自由化意识形态,也包括私有化、提高工人工作强度、提高生产率、放松管制等政策措施。1970 年代,利润率下降,通货膨胀率上升,增长放缓,新自由主义是统治精英对这次深度衰退的回

---

① Sam Fleming, "Growing US Labor Market Belies Morose Mood," *Financial Times*, March 30, 2016.

② 参见 Aaron Smith, "Greenspan: It's a 'Credit Tsunami'," WWW.CNNMoney.com, October 23, 2008.

③ 法马认为,不存在房地产泡沫或信贷泡沫。根据他的理论,消费者在购买商品时拥有完整的信息,因此任何时点上的价格都是正确的。参见 John Cassidy, "Interview with Eugene Fama," *New Yorker*, January 13, 2010。

应。此后，由于经济全面重组，繁荣持续了 25 年，利润率强劲回升。社会主义者李·苏斯塔尔（Lee Sustar）写道：

> 危机当前，资本主义开出的药方是回归市场的基本原则。几十年来一直被视为右翼怪胎的米尔顿·弗里德曼等人，此时突然成了圣人——他们一直在为放松商业管制、政府服务私有化、"灵活"就业等政策传道。美国总统里根、英国首相撒切尔夫人等政客采纳了弗里德曼的理论，开始解散工会，大幅削减政府支出，放松政府对金融资本的管制。克林顿只是磨掉了这些政策的粗糙棱角，却从根本上巩固了"新自由主义"。[1]

两种变化在新自由主义时期同时发生。首先是美国统治阶级压榨工人阶级、恢复利润率；其次是私有化。政府开始放松对所有经济部门的管制，私有化达到了前所未有的水平。

新自由主义重组的主要纲领是攻击工人阶级。新自由主义通过增加劳动强度、提高生产率、降低工资等政策将财富从社会底层转移到社会顶层，通过削减公共服务和福利开支等政策将社会成本转嫁给了工薪家庭。其结果是统治阶级的利润率不断提高，社会不平等程度令人震惊。在 30 年的时间里，最富有的 1% 人口的国民收入几乎翻了一番，而超过 1/4 的贫困人口则依靠工资生活。与大萧条爆发前相比，新自由主义社会的不平等程度有过之而无不及。[2]

1970 年代的"新自由主义革命"在很大程度上推翻了大萧条结束后政府对金融资本的监管机制。政府放松管制，金融部门的自主权不断提升，这为金融产品的爆发性增长开辟了道路，推动了全面"证券化"（securitize）进程，即将抵押贷款和养老金等各种债务转变为可公开交易的金融工具。利润率增长过快，资本急需其他投资渠道，为获得更高的回报，金融机构越来越倾向于在传统领域之外找寻更复杂的金融投资组合。摩根大通掉期交易团队的早期成员 T. J. 林（T. J. Lim）说："每个人都在寻找投资收益。只有想不到的，没有做不到的。每周都会有人推出新的产品。"

任何债务都可被重新打包成"证券"，即可交易的金融资产。证券的

---

[1] Lee Sustar, "Who Caused the Great Crash of 2008?" *Socialist Worker*, December 5, 2008.

[2] 参见 Lee Sustar, "The Panic of 2008," *Socialist Worker*, October 11, 2008.

传统形式包括债券（可交易的债务）和股票（可交易的公司资产），更为复杂的是银行自行设计的组合证券。银行将抵押贷款、学生贷款以及成千上万种其他贷款分解、组合，重新打包成"衍生产品"。衍生产品种类繁多，包括期货、远期、掉期、期权等，其本质是新型的证券或金融合同，其价值从另一项资产中衍生。"抵押贷款证券"是一种将抵押贷款捆绑在一起的金融产品，后来成为引发大衰退的罪魁祸首，这一点将在下文阐述。

大卫·哈维在《新自由主义简史》（A Brief History of Neoliberalism）一书中写道：

> 从此，金融活动逐渐摆脱了各种监管和限制，金融业得到空前的发展，并最终席卷一切。金融服务不断创新，不仅使全球金融活动的联系愈发复杂化，而且还产生了基于金融市场的新型证券、衍生品和各种期货交易。简言之，新自由主义意味着一切皆可金融化。①

除此之外，对工人的残酷剥削为企业再次繁荣奠定了基础，但对金融资本放松管制则加剧了积累的风险。1990年代，乐观的评论见诸媒体，认为美国创造了"经济奇迹"，经济周期已被终结。1991年到2001年，美国出现了当时有史以来持续时间最长的经济扩张，国内生产总值增长，利润翻倍，失业率下降，甚至工资都开始上涨。但是，新自由主义的双重特征——经济两极分化和放松管制——正酝酿着矛盾，并将导致经济的崩盘。

二、生产过剩的危机

新自由主义繁荣不断累积，最终被全球性商品过剩取代，导致了马克思所说的"生产过剩危机"（商品数量太多而无法售出）和资本的"过度积累"（工厂、机器和其他形式的固定资本无法使用）。市场过度饱和，最终产品无法售出，资本家不再将全部资本投入生产。闲置资本只出现在资本家的账簿上，造成了严重的资金浪费。

---

① David Harvey, *A Brief History of Neoliberalism* (New York: Oxford University Press, 2005), p. 33.

1990年代后期,危机初现,最终演变成"亚洲金融危机"。10年后,亚洲"四小龙"再次出现生产过剩问题,形势甚至比上一次更严峻。多年来,东南亚一直是自由市场经济的典范。数十亿美元的国际贷款和投资加速了该地区出口驱动型经济体的增长。美国社会主义者乔尔·盖尔(Joel Geier)认为:所有人都相信繁荣会继续,因此不断扩大产能,投资和贷款不断涌入;虽然企业生产的商品数量与其在全球市场上的销售量之间的差距日益扩大,但这个问题为繁荣的表象所掩盖;政府和企业债台高筑。①

从1990年代起,整个地区的投资水平都在攀升。② 1990年代中期,生产过剩开始出现,市场无法消化增加的产量,生产开始放缓,企业产能只达到60%~75%,但国际投资持续涌入。最终,出口下降导致贷款拖欠,资本开始迅速外流,就像当初进入时一样迅猛,投资者们都想尽办法在金融恐慌蔓延前撤出资金。

这是一场全球性危机。货币和银行体系崩溃,全球贸易量下降,利润率下滑,工业艰难前行,世界大部分地区都陷入了衰退或萧条。但美国在很大程度上控制住了危机,或至少推迟了危机的影响。联邦储备银行降息、贸易赤字、企业减税政策一起维持着信贷的持续流动。企业和消费者的借款与消费都在增长,国内生产资料市场和消费品市场也都在扩张。

消费者、企业和政府的债务也使美国成为其他国家产品的"最后买家"。美国通过支出、通过产生需求来支撑全球生产,成了世界摆脱衰退的主要力量。从1997年到2000年,美国的商品和服务进口从每年略高于1万亿美元跃升至近1.5万亿美元。同期,中国进行了工业革命,经济保持着两位数的年增长率。这反过来又使中国不断增长的市场能够吸收全球其他地区的产出。

简言之,尽管全球商品和资本的过剩问题从未得到解决,但中国的工业增长和美国的债务增长一起撑起了全球的生产扩张,高额利润得以实现。2000年,美国联邦预算盈余达到2 360亿美元的高点,但到了2005

---

① 参见 Joel Geier, "Can the US Escape the Global Crisis?" *International Socialist Review* 6 (1999)。

② 投资水平用进入"固定资本形成"(新工厂、新道路和新住房)的投资占GDP的比率来表示。在1997年之前,马来西亚、泰国、韩国每年的固定资本投资率都高达30%,有时甚至高于40%(而1990年代同期全球固定资本投资占GDP的比率在24%以下)。参见 World Bank Open Data, "Gross Fixed Capital Formation (Percent of GDP)," https: //data. worldbank. org/indicator/NE。

年，美国预算赤字高达 3 000 多亿美元。① 同年，美国贸易赤字从 3 730 亿美元激增至 7 140 亿美元。从 1990 年代到 21 世纪初，在巨额预算赤字和贸易赤字出现的同时，资产泡沫也在不断膨胀。②

虽然经济在 2001 年出现了温和的衰退，但在 21 世纪的头 10 年，债务驱动的经济增长仍在继续。企业得到数万亿美元的贷款。尽管工薪阶层收入下降会限制消费，但债务推动了生产的快速增长。在繁荣的高峰时期，家庭债务高达个人收入的 120%（2000 年为 81%），而二战后繁荣时期仅为 31%。③

虽然经济在 21 世纪的头 10 年继续扩张，但新厂房和生产资料投资增长缓慢，各行各业仍在努力应对 1990 年代遗留的生产过剩问题。在现有工厂未完全开工的情况下，企业没有动力建造新厂房，产能利用率即使在 2005 年繁荣时期也只勉强达到 80%，远低于之前的繁荣时期。④ 盖尔对此的解释是：资本家不在新技术、新厂房和新设备上投资，而是把资金投向海外；国内投资主要进入了利润率最高的房地产、建筑和金融领域。⑤

三、房地产泡沫终结

高水平投资推动了房地产市场的繁荣。虽然房产价格上涨，但抵押贷款利率低，拥有房屋产权不再是很多人的奢望。此时，银行开始强力推出"次级抵押贷款"。次级抵押贷款几乎不需要购房者提供首付，并且避开了

---

① 参见 Kimberly Amadeo, "US Deficit by Year: Compared to GDP, Increase in Debt and Events," *The Balance* (blog), October 27, 2017。

② 2001 年，互联网行业的泡沫首先破灭，几年后房地产泡沫破灭。一个泡沫消失，另一个泡沫随即出现。互联网泡沫破灭后，美联储通过降息来提振经济，2001 年至 2003 年，利率从 6.5% 降至 1%。银行放宽贷款条件，抵押贷款和其他贷款范围扩大；投资者也把希望转向抵押贷款证券，期待其回报率高于美联储利率。上述两个因素都加速了房地产泡沫的形成。同时，更多投资者在股市崩盘后将投资转到房地产。正如耶鲁大学经济学家罗伯特·席勒（Robert Shiller）所说："一旦股价下跌，房地产将成为股市投机热潮的主要宣泄口。"参见 Jonathan R. Laing, "The Bubble's New Home," *Barron's*, June 20, 2005。

③ 参见 Carlos Garriga, Bryan Noeth and Don E. Schlagenhauf, "Household Debt and the Great Recession," *Federal Reserve Bank of St. Louis Review* 99, no. 2 (2017): 183-205。

④ 参见 Federal Reserve Economic Data, "Capacity Utilization: Total Industry, Percent of Capacity, Monthly, Seasonally Adjusted," https://fred.stlouisfed.org/series/TCU。

⑤ 参见 Joel Geier, "Capitalism's Worst Crisis since the 1930s," *International Socialist Review* 62 (2008)。

贷款的严格条件。次级抵押贷款的初始利率低，刺激了人们对贷款的需求，但随后次贷利率迅速上涨。工薪阶层错误地以为房产价值将无限期上升，以为自己可以在利率升高前再融资。

与此同时，投资者对抵押贷款证券的需求刺激了银行发行更多的抵押贷款，银行将贷款分割，重新打包销售，从中收取巨额服务费。银行极力推动这种掠夺性贷款，导致次级抵押贷款占抵押贷款的比例从2003年的8%上升到2005年的20%以上。在2004年至2006年房地产繁荣时期，银行、储蓄机构、信用合作社和抵押贷款公司共发行了1000多万笔高息抵押贷款，产生了1.5万亿美元的不良债务。

在抵押贷款出现爆发性增长的同时，投机者的投机行为刺激了对房地产的需求，房价开始上涨。投机者用次级抵押贷款购置大量房产，由于这类贷款不需要支付太多首付，所以即使房价上涨，投机者也可以继续购房。具有讽刺意味的是，贫困阶层和工薪阶层因无法还贷而被认为是房地产危机的始作俑者，其实投机者才是房价下跌时最先拖欠贷款的人——他们购房不是为了居住，所以没有动力去控制坏账。超过1/4的严重违约是由投机者造成的。

房地产向我们充分展示了经典投机泡沫（商品交易价格极度膨胀）的发展过程。在2005年泡沫高峰时期，美国房产总估价是国内生产总值的145%。随着泡沫的膨胀，人们的幻想也在膨胀。抵押贷款公司房地美（Freddie Mac）的首席经济学家弗兰克·诺斯福（Frank Nothaft）告诉《商业周刊》（*Business Week*）："我预计房价不会出现全国性下跌。"[①] 全国房地产经纪人协会（National Association of Realtors, NAR）的大卫·勒雷亚（David Lereah）发表了《反泡沫报告》（"Anti-Bubble Reports"），以"回应当地媒体和学界的不负责任的指控"。他向读者保证："从基本住房需求和可预测的经济因素考虑，全国住房价格几乎不存在出现泡沫的风险。"

但泡沫是存在的。因为工薪阶层可以通过抵押房产获得更多贷款，所以泡沫的膨胀刺激了债务的增长，银行疯狂放贷以攫取超额利润。《经济学人》（*The Economist*）在2008年发文描述了这个过程：

> 自1982年以来，美国经济表现稳健，未出现严重经济衰退，一个

---

① June Kim, "Housing Bubble—Or Bunk," *Business Week Online*, June 22, 2015.

重要支撑就是消费者。消费者支出非常稳定，一方面因为就业和收入的下降不像过去那么严重，另一方面消费者愿意并且能够借钱消费。资产价格的长期上涨——先是股票，然后是房产——导致了消费者资产净值的增长，储蓄似乎不再必要。金融产品不断创新，贷方慷慨承保，贷款变得更加容易。这类贷款发放的基础是抵押品，而在当时看来，抵押品的价值不仅稳定，而且还在不断上涨。从1950年到1985年，消费者平均储蓄额为可支配收入的9%；1985年之后，储蓄率稳步下降，今年年初降至零左右。与此同时，1990年消费贷款和抵押贷款占到消费者可支配收入的77%，如今更是上升到127%。①

这种状态无法持续下去了。房地产价格和利率飙升，工人阶级不再有能力购房，对新建住宅的有效需求下降。房地产销售量锐减，需求的下降拉低了房价和房产净值。银行原来寄希望于美国穷人去购买住房，现在开始上门索债。转折点已经到来，泡沫即将破灭。

你不必是马克思主义者，就能看出房地产价格飙升和收入停滞不能带来任何好处。哈佛大学住房研究联合中心（Joint Center for Housing Studies）的分析家在2008年的一篇论文中论述了房地产问题。这篇论文颇有价值，因为这是哈佛大学建制派精英提供的一个典型生产过剩案例：

> 即使放宽贷款标准、推出新型抵押贷款，也无法使房地产市场长期延续下去。利率在2004年开始上升，房价自2005年下半年就开始显示出疲软迹象，投资者迅速撤出，购房者搁置购房计划。但为满足投资者以及第一套、第二套购房者的需求，建筑商已经加大了投入，独栋住宅开工量（住房单元建设）从2001年的130万套增加到2005年的170万套。当住房需求开始减少时，新建独栋住宅正处于待售或在建状态，数量创历史新高。②

房地产供给过剩问题越来越严重，抵押贷款产品创新浪潮即将结束。2006年第三季度，名义房价同比下降。部分浮动利率贷款开始调整利率，抵押贷款因风险管理不善而恶化。作为回应，贷方在2007年下半年开始收紧贷款，导致市场进一步恶化，房地产持续下行的风险进一步增大。

过热的房地产市场开始出现抵押贷款违约现象，房屋开始空置，对房

---

① https：//georgewbush-whitehouse.archives.
② "The End of the Affair," *The Economist*, November 20, 2008.

价构成了下行压力,大量在建项目被取消。仅在 2007 年就减少了 20 多万个建筑工作岗位。市场达到饱和与建设水平调整之间存在着明显的时滞。新型金融工具是多重组合而成的,这导致时滞更加严重,住宅建设的流程被压缩。《华尔街日报》(Wall Street Journal)在 2007 年年底报道说:

> 房地产在 2005 年达到顶峰。2006 年年初,人们普遍认为房地产繁荣可能已经结束;到了 2006 年年中,人们对此确信不疑了。2006 年 6 月,已建成独栋住宅的销售量同比下降 9%,新建住宅销售量下降 15%,框架木料价格下降 19%。道琼斯-威尔希尔住宅建筑股指与 2005 年 7 月的峰值相比下降了 41%。但直至 2006 年年底,身处泡沫中的人们仍在加大投资。根据迪罗基数据公司(Dealogic)的数据,2006 年发行的抵押债务债券(包含大量高风险抵押证券和其他资产证券的投资)达到 1 870 亿美元,比 2005 年增加了 72%。[①]

毫无疑问,生产过剩的现实盖过了金融投机的狂想。华尔街炮制投资组合的用意就是收取费用。而大量违约案例的出现使金融机构的抵押贷款服务费流失,导致华尔街投资组合方案破产。截至 2007 年年底,取消抵押品赎回权案例达到 100 万起,几乎增长了一倍。正如苏斯塔尔所言,"债务多米诺骨牌开始倒下";或者用马克思的话来说,"支付链条"突然"在一百处"断裂。

对抵押贷款证券的需求急剧下降,投资者被迫亏本出售。房价下行导致房产净值下降,工人贷款额度变少,进一步挤压了消费支出。根据《经济学人》2008 年年底的文章,"房地产价值与 2006 年高峰时期相比已经下降了 18%,银行和其他贷款机构对所有类型的消费贷款都提高了发放条件。因此,第三季度消费者支出的年利率下降了 3.1%……美国消费者的黄金时代已经结束,新的节俭时代可能已经到来"。

债务过度扩张与房地产等资产价值膨胀都是金融体系内的普遍现象,只不过这次矛盾首先在金融体系最薄弱的地方——次级抵押贷款市场——爆发。人们很快意识到此次危机的深远影响。当资本家们不得不着手处理被高估的资产时,源于美国次贷市场的危机很快演变成全球金融信贷危机。随之而来的是股价暴跌、商业地产陷入困境、公司负债累累且无法获

---

① Justin Lahart, "Egg Cracks Differ in Housing, Finance Shells," *Wall Street Journal*, December 24, 2007.

得或释放足够的现金。如果资本市场停工，许多公司连日常运转都无法维持。整个金融体系行将崩溃，全球联手实施巨额救市计划成为避免崩盘的唯一选项。

数万亿美元的救市方案将使工人阶级付出巨大代价，世界各地的工人阶级和穷人深受紧缩政策之累。企业大肆裁员与工厂关停导致失业率飙升，全球产量大幅下降。危机因华尔街和金融机构而生，但却由劳动人民来承受经济衰退的痛楚。

四、结论

大衰退已经过去了10年，社会和经济的两极分化从未如此严重。大卫·麦克纳利（David McNally）最近报道说：根据乐施会（Oxfam）的数据，世界上最富有的八个人拥有的财富和世界半数人口（36亿人）拥有的财富相同，最富有的1%人口拥有的财富比其他99%人口拥有的总和还多。新自由主义繁荣之后是新自由主义衰退，但通过在全球范围内实施极端紧缩政策、压榨工人以恢复资本利润率等手段，新自由主义经济复苏最终得以实现。严峻的现实和对剥削阶级的愤怒共同推动了社会主义左派与极右派的发展。当经济不平等进一步加剧、未来危机浮现时，加强工人阶级的政治信心和组织将至关重要。

第 18 章　金融化与金融危机：
商品拜物教的视角[*]

普拉纳·坎迪·巴苏/文　王珍/译

一、后福特主义

1. 福特主义

在 20 世纪的前 60 年里，发达资本主义经济的本质特点集中体现在福特汽车公司 T 型车（1908 年）的生产过程中，进而也产生了"福特主义"这一术语。在此之前，汽车产品是按照客户订单要求由熟练工人手工制作的。而福特 T 型车在生产过程中首次使用了配备传送带的装配流水线，生产出的标准化汽车产品也是面向大众市场的。不久后，这项技术传播到其他行业，进而使整个经济得以重组。大规模工厂生产、标准化商品流水线以及庞大的消费市场成为这个时代的经济特点。其中，消费市场之所以能够蓬勃发展，部分原因在于实际工资的上涨。这既是工会运动蓬勃发展的结果，也是大型工厂中大量工人聚集的结果。在福特主义产生前的一段时间里，人们运用"工时学"（Time and Motion Studies）理论对工人操作程序进行拆分和优化来提高生产率，进而促进了利润增长和资本积累。这种理论在很大程度上是亚当·斯密讨论过的工业分工的延伸。这一时期也被称为"泰勒主义"时代，因为弗雷德里克·泰勒（Frederick Taylor）

---

[*] 本章原载：《国外理论动态》2019 年第 12 期。原文来源：Pranab Kanti Basu, "Financialization and Financial Crisis: Looking through the Lens of Commodity Fetishism," *International Critical Thought* 8, no. 4 (2018): 518–534. 翻译有删减。普拉纳·坎迪·巴苏（Pranab Kanti Basu）：印度西孟加拉邦维斯瓦-巴拉蒂大学经济与政治学院。王珍：中国社会科学院马克思主义研究院。

是第一个实践"工时学"原理的人。但在福特主义时代，研究的重点不再是如何更有效地协调生产过程中由社会分工形成的各个环节，而是转向了如何通过使用传送带等技术来提高生产率。

2. 后福特主义

爆发于1970年代的资本主义结构性危机引发了一系列深刻的变化，由此开创了一个大为迥异的后福特主义时代。这一系列深刻的变化不仅改变了生产组织与生产活动的地理分布，而且还改变了资本主义世界体系中生产技术、控制过程以及产品的本质，甚至在全球剩余价值的生产过程中，利润、利息和租金等权益的相对重要性也发生了改变。

与此同时，经济行为主体也产生了持续不断的变化。例如，国际货币基金组织、世界银行以及后来的世界贸易组织等国际经济组织强迫那些不情愿的第三世界国家提高商品和资本的流动性。而有些变化则植根于根本的技术变革。当然，人们不应认为技术变革的动力仅仅来自自主的科学进步。所有变化都是受多种因素影响的，甚至是相互影响的。举个例子，基因工程的发展在很大程度上是由资本的盈利欲望驱动的，资本想要把它的触角延伸到新的生产领域，即那些人类劳动力之前从未涉及的新领域。

这一时期的经济变化主要依靠生产活动外包来实现。外包既发生在原材料生产环节，也发生在知识和信息处理过程中。物质生产的外包并不依赖科技创新，而仅仅依赖新自由主义制度下更高程度的商品和资本流动性。但需要指出的是，与意识形态宣传相反，由国际经济组织推动的新自由主义政策并没有彻底地实行全要素无国界流动。全球资本没有必须遵守的自然规则或法律。制度本身总是有等级的，强加给世界秩序的规则是那些符合当前特权利益的规则。在限制流动性方面，最典型的例子就是对劳动服务和知识的限制。尽管自资本主义诞生以来，劳动力一直是劳动者拥有的私有财产，但知识在很大程度上是一种公共财产。强行限制劳动力流动意味着阻止工人进入工资更高的地区。而知识的不可移动则是指知识共享的范围受到专利的限制，从而资本在知识垄断的基础上拥有权力以获取剩余。这些规则都是由国际经济组织批准并执行的。

由于劳动者不能迁徙，工业国与非工业国（主要是前殖民地）之间就存在着巨大的工资差距。富裕国家工资高，剩余利润率正大幅下降。这促使这些国家将消费品生产部门外包给低工资地区。各国政府在使用童工、劳工法和环境法的设立与遵守情况等方面采取的管制和监督政策各不相同,这就为发达国家通过外包来榨取剩余价值开辟了道路。耐克、拉桑扎(La Senza)、盖普(The Gap)等大品牌曾被指出在印度和孟加拉国开设过真正的血汗工厂。国际货币基金组织和世界银行强制推行的开放贸易制度也推动了这种利润丰厚的外包过程。

知识流程外包(Knowledge Process Outsourcing,KPO)的实现严重依赖技术创新,尤其是信息技术创新。信息技术可以使指令从源公司流向位于南亚以及马来西亚等地的低端操作员,同时使经过处理的信息和数字(非物质)产品从外包操作员流回源公司。

业务流程外包(Business Process Outsourcing,BPO)使生产工厂分散于世界各地。在计算机数字控制技术的作用下,产品的设计获得了更大的灵活性。这种生产过程的分散化与灵活的设计相结合,构成了功能多样的设备群,它们可以在特定的数字技术控制下,针对不同的用途,生产各式各样的货物。这类机器与它们的前身有两个重要区别:首先,大部分工作流程已经在机器内部进行了精细调整,只需要数字指令来启动生产;其次,同一台机器可以完成多种生产活动。这很像厨房里的多功能一体机,既可以搅拌,也可以磨粉或者绞肉。其结果是熟练工人变得多余,且只能为小众客户生产小批量产品,而不是参与大规模消费品的流水线生产。

生产的灵活性和分散性促进了更大规模的资本流动,资本流动又反过来提高了生产的灵活性和分散性。管制制度和通货膨胀率的差异对大规模的金融投资产生了影响。美国持续的巨额赤字不仅使金融投资成倍增长,而且还创造了一个需要投资渠道的庞大欧元基金。

埃瓦尔德·英格伦(Ewald Engelen)等学者认为,由于养老金改革(全球范围内以养老金预先付费制替换现收现付制)、国际贸易失衡和大宗商品(尤其是石油)价格上涨,越来越多的"大额资金"需要走向全球金融市场来寻找投资机会。[1] 我们已经说过,福利支出的终止或大幅削减迫使西方贫困人口也进入了金融市场,为医疗、教育等支出寻找一些贷款支持。只要房屋净值为正,业主就可以获得抵押贷款的资助,以填补国家公共支出削减造成的空缺。

---

[1] 参见 Ewald Engelen, Ismail Erturk, Julie Froud, Adam Leaver, and Karel Williams, "Reconceptualizing Financial Innovation: Frame, Conjuncture and Bricolage," *Economy and Society* 39, 1 (2010): 33–63。

3. 金融化

金融化是指金融部门呈现出增长态势,这与经济中物质生产部门的急剧收缩情况相反。这一趋势大约在 1970 年代中期开始在美国出现,目前已经席卷了主要的资本主义国家。很多实证研究证实了这种现象确实存在。格蕾塔·R. 克里普纳(Greta R. Krippner)在一篇被广泛引用的文章中指出,因为金融行业不是劳动密集型产业,就业率并不是衡量其相对于其他行业的重要性的良好指标。相反,她选择利润率作为更好的主导指标。克里普纳通过详细的实证分析得出结论:自 1980 年代以来,金融化的转变确实意义重大。[1]

美国金融危机调查委员会的正式报告也支持这一说法:

> 从 1978 年到 2007 年,金融部门持有的债务从 3 万亿美元飙升至 36 万亿美元,占国内生产总值的比例增加了一倍多。许多华尔街公司的性质发生了变化——从相对保守的私人合伙企业转变为承担更大、更多样化风险的上市公司。到 2005 年,美国最大的 10 家商业银行持有该行业 55% 的资产,是 1990 年的两倍多。在金融危机爆发前夕的 2006 年,金融部门的利润占美国所有公司利润的 27%,比 1980 年的 15% 有所上升。理解这种转变对委员会的分析至关重要。[2]

金融化有三个相互关联的方面:金融创新、证券分层和新制度结构的演进。金融创新通常采取设计新衍生产品的形式。衍生产品是一种金融资产,基本上是一张承诺在未来某一天付款的票据,即一张本票。有些衍生产品的价格取决于其他一系列资产的价格。这一系列资产可以是实物资产,也可以是金融资产。有些衍生产品的价格是根据对股票、债券、商品、货币、利率和市场指数的价格变动的推测而得出的,还有些来自原始债务或资产。金融机构会收集债务人(例如按揭房屋的买方)向贷款人(按揭的持有人)做出的各种固定收益(利率)的原始承诺书,并根据承诺的相似性将其组合起来,作为衍生证券出售。这直接引发了与金融化相

---

[1] 参见 Greta R. Krippner, "The Financialization of the American Economy," *Socio-Economic Review* 3, no. 2 (2005): 173–208。

[2] Financial Crisis Inquiry Commission (FCIC), "The Financial Crisis Inquiry Report: Final Report of the National Commission on the Causes of the Financial and Economic Crisis in the United States," 2011. https://www.gpo.gov/fdsys/pkg/GPO-FCIC/pdf/GPO-FCIC.pdf.

关的证券分层问题。

资产分层组合掩盖了金融风险及有关机构的身份，增加了金融资产的不透明性。像任何领域的创新一样，这一时期出现的金融资产和实体也是存在实际源头的。但是，信贷工具和金融工具在单个资产基础上进行了过多层次的包装组合，以至于金融衍生工具的购买者已经无法清晰地了解原始资产与金融工具之间的联系。债务转移加上评级机构肆无忌惮的评级，使在这样一种制度下，证券的买家完全无法了解一种金融资产的风险收益的实际价值。作为初始资产创造者，银行受到了保护，因为到危机发生时，那些高度膨胀的资产和债务都已经被推到了资产负债表之外。这一过程是通过创造特殊投资机构（Special Investment Vehicles，SIVs）等新制度来实现的。以最近一次金融危机为例，只要房屋净值被评估为正值，贷款银行就会提供次级抵押贷款。但由于次贷的性质，银行创建了特殊投资机构，并将这些以资产为抵押物的证券出售给特殊投资机构。特殊投资机构随后制造了多层债务抵押债券（Collaterised Debt Obligations，CDOs），并将其出售给饥渴的投资市场。

4. 经济大衰退

在需求方面，一系列相关因素构建了一个脆弱的制度，这些因素既包括投资基金，也包括金融创新、证券分层和金融机构不断演变且令人费解的复杂结构。而这一制度最终崩溃了，在2006年第三季度引发了大衰退。现在看来，资产泡沫本就应该在房地产部门破灭。简单地说，房地产市场的通货膨胀率减去抵押贷款的利率形成了房屋净利率，这一利率很高，让抵押贷款的发放者和接受者都乐于扩大交易规模。另外，美国经济的实际利率（利率减去通货膨胀率）自2004年以来一直保持在1.5%以上，并在2006年达到2%。住房部门的不平衡特征很明显。但本章主要关注的不是危机的标准叙述，而是试图用马克思对商品和商品拜物教的特殊性质的解读，来理解金融化和危机。

二、商品拜物教

马克思主义学者们一直对"金融化"这一概念有争议。一方面，罗德里戈·阿尔维斯·特谢拉（Rodrigo Alves Teixeira）、托马斯·尼尔森·

罗塔（Tomas Nielsen Rotta）、迈克尔·哈特和安东尼奥·奈格里都强调了非物质生产的增长（包括金融工具）。其中特谢拉和罗塔认为，金融部门已从实际生产中脱离，并实现了自治。[①] 但这一观点遭到拉杰什·巴塔查里亚（Rajesh Bhattacharya）和伊恩·J. 赛达-伊利扎尔（Ian J. Seda-Irizarr）的强烈反对，他们认为这一观点忽视了当代商业外包所创造的全球价值链。[②] 全球价值链也带来了与资本紧密联系的一系列非资本问题，例如，大品牌的服装、鞋类和体育用品等企业将生产外包给贫穷国家的厂商，这些国家的生产是在半奴隶状态下进行的。本章不会深入探讨与之相关的复杂问题，而是试图证明，如果将马克思对商品拜物教的批判稍加修改，这一理论将有助于我们理解资本问题与非资本问题在某种程度上并不是对立的。当然，我们还将说明这一理论本身也需要改进。这就需要我们回顾马克思对金融化进行分析的起点。

马克思对商品拜物教的批判是一个有用的工具，它在一定程度上能够帮助我们理解金融时代到来前的资本主义危机背后的根本原因。这也可以被认为是与福特主义一致的。但在当今时代，对早先商品拜物教的批判无法发挥作用。其背后的原因是商品的使用价值和交换价值发生了融合，这导致了后福特主义时代的商品拜物教问题发生了突变。但是，在调和商品使用价值和交换价值的问题上，研究黑格尔以及新古典主义的分析方法同马克思主义分析方法之间的差异有助于我们重新思考，如何在新的社会规则下调整马克思的价值实现理论。

路易斯·阿尔都塞（Louis Althusser）认为，马克思的逻辑实际上是与黑格尔的线性的、简化的逻辑相背离的，我们同意他的这一观点。但与阿尔都塞不同，我们认为以物质替代意识就足以保证逻辑的变化，因为物质本身具有多元决定和矛盾的性质，而精神（意识）则具有一种可简化的性质。

商品拜物教是什么，它从何而来？

"这只是人们自己的一定的社会关系，但它在人们面前采取了物与物

[①] 参见 Tomas Nielsen Rotta and Rodrigo Alves Teixeira, "Valueless Knowledge—Commodities and Financialization: Productive and Financial Dimensions of Capital Autonomization," *Review of Radical Political Economics* 44, no. 4 (2012): 448-467。

[②] 参见 Rajesh Bhattacharya and Ian Seda-Irizarry, "Problematizing the Global Economy: Financialization and the 'Feudalization' of Capital," in *Knowledge, Class and Economics: Marxism without Guarantees*, eds. T. A. Burczak, R. F. Garnett Jr. and R. McIntyre (London and New York: Routledge, 2018), pp. 329-345。

的关系的虚幻形式。"① 马克思认为，这类似于宗教的拜物教。"在那里，人脑的产物表现为赋有生命的、彼此发生关系并同人发生关系的独立存在的东西。"② 在商品世界里，劳动者用自己的劳动生产商品，但是看起来却是商品之间的关系通过相对价格的形式支配着社会关系。这里，马克思主要指的是这些社会关系的一部分——社会劳动分工以及由此产生的其他社会关系。不过，我们在此不细谈商品拜物教的社会影响。

社会分工使社会各部分相互依赖。这种互动可以直接或间接通过市场交换来实现。交换是解决社会劳动分配问题或社会劳动分工问题的一种特殊方法。一旦交换成为生产的主要目的，社会分工问题就发展出一个新的维度——如何对不同质量的劳动及其产品进行均等量化的问题。为了揭示马克思解决这一问题的哲学内涵，我们将把它与黑格尔的方法进行比较。在我们看来，主流经济学分析所采用的正是黑格尔的方法。

1. 商品之谜的唯心主义解答

在黑格尔经济学和新古典经济学中，均衡的过程是从个体前提出发的。在黑格尔看来，个人的本质是自由意志；从"自由意志"概念出发，通过三段论逻辑的演绎，他得出了"抽象效用"概念。新古典经济学的出发点是将抽象效用最大化的"经济人"概念。两者都是利用人永恒的理性本质，把质的差异转化为可均等量化的数值。相反，马克思的转化前提是资本主义商品生产，因此它是贯穿于资本主义秩序矛盾之中的。

我们从黑格尔开始。黑格尔在他的《法哲学原理》（*Philosophy of Right*）中分析了交换。这一议题的中心论点就是纯粹的自由意志。③ 黑格尔认为，反对或否定自由意志的观点都是纯粹的外在性。④ 财产即是综合或否定之否定——人把他的意志放到外部世界，使它成为他的财产。⑤ 因此，通过黑格尔的三位一体辩证法，通过纯粹的自由意志，通过纯粹的外在性，升华出了第一个普遍属性——财产。应当注意，纯粹的主观的自由意志、纯粹的外在性等较低等级的环节，其本身是片面的，只有融入较高

---

① 《马克思恩格斯全集》第23卷，人民出版社，1972，第89页。
② 同上。
③ 参见 Friedrich Hegel, *Philosophy of Right*, trans. S. W. Dyde (Kitchener: Batoche Books, 2001), pp. 44 - 45。
④ 参见上书，第54页。
⑤ 参见上书，第57页。

等级的普遍性才能获得其充分性,较高等级的普遍性则完全吸收了它们。它们被升华了,成为普遍的低等级环节。

自由意志对于自身财产的对象化过程仍然是纯粹主观的,即只被单个财产所有者本身承认。

命题的第二次升华是"我的财产"。某人的财产不存在,除非它被另一个自由意志承认。它必须是"无主的"(unowned),这是否定命题或反命题。"对自己财产进行无主化"意味着放弃自己财产的所有权以获得他人财产的所有权,这就是交换行为。交换的另一方的意识同样只通过他人财产来体现,也就是说,交换双方中的任何一方都必须放弃自己的意识并使其被另一方承认。这种同时进行的"无主化"就是基于契约的交换。因此,当我们通过契约这一综合过程来对待彼此的自由意志时,意志的自由就实现了。共同意志在契约中得到实现,从而提升并吸收(升华)了双方的意志。在这一点上,黑格尔提出了他对交换问题的解决方案,或者是对性质不同的事物进行数量均等化这一问题的解决方案,这对于我们很有意义。

意识开始于对具体使用价值的差异的认知。在参与交换行为的那一刻,个人对具体用途是不关心的。这种差异(命题)和无差异(反命题)在"抽象效用"概念中得到升华,黑格尔称抽象效用为"需要"(want)。"这里,质是在量的形式中消失了。"① "需要"显然是新古典主义经济学家后来所称的"效用"(utility),或者更恰当地说,应该被称为抽象效用。在新古典经济学中,效用不是每一个具体商品的作用,而是一般意义上的效用,例如由个人效用函数表示的效用。因此,在黑格尔的理论和新古典主义经济学家的理论中,价格比率都是由单位商品消费所产生的抽象效用比率决定的。黑格尔的"价值",即商品的抽象效用,完全是一个人的个人评价。这使效用局限于私人感受,故而无法交流。这正是新古典主义者首肯的,他们认为人与人之间的比较是不可能的。

在这里,我们还要谈谈抽象的方法。在这一过程中,质在量的形式中消失了。也就是说,当我谈到需要的时候,我所用的名称可以概括各种各样不同的事物,这些事物的共通性使我能对它们进行测量。于是,思想的进展就从物的特殊的质进入了对于质这种规定性无足轻重的范畴,即

---

① 黑格尔:《法哲学原理》,范扬、张企泰译,商务印书馆,1961,第210页。

量。① 黑格尔理论中的升华过程简明扼要。当质量（即马克思理论中的使用价值）完全包含在数量（抽象效用）中时，商品的特殊性或具体性就不复存在了。

2. 马克思解开了谜题

马克思分析资本主义经济的起点是分析简单商品生产过程中生产的产品，"商品形式是资产阶级生产的最一般的和最不发达的形式"②。产品（而不是生产过程使用的劳动力）以商品的形式出现。在交换可以指导大量生产之前，需要一系列文化变迁。这些问题是随着产品双重属性的产生而产生的，这种特性在它们成为商品时就出现了，即不同质量的数量均等化，这是通过价格来实现的。

马克思认为，既然价格对所有商品都是无差别的，那么解释它们就必须用另外一种东西，这种东西对所有商品也都必须是无差别的。这种共同的东西是什么？所有商品还有两种共同的属性：一是它们都有使用价值或有用性；二是它们都是劳动的产物。因此，价格必须用这两种属性中的一种来解释。但它们不能用效用来解释，因为"作为使用价值，商品首先有质的差别；作为交换价值，商品只能有量的差别，因而不包含任何一个使用价值的原子"③。因此，价格必须用生产过程中消耗的劳动力来解释。但此时我们无法将价值作为衡量交换价值或价格的因素。"随着劳动产品的有用性质的消失，体现在劳动产品中的各种劳动的有用性质也消失了，因而这些劳动的各种具体形式也消失了。各种劳动不再有什么差别，全都化为相同的人类劳动，抽象人类劳动。"④

我们应该指出，马克思所说的使用价值是具体的使用价值，即事物的具体用途。这不同于黑格尔所说的"需要"或新古典主义经济学家所使用的"抽象效用"。如果可以引入一个抽象概念（抽象劳动），那么使用其他抽象概念（抽象效用）也是完全合乎逻辑的。关键是，这涉及一个具有文化政治内涵的选择。这是物质与意识（精神）之间的选择。正如我们前面所指出的，这种选择也涉及逻辑方法的替换。这需要我们回顾马克思主义所重申的各种进程，这些进程正是新古典经济学和其他理论所回避的问

---

① 参见黑格尔：《法哲学原理》，范扬、张企泰译，第210页。
② 《马克思恩格斯全集》第23卷，第99页。
③ 同上书，第50页。
④ 同上书，第51页。

题。选择劳动作为抽象的要素，有一个重要的政治原因。马克思的政治目标是揭示剥削的根源，激励反对剥削的行动。他将剥削定义为对工人阶级剩余劳动的占有。这就更加促使他将劳动作为抽象单位。马克思在《资本论》第一章中的论述显然是合乎逻辑的，但同时也是备受争议的。我们已经指出，如果抽象劳动可以成为交换价值的源泉，那么抽象效用也可以。

为了了解商品交易的特殊性，让我们从马克思的文本出发——"私人生产者的头脑把他们的私人劳动的这种二重的社会性质，只是反映在从实际交易，产品交换中表现出来的那些形式中"①。

让我们仔细读一下原文。正如我们已经看到的，马克思谈到了"随着劳动产品的有用性质的消失，体现在劳动产品中的各种劳动的有用性质也消失了"②，他还谈到"劳动的双重社会性质"。与此相反，黑格尔认为："物的真实的实体性就在这种价值中获得规定，而成为意识的对象……这里，质是在量的形式中消失了。"③ 在黑格尔的分析中，质量转化为数量是升华，使用价值转化为抽象效用也是升华。新古典经济学中隐含了这种融合的过程。"经济人"概念就是这种过程的产物。所谓"理性的经济人"，其特点就是不断地比较各种决策方案中效用的成本和收益，从而在预算约束下使自己的抽象效用最大化。这些抽象效用（新古典经济学）或抽象需要（黑格尔）是异曲同工的，它们纯粹是个体的、自我参照的。

另一方面，我们已经讨论过，马克思抽象掉的只是商品的具体方面和具体劳动的具体方面。他还谈到了劳动的双重性质。因此，他没有引入"升华"概念，也没有使用黑格尔辩证法。商品的质和量与劳动的质和量的差异继续存在。杰克·阿马里格里奥（Jack Amariglio）和安东尼奥·卡拉里（Antonio Callari）也认为，引入商品的双重特性对分析很重要，"要将交换平等理论化，只能通过参考贸易对象的性质来进行，而不能依据实际劳动时间。我们可以用各种不同的方式来定义这种性质，每一种方式都代表着不同的意识和能动形式"④。

我们已经看到，黑格尔和新古典主义经济学家把这种性质定义为抽象效用，而马克思把它定义为抽象劳动。

---

① 《马克思恩格斯全集》第 23 卷，第 90 页。
② 同上书，第 51 页。
③ 黑格尔：《法哲学原理》，范扬、张企泰译，第 210 页。
④ Jack Amariglio and Antonio Callari, "Marxian Value Theory and the Problem of the Subject: The Role of Commodity Fetishism," *Rethinking Marxism* 2, no. 3 (1989): 45.

这个问题的解决涉及如何历史地分析资本主义秩序的构成要素，以及这些要素产生的影响。商品拜物教是资本时代主体性形成的一个重要方面。大胆地说，黑格尔和新古典主义经济学家提出的如何将有差别的性质实现数量均等化的范式，是建立在霸权主义的资本-商品规则基础之上的。马克思则跳出了这一秩序，从另一个更有利的角度来分析这个问题。因此，他可以挑战资本的霸权。

尽管马克思是从简单商品生产开始讨论资本主义的，但我们在谈到商品拜物教时，仍需要坚持讨论资本主义秩序所包含的主观性。我们的立场是，只有在《资本论》的论述过程中，简单商品生产才处于优先位置，而且它在本体论上不是先验的。

我们前面所考察的经济范畴也都带有自己的历史痕迹。产品成为商品需要一定的历史条件。要成为商品，产品就不应作为生产者自己直接的生存资料来生产。如果我们更进一步研究，在什么样的状态下全部或至少大部分产品是以商品形式生产的，我们就会发现，这种情况只有在一种非常特殊的生产方式，即资本主义生产方式的基础上才会发生。但这种研究不属于商品分析范围。[①]

马克思在《资本论》第 1 卷中的分析是从简单商品生产开始的。需要强调的是，虽然马克思已经确定黑格尔的方法不是正确的逻辑，但在论述中他仍然使用了黑格尔的方法的外部形式。马克思的表述思路似乎是从简单发展到复杂。从这个意义上说，这与黑格尔的方法有某些相似之处。但即便如此，这种相似也只是表面的。正如阿尔都塞所观察到的，在黑格尔的逻辑中，较高的普遍性仅仅在表象上是复杂的，即较低的那些阶段被完全升华，成为幻影或记忆。然而，在马克思的框架内，从简单的影响因素转变到社会复杂性，涉及的是多元决定的矛盾转化过程，而不是升华。这就是为什么在马克思的框架内，商品既保留了其具体方面（使用价值），又保留了其抽象方面（抽象劳动）。

马克思认为，资本主义的蔓延使大多数产品随之变成商品。这一论断的来源之一就是原始积累对资本主义诞生至关重要，而原始积累又涉及社会的解体、劳动力的直接分配以及社会中人与人之间直接关系的瓦解。资本主义还带来了一种新的商品，这是简单商品生产经济中所没有的商品——劳动力商品。它带来了一系列新的暴力，并导致劳动不合逻辑地走

[①] 参见《马克思恩格斯全集》第 23 卷，第 192 页。

向异化和退化。通过所有彼此相互交织的政治、文化和经济过程，使产品分化出了使用价值和交换价值两种属性，从而成为商品，被社会普遍认可。在这一过程中，产生了一种特殊的主体性，这种主体性可以使商品的两面性（商品的质的差别性和量的同一性）得到统一。换句话说，这种主观性可以调和社会生活，从而揭示出社会是由人与人的关系构成的。反观主流经济学，它代表着统治制度的利益主体，不加批判地看待商品的具体方面与抽象方面之间的矛盾，将具体方面升华为抽象方面。这种主体性将社会关系具体化为事物之间的比率关系，掩盖了社会矛盾和冲突的本质，似乎这些矛盾和冲突是商品经济规律的必然产物。

马克思对商品拜物教的批判也可被用来解释资本主义危机。鲁道夫·希法亭评论道："在交换完成之前，生产者对于他们的商品是不是社会需要的，以及他们是否正确地使用了劳动时间都是无从知晓的。"[①] 一旦商品的交换循环无法完成，潜在的危机便会到来。

三、商品拜物教与后福特主义

把物质生产外包给低工资地区对于现代资本主义生产很重要。处于这些地区的生产者无法以个人身份在国际市场上销售其产品，而大品牌企业则可以通过自身的品牌优势来收购和销售这些产品。由此，非资本主义的生产过程（小规模生产和半奴隶式的血汗工厂生产）被吸收到全球资本的循环中，模糊了租金与利润之间的界限。从会计意义上讲，耐克、阿迪达斯等大公司之所以能够盈利，就是因为它们从穷国的外包生产商那里攫取了巨额利润。但是，它们之所以有权利获得这些利润，主要源于一种非生产性与垄断性的所有权——品牌名称。所以，这些利润应该被认为是一种租金。同样的道理，这种模式也适用于其他资本主义大企业。有人可能会与我们的立场相反，认为品牌提供者为劳动过程提供了一种施展的机会，因为按品牌销售是实现剩余价值的必要条件。我们不同意这种看法，因为如果没有品牌，产品仍然可以销售，而且价格明显会更低。高价格实际上是对贴牌生产线的剩余（价值）进行了再分配，致使贴牌生产企业为了维持再生产活动而不得不降低工资。这种再分配不会带来利润率的均等化，

---

① 希法亭：《金融资本》，李琼译，华夏出版社，2010，第9页。

因为只有在品牌收入是为生产剩余价值提供必要条件的前提下,才会实现利润率的均等化。

卡尔·波兰尼认为,品牌名称是一种"虚拟商品"。它不是由人类劳动生产的,但它的所有人可凭借所有权分享一部分社会产品。金融资产是最优虚拟商品。很久以前,希法亭在谈到股票资本时说:

> 实际上它并不是资本,而只是收入的价格,之所以收入也会有价格,是因为在资本主义社会里每一笔资金都可以产生收益,所以反过来说每一笔收益也可被看作一笔资金。如果发挥作用的产业资本真的存在的话,那么这种假象也就得到了支持,而那些仅在会计意义上存在的资本,在这种情况下也将会拥有其他收益的索取权。国库券在任何情况下都不能代表现存的资本,那些借款人所出借的货币可能早已不存在了。国库券只是对国家每年部分税收的资本化,与那些花费在非生产性项目上的资本不同,是另外一种资本。①

希法亭认为,金融资产的价格或资本化的价值本来应根据它的收益来决定,但是随着金融化进程的推进,金融资产的收益情况变得难以测量。人们可以这样说:这一时期的一系列演变不但使金融资产的收益来源难以追溯,更进一步,证券的分层和特殊投资平台的创立使投资者难以识别金融资产的最终责任人。正如希法亭所暗示的那样,虚拟商品最重要的特征,也是它与实体商品的根本差异,就是虚拟商品缺少商品特性中的使用价值。马克思在《资本论》中通过批判商品拜物教论证了商品是两种基本属性的统一。虚拟商品没有使用价值,只是提供获得交换价值的条件。这为分析价值实现问题提供了一个不同的角度。

在实体商品条件下,希法亭认为价值实现问题是这样解决的:

> 但是,作为交换价值,商品可以以货币形式获得直接表现,而其使用价值,除了包含了物化的社会必要劳动时间也即交换价值之外,没有任何意义。货币以这样的方式,使商品的交换价值从其使用价值中分离出来。②

在虚拟商品条件下,要实现虚拟商品的价值只需获得"收益"即可,"收益"的资本化就是资产价值的基础。因此,危机也包含了不同的内涵。

---

① 希法亭:《金融资本》,李琼译,第107页。
② 同上书,第11页。

让我们来分析一下最近一次全球金融危机。

当一些主要金融机构开始要求收回住房贷款时，经济衰退就开始了。它们为什么要这么做？正如我们已经看到的，一方面，房屋权益为正值，这意味着房地产价格的通胀率高于名义利率；另一方面，实际利率明显大于零，表明名义利率平均高于通胀率。这表明，总体而言，房地产价格的上涨速度快于其他大宗商品。但是，只要人们预期房地产价格会保持这种上升态势，其对经济的恶劣影响就暂时不会显现。因此，问题不在于交易的一方能否获得另一方的商品，而在于如果房地产价格的通胀率发生变化，市场状况能否承受这种改变。只要房价能以更快速度上涨，房屋净值就可以保持为正值；在违约的情况下，贷款人总是可以通过出售房产而获利，延长次级抵押贷款的违约风险就很小。这导致了衍生产品如脱缰野马般狂涨。

那为什么会发生危机呢？马克思曾经通过批判商品拜物教分析过传统实体商品的价值实现问题，但是此次危机不能被视为传统的价值实现问题。正如希法亭所表述的，非虚拟商品既包含使用价值也包含交换价值，生产者希望能先将使用价值转化为交换价值，之后交换价值还能再通过还原为使用价值而得到实现。如果在交换过程的最后，商品不能还原为预期的使用价值，那么就会出现价值实现危机。与此形成对照的是，构成整个金融大厦基石的仅仅是一种脆弱的期望，投资者期望能获得不断增长的交换价值，然而这些交换价值甚至完全无法还原为使用价值。

金融资产的定价是毫无现实依据的。要解释这一情况需要我们回顾马克思对商品拜物教的批判过程。虽然马克思批评斯密没能将劳动视为资本主义经济中价格的决定因素，但马克思仍然称赞斯密，因为斯密证明，与简单商品生产经济不同，在资本主义经济中，价格并非与价值完全成正比，价格的形成参照的是经过转换的价值，即生产成本。这是因为在资本主义经济中，假设各部门的剥削程度相同，如果商品按本身的价值出售，利润率将与资本有机构成呈反比。为了实现各部门的均衡，必须遵守一致的利润率，价格只能偏离价值。资本有机构成高于社会平均值的部门，其产品的生产价格也高于其价值。因此，在资本主义经济中，价格与价值不成比例，而是与转换后的价值成比例。但归根结底，价格是以商品的价值为基础的。

黑格尔或新古典唯心主义者关于商品二重性的观点认为，商品的二重性与商品生产所处经济形态的具体特征无关。马克思的唯物主义观点不这样认为。马克思主张，经济的本质在价值转换过程中起着至关重要的作用。金融化带来了一个新的维度。从供给角度看，金融资产或更广义的虚拟商品实际是无本之木、无源之水。也就是说，它们的价格不以价值为基础。事实上，这些商品的价格不包含任何价值。这一新情况增加了制度的脆弱性，并加快了危机发生的频率（如互联网泡沫或房地产泡沫等）。如果用于生产商品的资本的价值（或生产成本）不能通过获得使用价值来实现，那么这些资本将发生自毁。这种自毁将导致失业等一系列反应，并最终酿成危机。金融泡沫完全源于预期，金融危机是由缺乏信心和恐惧造成的。因此，其解决方法与物质生产毫无关联，而只涉及恢复人们对金融资产的信心。这就是主流媒体将整体股票指数的急剧波动情况视为判断经济健康与否的指标的原因。在后福特主义时代，维护社会稳定需要不同的主体性。

询唤（interpellation）或呼叫（hailing）是阿尔都塞提出的概念，被用来阐述权力的召唤是如何对个人进行形塑的。[①] 关于如何"适当"解读"询唤"概念的问题，一直存在诸多争议，对此这里不做深究。可以这样说，在分析商品主体性时，"询唤"概念提供了一个有用的类比。市场在召唤产品，而我们（用各种具体的劳动创造不同使用价值的人）通过他人（从我们这里购买产品或向我们出售产品的人）的回应来证明我们自己。这也是具体劳动转化为抽象价值的过程。

我们在谈到金融资产的询唤过程时，就会遇到一个完全不同的困难。金融资产既不包含具体劳动，也不包含抽象价值。然而，此两者在马克思理论中恰恰是自然价格或均衡价格的决定因素。

但货币资本的利息却不是这样。在这里，竞争并不会导致对规律的偏离，因为我们以后会看到，并不存在"自然"利息率。相反，我们把自然利息率理解为由自由竞争决定的比率。利息率没有"自然"界限。在竞争不只是决定偏离和波动的场合，因而在它们互相起反作用的力量达到均衡而任何决定都停止的场合，那种需要决定的东西就是某种本身没有规律的、任意的东西。

让·鲍德里亚（Jean Baudrillard）的四个阶段可被用来形象化地描述

---

① 参见 Louis Althusser, "Ideology and the Ideological State Apparatus," in *Lenin and Philosophy and Other Essays*, ed. L. Althusser (New York: Monthly Review Press, 1971), pp. 142 - 176。

这一过程：
（1）影像是基本现实的反映；
（2）影像遮掩且扭曲了基本现实；
（3）影像遮掩了基本现实的缺席；
（4）影像与任何现实都毫无关系，影像只是自身的纯粹拟像。

在以上论述中，影像向第四阶段转化的过程可被用来描述金融化时代主体性是如何转换的。金融资产的价格与其价值的"现实性"无关，这与劳动生产产品的情况不同。它"是某种没有规律的、任意的东西"，这意味着它"与任何现实（价值）都毫无关系"。金融资产的价格作为影像没有反映出现实。它孕育了自己的"现实"，是一个完美的拟像。

与商品资本一致的主体性必须回到具体劳动的"现实性"上，抽象劳动就是从这种现实性中提取出来的。按照马克思的观点，正是这种现实性规制了或者说塑造了价格规律的基础。价格规律是由与商品资本生产一致的主体性（劳动）支撑的。就金融资产而言，其"现实"只能是自我参考，因为不存在任何与之对应的劳动基础供市场上的交易主体进行参照。可供金融资产交易主体参考的价格规律，除金融资本本身外，没有任何基础。要维持对拟像的信心，既需要一种不同的主体性，也需要培养对应的主体性，使其产生未来价格能持续上涨的预期，从而达到操纵主体性的目的。在一定程度上，政府为濒临破产的金融机构提供援助的行为，就是在普遍的风险中提供了一种规避风险的希望，驱动着涨价预期赖以生存的欲望机制。而实体商品对应的主体性则是通过参与交易时其他参与者的反应来实现的，即完成具体劳动的现实性向抽象劳动的象征性的转化过程。而在金融资产交易中，交易参与者的反馈是自反射性与自我激励的，就像两面相对而放的镜子——其内容是无尽的自我反射。

当然，现实总是客观存在的，对于金融资产来说，现实只是一种未被证实的威胁或恐惧——如果期望没有实现会怎样？如果某位金融巨鳄感到恐慌，恐慌就会蔓延，危机就会爆发。解决之道只能是逐步恢复信心，向濒临倒闭的金融机构注资，并继续描绘危机即将结束的画面。源于实体生产部门的危机可以通过企业破产等方式摧毁生产资本来复苏经济，而金融部门产生的危机则只能通过建立信任来克服。当然，产业资本也会在重建信心的过程中被摧毁，因为金融危机会导致信贷和营运资本紧缩，从而扰乱物质生产。但产业资本的破产根本不足以摆脱金融危机。

最后，根据前面的分析，我们将解读一场学术辩论，辩论的一方是罗塔和特谢拉,另一方是巴塔查里亚和塞达-伊利扎尔。① 非西方国家和非资本主义部门生产的剩余,有很大一部分流入了金融部门。在这个意义上,本章同意巴塔查里亚和塞达-伊利扎尔的观点,即自主经营理论没有考虑全球价值链。另外,盈余一旦进入金融部门,就会成为自我参照,并且从这个意义上可以被说成是"自主的",因为这个部门的表现与价值生产部门的状况无关,它经营的是"虚拟商品"。金融部门的表现和危机都取决于对不同通胀率、利率以及各种控制制度的"信心"。

四、结论

马克思对商品拜物教的批判为分析资本主义秩序的变化提供了有力的工具。与主流分析工具不同,马克思的价值转换过程清楚地揭示出抽象价值与交换价值的关系依赖于经济的具体性质。当全球资本主义的性质发生变化时,对商品拜物教的批判可以在原初文本分析的基础上根据情况变化而继续发展。因此,与主流经济学相比,马克思的理论更适合于分析经济变化的本质,这是本章主要的理论主张。本章试图通过分析资本主义秩序的变化,特别是由金融化而产生的主体性变化来强调这一理论主张。

本章认为,与以往以福特主义为代表的商品资本对应的是当时的商品拜物教,与这种商品拜物教相关的主体性在金融化的冲击下已经发生了突变。在金融化之前的福特主义时代,具体劳动创造"原始使用价值"的现实形象,掩盖了"真实"的缺失。② 这一现实被抽象或转化为符号化的抽象价值规律,进而抽象为转换后的生产价格。而金融资产的规则没有现实基础③,只存在像对面而立的两面镜子一样的自我参照系统,它创造了貌似现实的幻觉。在没有任何现实支撑的情况下,"真实"成为一种如影随形的威胁,向真实的回归只能通过灾难,即危机来实现。

---

① 参见 Tomas Nielsen Rotta and Rodrigo Alves Teixeira, "Valueless Knowledge-Commodities and Financialization: Productive and Financial Dimensions of Capital Autonomization," *Review of Radical Political Economics* 44, no. 4 (2012): 448–467; Rajesh Bhattacharya and Ian Seda-Irizarry, "Problematizing the Global Economy: Financialization and the 'Feudalization' of Capital," in *Knowledge, Class and Economics: Marxism without Guarantees*, eds. T. A. Burczak, R. F. Garnett Jr. and R. McIntyre, pp. 329–345。
② 这里的"'真实'的缺失",即商品能否被市场承认。——译者注
③ 这里的"现实基础",指的是劳动。——译者注

第18章 金融化与金融危机：商品拜物教的视角

本章试图从一个新的角度来分析金融化和金融危机现象，这一现象将主体性的形成问题与后福特主义时代的经济变化交织在一起。对于这一主题需要进行更多的批判性探索，特别是有必要从精神分析的角度进行考察。例如，需要进一步研究主体性的矛盾和多元决定问题，这既包括源于资本商品生产的主体性，也包括源于金融化的主体性。

第 19 章　金融资本主义与工业资本主义：食利者的复苏和接管*

迈克尔·赫德森/文　　蒋林/编译

一、引言

今天的新食利性经济主要通过寻租获得财富，而金融化则将房地产和垄断租金资本化为银行贷款、股票、债券。自 2009 年以来，央行的量化宽松政策助长了债务杠杆化，以推高价格并为这种虚拟财富的信贷创造资本收益。

金融工程正在取代工业工程。最近，美国企业 90% 以上的收入被指定用于提高公司的股票价格，作为股息支付给股东或用于股票回购计划。许多公司甚至借钱购买自己的股票，从而提高了它们的债务/净资产比率。

家庭和工业企业正变得债务缠身，拖欠金融、保险和房地产行业的租金与债息。这种食利者的开销使可用于商品和服务的工资与利润收入减少，并终结了美国和欧洲自二战结束以来长达 75 年的扩张。

这些食利者的动力与马克思所描述的工业资本主义的运动规律是相反的。在俾斯麦（Bismarck）的统治下，德国银行确实联合了德意志帝国银行和军方为重工业融资。但在其他地方，银行贷款很少为新的有形生产资料提供资金。原本承诺成为民主并最终成为社会主义的动力倒退到了封建

---

* 本章原载：《国外理论动态》2023 年第 1 期。原文来源：Michael Hudson, "Finance Capitalism versus Industrial Capitalism: The Rentier Resurgence and Takeover," *Review of Radical Political Economics* 53, no. 4 (2021): 557–573. 翻译有删减。迈克尔·赫德森（Michael Hudson）：美国密苏里大学堪萨斯斯城分校。蒋林：四川外国语大学外国语文研究中心。

主义和债务劳役制，今天的金融阶级扮演着后中世纪地主阶级的角色。

二、马克思对资本主义历史使命的看法：将经济从封建主义中解放出来

马克思在《资本论》第1卷中描述的工业资本主义正在被瓦解。他认为，资本主义的历史使命是将经济从封建主义的遗产中解放出来；随着工业资本主义向更开明的管理方向发展，甚至向社会主义方向发展，它将取代掠夺性的高利贷金融，削减经济和社会上不必要的食利性收入、土地租金、金融利息和非生产性信贷的相关费用。亚当·斯密、大卫·李嘉图、约翰·穆勒（John Stuart Mill）、约瑟夫·蒲鲁东（Joseph Proudhon）及其古典主义经济学家同行分析了这些现象，马克思在《资本论》第2卷、第3卷和《剩余价值理论》（*Theories of Surplus Value*）中总结了他们的讨论，涉及经济租金和复利数学，这两者导致债务以高于经济其他部分的速度呈指数级增长。

然而，马克思在《资本论》第1卷中专门论述了工业资本主义最明显的特征：通过投资生产资料，雇佣劳动力来生产商品和服务，用高于劳动力报酬的价格出售商品和服务以赚取利润。在通过调整利润率以考虑厂房、设备和原材料（"资本的有机构成"）的支出来分析剩余价值时，马克思描述了一种循环运动，即资产阶级雇主向工人支付工资，并将未支付给雇工的利润投资于工厂和设备。

金融资本主义侵蚀了劳动力和工业资本之间的这种核心循环。美国中西部的大部分地区已经变成一条"铁锈带"（rust belt）。金融业的发展并没有为制造业提供资本投资，而是正在促使工业被金融化。主要通过债务杠杆在财务上所获得的经济收益，远远超过了通过雇佣劳动力来生产商品和服务所获得的利润。

三、资本主义银行与工业联盟以促进民主政治改革

在马克思所处的那个时代，资本主义仍然保留着封建主义遗留下来的一些金融实践，最明显的是靠地租生活的世袭地主阶级，其大部分地

租都非生产性地花在了仆人和奢侈品上，而不是用来赚取利润。这些租金源自一种税收。诺曼征服（the Norman Conquest）20 年后，征服者威廉（William）在 1086 年下令编纂《末日审判书》（Domesday Book），以计算可以从他和他的同伴夺取的英国土地上提取的税收。后来，由于约翰王（King John）苛刻的财政要求，男爵起义（the Revolt of the Barons，1215—1217 年）及其《大宪章》（Magna Carta）使大军阀能够为自己获得大部分租金。

实业家试图通过削减低于竞争对手的成本来赢得市场。这一目标要求将整个经济从生产的"非必需的费用"（the faux frais）中解放出来。对于社会来说，这些不必要的费用被纳入生活和经商成本。古典经济租金被定义为价格高于内在成本价值的部分，而内在成本价值最终可被纳入劳动力成本。生产性劳动被定义为为创造利润而雇佣的劳动，与地主花费大部分租金雇用仆人和家丁（马车夫、管家、厨师和其他人）形成对比。

经济租金的典型形式是支付给欧洲世袭贵族的地租。正如穆勒所解释的那样，地主"在睡梦中"获得了租金（和不断上涨的土地价格）。① 李嘉图指出，自然资源租金中有一种类似形式的级差租金（differential rent），它源于拥有高质量矿体的矿山能够以高成本矿山设定的价格出售其低成本的矿产。② 最后，在经济发展的瓶颈处存在着向所有权人支付的垄断租金。所有权人可以在没有任何成本支出的基础上提取租金。这种租金逻辑上包括金融利息、费用和罚款。

马克思把资本主义的理想视为将经济从控制英国上议院和其他国家类似上议院的地主阶级手中解放出来。实现这一目标需要对英国议会进行政治改革，这意味着最终剥夺上议院的权力，并将其移交给下议院，以防止地主以牺牲英国工业经济为代价来保护他们的特殊利益。1846 年，《谷物法》的废除赢得了反对土地利益阶层的第一场大战。限制地主对政府权力的斗争在 1909 年至 1910 年的宪法危机中达到高潮，当时上议院否决了下议院征收土地税的法案。此后，这场危机通过一项裁决得到了解决，即上议院不能再拒绝下议院通过的税收法案。

---

① 参见 John Stuart Mill, *Principles of Political Economy with Some of Their Applications to Social Philosophy* (London: Longmans, Green, 1817), p. 818。

② 参见 David Ricardo, *Principles of Political Economy and Taxation* (London: John Murray, Albemarle-Street, 1817)。

四、1815 年至 1846 年银行业游说反对房地产行业

在今天看来具有讽刺意味的是，英国银行业全力支持了第一场将土地租金最小化的斗争。银行家跟实业家的联盟发生在 1815 年拿破仑战争结束后，它结束了法国对英国的海上贸易封锁，并重新开放了英国市场以进口低价谷物。英国地主要求根据《谷物法》获得关税保护，从而允许他们提高食品价格以增加收入，以此提高其土地所有权的资本化租金价值，但这增加了经济成本。一个成功的资本主义经济体必须将这些成本降到最低，才能赢得国外市场并捍卫自己的国内市场。古典自由市场理念里的市场是一个摆脱经济租金的市场，即消除以地租形式出现的食利性收入。

与 1066 年征服不列颠的军阀阶级继承人和征服欧洲其他领土的维京海盗们收取的准税收类似，这种经济租金有可能将对外贸易降到最低。这种可能性对欧洲的银行业是一种威胁，因为它们的主要市场是通过汇票来为商业提供资金。随着十字军从君士坦丁堡大量掠夺货币金块，欧洲经济得以复苏，银行业兴起。银行家被允许利用交易活动的漏洞来规避基督教收取利息的禁令，他们以贴水（agio）的形式收取利息，这是一种将资金从一种货币转换成另一种货币的费用，包括从一个国家转移到另一个国家。

甚至国内信贷也可以利用这种"虚假交易"（dry exchange）的漏洞，对伪装成外币转账的国内交易收取贴水，就像今天的现代企业使用离岸银行中心假装它们在不征收所得税的避税国家里赚取收入一样。

如果英国能够成为世界工业工厂，这种优势将证明对李嘉图担任议会说客的银行阶层有益。英国将受益于国际劳动分工，在这种分工中，英国出口制成品，并从其他专门生产初级商品的国家进口食品和原材料，而这些国家的工业产品都依赖英国。然而，要想做到这一点，英国需要低廉的劳动力价格，这意味着低食品成本。在当时，食品成本是雇佣劳动力家庭预算中最大的支出项目。这反过来又要求结束以下权力：地主阶级保护其收取地租"免费午餐"的权力；所有此类收取不劳而获收入之人的权力。

今天，很难想象实业家和银行家会携手推动反对贵族的民主改革。但在 19 世纪初，这种联盟是必要的。当然，当时的民主改革只是扩大到了推翻地主阶级的程度，而没有保护劳动者的利益。工业和银行业空洞的民

主言论在欧洲1848年的革命中变得很明显，当时的既得利益集团联合起来反对将民主扩大到普通民众，而后者帮助终结了地主对租金的保护。

当然，在1848年之后挑起政治斗争的是社会主义者。马克思后来提醒一位记者，《共产党宣言》的第一条内容是使地租社会化，但他嘲笑自由市场租金的批评者，因为这些人拒绝承认在雇佣劳动的工业就业中存在着类似的食利性剥削。正如地主获得的地租超过他们生产粮食（或出租房屋）的成本一样，雇主是通过加价出售雇佣劳动力的产品来获得利润的。对于马克思来说，这使实业家原则上成为食利阶级的一部分，尽管工业资本主义的整体经济体系与后封建食利者、地主和银行家的经济体系大不相同。

五、银行业与房地产及其他寻租业的联盟

通过考察工业资本主义在马克思所处时代如何演变的背景，我们可以看到，马克思对实业家剥离所有不必要的生产成本（增加了价格而没有增加价值的所有费用）的动力是多么过于乐观。从这个意义上说，马克思完全遵循古典的"自由市场"概念，即从地租和其他形式的食利性收入中解放出来的市场。

当前的主流经济学已经颠覆了这种概念。在奥威尔式的双重思维扭曲中，今天的既得利益集团将自由市场定义为：可以让各种形式的地租自由地扩散，甚至达到为在外房地产投资（absentee real estate investment）、石油和采矿业（自然资源租金），以及最重要的巨额融资（虚假核算的附带利润，短期套利投机的晦涩术语）提供特殊税收优惠的程度。

当今世界确实使各经济体摆脱了世袭地租的负担。近2/3的美国家庭拥有自己的房屋（尽管自奥巴马银行救助计划实施后，住房拥有率一直在稳步下降。这是2009年至2016年奥巴马银行救助计划的副产品，它将住房拥有率从68%以上降至62%）。在欧洲，斯堪的纳维亚半岛的住房拥有率已达到80%，而且整个欧洲大陆的住房拥有率都很高。房屋所有权——以及购买商业房产的机会——确实已经普及化了。

但房屋所有权是通过信贷才得以实现普及化的，这是工薪族获得住房的唯一途径，否则他们将不得不用整个职业生涯攒下的积蓄来购买住房。二战后，银行通过提供在30年（年轻购房者可能的工作年限）内还清的

第19章 金融资本主义与工业资本主义：食利者的复苏和接管

按揭贷款，为购房（以及为投机者购买商业地产）提供信贷。

到目前为止，房地产是银行业最大的市场。抵押贷款约占美国和英国银行信贷的80%。在1815年，抵押贷款只发挥了很小的作用，当时银行专注于为商业和国际贸易融资。今天，我们可以说金融、保险和房地产行业是经济中占主导地位的食利性行业。通过反对土地税，银行业与房地产的这种联盟使银行成为保护房地产所有权人的主要游说者。面对日益高涨的呼声，1848年的土地税似乎是未来的潮流，其目的是对所有土地升值收益和租金征税，并使土地成为税基，而不是对劳动力、消费者或利润征税——正如斯密所认为的那样。事实上，当美国在1914年开始征收所得税时，它只落在最富有的1%的美国人身上，这些人的应税收入几乎完全由财产和金融债权组成。

在过去的一个世纪里，这种税收理念被颠覆了。在全国范围内，由于两次税收减免，房地产自二战以来支付的所得税几乎为零。第一次税收减免是"虚构折旧"（fictitious depreciation），有时也称为"过度折旧"。房东可以谎称自己的建筑物正在贬值，声称建筑物以虚构的高比率在破损老化。然而，到目前为止，最大的税收减免是利息支付免税。可以肯定的是，对房地产征税，通常仅占其估值的1%，低于实际土地租金的7%～10%。

银行支持对房东给予税收优惠的根本原因是，收税人放弃的任何东西都可以作为利息支付。从事抵押贷款的银行家最终获得了美国绝大多数的土地租金。当一处房产被挂牌出售并且房主互相竞标购买时，平衡点是赢家愿意向银行家支付全部租金以获得抵押贷款。商业投资者也愿意支付全部租金收入来获得抵押贷款，因为他们追求的是资本收益，即土地价格的上涨。

英国所谓的李嘉图社会主义者及其法国同行（蒲鲁东等人）的政策立场是，国家征收土地的经济租金作为国家收入的主要来源。然而，今天的资本收益主要发生在房地产和金融领域，并且对房东几乎是免税的。如果房东使用他们的资本收益去购买另一处房产，那么在房产价格上涨或房产出售时，他们无须支付资本利得税；并且当房东去世时，所有税收义务会一笔勾销。

众所周知，石油和采矿业的自然资源租金同样免征所得税。长期以来，资源耗竭补贴（the depletion allowance）允许它们对售出的石油进行税收抵免，使其能够用所谓的资产损失购买新的石油资产（或它们想要的任何东西），这被定义为收回它们已损失之物的价值。当然，这里并不存在真正的损失，因为石油和矿物是由大自然提供的。

这些行业还通过使用在离岸银行中心注册的方便旗（flags of convenience），使自己的国外利润和租金免税。这种策略使它们能够声称自己的所有利润都是在巴拿马、利比里亚或其他不征收所得税甚至拥有本国货币但使用美元的国家赚取的，从而使美国公司免于承担任何外汇风险。

在石油和采矿业，就像房地产行业一样，银行系统与租金接收者，包括与提取垄断租金的公司，是一种共生关系。早在19世纪末，银行和保险业就被公认为信托之母，为创建信托提供资金，以获取高于正常利润率的垄断租金。

这些变化使租金提取比工业逐利更加有利可图——这与古典主义经济学家主张和期望的资本主义最有可能发展的轨迹相反。马克思希望工业资本主义的逻辑能够将社会从食利者的遗产中解放出来，并创造公共基础设施投资来降低整个经济的生产成本。通过最大限度地减少雇主必须支付的劳动力成本，这种公共投资将建立起组织网络，该网络在适当的时候（可以肯定的是，有时需要一场革命）将发展成为社会主义经济。

尽管银行业的发展表面上是为了服务于工业国家的对外贸易，但它本身已成为一股破坏工业资本主义的力量。高额融资并不是为 M-C-M′ 循环（货币投资于资本以产生利润，从而产生更多货币）提供资金，而是将这一过程简化为 M-M′，纯粹从货币和信贷中赚钱，而无须有形资本投资。

六、食利者对预算的挤压：债务通缩是资产价格通胀的副产品

房屋所有权的普及化意味着住房不再主要由收取租金的外居业主（absentee owners）拥有，而是由自住业主拥有。随着房屋所有权的普及，新的买家开始支持食利者阻止土地税的动议——他们没有意识到未被征税的租金将作为利息支付给银行，以吸收迄今为止支付给外居房东（absentee landlords）的场地租金。

由于债务杠杆的作用，房地产价格上涨。这一过程使投资者、投机者及银行家变得富有，但也增加了新买家的住房（和商业地产）成本，他们不得不承担更多债务才能获得安全的住房。这笔成本也被转嫁给了租房

者，雇主最终必须向劳动力支付足够的工资，来为这些金融化的住房成本埋单。

从北美到欧洲，债务通缩已成为当今经济体的显著特征。通过实行紧缩政策偿还债务吸收了越来越多的个人和企业收入份额，从而减少了商品和服务的支出。90%负债累累的经济体发现，自己不得不支付越来越多的利息和财务费用。企业部门，现在还有州和地方政府部门，同样不得不将其收入中越来越多的份额支付给债权人。

投资者愿意将大部分租金收入作为利息支付给银行，因为他们希望在某个时候出售其房产以获得资本收益。现代金融资本主义关注"总收益"（total returns），即本期收益及资产价格收益之和，尤其是土地和房地产收益。房屋或其他财产的价值是多少，银行就会对它放贷多少，财富主要是通过金融手段创造出来的，银行对作为抵押品的资产价值提供的贷款比例在不断增加。

资产价格收益主要靠债务融资，这一事实解释了为什么美国和欧洲的经济增长正在放缓，尽管股票市场和房地产价格因信贷而上涨。这就产生了一个债务杠杆化的经济。

经济体每年土地价值的变化远远超过国内生产总值的变化。财富主要是通过土地和房地产、股票、债券和债权人贷款（虚拟财富）估值中的资产价格（资本）收益获得，而不是通过储蓄收入（工资、利润和租金）获得。这些资产价格收益的规模往往使工资、利润和租金收入相形见绌。

这一趋势表明了房地产、股票和债券价格的上涨让房东变得更加富有。但这种价格上涨是由银行信贷推动的。房屋或其他财产的价值是多少，银行就放贷多少——自1945年以来，银行的贷款占房屋价值的比例越来越大。对于美国整个房地产行业来说，债务超过资产净值至今已有10多年。不断上涨的房地产价格使银行和投机者变得富有，但也让房东和商业房地产债务缠身。

整个经济都受到了影响。在美国，由债务推动的住房成本如此之高，以至于即使所有美国人都免费获得实物消费品——食物、衣服等，他们也仍然无法与大多数其他国家的工人竞争。这是美国经济去工业化的一个主要原因。因此，这种通过金融化来创造财富的政策削弱了工业资本主义的逻辑。

七、金融资本与公共基础设施的私有化和垄断之争

去工业化的另一个原因是公共基础设施转变为私有化的垄断企业而导致的生活成本上涨。随着美国和德国超越英国的工业资本主义，人们认识到，工业的一个关键优势是对公路、铁路和其他交通，以及教育、公共卫生、通信和其他基础设施进行的公共投资。西蒙·帕滕（Simon Patten）是美国第一所商学院——宾夕法尼亚大学沃顿商学院——的第一位经济学教授，他将公共基础设施定义为除劳动力、资本和土地之外的第四种生产要素。帕滕解释说，与资本不同的是，这种基础设施的目的不是盈利，而是通过提供低价的基本服务来最大限度地降低生活和经商成本，从而使私营部门更具竞争力。[1]

与前现代经济体中给纳税人带来负担的军事税收不同，"在工业社会中，税收的目的是通过以运河和铁路、邮政服务和公共教育的形式修建基础设施来促进工业繁荣"[2]。这种基础设施是第四种生产要素。帕滕解释说，税收将是"无负担的"，只要它们被用于改善以交通为首的国内公共设施，例如伊利运河。[3]

这种公共投资的优势在于降低成本，而不是让私有化者以基础设施使用费的形式征收垄断租金。政府可以按成本价对这些自然垄断企业的服务定价，或者提供免费服务，从而帮助劳工及其雇主在缺乏此类公共企业的国家中以低于市场价的成本价出售给实业家。

帕滕指出，城市的公共交通提高了外围地区的房价（从而提高了经济租金），这跟与纽约北部地区农民竞争的西部农场受益于伊利运河的方式相似。相对于市中心，这一原则在今天的郊区社区更显而易见。伦敦银禧线的地铁支线和纽约市的第二大道地铁表明，通过对为沿线土地创造的更高租金价值征税，可以为地铁及公共汽车交通公开融资。从这些税收中支

---

[1] 参见 Simon Patten, "The Theory of Dynamic Economics," in *Essays in Economic Theory*, ed. Rexford Guy Tugwell (New York: Knopf, 1924), p. 98。

[2] 同上。

[3] 欧洲贵族统治政府在制定税收政策时，国家只是一个军事组织，用于防御社会的外敌，或通过侵略战争来满足民族需要。这样的国家有一个消极的经济发展政策，它们的税收理念不是基于经济效率。

付资本投资，可以以补贴价格提供交通服务，从而最大限度地改善经济体的成本结构。因此，约瑟夫·斯蒂格利茨推广的"亨利·乔治定理"（Henry George Law）更应该被称为"无负担税收的帕滕定律"（Patten's Law of burdenless taxation）。①

在无负担的税收制度下，公共投资的收益不以利润的形式出现，而是旨在降低经济体的总体价格以"促进普遍繁荣"。这意味着政府应该直接经营自然垄断企业，或者对其进行监管。正如帕滕所指出的："公园、下水道、学校改善了所有阶层的生产者的健康和智力，从而使他们能够以更便宜的价格生产，并在其他市场上更成功地进行竞争。"② "如果改善法院、邮局、公园、煤气和水利工程、街道、河流和港口及其他公共工程不能促进社会的繁荣，那么它们就不应该由国家主导。"③ 然而，这种整体经济的繁荣并不是通过把公共企业当作今天所谓的利润中心来实现的。

从某种意义上说，这种方式可被称为"利润私有化、亏损社会化"。主张这些路线的混合型经济是工业资本主义逻辑的一部分，工业资本主义为了使利润最大化，寻求最大限度地减少私营部门的生产和雇佣成本。社会的基本基础设施是由国家提供的补贴来支持的。

一个世纪以来，公共投资帮助美国实施了高工资的经济政策，提供教育、食品和健康标准以使劳动力更有生产力，从而能够廉价提供低工资的贫困劳动力，其目的是在工资上涨和提高劳动生产率之间建立积极的反馈。

这一过程与当今金融资本主义的商业计划形成鲜明对比：削减工资及长期资本投资和研发，同时将公共基础设施私有化。1980年代，美国总统罗纳德·里根和英国首相撒切尔夫人倡导的新自由主义政策得到了国际货币基金组织的支持，该组织要求债务国经济体通过出售此类公共企业和削减社会支出来平衡预算。基础设施服务被私有化为自然垄断企业，这极大地提高了这些经济体的成本，但为华尔街和伦敦创造了巨大的金融承销佣金与股市收益。

---

① 乔治主张征收土地税，但他对社会主义的反对使他拒绝从定量的角度定义经济租金所需的价值和价格概念。他对银行家和利益的辩护使他的政策建议无效，因为他的政治倾向转向了自由主义右翼，反对政府投资，但只是对私有化者拿走的租金征税，这与帕滕及其支持工业学派的经济学家基于古典价值和价格理论所主张的观点相反。

② Simon Patten, "The Theory of Dynamic Economics," in *Essays in Economic Theory*, ed. Rexford Guy Tugwell, p. 98.

③ 同上。

迄今为止，将公共垄断企业私有化已成为从经济上获得财富的最有利可图的方式之一。但私有化的卫生保健和医疗保险是由劳工及其雇主支付的，而不是像工业资本主义那样由政府支付。由于私有化教育系统不断上涨的成本，进入中产阶级的就业机会是由学生贷款完成学业来创造的。这些私有化并没有使经济体变得更加富裕或更具竞争力。在整个经济层面，这项商业计划是一场针对底层的竞争，但却有利于顶层的金融财富。

八、金融资本主义在增加成本的同时使经济贫困化

"古典经济租金"被定义为价格超过成本价值的部分。将这种租金——无论是来自上述私有化的土地租金还是垄断租金——资本化为债券、股票和银行贷款，由此创造了虚拟财富。金融资本主义的指数级信贷创造增加了虚拟财富——金融证券和财产债权，通过一种使它们比有形的真实财富具有更高价值的方式管理这些证券和债权。

获得财富的主要方式是获得股票、债券和房地产的资产价格收益（资本收益）。然而，这种呈指数级增长、债务杠杆化的金融间接费用使经济两极分化，其方式是将财富所有权集中在债权人以及出租房地产的人、股票和债券的所有人手中，从而耗尽实体经济以支付金融、保险和房地产行业的费用。

后古典经济学将私有化的基础设施、自然资源开发和银行业描述为工业经济的一部分，而不是寻租阶级附加上去的东西。然而，金融资本主义经济体的动力是，财富主要是通过寻租得到的资本收益来获得，而不是主要通过投资工业生产资料和节省利润或工资来获得。这些收益并不是传统意义上所理解的"资本"，而是金融资本收益，因为它们导致了由债务杠杆推动的资产价格通胀。

房价通胀和股市信贷泡沫、债务杠杆化，以及基本基础设施的金融化和私有化，使美国在世界市场之外定价。中国和一些非金融化国家通过对公共设施提供免费或低成本服务，避免了高昂的医疗保险成本、教育成本和其他服务成本。在美国之外的国家，公共卫生和卫生保健的成本要低得多，但这种情况在美国被新自由主义者攻击为社会主义医疗，似乎金融化卫生保健会使美国经济更高效和更具竞争力。交通行业同样也被金融化并以盈利为目的，而不是为了降低生活和经商成本。

我们可以得出这样的结论：美国不再选择工业化，而是通过经济租金——来自信息技术、银行业和投机的垄断租金——为其经济融资，并将工业、研发留给其他国家。即使中国和其他亚洲国家不存在，以目前的间接债务以及私有化与金融化的教育、医疗、交通和其他基本基础设施，美国也无法重新获得出口市场甚至国内市场。

根本问题是新自由主义的金融化。金融资本主义不是工业资本主义，它沦为债权主义和食利性新封建主义。银行家今天扮演着地主在19世纪的角色，从房地产、股票、信贷债券的资本收益和债务杠杆中赚取了没有相应价值的财富——其置存资产费用（carrying charges）增加了经济的生活和经商成本。

九、金融资本主义与工业资本主义

今天的世界正在被一场关于它将拥有何种经济体系的经济战争撕裂。工业资本主义正在输掉与金融资本主义的斗争，金融资本主义已成为工业资本主义的对立面，正如工业资本主义曾是后封建地主制和掠夺性银行的对立面一样（见表19-1）。

表19-1 工业资本主义与金融资本主义

工业资本主义的目标	金融资本主义的目标
通过生产产品获利。	榨取经济租金和利息。
将生活成本和价格降到最低。	在价格中增加土地租金和垄断租金。
支持工业和劳工。	对金融、保险和房地产行业给予特殊的税收优惠。
通过对土地租金和其他产生租金的资产征税而不对资本和工资征税，把土地租金和住房成本降到最低。	将税收从地租税中剥离，使其可以作为利息支付给抵押贷款的银行家。
以低成本提供公共基础设施。	将基础设施私有化为垄断企业，以榨取垄断租金。
改革议会以阻止寻租行为。避免军费开支和战争，因为这会欠下外债。	通过将控制权转移给非民选官员以阻止民主改革。利用国际组织（如国际货币基金组织或北约）来强制推行新自由主义政策。
将经济和社会规划集中在政治资本手中。	将规划和资源分配转移到金融中心。
将货币政策集中在国家财政部门。	将货币政策转移到代表私营商业银行利益的中央银行。

续表

工业资本主义的目标	金融资本主义的目标
使价格与成本价值保持一致。	通过土地所有权、信贷和垄断特权,最大限度地增加寻租的机会。
银行业应该被工业化,给有形资本投资融资。	银行以担保品为抵押进行贷款,提高资产价格,有租金收益的资产尤其如此。
回流公司收入,对新的生产资料进行资本投资。	将收入作为红利发放,或用于股票回购以增加股票价格收益。
时间框架是长期的,以开发产品和营销计划:M-C-M'。	时间框架是短期的,"打了就跑"的金融投机:M-M'。
工业工程:通过研发以及新的资本投资来提高生产力。	金融工程:通过股票回购和更高的股息分红来提高资产价格。
把工业资本主义当作一个广泛的经济体系,注重其长期发展。	主要通过买卖资产来实现"打了就跑"的短期目标。
高工资的经济,认识到吃得好、有闲暇时间且受过良好教育的劳动力比长期工作的廉价贫困劳动力更有生产力。	逐底竞争,大量解雇员工,用新员工取代他们。劳动力的机械化让工人更容易被取代和抛弃。
M-C-M'的利润是通过投资生产资料和雇佣劳动力来生产商品并以高于雇佣劳动成本的价格出售而获得。	M-M'的资本收益是通过资产价格通胀而直接获得。
银行业被工业化,主要是为用新的资本形式投资提供信贷。这种增加的信贷往往会提高商品价格,从而提高生活工资。	增加银行信贷,为住房、股票和债券的竞购融资,提高了住房成本和购买养老金收入成本,减少了在商品和服务上的支出。
支持民主的程度:下议院将支持民主,因为下议院支持工业资本与地主阶级和其他食利者的斗争。地主阶级和其他食利者的收入提高了价格,却没有提高价值。	金融资本与"后期"工业资本主义联合起来反对亲劳工政策。它试图接管政府,特别是中央银行,以支持股票、债券、房地产和打包银行贷款的价格。它们的贷款变成坏账,使银行面临破产的威胁。
工业资本主义本质上是民族主义的,需要政府对工业提供保护和补贴。	金融资本是世界性的,寻求阻止资本控制,推行自由贸易和反政府的自由主义政策。
支持混合型经济,由政府支付基础设施,以补贴私营企业。政府与工业和银行业合作,制定一个长期的繁荣增长计划。	寻求废除政府在所有领域的权力,以便将规划中心转移到华尔街和其他金融中心。其目的是取消对劳工和工业的保护。
银行和信贷被工业化。	工业被金融化,利润主要用于通过股票回购计划和分红来提高股票价格,而不是新的研发或有形投资。

今天，金融资本主义正在跟美国以及其他经济体的工业资本主义做斗争。因此，这场斗争既是美国与欧洲内部的斗争，也是针对俄罗斯、伊朗、古巴和委内瑞拉等国家的对抗，它反对这些国家为经济去美元化并拒绝华盛顿共识及其美元外交而采取的举措。这是以美国为中心的金融资本为促进新自由主义学说而进行的一场斗争，该学说赋予食利性收入税收特权，免除土地租金、自然资源租金、垄断租金和金融业的税收。这一目标包括将基本基础设施私有化和金融化，从而最大限度地榨取经济租金，而不是尽量降低生活和经商成本。

其结果是一场改变资本主义性质和社会民主性质的战争。英国工党、欧洲社会民主党和美国民主党都加入了新自由主义的行列，它们都是从地中海蔓延到美国中西部"铁锈带"的紧缩政策的同谋。

金融资本主义剥削劳动力，但通过食利性行业最终吞噬工业资本。这种驱动力已经国际化，成为反对那些限制金融资本掠夺的国家的斗争，并寻求私有化和废除政府监管权。这不仅仅是金融资本主义针对社会主义和生产资料公有制而发动的战争。由于工业资本主义的内在动力需要强有力的国家监管和税收权力来遏制金融资本的入侵，这场后工业化的全球冲突是社会主义和法西斯主义之间的冲突，前者从工业资本主义演变而来，后者被定义为一种食利者回应，动员政府遏制社会民主，恢复食利性金融和垄断阶级的控制权。

旧的冷战是与共产主义的斗争。社会主义除了把自己从土地租金、利息费用和被挪用的私营工业利润中解放出来之外，还支持劳工争取更好的工资和工作条件，支持对学校、医疗和其他社会福利进行更好的公共投资，以及支持更好的工作保障和失业保险。所有这些改革将削减雇主的利润。利润越低意味着股价越低，金融资本的收益也就越少。

金融资本主义的目标并不是通过生产商品并以比竞争对手更低的成本出售这些商品，从而成为更有生产力的经济体。初看之下，这可能是美国与中国之间的国际经济竞争和猜忌，因此最好将其视为经济体系之间的一场斗争：金融资本主义的经济体系对抗一种文明的经济体系。在私人利益自私地行事并且损害整个社会时，通过授权政府审查私人利益这一更加社会化的理念，文明的经济体系正试图将自己从食利者的特权和对债权人的屈服中解放出来。

这场新的冷战的对手不仅是社会主义政府，也是政府本身，除非它可以被置于巨额融资的控制下，以推动新自由主义食利者议程。最明显的例子是《跨太平洋伙伴关系协定》关于设立法庭解决投资者与国家争端的提议。在这份提议中，为防止环境污染或消费者损害而颁布的公法会造成利润的减少，因此公司可以获得利润补偿，由公司任命的法官对利润补偿有决定权。这种对公共立法权的根本性限制颠覆了19世纪的民主政治革命，而民主政治革命用更有代表性的立法者取代了上议院以及其他由世袭贵族控制的上议院。

公司的背后是它们的债权人，这些债权人试图将他们从任何会损害公司利润并因此损害其维持偿债能力的公共法规中解脱出来。隐含的目标是建立一个企业国家（corporate state），用中央银行——美联储和欧洲中央银行——以及来自国际货币基金组织和世界银行的外部压力来取代民选政府机构。其结果是出现世界性的金融寡头统治。移交给食利性金融和垄断阶级的经济计划与监管颠覆了民主政府的权力。

由于缺乏来自国外的财富，美国企业国家（the US corporate state）通过军事建设和公共基础设施支出来促进就业，其中大部分支出都转交给了内部人员，将其私有化为寻租垄断企业和裙带企业。在美国，军队正在被私有化以便在国外作战（例如美国黑水公司），而利用廉价囚犯劳动力的监狱正在变成利润中心。

十、结语：寻租的金融资本

今天的国民收入和国内生产总值核算方式是按照反古典经济学理论编制的，它将金融、保险和房地产行业及其结盟的寻租行业描述为对国民收入的增加，而不是减少。利息、租金和垄断价格都被算作收益——就好像赚取的所有收入都是工业资本主义固有的组成部分，而不是间接财产和金融债权的掠夺性榨取。

这一立场与古典经济学相反。金融资本主义就是为了避免朝马克思及其大多数同时代人所期望的方向发展，即工业资本主义将向社会主义发展，不论是采取和平方式还是其他方式。正如雅各布·阿萨（Jacob Assa）和英格丽德·哈尔沃德·克万葛拉文（Ingrid Harvold Kvangraven）所描述的那样，这种变化是数十年来游说者努力改变国内生产总值统计数据的产物，把银行罚金和公司的一切收入都描述为对国内生产总值的贡献，而不是成本。其结果是将早期的国内生产总值核算方式变成了一种讽刺，像以前那样认为金融业是在生产产品，而不是在实行零和转移支付（zero-sum transfer payments）。

第 20 章 新型"占取"：金融市场资本主义的动力与局限[*]

克劳斯·德雷/文　　乔瑞华/摘译

自 1970 年代以来，一种资本主义新形态的轮廓已经开始出现，本章暂且称之为金融市场资本主义（financial market capitalism）。这种脆弱形态的一个基本特征是，它使旨在限制市场活动的机构成为新型"占取"（Landnahme）的目标。到目前为止，这一发展进程已经产生了巨大危机。这种由金融驱动的"占取"的局限性已经显而易见，从而为变革开辟了空间。为了解释这一观点，本章将介绍"占取"概念，列举金融市场资本主义的显著特征及危机，探讨如何将日常的不满转化为对资本主义的当代社会学批判。

一、资本主义是如何发展的？

要想保持对资本主义的批判的影响力，就必须始终参照资本主义发展的具体阶段来调整坐标系统，以适应资本主义制度本身的变化。那么，资本主义是如何发展的？我们可以在大卫·哈维根据罗莎·卢森堡和汉娜·阿伦特的思想提出的一个定理中找到答案。根据这个定理，可以将资本主义发展理解为对非资本主义领域的一系列"占取"。

---

[*] 本章原载：《国外理论动态》2023 年第 1 期。原文来源：Klaus Dörre, "The New Landnahme: Dynamics and Limits of Financial Market Capitalism," in *Sociology, Capitalism, Critique*, eds. Klaus Dörre, Stephan Lessenich and Hartmut Rosa (London and New York: Verso, 2015), pp. 11–65. 翻译有删减。克劳斯·德雷（Klaus Dörre）：德国耶拿大学。乔瑞华：中国社会科学院马克思主义研究院。

1. 原始积累

马克思分析了资本主义"占取"的基本形态。在对"原始积累"的思考中，他描绘了资本主义在非资本主义环境中的兴起。这一发展的本质特征是资本主义财产关系和阶级关系的形成。他认为，征用农村人口是产生新型生产者的关键性先决条件，即"双重意义上自由的"、不附属于土地或行会的雇佣劳动者。马克思将这一进程描述为一小部分所有者对生产资料的垄断、殖民压迫和奴隶贸易，以及一系列极其残酷的事件，这些事件不是基于天赋或美德，而是基于数百年来农民被征用、暴力圈地、没收教堂财产的历史。

正如马克思令人印象深刻地证明的那样，这种内部"占取"从一开始就是一个高度依赖国家干预的政治进程。没有国家的干预，就不可能改变财产关系、征用农村人口，也不可能调整和训练流离失所的工人以适应新的生产方式。这就是为什么起源于封建社会的法律一次又一次地催生出一种普遍的社会强制劳动，并建立起符合制度需要的政治工资标准。"变成了流浪者的农村居民，由于这些古怪的恐怖的法律，通过鞭打、烙印、酷刑，被迫习惯于雇佣劳动制度所必需的纪律"①。从制度的角度来看，这一过程与其说野蛮残暴，不如说是出于危险的政治动机来惩罚多余的工人，并强迫他们为新的生产方式服务。然而，以一种对制度的功能至关重要的方式进行的这种规训不会过于残暴，比如，会以制度性的方式吸收前资本主义时代的能力、知识和社会关系。

只有拥有机器和工厂体系的大工业，才"为资本主义农业提供了牢固的基础，彻底地剥夺了极大多数农村居民，使农业和农村家庭手工业完全分离"②，"这样，它才为工业资本征服了整个国内市场"③。事实上，整个工业革命确实建立在对工人阶级的长期政治排斥之上。即使在英国，结社自由和工人组建工会的权利也是在长时间的拖延后才开始实行的。因此，资本主义从来都不是，甚至在其诞生之初也不是一种自我调节的市场经济；相反，国家是新生产方式的关键"助产士"。它确保了市场的形成是在结构性权力不对称的条件下发生的。资本主义生产方式的外部扩张，只

---

① 《马克思恩格斯文集》第 5 卷，第 846 页。
② 同上书，第 858 页。
③ 同上书，第 858－859 页。

有在资本主义从一开始就构成一个国际体系（一个在民族国家边界之上和之外相互联系的体系）的情况下才有可能在政治上得到推进。在长达几个世纪的原始积累时期，市场的形成过程在很大程度上是一个政治动机和权力不对称的过程。然而，马克思认为，政治胁迫，包括公开的暴力，只是资本主义早期历史上的一个插曲。在历史的长河中，将会出现一个工人阶级，工人"由于教育、传统、习惯而承认这种生产方式的要求是理所当然的自然规律"[1]。经济领域以外的暴力只会在特殊的情况下被使用，而"在通常的情况下，可以让工人由'生产的自然规律'去支配"，"经济关系的无声的强制保证资本家对工人的统治"[2]。

2. "占取"论题概述

阿伦特在其帝国主义研究中指出，原始积累似乎在重演，尽管是在一种改变了的历史环境下。她借鉴卢森堡在《资本积累论》（*The Accumulation of Capital*）中提出的观点，认为资本主义的发展在某种意义上具有两面性。一种发展以剩余价值的生产为中心，即以工厂、彻底资本化的农业部门和大宗商品市场为基础。在这里，资本主义主要通过自己来复制自己。另一种发展以资本积累与非资本主义生产方式及领土的交换关系为基础。卢森堡的观点是，只有有限的社会产品才能在"内部的商品流动"中实现，而结构上受限的偿付能力需求需要通过"外部"来实现部分总剩余价值。对于卢森堡来说，"旧资本主义国家为彼此提供了更大的市场，并变得越来越相互依赖，但另一方面，它们又与非资本主义国家在贸易关系上展开了更残酷的竞争"[3]。

关于这一点，阿伦特表述得更加直白："在帝国主义时代之前的几十年里，危机和萧条使资本家们深刻地认识到：'他们的整个经济生产体系从现在起必须依赖来自资本主义社会之外的供需关系。'只要资本主义制度不能控制所有阶级……这样的供需就来自国家内部。当资本主义遍及整个经济结构，所有社会阶层都进入其生产和消费系统的轨道时，资本家显然……［意识到］生产系统的形式和法律'从一开始就已为整个地球计算出来'，［并且］必须决定是要看着整个系统崩溃还是要找到新的市场，也

---

[1] 《马克思恩格斯文集》第5卷，第846页。
[2] 同上。
[3] R. Luxemburg, *The Accumulation of Capital* (London: Routledge and Kegan Paul Ltd, 1951 [1913]), p. 367.

就是说，渗透到那些还不属于资本主义世界的新国家，从而提供新的非资本主义的供需。"①

哈维认为，根据卢森堡和阿伦特的分析，"剥夺性积累"在功能上等同于原始积累和帝国主义"占取"的暴力行为。然而，"占取"并不局限于"人吃人""掠夺""欺诈"行为。正如哈维含蓄地指出的那样，"占取"的实际运作方式依赖高度分歧的国家干预形式。正如我们所看到的，这种运用纯经济法则进行的"强制拆分"——比如公共服务的扩展、集体资产的生产或社会安全网络的加强——也可以通过去商品化（与市场风险脱钩）以及在二、三级循环中长期运作资本的方式来实现。哈维将这些战略归结为"剥夺性积累"，即把公共实体的私有化和对劳动力市场的放松管制当作将劳动力再商品化或去商品化的杠杆。将其应用于经济和社会发展问题，则意味着资本主义的存在离不开"占取"。也就是说，没有对外部资产价值（包括闲置劳动力）的利用，资本主义就不可能存续。然而，"占取"的实际目标、形式和手段却大相径庭。战略选择又时常是一个政治进程，这意味着至少在某种程度上"占取"会屈从于政治影响。

马克思在《资本论》第1卷中阐述的产业后备军机制，在某种意义上是主动创造外部性的经典案例。在经济加速增长时期，各种形式的产业后备力量可被用来动员更多劳动力。特别是在危机时期，那些被排除在资本主义生产之外的人代表了一种潜在的压力源，这种压力可被用来施压，以尽可能地降低劳动力成本。所以，马克思思考的社会问题一直是有"内部"与"外部"之别的。剥削和私人获取集体生产的剩余价值是"内部"的核心；而在"外部"，我们见证了收入和生活水平被压榨到低于其社会阶层的原有水平，甚至过度剥削和极端情况下劳动力被遣散的情况。

3. 社会-官僚资本主义的混合经济形态

要理解和批判当代资本主义不稳定的表现形式，首先必须描绘新资本主义形成的历史背景。如前所述，"占取"总是涉及市场自由化与市场划界之间的相互作用。在这个过程中，问题绝不是国家或市场，而是市场与政治等级权力的具体结合。

福特资本主义兴起于1920年代，在1945年之后达到顶峰。福特主义模式标志着"有组织的现代性"的完成，它将"市场的无政府状态"与大

---

① H. Arendt, *The Origins of Totalitarianism* (New York: Harcourt, 1966), p. 148.

型官僚机构等级森严的组织原则结合在一起。不仅是大公司，福利国家的组织和机构也按照官僚金字塔模式运转。这种结合背后的驱动力是试图将以前没有财产的工薪阶层纳入"有组织的时间"中。由于这种时间制度，公司官僚和福利机构在某些方面也成为1949年之后社会稳定、安全的稳定器。究其原因，主要不在于官僚机构的内部运作原则，而在于更广泛的社会融合主义的妥协和工人权利的制度化。

我们可以采用一种制度主义的方法，详细考察将有组织的工人利益"纳入"福特主义监管结构的过程。最初，福特主义生产模式的实施很少伴随着加强工薪阶层的组织和制度力量的行为。这种情况在1945年之后改变了。尽管各国所走的道路不同，但有组织的工人利益的结合不仅影响了国家的管理制度，而且影响了市场形成本身。工人阶级运动的组织力量和动员能力越强，福利国家的发展就越全面。工人阶级运动通常追求基于去商品化政策的议程。尽管工人运动和工会的力量本身不足以解释不同国家的福利资本主义，或生产模式与监管结构之间的差异，但它们阐明了福特主义的"占取"的一个关键特点。只有在社会财产——某种保障社会生存和地位的集体资产——的去商品化效应的作用下，雇佣劳动才会转变为一种巨大的社会整合机制。得益于战后格外持久的繁荣，雇佣劳动成为一种制度。

当我们考虑到"社会-官僚资本主义"（social-bureaucratic capitalism）始终是一种混合经济时，这种田园诗般的景象就开始土崩瓦解。当福特主义的"占取"被描述为对传统的、小规模的企业和农业部门的吸收时，它就忽略了与之对应的发展。即使在社会-官僚资本主义的鼎盛时期，以利润为导向的全球经济也越来越依赖那些遵循其他理性原则而非福特主义的部门、机构和活动。除了公共部门（生产公共资产）、非营利部门（生产福利理性）、家庭生产和非正规部门（生产生存理性）之外，福特主义还不断与虽然完全不同于这些部门但对渐进式创新极其重要的中小企业部门进行对话。当劳工组织的利益相对明确时，保护机制就会发挥最有效的作用，这主要发生在公共服务和大型企业中，这些企业的雇员多为男性。女性如果积极参与经济活动，则会进入受保护程度较低的行业。除了政治制度上的歧视外，社会秩序的基本机制也在这里发挥作用。在这个意义上，社会问题的内外动力并没有在福特资本主义中完全消失。

4. 福特主义的危机

到了1960年代末，那些把福特主义带入全盛时期的力量开始成为经济难点。从1973—1975年的经济危机开始，企业试图通过转向利润型积累来应对1950年代以来一直存在的资本投资回报压力。现在的主要目标不是扩大生产能力和增加剩余价值总额，而是提高利润率。然而，产能过剩和利润率压力并不是唯一的引爆点。在小型企业和大型公司中，占主导地位的合理化类型的生产力资源已经耗尽，工作的拆解、标准化和官僚主义对工作的控制日益与高素质工人的要求和期望冲突。生活方式和消费者选择的个性化与大规模生产的标准化也发生了冲突。固定汇率的崩溃、大公司跨国扩张造成的重新配置的国际分工，以及许多发展中国家在工业化过程中产生的巨额债务，为国家积累创造了新的国际环境。越来越多的国家担心不断增长的国债和不断上升的通货膨胀，许多国家的精英们开始反对按照凯恩斯主义的需求制定经济政策。这导致国家政策转为更注重供给的战略，将严格的国内紧缩政策与积极的世界市场导向相结合，并加速了技术现代化。

然而，福特主义的内在缺陷并非由生产力本身的性质决定。由于使用量巨大，即使在资源丰富的国家，饮用水、耕地和清洁空气等也开始成为稀缺商品。其主要原因是工业的过度开发和污染破坏了自然的自我更新与再生能力。生态危机的全球性及其导致的不可逆转的后果，引起了公众对某些高度复杂的、与技术密切相关的、声称在无误的情况下运行的但实际上却无法排除发生故障及其灾难性连锁反应的可能性系统（例如核电站）的怀疑。

所有这一切都开始削弱福特资本主义及其在东方的伴生物——国家官僚主义——的霸权地位。建立在扩大国内市场和残酷掠夺自然资源基础上的资本主义的历史形式，已经不再是稳定的甚至不断增长的利润率的来源。包括工人权利的广泛制度化在内的战后时期的强有力监管，现在似乎已成为资本积累的主要障碍。它成为重新"占取"的目标，从而作为一种特定的"外部"产物复兴了资本主义的产业后备军机制。这种"占取"一旦开始就不会停止，它在外部市场开放的一体化中找到了额外的合法化资源。这种双重的范式转变在社会群体中是以思想和政治的方式进行的，尽管失业、贫困和不平等在加剧，劳资冲突的制度化似乎仍然是稳定的。

二、金融市场资本主义发生了哪些新变化？

资本主义的发展可以被理解为一系列"占取"。在福特主义中，这种错综复杂的内部-外部辩证法有助于那些没有移民背景、受过专业训练的男性专业人士远离动荡的生活。那么，为什么今天的资本主义把技术娴熟、资质合格的信息工作者也推入了不稳定的状态呢？

1. 国际经济结构调整进入新阶段

我们的答案是：不稳定是金融驱动的"占取"所导致的结果，因为"占取"削弱并限制了市场监管机构和监管体系。在此过程中，重要的参与者是面向世界市场的公司，这些公司在对福特主义积累制度的危机做出反应的过程中，开始在本国以外寻找新市场，其国际业务通常被误认为是经济全球化的表现。在全球化的漫长历史中，最重要的变化体现在公司、国家和金融市场之间的关系中。在这里，全球化意味着金融市场不同部门之间的相互依赖和信息技术的渗透。从1990年代到2008年危机爆发，金融市场是经济增长最快的领域。金融领域最初只是贸易、生产和企业国际化向前推进的一个现象，如今已或多或少地独立于实体经济活动。

金融领域与实体经济相对脱钩的主要原因有三个方面：（1）资产和收入的纵向不平等加剧，导致盈余资金集中在已经富裕的社会阶层手中，从而倾向性地退出消费；（2）在传统核心部门，经济增长滞后，利润率上升与投资率下降之间的差距不断扩大；（3）养老金计划的持续私有化以及由此产生的机构投资者（例如养老基金）的重要性不断增强。流动性过剩是金融资本向虚拟资本转化的基础。在金融市场放松管制及现代信息和通信技术的推动下，与金融交易有关的风险被分解为其基本要素，并重组为可交易的金融工具。因此，以股票、证券或债券表示的M，已从一种支付和信贷的方式变成了纯粹的投机对象，目的是实现M'。必须强调的是，上述任何一种操作都无法产生足够的重置价值，因为只有在实体经济中产生的价值才有可能被分配。货币资本的这种拜物教概念，可以以某种与实体经济脱节的证券和衍生品的形式自我增殖，它代表了泡沫经济的起源。

今天，金融资本中心市场的参与者早已不再只交易外币，还交易风险和到期证券。在这个过程中，即使微观经济活动，也会对宏观经济产生巨大影响。衍生品交易由于具有广泛的杠杆作用（全球经济危机之前的金融资产可能会高于其所有者权益的数倍），所以蕴含着巨大风险。金融机构处理的资产规模十分庞大。由于利率套利、外汇投机和债务人/债权人的关系，一个相互依存的脆弱体系——不仅包括金融市场行为者和金融机构，而且包括民族国家——已经出现。在盎格鲁-撒克逊国家，机构投资者通常由养老基金、对冲基金和私募股权基金组成，它们收集个人储蓄并将其投资于金融市场，通过资产集合影响公司及其股份或贷款，以及获得其债务所有权的政府。在欧洲，机构投资者通常是大型金融机构的投资分支，对市场活动的影响甚至更大。

2. 金融主导的积累机制

罗伯特·布伦纳等经济学家认为，这种"新经济"的繁荣时期只是延长了结构性过度积累的发展模式。批判者则认为，美国经济以信贷为基础的繁荣期进一步加剧了世界经济的结构性问题，因为信息技术、电信和媒体等新兴行业出现了巨大的产能过剩。

弗朗索瓦·沙奈（Francois Chesnais）引用了马克思的"虚拟资本"概念。他认为，金融资本走向相对独立并不一定会降低自身的"寄生"效应。根据这一观点，积累不仅包括投资手段和生产能力的增长，还可以通过下列手段来实现：通过将私人资本主义生产关系扩展到新的领域；通过企业吸收其供应商网络的剩余价值；通过劳动力的灵活性和临时性。换句话说，金融资本主义的活力可以作为"占取"的长期引擎，旨在将活劳动重新商品化。这是可能的，因为金融资本虽然在许多方面是"虚拟的"，但从根本上是社会力量的一种表达。这种社会力量可被用来稳定金融市场驱动的长期积累。

这是资本主义中心正在发生的事情。金融资本的社会力量是在制度和组织形式中表现出来的，这些制度和组织形式一方面稳定了新的积累机制，另一方面又易于出现分配不当、投机和腐败，从而导致整个制度的危机。除了股票市场（起到资本化的作用）之外，投资基金（作为所有者）、分析师和评级机构（作为边界角色，确保预期的可靠性）以及转移机制，如市场上恶意收购公司控制权，都能暂时使制度相对稳定。在或多或少有制度保障的金融市场中，不同的金融市场参与者仔细观察彼此的预期，这些预期是在持续不断的信息流的基础上形成的。从这个意义上说，金融市场起着"有效的信息处理器"的作用。不幸的是，这只是硬币的一面，系统性危机的倾向则是硬币的另一面。

事实上，从经济效率的角度来看，有大量极具说服力的论点可以反对金融化制度的概念。这些论点认为，金融市场资本主义的出现并不是一种更为优越的或特别有效的生产方式的结果。与福特主义的出现形成对比的是，金融资本主义理性的霸权地位并非主要来自车间的实际生产，也不是源于优越的理性化概念与大众消费之间的相互作用。归根结底，可以有效实施的才会成为现实。在国际上，新制度已将有关投资承诺、数量和方向的基本经济职能转移到了金融市场。就像对消费水平和消费者行为的监管一样，它导致了公司治理体系的深刻变化，影响了公司的合并与重组。于是，金融化制度所产生的巨大张力对工薪阶层产生了重要影响。我们可以依据三种不同的转移机制来考察这些影响，这三种转移机制分别是：（1）股东价值和以市场为中心的治理；（2）以竞争为基础的监管结构；（3）非稳定型就业。

当然，以市场为中心的监管模式并不会沦为经济上的既成事实。与最初的变体一样，新型"占取"是一个深刻的政治过程。无论是讨论金融市场的放松管制、企业的私有化，还是讨论劳工政策的激活，政治和国家总会参与其中。通过赋予股东特权和解散社会公民（Sozialbürger），新型"占取"改变了财产关系。这种转变背后的意识形态驱动力就是市场正统的观念。从制度的角度来看，通过金融市场资本主义严格的条件性规则，我们可以合理地猜测，其功能类似于原始积累阶段从封建主义那里继承的法律遗产。金融市场资本主义的做法是以一种新的弹性生产方式激活并约束工薪阶层。该制度之所以能够运行，恰恰是因为我们无法完全彻底地强制实施。市场的神话仍然具有这种影响，恰恰是因为微观社会实施的尝试总是包含错误并产生反作用。它符合那些参与弹性积累方式的社会群体的基本利益。这些群体——在发达的资本主义中，这些群体包含了大多数经济和政治精英以及部分中产阶级的专家和技术工人——为社会核心提供了市场文化的支撑。在强大的利益集团的推动下，福特主义的基本福利国家妥协模式正在不可逆转地被抛弃。积累制度、生产方式和社会调节结构的变化，表面上仍然为稳定的制度所掩盖，但从总体上看，这些变化表明整个社会出现了一种新的物质状况。

三、金融市场资本主义的危机

全球金融危机和过度积累暴露了金融市场资本主义的局限性。金融危机是新型"占取"方式的有机组成部分。在金融危机中，新型"占取"方式会直接影响到财产关系。资产被贬值，然后在所有权条件改变的情况下，以大幅降低的价格重新进入资本循环。

1. 金融危机的因果性联系

通过观察迄今为止的危机史，我们可以确定导致更大转型危机的四种因果性联系。

第一，国家干预与道德风险。虽然采取新型"占取"方式的动力主要基于金融市场的自由化，而这种自由化是国际机构授权并由各国政府执行的，但这种"占取"始终需要国家的永久性干预来确保制度的运行。市场原教旨主义的戒律再次与其在现实中的应用发生了冲突。每到紧要关头，政府都会毫不犹豫地介入，以阻止最糟糕的情况发生。华尔街和伦敦金融城可以自信地认为，一旦发生危机，政府就将因无法忽视它们的经济和社会影响力而出手。这种"道德风险"只会增强管理者承担更多风险的意愿，从而加剧当前的重大危机。不可否认，"道德风险"现象并不只存在于管理层。像英国或西班牙这样根据理论实施金融市场资本主义的政府，依赖——类似于一种卑鄙的凯恩斯主义——能够将从金融中获得的利润转移至国内房地产市场的贷款。在这里，我们发现了政治和管理阶层以及公共信贷机构的经理们愿意承担如此巨大风险的一个主要原因。

第二，全球经济失衡与货币政策的局限性。美联储为应对新经济泡沫破灭而推出了低代价的货币政策，其暂时的成功显然鼓励了相关的主要参与者将金融业与实体经济脱钩。全球经济内部的结构性失衡加速了这种趋势。主要的金融危机总是发生在霸权国家试图通过操纵外汇政策来维持其主导地位之时，这正是美国几十年来一直试图实现的目标。亚洲金融强国采取的购入美元等反制措施，一再挫败了美国的货币政策，从而进一步加剧了全球经济的失衡。在这里，我们找到了导致今天危机爆发的另一个因素。在10年前，当美联储降低联邦基金利率时，美国房地产和抵押贷款银行就利用这一点开始出售可变利率贷款。这些低利率反过来推高了房地产市场的价格。通过第二次抵押贷款和使用额外的现金来增加消费，房主们就可以利用其住宅物业增加的价值。因此，金融市场上过剩的流动性被重新引导，并被注入资本的初级回路中。即使在美联储 2004 年开始加息之后，房地产繁荣仍得以持续，因为亚洲经济体为了确保出口（从而增加国内繁荣和消费）购买了更多美元，并人为地高估了美元。被高估的美元推高了房地产价格。面对蓬勃发展的房地产市场，为了实现拥有住房的梦想，许多美国人求助于廉价的住房贷款。仅在 2005 年至 2006 年，就有 3 200 亿美元的投资，其中 20% 是次级抵押贷款，即向缺乏足够信用的买家提供的贷款。大约 230 万美国公民被这种近乎非法的借贷行为吸引。次级抵押贷款之所以成问题，是因为它们最初的低利率在几年后开始上升，使债务人往往无力偿还增加的款项。

第三，金融产品的不透明。为了找到对蓬勃发展的贷款行业进行再融资的办法，银行将次级抵押贷款打包成投资组合，以小额证券的形式出售给国际投资者。随后，这些有毒资产通过"证券化"变成了投机对象。由于损失流向最低的接盘部分，进一步的损失必须由下一部分承担，所以大部分债券似乎是安全的。令人惊讶的是，这些不良贷款中竟有 75% 获得了最高评级：AAA。为了寻找更有利可图的投资机会，越来越多的机构投资者和对冲基金加入了这一行列。由于房地产银行和基金经理们在将损失转移给股东与投资者的同时获得了利润，所以他们愿意承担更大的风险。然而，对冲基金和美国房地产银行并不是唯一参与这场游戏的机构，许多过去信誉良好的贷款机构也参与了这场游戏。德国的银行通过成立具有特殊目的的实体来参与证券化，从而规避了"新巴塞尔协议"中规定的监管措施。这些实体购买廉价贷款并将它们捆绑在一起，再作为证券出售，以抽取利润。必须支付给美国房主的贷款利息与支付给金融投资者的还款之间的差额相当于额外利润。

第四，隐秘的风险。这些商业行为进一步推动了贷款融资，以寻求最大的回报率，从而助长了金融市场行为者承担风险的意愿。泡沫越来越大，几乎所有资产价值的价格也越来越高。然而，这只是一个时间问题，直到美国出现越来越多的房主再也无力负担其有毒贷款的情况，而实体经济中也将再次感受到这一状况。沃伦·巴菲特（Warren Buffet）等业内人士长期以来一直将用于转移信贷风险的新型衍生品视为"大规模杀伤性金融武器"。2007 年和 2008 年的事件证实了其判断。2007 年 4 月，次级贷款市场的领头羊新世纪金融（New Century Financial）陷入危机。随之而来的是一系列经济冲击波。此外，证券和债券市场也开始出现普遍撤退的情况。市场缺乏买家和投资者的股本来满足流动性需求。与以往的危机不同的是，相互依存和相互负债的经济网络在2007年已经发展得十分紧密，危机几乎立即进入全球性阶段。随着美联储直接活动范围以外的金融机构陷入困境，怀疑和不信任的种子开始在整个银行系统蔓延。由于银行之间不再相互信任，最初仅仅是流动性过剩的情况变成了交易支付的崩溃。在美国，没有一家投行在此次危机中幸免于难，而冰岛等国则被推至国家破产的边缘。

此后，各国政府一直在进行规模空前的金融救援行动。仅在第一波应对措施中，发达国家就花费了约2.4万亿欧元来稳定抵押贷款系统。其他国家对本国银行进行了"国有化"，而德国则通过一个大多数银行选择参与的自愿程序来组合它们的救助方案。但是，股市暴跌和危机对实体经济的迟发效应已无法避免，因为一些关键领域的产能已经过剩。2008年深秋，世界经济陷入深度衰退中，衰退的程度、持续时间和社会影响仍有待观察。

2. 从金融危机到社会危机

面对全球性的灾难前景，市场正统观念竭力掩盖自己的失败。危机被视为"糟糕的政策"和特定的个体行为者所导致的结果。其中包括：美联储长期以来坚持低利率；贪婪的华尔街投资者愿意承担几乎任何可以想象的风险；银行监管不力，允许高风险的金融产品发行，对冲基金透明度的规范不足；机构投资者在狭窄的市场领域竞争加剧的推动下甘愿承担越来越大的风险。事实上，所有这些因素都导致了金融体系的崩溃。简言之，金融市场资本主义作为一个系统是建立在制度和组织形式的基础上的，其内在倾向是操纵、夸大、投机、错配、欺诈，从而导致不平衡，最终导致危机。

金融危机终于在2009年波及实体经济。更具体地说，金融业自主化原本是作为一种摆脱实体经济低盈利能力困境的方式而存在的，然而金融危机将金融业（相对）自主化的影响以一种强大的和破坏性的方式带回到商品和服务的生产中。面对1945年以来最严重的全球经济衰退，曾经狂热的市场正统派人士迅速改变其立场，转而信奉凯恩斯主义。考虑到对价值观的这种突如其来的重估，批判理论绝不能让自己被国家干预带来的新快感误导。数十亿美元落入一个失败的银行体系中，确实让"紧缩是不可避免的"观点蒙羞。当然，我们也认为，上述刺激方案带来的不仅仅是凯恩斯主义的暗示。但是，这并不意味着金融市场资本主义已经失败。因为，至少在某种程度上，新的国家干预会无缝地继续融入"剥夺性积累"的过程中。当考虑到那些首当其冲地受到所谓"势在必行的全球化"影响的社会群体时，情况更是如此。这些群体首先遭受到工资下降、养老金削减、工作不稳定和贫困化加剧的打击，现在却要作为纳税人再次偿还债务。目前，社会财产的重新分配是以拯救银行、金融机构和公司的名义进行的，因为它们被贴上了"大到不能倒"的标签。

如果金融市场资本主义的合理性及其转移机制在要求效率方面确实失败了，那么政治合法性问题似乎就是合乎逻辑的。然而，问题还在于民主机构是否仍然有能力有效地应对这些事态的发展。长期以来，现代大众民主国家的监管机构已经成为"资本的扩张力量与民主原则之间的张力"的指示器。资本主义在其发展过程中已经证明，它能够与民主原则共存，因为它成功地协调了竞争的强制性与社会凝聚力的潜在需求。目前，金融市场资本主义正在浪费这一优势。如果至关重要的决定是在议会之外（由缺乏民主合法性的管理精英）做出的，那么国家就会将基本职能外包，各政党也会切断与市民社会的联系。因此，谈论"后民主"是有意义的。后民主时代的一个主要特征就是："持股"和"高管"阶层发现越来越难以将自己视为可以被明确界定的社会群体。换句话说，"竞争破坏了集体认同"这一普遍逻辑剥夺了它所倡导的公民民主参与所必需的资源。金融资本家的"占取"行为使大型社会团体身心俱疲，这不仅导致了严重的社会凝聚力危机，也导致了社会创新能力以及民主原则本身的深刻危机。"占取"（即竞争逻辑的扩展）不仅使经济体系而且使民主本身功能失调。

四、有替代方案吗？

那么，还有其他选择吗？全球金融危机、经济衰退、创新受阻以及后民主趋势似乎都表明，金融资本主义的"占取"正接近其内在极限。这种极限不是由抗议运动造成的，而是由体制本身的核心功能机制决定的。一旦没有权力的从属阶层意识到这一事实，变革的道路就会出现。这些从属阶层不再听天由命，而是开始进行批判、抵制和反抗。

对于我们来说，问题是知识分子能否提供鼓励抵抗和集体参与的参考框架。尽管发生了危机，但这一空间尚未得到令人满意的答案。批判理论在其所有现代变体中都面临着"后社会主义的形势"。尽管可能有许多斗争领域,但没有任何可信的总体解放方案可以为今天如此丰富却又如此支离破碎的倡议和运动提供一个政治视角。如果要改变这种情况,必须首先对反抗运动的各种备选范围进行评估。詹姆斯·富尔彻(James Fulcher)在这个问题上的立场非常明确:"寻找替代资本主义的方案是徒劳的……那些希望改变世界的人应该关注资本主义内部变革的潜力。"[1] 换言之,金融市场资本主义可以被击败,但前提是它只能被另一种形式的资本主义取代。

资本主义确实有可能发生新的、内在的转变,甚至金融市场资本主义的一个主要问题点就有可能成为生死攸关的生命线,而这条生命线迄今为止一直被忽视。在相当长的一段时间里,金融资本主义的竞争逻辑已经取代了生态问题,或者至少只是通过市场机制来解决。但是,长期被资本主义"占取"忽视的生态问题,正在以前所未有的力量回归。气候变化加剧,向可再生能源的过渡迫在眉睫,这给西方国家的创新和发展带来了巨大压力。为了实现最重要的气候目标,仅工业国家就必须将二氧化碳排放量减少30%。自1990年以来,欧盟只设法减少了1.5%。要想达到任何接近规定目标的水平,都需要一个经济体进行最大的、最深刻的结构性变革。

理想的情况是,生态新政可以调用"国家作为先锋",以便制定一个规模庞大的投资计划,从而将剩余资本导向第三级循环,即进入急需的基础设施项目。发达国家将不得不提供技术和专业知识,而新兴经济体将被赋予更多机会来发展与地球气候相适应的资源节约型经济模式。在多边世界秩序中,所有这些都是可能的。尽管如此,詹姆斯·加尔布雷思(James Galbraith)等更具洞察力的美国经济学家都呼吁采取这一战略,投资于社会保障、公共产品和就业计划,从而对金融市场资本主义"占取"的外部性进行社会矫正。

通向生态社会资本主义(eco-social capitalism)的道路或许可以暂时拯救资本主义制度。然而,鉴于当前全球面临的巨大挑战,资本主义经济解决问题的能力并不足以应付未来的关键挑战。假设全球金融危机和过度积累将导致经济长期停滞,那么如何生产和分配使资本主义世界体系得以稳

---

[1] J. Fulcher, *Capitalism. A Very Short Introduction* (Oxford, UK: Oxford University Press, 2004), p. 127.

定的资源的问题就仍然没有答案。如果失业和不稳定加剧，围绕社会分配的斗争将越来越具有爆炸性的潜力。结果将导致这一体系的合法性问题，因为它们已经体现在个人的日常意识中。批判社会学不能也不应该从潜在的社会发展道路的光谱中排除这种制度过渡到另一种制度的可能性。排除这种可能性也是不科学的，因为历史上没有任何社会形态可以永恒。

因此，社会批判应该清醒地、没有幻想地探索资本主义内部的替代方案，以及资本主义的替代方案。但是，在"后社会主义的形势"下，必须坚持四个基本前提。(1) 批判需要进行解释学的考察，要考虑到那些没有发言权的人的日常不满。(2) 批判必须体现多元化的必要性。在民主社会中，批判不能要求普遍性。相反，即使批判者本身，也必须承认民主程序的内在价值，并在其中定位自己。任何批判都必须考虑到它可能是错误的。(3) 激进的社会批判需要一个道德共同体，但又应该超越其道德基础以及倡导这些道德的共同体。(4) 激进的社会批判需要关涉它所在社会的社会主体，否则就毫无意义。

这是当代批判理论面临的最大挑战。经典的社会批判也是对异化的经典批判，其关键的社会主体是工人阶级运动。今天，这一主体已被削弱，然而从全球的角度来看，工人阶级运动并没有缺席，特别是在韩国、巴西、南非等新兴经济体中，工人阶级运动往往站在了民主运动和变革联盟的前沿。甚至在资本主义的中心地区，也能看到工会复兴的萌芽。关于"占取"的理论告诉我们，批判理论必须克服它对看似外围的、非商品化的生产和活动形式的忽视。对于不完全符合"工人阶级社会主义"这一现代化概念规范的社会运动来说，也是如此。我们不能仅仅依赖抗议和抵制，还需要探索替代方案，无论是以团结经济的形式，还是以将私有化部门重新公共化的形式。如果要有一个概念性的答案，那么在我看来就是"经济民主"。最近的社会学理论充其量只是使我们对资本主义变体的理解更加多样化而已，但经济民主意味着思考如何彻底地解决资本主义的问题。

第五编

资本主义生态危机

第21章　化石能源、资本主义和工人阶级*

苏珊娜·杰弗瑞/文　　盛国荣/译

本章写于英国学生举行第一次气候罢课之时。2019年2月和3月，大量英国学生在一场全球性运动中占据了一席之地。这次罢课的灵感来自葛丽塔·腾伯格（Greta Thunberg）的行动——这位16岁的瑞典少年坐在瑞典议会外，发起了"未来星期五"（Fridays for Future）行动。她最初的立场是要求政客们履行《巴黎协定》的承诺，这导致她祖国的学生们在周五举行罢课。这一运动迅速传播开来，成千上万的澳大利亚学生不顾政府部长们的威胁，在2018年12月联合国气候变化大会第24次缔约方会议（COP24）前夕举行罢课，该运动也正在波兰进行。

学生罢课把气候问题推入了数百万人的视线中。毫无疑问，具有讽刺意味的是，在世界各地成千上万的学生罢课者离开学校的这几天，他们在教育数百万成年人认识到这一问题的紧迫性方面所做的工作比科学家或活动家多年来所做的工作加起来还多。这些罢课代表着日益发展的气候运动发生了质的飞跃，而气候危机的紧迫性以及全球政界人士的无所作为则进一步推动了这场运动的发展。

这场罢课部分是对联合国政府间气候变化专门委员会（Intergovernmental Panel on Climate Change，IPCC）2018年10月发布的特别报告的回应。该报告简单而紧迫地宣布，我们只有12年的时间采取必要行动来避免地球急剧升温，后者将威胁到数亿人的生命。[①] 这份报告在气候运动

---

* 本章原载：《国外理论动态》2019年第8期。原文来源：Suzanne Jeffery, "Dirty Energy, Capitalism and the Working Class," *International Socialism* 162 (2019): 93-109. 翻译有删减。苏珊娜·杰弗瑞（Suzanne Jeffery）：气候活动家。盛国荣：天津工业大学马克思主义学院。

① 参见 Jonathan Watts, "We Have 12 Years to Limit Climate Change Catastrophe, warns UN," *Guardian*, October 8, 2018, www.theguardian.com/environment/2018/oct/08/global-warming-must-not-exceed-15c-warns-landmark-un-report。

中引发了新的紧迫感并带来了新的活力，近年来，气候运动在各国国内和全球范围内持续壮大。2018年10月这份报告发布后不久，"反抗灭绝"（Extinction Rebellion）团体人员走上街头，动员数万人参加直接行动，呼吁政府承认气候紧急状况并采取行动。2018年11月，两个城市——布里斯托尔和曼彻斯特——的议会举行会议，通过了相关议案，宣布进入"气候紧急状态"，并分别设定了到2030年和2038年实现碳中和的目标。自此以来，英国各地已有40多个地方政府发布了一系列气候紧急声明。写作本章时，类似的动议还将提交给更多委员会。

联合国政府间气候变化专门委员会的特别报告以最严厉的措辞指出，我们需要实现社会基础设施脱碳；人类只剩12年的时间来减少碳排放，从而使我们有机会将气温升幅限制在比工业化前高出1.5摄氏度的水平。该报告还指出，1.5摄氏度和2摄氏度之间仅有的0.5摄氏度的差异对于避免恶劣影响至关重要，这种影响将通过干旱、酷热、海平面上升、极端天气状况以及威胁我们赖以生存的生物多样性的物种灭绝来影响数亿人。[①]

这已经不是第一次拉响警报了。然而，是否需要采取这种行动是一个政治意愿问题，而不是一个技术或科学问题，这一明确信息使人们把注意力放在政治家是否愿意对这一警报采取行动上。联合国政府间气候变化专门委员会的报告将这一信息推到了世界媒体的中心位置，并催化了一场日益壮大的气候运动。年轻人和成年人参加的这一日益壮大的运动不会消失，该运动的成功与否将用12年的时间来衡量。

在这一运动日益发展的背景下，本章将探讨政府在气候变化问题上的一些不作为现象。具体来说，本章将聚焦于各国在化石燃料能源使用方面的一贯承诺，尽管科学界一致明确地认为，我们需要迅速实现经济脱碳，为此需要迅速摆脱对化石燃料的使用。本章还将考察化石燃料经济带来的利益在多大程度上仍然是政府政策的核心，以及对可再生能源增长的乐观情绪与现实不符等问题。本章将思考为什么资本主义仍然锁定在以化石燃料为基础的能源体系中，以及为什么在一个日益不稳定的世界里，全球帝国主义参与者出于国家和资本的利益还将深化这种化石燃料经济，除非为不断壮大的工人阶级运动所阻止。最后，本章将探讨在我们需要采取紧急行动之际，这种理解为何对于我们应对气候变化的战略至关重要，尤其是

---

① 参见 IPCC, 2018。

在工会和工人阶级运动内部。

一、气候的不公正：推卸责任

联合国政府间气候变化专门委员会的报告提供了四种途径来实现将气温升幅保持在1.5摄氏度以内的减排目标。关于该委员会对负排放技术的依赖存在一场重要的辩论，一些人认为负排放技术是地球工程（即气候工程）的一种形式，而且包含在所有四种途径中。这些都是未经测试的技术，通常只处于设想阶段，目标是将碳从大气中去除。许多人想当然地认为，这些都是危险技术。世界知名气候科学家詹姆斯·汉森（James Hansen）认为，这些技术是不可信的，不足以实现1.5摄氏度的目标。[1]尽管存在这一争论，但所有四种途径都要求对目前依赖化石燃料的能源和运输系统进行大规模重组，转向使用可再生能源的系统。

尽管世界气候科学家提出了这一无可争议的观点，但现实并非如此。上述情况不仅没有发生，也不存在让它发生的计划。更糟糕的是，政府和大企业已经制定了许多计划，目的是扩大开采和使用我们被告知应当停止使用的化石燃料。

事实上，即便被警告了多年，化石燃料的使用和排放仍在以惊人的速度增长。世界上最富裕国家的掌权者们的一个关键特征是，将这种增长归咎于印度等新兴工业化国家，尤其是中国。这种推卸责任的做法有助于转移人们对最富裕国家未能控制自己不断上升的碳排放的注意力。这也有助于暗示人们，考虑到新兴工业化国家对碳排放增长的责任份额，富国采取的任何行动对气候危机的影响都很有限。

2012年，美国唐纳德·特朗普将这种推卸责任的行为推到了新的高度，他表示，富裕经济体难以支付应对气候变化措施带来的额外成本，也无法从煤炭、石油和天然气等自然资源中获益。正是基于这些原则，特朗普在美国"铁锈带"社区获得了一些支持，这足以让他在一些关键州赢得选票。"特朗普挖煤"的口号以及奥巴马提高燃煤电厂排放上限的承诺，显然在一些工人阶级人数众多的地区引起了共鸣。特朗普否认气候变化的

---

[1] 参见 James Hansen, "Climate Change in a Nutshell: The Gathering Storm," 2018, www.columbia.edu/~jeh1/mailings/2018/20181206_Nutshell.pdf。

目的是想利用那些遭受失业和贫困打击的民众的绝望情绪，同时也表明数十年来民主党和共和党的政客们都支持的"全球化"政治的失败。

特朗普将否认气候变化、种族主义和经济民族主义有害地结合在一起，用以在工人阶级社区中获得支持，这种做法越来越多地为右翼和极右翼政客所采用，比如巴西的博索纳罗。试图将不断增长的碳排放责任推给中国和印度，联邦的共和党政客们和民主党政客们同样负有不可推卸的责任。

将碳排放累积与不断上升的责任归咎于中国和印度等经济不断增长的国家，无论是在现实中还是在历史上，都是站不住脚的。从人均温室气体排放量来看，中国的碳排放量仍然远远低于世界上的大多数最富裕国家。例如，直接比较中国和美国的人均排放量，中国人均每年排放4.6吨二氧化碳，而美国人均每年排放19.8吨。此外，在过去的20～30年里，最富裕国家消费的商品的制造已被转移到中国，从而导致其温室气体排放量上升。

最后但也是至关重要的是，当前和未来的气候变化是已经释放的温室气体排放的结果。如果我们观察各国在温室气体累积排放量中的占比，我们会看到下面这幅图景：从1751年到2016年，占世界人口18%的中国占累积排放量的13%，只占世界人口4.2%的美国占累积排放量的29%，而只占世界人口0.8%的英国占了累积排放量的5%。[1]

在这一背景下，中国以及像中国这样的国家所扮演的角色及负责任的态度与最富裕国家的政府在气候谈判中的形象大不相同。汉森的观点明确体现了这些政府在采取行动方面的真正立场："美国对人为造成的气候变化负有重大责任。美国在减少排放方面也具有非凡的技术潜力，并能够以互利的方式使其他国家减少排放。"[2]

全球气候正义运动一直在努力将西方富国相对于较贫穷国家（包括新兴工业化国家）所负有的责任的政治重要性，定位为气候运动的一项核心任务。世界上最富裕地区对气候变化负有最大责任，但它们继续利用和歧视那些在世界上最贫穷地区遭受着最严重的气候变化后果的人，并对他们建立起种族主义和法律方面的壁垒。这些贫困地区的人对气候问题造成的

---

[1] 参见 James Hansen, "Climate Change in a Nutshell: The Gathering Storm," 2018, www.columbia.edu/~jeh1/mailings/2018/20181206_Nutshell.pdf; International Energy Association (IEA), "Renewables 2018," 2019, www.iea.org/renewables2018/.

[2] 同上。

负面影响是最小的,并且情况将继续如此。要解决气候危机,就必须承认这种不公平现象,并寻求纠正而非加深这种不公平的解决方案。

二、错位的乐观主义

随着化石燃料使用量的增长,温室气体排放量也在不断增加,很多人对此深感意外。大多数人都明白,我们距离大幅削减开支还有很长一段路要走,但他们不会意识到,全球在减少化石燃料使用方面根本没有取得任何进展。对这一认识差距的一个解释是,围绕可再生能源扩张的乐观情绪正日益高涨。2018年11月,《卫报》(Guardian)刊登的一篇标题为《多风的天气使英国创下了可再生能源的纪录》("Windy Weather Carries Britain to Renewable Energy Record")的新闻就反映了这种乐观情绪。这些头条新闻揭穿了化石燃料工业辩护者的谎言,即可再生能源不能满足我们的需要。但这些新闻也混淆了可再生能源替代化石燃料的程度与范围。

可再生能源所提供产能的巨大增长表明,不使用化石燃料也有可能满足人类的能源需求。全球可再生能源的产能每年呈指数级增长。可再生能源发电成本的迅速下降使其在越来越多的领域与化石燃料并驾齐驱。尽管政府持续向化石燃料工业提供巨额补贴,但可再生能源的价格注定会继续下跌。对于那些认为价格是市场体系变革的关键驱动力的人来说,这些进展如果能够持续下去,就表明未来可再生能源将战胜化石燃料。就可再生能源的技术可行性而言,对于可再生能源满足人类需求的可能性持乐观态度是有道理的,但就市场主导型价格机制为可再生能源取代化石燃料创造了条件等观点而言,这种乐观态度又是不合时宜的。

全球第五大石油公司英国石油公司发布的最新报告也较为乐观,该报告鼓吹"到2040年,可再生能源将成为世界的主要能源"[1]。这传递出的信息是,就连英国石油公司等化石能源巨头也承认,可再生能源是未来的发展方向。然而,回顾眼前这些令人安心的头条新闻,就会发现这种所谓

---

[1] Adam Vaughan, "Renewable Energy will be World's Main Power Source by 2040, says BP,"*Guardian*, February 14, 2019, www.theguardian.com/business/2019/feb/14/renewable-energy-world-power-source-bp.

的可再生能源"成功"的实际状况。

英国石油公司的报告总结了当前关于可再生能源和化石燃料之间关系的实际进展。对于一家从化石燃料的开采和供应中获得巨额财富的公司来说，英国石油公司在2040年前仍将在碳氢化合物领域扮演"重要角色"，这并不令人意外。因此，报告对避免危险的气候变化的前景深表"悲观"。英国石油公司首席执行官鲍勃·达德利（Bob Dudley）表示，这些话除了为继续开采化石燃料提供掩护外，没有任何意义，在减少排放的同时需要提供更多能源，这一挑战"无疑需要多种形式的能源发挥作用"①。

可再生能源正在扩大，但还无法取代化石燃料。可再生能源的产能正在增加，但以化石燃料为基础的能源的产能也在增加，因此排放量在继续上升。目前，世界上大约80%的能源来自化石燃料。如果当前和未来的化石燃料扩张计划不停止，那么，尽管可再生能源所占能源份额整体上有所增加，但化石燃料的使用量将不会削减。

可再生能源的增长可以与化石燃料的使用大幅增长同时发生，这是因为其背景是一个并非基于价格信号，而是基于21世纪发达资本主义法则而运作的体系。正如列宁和尼古拉·布哈林等早期有关帝国主义问题的理论家所描述的那样，这是一个建立在国家与大型跨国企业之间关系基础上的体系，由于国家与资本的这种相互交织，这些企业能够维持自己的市场地位。跨国公司认为，它们的利润依赖于有权提供能源供应中80%的关键能源。在与其他跨国公司的竞争中，它们依靠本国政府的力量确保进入这些能源领域和市场。正是上述动因在发挥作用，导致无论可再生能源如何发展，跨国公司及其相关国家都继续认为自己的利益与获取和控制化石能源密切相关，而不是摆脱它们。

三、能源与外交政策：资本主义最高和最危险的阶段

尽管不稳定的世界面临越来越多的挑战，但世界上最强大国家的外交政策并没有改变，以体现采取行动应对气候变化的必要性。发达国家没有

---

① Adam Vaughan, "Renewable Energy will be World's Main Power Source by 2040, says BP," *Guardian*, February 14, 2019, www.theguardian.com/business/2019/feb/14/renewable-energy-world-power-source-bp.

强烈的意愿支持尼日利亚、委内瑞拉、印度尼西亚、安哥拉、伊拉克、阿尔及利亚、南非等较贫穷和发展中国家——这些国家也是化石燃料的主要开采国——减少使用化石燃料。发达国家也没有意愿提供资金，支持较贫穷国家发展基础设施，以帮助它们适应气候变化的影响。

相反，日益变化和充满争议的全球变暖，使控制化石燃料资源及其所在地区和国家——它们对于资本的利益而言至关重要——的战略重要性进一步加强。21世纪帝国主义维持其地缘政治主导地位的努力仍然以获取和控制与化石燃料有关的利益为基础。

特朗普的外交政策反映了他与奥巴马的政策的背离，其目的是重新确立美国对中东等关键战略地区的控制，而中东在化石燃料能源供应方面仍具有重要意义。特朗普支持沙特王储穆罕默德·本·萨勒曼（Mohammad bin Salman）就反映了这一点，尽管沙特记者贾马尔·哈苏吉（Jamal Khashoggi）遭到残忍杀害，并且有明显证据表明沙特王室也参与其中。

同样，美国在委内瑞拉煽动针对民选总统尼古拉斯·马杜罗（Nicolas Maduro）的政变，也是美国决心让美国石油公司在这个拥有全球最大的已探明石油储量的国家获得更大准入权和控制权的结果。与此同时，普京的外交政策依赖于俄罗斯在叙利亚发挥更积极、更核心的作用，这在一定程度上是为了确保俄罗斯在石油资源丰富的中东和海湾地区的利益，与反对美国的伊朗等新兴地区大国的利益保持一致。美国政府和俄罗斯政府都将乌克兰视为俄罗斯与里海一些主要石油和天然气生产国的关键战略运输走廊。俄罗斯和乌克兰之间的战争的一个可预期的后果是，阻止欧盟和北约在这一关键地区扩大影响力。

正如马克思所描述的"交战兄弟"那样，这些对抗并没有阻止美国、俄罗斯、沙特阿拉伯和科威特——世界上一些最大的煤炭、石油和天然气生产国——在2018年12月于波兰卡托维兹（Katowice）举行的联合国气候变化大会上团结一致。它们组成了一个符合其国内商业利益的联盟，淡化了特别报告的重要性，搁置了与未来的减排承诺有关的一切协议。

在这个爱丽丝梦游般的全球变暖的世界里，世界上最强大国家奉行的外交政策与维护、捍卫和扩大化石燃料的生产息息相关。因此，毫不奇怪，这些政府的能源政策并没有体现出应对气候变化的需要，而是反映了它们在这个日益不稳定和充满竞争的世界中的战略利益。这些国家的政府往往在向可再生能源转型的问题上态度暧昧，在最坏的情况下，就像特朗普和其他人一样，甚至反对放弃化石燃料。

各国政府在为支持化石燃料的能源政策辩护时，其主要论点是，在维护能源安全的同时，也需要进行"能源混合"，以"保持能源供应充足"。基于此，政治立场不同的政府所制定的能源政策就无法应对气候变化。

没有一个国家的能源政策一开始就能满足气候变化与专门委员会报告中所确定的能源转型的需要，而且大多数国家的能源政策都无法实现这一目标。在英国，戴维·卡梅伦（David Cameron）和乔治·奥斯本（George Osborne）制定的能源政策意味着新的"天然气热潮"和政府对油气行业的巨额补贴。[①] 目前的保守党政府不顾公众的强烈反对，不惜一切代价推动页岩气的水力压裂。

在德国，尽管默克尔政府被视为向可再生能源转型的全球领导者，但它却卷入了一场与抗议者的斗争。抗议者反对为了扩建一座煤矿而砍伐汉巴赫（Hambach）森林。德国政府最近宣布，到2038年，德国将结束对煤炭的依赖，并将可再生能源在电力供应中的比重从目前的38％提高到2030年的65％。不过，德国还承诺增加对天然气的投资，这反映出德国对俄罗斯天然气巨头俄罗斯天然气工业股份公司（Gazprom）的大量投资符合其商业利益。此外，德国政府决定推进建设从俄罗斯到德国的第二条天然气管道北部湾2号，这是出于地缘政治战略和商业利益的考虑，而非为了缓解气候变化。

能源政策反映的是国家和资本的利益，包括化石燃料大企业的长期利益，而不是经济脱碳的迫切需要。"能源组合"一词表明，我们正朝着正确的方向前进——摆脱对化石燃料的依赖，但它掩盖了未来几代人对化石燃料基础设施的持续巨额投资。当前的能源政策将化石燃料"锁定"为能源结构的一部分，而这正将我们锁定在一个危险的气候持续变化的未来。

最后，值得补充的是，各国政府经常将核能纳入其"能源组合"，并将生物燃料纳入可再生能源的篮子。反对核能的理由是有据可查的。英国政府一直以来丝毫不放弃造价高得离谱的核电项目，这些项目暗含着英国在外交政策和核武器方面的抱负，而不是体现了其以气候为重点的能源政策。目前，计划中的两座位于欣克利角（Hinkley Point）和威尔法（Wylfa）的核电站要么已被水淹没，要么正在艰难推进。

[①] 参见 Damian Carrington, "UK has Biggest Fossil Fuel Subsidies in the EU, Finds Commission," *Guardian*, January 23, 2019, www.theguardian.com/environment/2019/jan/23/uk-has-biggest-fossil-fuel-subsidies-in-the-eu-finds-commission。

不太为人所知的是反对生物燃料的理由，积极分子一直在努力揭露生物燃料绝对不是一种可再生能源，而是对森林造成危险破坏的驱动因素。森林是世界上最重要的碳汇集地之一。生物燃料来自燃烧生物质，主要是木材。它们已成为当权者的新宠，这是因为英国石油等许多大型能源公司着眼于丰厚的回报，同时将自己定位于为减排做贡献。特朗普的前任美国环境保护局局长斯科特·普鲁特（Scott Pruitt）将生物燃料重新归类为可再生能源，而欧盟则鼓励生物燃料，并为每个国家设定了到2020年从生物燃料中提取10%的运输燃料的目标。

但是，燃烧生物质不能减少碳排放，它也不是一种可再生能源。事实上，用木材生产一单位能源所排放的二氧化碳比用煤炭多3%～50%。燃烧生物质释放的二氧化碳需要几十年才能被新种植的树木吸收。此外，还需要大量土地。用于生物燃料的土地取代了人口对土地的需求，并限制了维持社区生存所需的资源的获取。为了生产生物燃料，东南亚、非洲和拉丁美洲正在进行大规模的土地掠夺，这通常是由西方公司进行的。参与大规模生态系统破坏的公司正摆出一副"绿色"面孔，并得到政府的大量补贴。在英国，保守党政府为将欧洲最大的发电厂改造为使用生物燃料提供了补贴。自2015年以来，德拉克斯（Drax）每年燃烧的木材量超过了英国每年的木材增长总量，这仅占英国能源使用量的0.74%，而且对气候危机的影响很大，因此它并没有提供解决方案。①

四、能源、就业和民主党对经济的控制

当前以大企业和国家的需求为支撑的能源政策，正迫使我们面对人类从未面临过的气候变化。

气候危机要求我们对生产能源的来源进行巨大改变。这不能是在某种程度上仍然依赖化石燃料的"能源组合"，也与向生物燃料的转型无关。生物燃料破坏了自然从大气中吸收二氧化碳的碳汇集地。最重要的是，危机意味着必须停止使用目前占全球能源供给80%的化石燃料。现有的煤矿、油井和天然气设施必须被逐步淘汰，现有的使用这些能源的基础设

---

① 参见 Biofuelwatch,"Biomass Basics: What are the Problems with Big Biomass?" 2018, www. biofuelwatch. org. uk/2018/biomass-basics-2/.

施——发电站、交通、供暖——必须在未来20年内转换为使用可再生能源（太阳能、风能）。不能再开采新的化石燃料或将之列入计划。根据《自然》（Nature）杂志2015年的一份报告，目前已知的大部分煤炭和天然气以及大部分石油都不能再开采。开采北极地区的石油或焦油砂中的石油，甚至无法将气温保持在比工业化前水平高出2摄氏度以内，更不用说1.5摄氏度了。简言之，用气候运动中流行的口号来说，化石燃料必须"留在地下"。

危机已经开始引发新的运动，政客们也开始在其中提出一些要求。在美国，自称社会主义者的民主党国会女议员亚历山大·奥卡西奥-科尔特斯（Alexandria Ocasio-Cortez）和埃德·马基（Ed Markey）在伯尼·桑德斯等政界人士的支持下，提出了一项呼吁"绿色新政"（Green New Deal）的决议。[①] 绿色新政的目标是通过清洁、可再生和零排放的能源，满足美国的电力需求，通过"对于所有社区和工人来说公平公正的转变"，实现零温室气体排放。该计划的大致目标是通过10年的全国动员来完成这一过渡，其规模将是自二战或罗斯福新政以来从未有过的。在这个过程中，它将"创造数百万个高工资的好工作，并确保所有美国人的繁荣和经济安全"[②]。"绿色新政"是一份大胆而雄心勃勃的意向声明，它开始勾勒能源转型所需的计划，这既具有必要性，也具有紧迫性。在英国，杰里米·科尔宾领导的工党在呼吁"绿色就业革命"时也有类似的提议，尽管影响小得多。该提议要求对可再生能源、节能住宅进行巨额投资，并创造40万个技术岗位，以便到2030年将碳排放减少60%。

这是一个关键时刻，它为实现巨大的经济和社会变革提供了可能性，这些变革是必要的，以摆脱对化石燃料的依赖，并建立一个以气候问题为基础的体系。但是，只有工人阶级的社会力量被动员起来支持这些要求，这些可能性才会实现。

这也是一个重要时刻，因为工人阶级的诉求进入了辩论阶段，即让工会有机会在推动这一转变方面发挥关键作用。同样，它暴露了工会内部的一些裂痕，反映了上面概述的一些问题。工会有可能对摆脱化石燃料发挥巨大的社会影响力，或者在这种变革中充当倒退的突破点。

[①] 参见 Alexandria Ocasio-Cortez and Ed Markey, "Resolution: Recognizing the Duty of the Federal Government to Create a Green New Deal," *US House of Representatives*, February 5, 2019, https://apps.npr.org/documents/document.html?id=5729033-Green-New-Deal-FINAL。

[②] www.greennewdealforall.org/about。

第 21 章 化石能源、资本主义和工人阶级

美国民众和工会对绿色新政给予了巨大支持。绿色新政还涉及健康和社会问题。但美国工会运动中的一些人做出了具有代表性的、倒退的回应，他们模仿右翼的措辞，称该协议"不现实"。七个能源部门的工会对绿色新政所倡导的解决方案表示"严重关切"。劳动者联盟的领袖特里·奥沙利文（Terry O'Sullivom）的联盟赞同特朗普的能源议程，更加惊人地宣称："很难认真对待这个不切实际的宣言，但是，如果它继续向前发展，将造成严重的经济和社会破坏。"气候变化势必会对经济和社会造成毁灭性的影响。①

不幸的是，在向国会提交最终决议时，一些压力导致较早的版本被修订了。这个版本在年轻积极分子占据主流的"日出运动"（Sunrise Movement）、"正义民主党"（Justice Democrats）以及民主党领袖、众议院议长南希·佩洛西（Nancy Pelosi）的办公室里同时传播。居住者提交了一份国会决议草案，呼吁制定一项"绿色新政"，要求美国在 10 年内实现电力全部来自可再生资源，并停止制造业、农业和运输业的温室气体排放。这实际上是在呼吁停止使用化石燃料，只使用可再生资源。然而，提交给国会的最终版本草案呼吁"100％的清洁、可再生和零排放资源"，为核能以及未来使用碳捕获和封存技术的煤炭与天然气敞开了大门。这些技术目前还没有形成工业规模，如果发展起来，将需要不可思议的大片土地来掩埋捕获的二氧化碳。但它们已成为煤炭与天然气行业将自己定位为未来"清洁"能源供应商的一种有用方式。

左翼和气候正义运动对绿色新政提出了严厉批评。一些人指出，绿色新政缺乏与运动积极分子的沟通。一些左翼人士辩称，除非将绿色新政置于一种更广泛的动员巨大社会力量以从根本上挑战资本主义组织的战略之中，否则它将无法成功应对气候危机。然而，许多人确信，绿色新政可以成为组织此类动员的基础。

在英国，一些工会也提出了类似的反对向可再生能源转型的理由。拥有逾 60 万名成员的英国工会组织（GMB）提交了一项动议，该动议于 2018 年在英国劳工联合会议上获得通过。该动议称，要实现英国减少碳排放的承诺，"平衡的能源结构至关重要"，而且"这种结构必须包括对可

---

① 参见 Sean Sweeney, "The Green New Deal's Magical Realism," *New Labor Forum*, February, 2019, https://newlaborforum.cuny.edu/2019/02/19/green_new_deal/.

再生能源的投资,以及新的核能和低碳气体的投资"①。该动议还称,能源工作者的观点"对于制定有关能源、产业战略和气候变化的所有政策而言是至关重要的"②。正如许多反对这项动议的人所表明的,这是一个问题。气候变化影响到所有工人,因此应该由所有工会成员讨论和决定。英国工会组织代表在对该动议发表讲话时,呼吁国会支持其保护就业的动议,以显示其与能源工人的"团结"。但是,在这种情况下呼吁团结使这个词失去了意义。那些反对这项动议的人这样做不是为了破坏就业机会,让能源工人领取失业救济金。相反,他们一直在为一个公正的转变而奋斗,这个转变将惠及整个国际工人阶级,而不仅仅是其中的一部分。"死亡星球上没有工作"的口号清楚地说明了为什么需要这样的转变。

英国工会组织提议并呼吁英国劳工联合会议发起"由能源工会及其成员的声音和经验主导的政治游说策略",也是为了将那些在更广泛的工会运动中一直站在气候变化运动最前沿的工会排除在外。此外,这些工会支持《100万个气候工作岗位》("One Million Climate Jobs")报告,该报告概述了如何在英国创造100万个工作岗位,以减少碳排放。英国工会组织的战略还旨在向科尔宾领导的工党施压,要求其抵制该报告和其他类似提议所要求的向可再生能源转型的政策。

但是,我们必须停止使用化石燃料。在工会和工人阶级内部赢得这场辩论,对建立能够推动这种经济和社会变革的社会力量与运动能力至关重要。气候与就业都是工会和工人阶级关注的问题。它们代表了统治阶级为自身利益塑造社会的权力与工人阶级夺回社会的能力之间的斗争。工人阶级的成功永远只能是其通过斗争,最重要的是通过罢工行动,超越雇主利益而捍卫自己利益的结果。在与雇主和国家的重大斗争中,工人的力量还取决于更广泛的工人阶级的团结,取决于坚决挑战而不是妥协于统治阶级议程的政治领导。

气候变化是一个与工人阶级和工会有关的问题,因为显而易见,我们都直接受到气候变化的影响。作为工人,我们将经历它对天气、食物、家庭和工作场所以及年轻人的未来的影响。能源与健康或教育一样,是一个对社会产生普遍影响的问题,因此不能只考虑能源工业工人的个别利益来进行辩论。工会运动的政策和动员水平必须反映这一点。事实上,许多在

---

① www.campaignnc.org/node/1870.
② 同上。

能源工业工作的人以及在那里组织工会的工会成员,已经知道并关注这一点,他们并未在他们的工会领导背后形成一个统一的集团。

对于英国工会运动而言,英国工会组织去年成功赢得支持是一个倒退。它需要改变。运动的积极分子需要认真对待如下需要:确保每个工会和工会联盟都有一个反映气候危机的严重性与紧迫性的政策。

工会反对大规模地、快速地向可再生能源过渡的主要理由与就业保障有关。就业确实很重要,为在化石燃料工业工作的人提供高薪的、工会化的好工作的战略,需要成为更广泛的气候变化运动和工会运动的一部分。格兰瑟姆研究所(the Grantham Institute)指出,到2030年,在向低碳能源转型的过程中,全球将失去600万个工作岗位;然而,它同时将创造2 400万个工作岗位。

作为英国工会组织动议的支持者之一,Unison为代表能源工人的四大工会(Unison、Unite、GMB和Prospect)组织了一次会议,该会议报告更加支持公平转变的要求。它们在其撰写的题为《保护就业,拯救地球》("Protecting Jobs, Saving the Planet")的会议报告中指出,那些与会人士"在他们内心深处已经知道英国煤矿工业的警示",即"就业率急剧下降摧毁了社区"[①]。

但是,1985年矿工的失败与要求公正转变的情况截然不同。将它们进行类比或合并,既无助于拯救地球的行动之战,也无助于保护好高薪、高技能、工会化的工作。1980年代,我们曾与残暴的保守党政府作战,后者决心关闭矿井,捣毁全国矿工工会(National Union of Mineworkers),以削弱整个工会运动。这与煤炭的环境问题毫无关系。这是英国统治阶级推动英国经济重组的重大努力,目的是提高盈利能力。撒切尔夫人和她的支持者将自己视为受米尔顿·弗里德曼的自由市场经济学启发、推动全球资本主义重组的突击部队。不幸的是,撒切尔夫人取得了胜利,矿工们却被打败了,这给英国的工人阶级带来了长期的毁灭性后果。其中最重要的是成千上万工作岗位的丧失和采矿社区的破坏,而采矿社区一直没有得到恢复。撒切尔夫人的胜利也是全球大规模推动经济自由化、去监管化和私有化的基础。过去30年,全球化石燃料的增长一直以经济自由化、

---

① Biofuelwatch, "Biomass Basics: What are the Problems with Big Biomass?" 2018, www.biofuelwatch.org.uk/2018/biomass-basics-2/.

去监管化和私有化为基础。

相比之下，今天我们面对的是一个残酷的保守党政府和一群决心抵制威胁化石燃料工业的政策的全球统治精英。无论是创造就业岗位、保护现有就业岗位，还是通过扩大能源和电力来促进人类发展，都不是当前参与拯救化石燃料工业的企业和政界人士的动机。在这种情况下，要求公正过渡不应仅仅是保护就业的防御性战略。20世纪可能是一项进攻性战略的一部分，该战略要求从能源体系转变到以多数人的需求为重的体系——安全的气候、能源贫困的终结、对能源和交通系统的民主控制以及良好的、高薪的、熟练的和工会化的工作。

对这种能源转型的需求应该在工会和工人阶级运动中得到满足。工人们必须坚持不懈地要求停止使用化石燃料，这对阻碍这一转变的每一位政治家、老板和银行家都是一个挑战。它与要求在世界各地进行这一变革的运动和积极分子站在一起，它要求实现一种优先考虑工人阶级需求而不是富人利益的转变。

1980年代，工人阶级和工会运动的敌人是统治阶级，其短期目标是摧毁英国煤炭工业，摧毁英国工会运动中最先进的部分，从而促进统治阶级的长期利益。那些站在矿工一边的人站在历史的正确的一边，如果他们成功了，他们就能更有效地挑战那些从那时起就威胁我们地球的政策。21世纪，我们的敌人是一个统治阶级，这个阶级决心捍卫化石燃料工业的短期利益和巨大利润，而不顾其对我们这个星球及其上的大多数人的长期影响。21世纪站在历史的正确的一边，捍卫工人阶级的利益，就是加入反对这个统治阶级及其对化石燃料工业的保护的斗争中来。

在左翼和工会运动中，我们有一项紧迫任务，就是确保工人阶级运动的要求和行动反映出危机的紧迫性。确保工会与日益壮大的学生运动团结一致是至关重要的。对于学生的气候罢课，我们需要通过工会的支持声明、工作场所的团结行动和参加抗议的代表团，包括呼吁工会加入罢工，来表达最大限度的支持和团结。随着气候运动的发展，通过"反抗灭绝"和其他抗议团体的直接行动，我们需要确保演讲者被邀请到工会分支机构，解释抗议活动发生的原因。我们需要寻找富有想象力和创造性的方式，让工会与日益壮大的抗议运动合作。在每一个工会中，我们都需要呼吁制定既不让就业与环境对立，又支持创造100万个气候工作岗位的政策。

五、历史性的重要时刻

如果不采取措施在未来 12 年内大幅减少碳排放，到 21 世纪末，气温将比工业化前的水平升高 3~4 摄氏度，这一可怕前景是最近几个月全球数十万年轻人走上街头的原因。正如他们所表明的，对于他们来说，气候变化不仅关系到子孙后代，也关系到他们这一代人。他们有权拥有一个没有被摧毁的星球。他们的运动为年轻人的未来发出了声音，也为我们所有人吹响了号角。

日益发展的气候运动是左翼政治主张的一部分，这一主张正开始从各个层面为资本主义危机提供答案。风险是很高的，尤其是在社会两极分化的情况下，右翼解决资本主义危机的方案也在得到加强，因为右翼试图建立必要的社会力量，以残忍地解决资本主义危机。我们必须理解工人阶级和工会运动为解决气候危机所提供的选择。这些选择能够使团结主义与分离主义、国际主义与民族主义竞争，工人阶级对大企业利益进行民主控制。接下来的几个月和几年是决定其成功与否的关键。

第 22 章　能源、经济增长与生态危机[*]

依莱德·柯拉斯/文　　杨天娇　曹立华/译

经济增长能否永远持续？这个看似简单的问题给现代资本主义带来了一些理论上的难题。在《政治经济学批判大纲》（Grundrisse）中，卡尔·马克思指出，资本具有无限扩张的特性，因此他认为推动经济增长和寻求新市场对于资本主义政治与经济的延续不可或缺。从这个角度来看，该问题对当前资本主义的现存秩序提出了某种挑战。资本主义不愿正视经济增长受制于自然条件这一事实，因为这将意味着资本主义必然灭亡。为了维系资本主义制度永恒不灭的假象，持有这一观点的诸多政客和经济学家致力于建构关于人类经济与自然界相互关系的一系列精美假说。

这些论述都围绕着一个中心思想，即经济增长可以与人类文明的物质需求脱钩。到 20 世纪末，经济学家们才普遍认识到，经济若要实现更快的增长，就需要消耗更多的能源和物质。但是，随着战后劳动力和资本之间的协调发展在 1970 年代—1980 年代开始瓦解，经济理论的重点和方向开始发生转变。受新古典理论的启发，新一代经济学家开始认为，不需要消耗更多的自然资源，经济也可以持续发展。他们声称，可以通过低投入高产出、投资清洁能源和开发节能技术来达到经济发展的理想状态。

从根本上讲，权威人士和经济学家一般将脱钩定义为经济规模扩张而资源对经济的影响力下降的过程，后者通常是指碳排放或初级能源消耗的下降。更进一步说，当资源影响力的增长速度低于经济的增长速度时，就发生了相对脱钩；当资源影响力绝对下降时，就发生了绝对脱钩，即便经

---

[*] 本章原载：《国外理论动态》2020 年第 1 期。原文来源：Erald Kolasi, "Energy, Economic Growth, and Ecological Crisis," *Monthly Review* 71, no. 2 (2019): 29–46. 依莱德·柯拉斯（Erald Kolasi）：美国城市研究院收入与福利政策中心。杨天娇：辽宁大学外国语学院。曹立华：辽宁大学新华国际商学院。

济仍在持续扩张中。资本主义宏观经济理论通过计算国内生产总值来衡量经济规模和经济活动，GDP 代表一个经济体中商品和服务的年度市场价值，包括私人投资总额、消费者支出、政府购买和贸易余额。应该指出的是，尽管各国政府和世界上大多数经济学家都广泛接受这一标准，但把它作为衡量经济活动总量的准确晴雨表仍存在一些根本性的科学问题。在有关脱钩问题的讨论中，碳排放增长与经济增长、经济增长与初级能源消耗经常被混为一谈，由此造成各种混淆。一些经济学家还研究了总需求与原材料消耗之间的关系。文献研究中出现的与脱钩相关的观点和概念也大多模糊不清。本章旨在综合分析此类观点，并系统阐述能源、经济增长和社会发展之间的相互关系。实际上，财富和权力的斗争使这场争论的范围不断扩大，然而在理论上，很多争论是基于不准确的学术观点或误导性的概念，从而导致这种混乱进一步加剧。人们常常将"能源消耗"等同于"能源使用"，这表明其并不了解两者在能源核算方式方面的重要差别，甚至不知道"能源"的实际意义。一些经济学家对能源和效率等概念的运用与物理学家截然不同，产生了许多跨学科的分歧。因此，诸多定义与概念亟须澄清。在这里，本章探讨了能源与经济增长之间关系的本质，强调了讨论脱钩的重要意义，并指出了在经济学中运用"脱钩"概念存在的一些基本问题。

一、能量转换的关键作用

能源消耗是一个复杂话题，涉及文明本质的诸多方面。大多数政府和组织谈论能源消耗时，通常指的是被称为"初级能源消耗"的指标，它表示的是不经过任何事先的转化而直接使用的能源，包括发电厂的燃煤和炼油厂的蒸馏原油等。初级形式的能源是无法直接使用的，需被转化为次级形式的能源。例如，燃烧煤炭产生的蒸汽可以转化为电能，提炼原油可以生产汽油。煤和原油是能源的初级形式，而电和汽油则是能源的次级形式。次级能源还可以转换为用于终极用途的其他能源，被统称为三级能源。然而，必须强调的是，所有初级能源本身都是自然长期转换和转变的结果，故而也不是绝对意义上的"初级"能源。例如，构成石油的、由动植物残骸所分解产生的碳氢化合物是光合作用的副产品，而光合作用需要太阳能和水分子。这一事实对传统的能源核算方法提出了挑战，即"初级能源"概念在理论上是可疑的。

测量"初级能源"有两种常用的方法：部分代换法和物理能量含量法。我将举一些具体例子来解释。当发电厂燃烧煤炭时，初级能源就等同于燃烧煤炭的能量。化石燃料的例子更为简明：只要记录下燃烧物的总量，并称之为"初级能源"。但是，风能、太阳能和水力发电等可再生能源的情况则更为复杂，因为这些能源发电时没有燃烧任何物质。运用物理能量含量法时，尽管电能显然是一种可转换的能源，但人们会简单地把这些能源所产生的电能算作初级能源。这种方法目前被国际能源署（International Energy Agency，IEA）普遍用于衡量可再生能源消耗。部分代换法实际上假设产生的电能来自一个火力发电厂，并假设这个发电厂有一定的效率。如果发电厂的效率是20%，那么我们将把发电量乘以5倍。在这种情况下，产生电能所需要的初级能源是原来的5倍。英国石油公司在其全球能源报告中采用了部分代换法。这些差异之所以重要，主要原因在于它们可能导致对能源消耗的估算出现分歧，尤其是对于严重依赖可再生能源的国家而言。

人们总是争论和思考哪种方法更为正确，但是这种思路完全忽略了讨论的核心问题。实际上，能量转换的重要程度远远超过了统计核算。可再生资源产生的电能来自自然界中的动态能量流动，比如阳光照射地球以及河流冲刷堤坝。化石燃料在加工与提炼阶段需要通过机器和人力进行能量转换，首先提取这些燃料，然后将其运输到特定地点。所有这些都发生在所谓的"能源使用"之前。囿于"初级能源消耗"的思考方式，"能量流动"与"能量转换"被模糊化了，而所有经济活动的运转都离不开能量的流动与转换，这一问题在公众话语中造成了诸多误导和困惑。经济学家和媒体在绘制GDP增长率与能源消耗相偏离的曲线时，实际上是在展示GDP增长率与初级能源消耗的偏离；两者由此假设，单凭这一点就可以证明，经济增长已与能源使用脱钩。

这种假设极具误导性，要理解其中的原因，我们需要在经济学之外的更广阔的背景下来审视能量的重要性。我们通常把能量定义为可以在不同物理系统之间交换的、受约束的运动状态。它可以有多种不同的形式，例如化学能、热能、动力能和电能等。此论证依据的并不是能量的任何特殊定义，而只是基于一个根本事实，即能量可以相互转化。只关注初级能源消耗这一做法完全忽视和边缘化了能量转换这一最核心的要素。

第 22 章　能源、经济增长与生态危机

从货币流通到商品生产，所有经济活动均依赖于能量转换，能量存在于所有人类行为之中。当自然资源在发电厂燃烧殆尽后，能量不会凭空消失。正是人类文明各个领域中的能量流动使各种人类行为活动成为可能，比如开车去杂货店、上网、玩电子游戏、看电视节目、在海滩上阅读浪漫小说等。从根本上讲，要经济活动与能源使用脱钩，犹如要求经济学逾越物理定律，这显然是荒谬的。但某些经济学理论却恰恰想证明这一明显的谬误是可能的：它们人为地将资本和劳动力从能源约束中分离出来，从而有效地切断了物理学与经济学之间的所有联系。许多经济学家将"初级能源消耗"作为探讨能源如何影响经济进程的依据，由此，人们的生活似乎完全独立于能源约束。我们不应只关注能源初级消耗，而应重视总流动量，即通过经济活动所转化的所有能量总额。换句话说，总流动量关注的是促使人类文明发展的全部能量流动和转换。一个相关的衡量标准是总体流动率（aggregate flow rate，AFR），其衡量的是单位时间内的总体流动量。一般来说，富裕社会的总体流动率比贫穷社会高。从价值的形式上看，它们可以生产和流转更多的社会财富，然而很大一部分财富也表现为在社会、经济和生态上的浪费。

除了转换的关键作用，我们还必须关注能源质量的重要性，并非所有能源的质量均是相同的，有些效能更高，有些主要用于产生机械功，有些则用于生产更多电力。例如，2017 年生产 1 千瓦时的电力平均需要 7 812 个 BTU[①] 的天然气和 10 465 个 BTU 的煤炭。按照这个标准，天然气发电的效率大约比煤炭高 25%。能源思想家瓦茨拉夫·斯米尔（Vaclav Smil）将能源的功率确定为经济增长和文明发展的一个重要特征。他把功率密度定义为能量在转换过程中单位面积所释放的能量流。斯米尔认为，化石燃料对于资本主义的重要性是独一无二的，因为化石燃料的功率密度高于风能和太阳能等其他能源。更高的功率密度有助于实现更多的产量，进而赚取更高的利润。也可以采用其他方法来衡量能源质量，但其中的基本观点是，自然能源可以有不同的用途和属性，理解这些差异的唯一方法是考察初级能源消耗所带来的能量转换和转化。若忽视了这一点，对各种能源不加区分，就会产生它们在经济生产和消费过程中起着同等作用的误解。

---

① BTU 为英国热量单位。——译者注

二、新古典增长理论的核心缺陷

脱钩论的理论基础源于新古典经济理论,这一理论是资本主义主流经济学家所倡导的一般范式,存在诸多误解与弊病,比如对社会不切实际的假设、在教学层面存在的大量矛盾、毫无预测能力等。在这部分,我将重点阐述新古典经济理论的主要局限性并对其进行理论纠偏,指出其无视自然秩序,与物理学矛盾。1950年代,经济学家罗伯特·索洛(Robert Solow)提出了经济增长模型,这是最早的新古典经济模型之一。该模型用以表明各种不同因素对经济增长和发展的影响。在新古典经济理论的框架下,资本和劳动力共同参与生产,转化为产出或最终产品,并进入流通环节。资本的增长会带来更多的产出,但资本资产的贬值也会降低产出。经济最终会达到稳定状态,增长和贬值相互抵消,经济不再增长。为了实现持续增长,新古典理论认为,经济发展需要持续的技术进步,并提出了全要素生产率。全要素生产率意味着,在生产投入不变的情况下,产出可以增加。索洛提出了一个数学方案来衡量技术进步对GDP变化的影响。索洛的理论赢得了其他新古典主义经济学家的广泛赞誉,但其中很大一部分是基于可疑的数学结论,而且这些结论实际上并不能证实他的主张。

在索洛原始模型的推演中,生产要素通常包括资本、劳动力和技术。能量有时被纳入三个传统要素之中,有时则被视为一个单独的要素。重要的是,生产要素在很大程度上被认为是相互独立的,这意味着它们可以在必要时被替代,以维持或提高生产力的最高水平。如果社会缺乏自然资源,新古典理论认为这些短缺可以通过技术创新、提高效率或其他形式的"替代"来克服。事实上,新古典主义经济学家倾向于假设,资本主义长期维持物质上的"可持续性"是可能的,我们需要做的就是找到能够确保"可持续性"的社会制度安排。索洛认为,自然界不会限制经济增长,理由如下:"如果自然资源可以较为容易地为其他要素所替代,那么原则上就不存在'问题'。事实上,没有自然资源,世界照样可以存在,因此能源枯竭只是一个事件,而不是一场灾难。"尽管索洛的模型也表明竞争最终会导致自然资源枯竭,但该模型描述了资本主义经济增长的必然性,这也是许多经济学家所持有的普遍态度。

为了理解这一高度简化模型的含义,我们以披萨店为例进行说明。

根据新古典理论，披萨店可以在面临任何短缺时维持或提高当前的披萨产量水平。工人短缺的问题可以通过增加炉子来解决；奶酪短缺的问题可以通过技术改进来解决，从而产生更有效的制作奶酪的方法；电力短缺的问题可以通过提高劳动生产率来解决，比如可以通过培训工人在新的时间限制下更快地做出披萨。一切都可以被替代，似乎没有任何限制。上述理念和原则代表了新古典经济学的基本假设，并且经常被用来解释能源消耗与经济增长之间的关系。换句话说，技术进步和提高效率可以促进生产力，却无视为追求生产率目标而对自然资源所造成的能源损耗。

运用物理学的基本原理分析就可以打破这一精美设想。"替代"的最根本限制源于物理学的一个分支——热力学，它主要研究热量、功和能量等物理量。热力学极限限定了通过技术系统提高能量流动所产生的最大效率值。汽车发动机、发电厂和光伏电池等的能量转换能力都是有限的，技术进步无法克服这些限制，没有哪个汽车发动机能比卡诺循环发动机更高效。我曾在《每月评论》撰文，指出经济总效率是所产生的机械功和电力与所有初级能源消耗的比重，随着时间的推移，总效率具有高度的惯性，因为大幅提高总效率需要巨大的投入，而这些投入将扰乱当前的经济秩序。

一旦社会形成某种特定的能源结构，便很难进一步改变，因为精英阶层的财富和影响力在很大程度上依赖于这个结构。德国近期发生的事情就是很明显的例子。2000年，德国政府启动了雄心勃勃的能源转型计划（Energiewende），该计划旨在通过将能源生产转向风能和太阳能等可再生能源，从而减少温室气体排放。这个项目一度取得了显著成效，与1990年相比，2017年温室气体的排放量下降了28%。同年，可再生能源占初级能源消耗的比重达到13%。尽管这些数字令人印象深刻，但最近这一进程却停滞不前，更为明显的是，德国将无法实现其设定的2020年气候目标。一旦更加深入地研究，即使那些看起来令人振奋的数字也足以使人警醒。例如，自1990年以来，碳排放量的大幅减少在很大程度上可以归因于统一后德国重工业的衰落。在过去的8年里，德国的温室气体排放量几乎没有变化，风能和太阳能的不稳定性引发了电力存储的相关问题，价格随天气变化而剧烈波动。为此，煤炭工业向默克尔政府施压，要求其放松政策，德国因此逐渐开始修正其能源计划，建造了一系列新的燃煤电厂。德国的案例提供了一个重要教训：在资本主义市场逻辑下，用可再生能源替代化石燃料已经刻不容缓。

"替代"的另一个主要限制源于生态的不稳定性,而生态的不稳定性与经济过度增长有关,这些不稳定因素共同作用,引发并加剧了现有的自然灾害。这种放大效应具体表现在,经济体从自然界汲取能源后,利用这些能源进行生产和消费循环。对于高度能源密集型经济体而言,生产-消费循环必然产生大量的浪费、耗散,或能源损失,继而反作用于环境。从物理学或生态学的角度来看,这些能量损失并不是"无用的"。在适当的情形下,它们可以推动其他自然动力系统的形成,从病毒和细菌到野火和飓风,无所不包。在很大程度上,这些与能源密集型经济体相关联的极度生态混沌效应为新古典理论所忽略和无视,尽管它们在人类历史演进过程中扮演了至关重要的角色。作为高度消耗型的制度,资本主义常常产生强烈的放大效应。总的来说,这些效应正在形成马克思眼中自然与社会的"新陈代谢断裂",这意味着在追逐利润和能源密集型发展的过程中,人类文明的生态基础正在不断遭受侵蚀和破坏,以利润为导向的能源密集型经济模式忽视了其所摄取的能源替代问题。自然界有一些我们不应逾越的重大临界点,但通过替代实现的经济无限期增长实际上将突破其中的一些临界点,从而威胁到支撑人类文明的更为广阔的生态圈。

再来看另一个问题。在有限的小规模经济活动中,替代可以经常发生,例如,披萨店的配料可以用其他物质替代。甚至在一些国家,至少可以暂时性地用其他物质来充当财富。太平洋岛国瑙鲁就是一个典型的例子,凸显出这一争论的核心问题。在20世纪,瑙鲁拥有大量磷矿,磷矿作为农业肥料受到高度重视。这些矿藏被广泛开采,几近枯竭,之后在全球市场上被贩卖,这使瑙鲁在1980年代末达到极高的生活水平。瑙鲁将磷酸盐贸易的部分收益转化为公共信托基金,通过金融市场投资于制造业。然而,在磷酸盐消失后,生活水平和大部分信托基金的市值均急剧下降。瑙鲁的例子为全世界敲响了警钟。为了创造世界文明而耗尽自然资源,这并不能通过金融市场的投资品而得到弥补。从长远来看,替代可能在经济活动的微观层面实现,但长期的、宏观层面的替代完全是一厢情愿的想法。

我们如果考虑一个具体的例子,即通过消耗太阳能,可以满足世界经济发展的电力需求,那么就能更好地理解在全球宏观层面存在的替代限制。太阳能电池板吸收的、可转化为有效电能的太阳能的数量存在某些基本限制。大多数商业光伏系统只将不到30%的太阳能转化为电能,剩余的能量平衡以热和红外辐射的形式流失了。理论上,光伏电池的最高转换效率能达到 90% 以上，但实际上即使最先进的实验室，也很难实现这一转换效率。然而，假设新古典理论的技术持续进步论是正确的，并且最终我们确实成功地生产出了在转换太阳能方面效率高达 90% 的光伏电池，但一经达到理论转换效率的极限，进一步提高电能将需要建设新的太阳能电池板，这将占用更多土地。由于地球的地表面积有限，即使大量使用可再生能源，也不可能实现无限期的经济增长。这一论点强调了技术创新的重要性，但无法解决资本主义经济体制下的全球生态危机。资本主义经济体制完全依赖于生产和消费会永恒增长这一错误假设。在推动经济增长的同时，用化石燃料替代可再生能源，仍将导致全球文明在几个世纪后彻底毁灭。

经济学家倾向于认为，技术创新可以产生更多"质的增长"，而不同时带来任何相应的"量的增长"。在知识增长和技术创新的基础上，他们认为即使物质本身的数量保持稳定，物质的货币价值也能继续增长。但他们没有意识到的是，技术创新并不是凭空产生的——它们需要能量转换。生产周期的变化取决于可供研究与培训所用的电能、化学能和机械能的存量。坐在电脑前编写新程序的程序员需要能量来思考和打字；计算机本身需要电力才能继续工作；没有连续不断的能量转换流，就不可能改进计算机程序；生产力的扩张需要能量的流动，这意味着所有形式的技术变革都与促进人类生存的能量转换交织在一起。

从根本上说，技术变革内嵌于人类知识水平的提升和更多生产性资本的投入中，两者均需要能量和物质流动来维持运作。在劳动力和资本维持在一定水平时，热力学极限限制了这种能量流动的削减程度。简言之，伴随着源自技术进步的"质的增长"，技术变革本身受制于严格的物理限制。发电厂是为人们所熟知的、足以说明技术进步局限性的例子之一。数十年来，发电厂拥有近乎最高的效率评级，但事实证明，效率的进一步提高异常困难。核电站增殖反应堆的失败凸显了另一个重大技术问题，许多新型技术，如核聚变反应堆，最终将不可避免地归于失败。资本主义扩张的利润率严重依赖能源密集型产业，没有了这一基础，就没有资本主义。

三、能源、经济增长与碳排放的关系

正如我们所看到的，所有经济活动都需要能源。为了更好地理解这一点，我们以美国经济为例来具体地研究能源、经济增长与碳排放之间的关系。近几十年来，美国人均初级能源消耗有所下降，但其经济仍在持续增长，尽管增速放缓。此外，与初级能源消耗有关的支出在美国总需求中所占的比重越来越低。许多经济学家和权威人士从这些迹象中得出结论认为，能源使用和经济增长已经脱钩。但即便只对美国经济所隐藏的能量转换进行简单分析，也可以揭示出这种说法的谬误。如果一个国家最初使用的是能源效率更高和功率密度较大的自然资源，那么其经济即使在初级能源消耗下降的情况下也能实现增长。我们如果只看初级消耗，那么理解这个过程将是困难的，甚至是不可能的，因为初级消耗完全忽略了能源转换。但是，一旦我们考虑到更多事实，例如燃烧少量的天然气仍然比燃烧大量的煤能产生更多的电力，那么转换的重要性就立刻变得显而易见。功率密度越大的资源可以将更多有用的能源转化为经济活动，其中一些能源构成了衡量GDP的基本要素。诸如大卫·斯特恩（David Stern）和罗伯特·考夫曼（Robert Kaufmann）等经济学家已经清楚地意识到，一旦把能源质量的差异考虑在内，美国能源消费的增长与总需求的增长就紧密相联。

1970年代的能源危机促使美国减少人均石油消费，并注重利用其他自然资源来提高效率。这些努力导致了天然气消耗的增长，作为一种能源，天然气比煤炭清洁得多，效率也更高。天然气和可再生能源的日益普及都大大减少了碳排放。在2005年达到峰值后，美国的温室气体排放量到2016年已经下降了14%；但下降趋势逐渐停止，2018年的排放量实际上增加了3%以上，这是8年来的最大增幅。交通业的过度活跃是最近这波飙升背后的罪魁祸首，而交通业一向对经济增长至关重要。近期的美国经验进一步佐证了这一观点，即在一种把经济增长放在首位的经济体系下，大规模减排实际上是不可能的，即使宏观效率提高，技术不断创新，过度消费和过度生产也可能导致碳排放量增加。

从整个世界来看，初级能源消耗与经济增长之间存在着密切的正相关关系，对各国和地区的诸多研究表明，从根本上讲它们之间是因果关系。在过去的几十年里，全球经济增速开始放缓，反映出全球能源消费增速下降。一些主要的经济体，如日本和欧盟，已经进入了伴随着低增长率和人口老龄化的停滞期。由于目前受到腐败的金融部门的支配，这些经济体正在形成不均衡的增长模式，使资本家变得更加富裕，相比之下，普通民众却深陷债务泥潭，进而成为资本主义运转的印钞机，同时也为资本主义危机埋下了隐患。大多数经济体经历了发展停滞期。在21世纪未来的几十年里，世界经济或许会以适当的速度继续发展，但种种迹象已然表明，由于自然界可供攫取的能源种类有限以及当今金融资本主义经济中的不合理性因素，未来的经济增长潜力极其有限。

资本主义发展正在失去动力，但还不足以导致总排放量大幅减少。在过去的一个世纪里，全球碳排放与初级能源消耗的变化密切相关。早在十年前，人们对全球变暖现象持非常乐观的态度。近年来温室气体排放量维持不变，于是全球经济领域的高层人士开始认为，经济增长实际上可以实现与有害排放的脱钩。2016年，国际能源署成功宣布："全球排放与经济增长脱钩已得到证实。"然而，2017年，距离国际能源署宣布上述结论不到两年的时间里，全球温室气体排放量便大幅增加。关于全球变暖带来种种危害的科学报告日益令人担忧。在此背景下，2018年的排放量再次上升，增速超过前一年，甚至连一些宣称已与污染脱钩的发达经济体也出现了更高的碳排放。事实证明，碳排放与经济增长脱钩这一问题要比全球精英最初设想的复杂得多。

经济增长与碳排放问题一直令精英阶层困惑不已。政府和一些机构对温室气体排放的测量通常是在制造和生产环节进行的。如果一家美国公司在印度设立工厂生产商品，然后将商品出售给美国消费者，那么来自这家工厂的排放将计入印度，而不是美国。这种被称为地理替代的基本过程，即资本主义核心企业将具有生态破坏性的制造业转移到拥有大量廉价劳动力的发展中国家，一直是西方世界的碳排放与经济增长之间明显偏离的重要原因。换句话说，从消费角度来衡量碳排放几乎不能揭示经济增长与碳排放之间存在任何脱钩。无论如何，跨国公司只能在没有地方可去之前不断地转移生产，可见，地理替代也有其限度。

除了将总需求与碳排放进行比较，另一种理解经济增长的物质基础的方法专注于原材料流向最终消费的过程。在2012年发表的一篇具有里程碑意义的论文中，澳大利亚研究人员分析了各国国际贸易交换的原材料总量，并引入了"物质足迹"（material footprint）概念。"物质足迹"是指为了满足经济体的最终需求而对所使用的原材料开采进行全球配置。他们的结论是："国内生产总值每增长10%，该国的材料足迹均值就增加6%。"他们认为："报道夸大了发达经济体在脱钩方面取得的成效，甚至是无中生有。"他们进而估计，全球大约有40%的原材料加工是为了方便向其他国家出口商品和服务。这表明，减少全球资本的国际流动可能是解决日益加剧的生态危机的一项关键战略。

以下事实有助于我们从另一角度理解为何脱钩的说法还为时尚早。美国经济每年都在增长，但人口的预期寿命已连续三年下降，这是一个世纪以来首次出现如此持续的下降。但是，媒体并没有对此予以足够的重视，而只是宣称预期寿命与经济增长脱钩。这意味着，当富有阶层通过向民众出售并不能切实改善他们生活的物资而变得更加富有时，普通民众的境况却越来越糟，这是统治阶级未能预料到的。近三年内的一些并不确定的数据表明，全球有害气体排放量的增长速度有放缓趋势，但这一结论被夸大为资本主义在生态上可持续发展的论调。脱钩错觉提供了一个重要教训——当仅仅注意到很少几年的边际趋势时，我们应该避免对世界做出长期结论。

四、危机的加剧与社会维度

生态危机的早期阶段已经到来。2017年，波多黎各遭受了一场来自异常温暖海域的飓风的袭击，受到严重破坏。同年，阿根廷的历史性干旱使农产品出口陷入瘫痪，并引发了大规模的经济衰退，最终导致货币危机，迫使该国在不到20年内第二次向国际货币基金组织借款数十亿美元。中美洲罕见的严重干旱也扰乱了农业生产，迫使数十万移民北迁。阿富汗的严重干旱和水资源短缺引发了人们对位于喀布尔的中央政府的普遍不满，并加剧了阿富汗与其邻国之间的紧张关系。这些还只是一场多幕剧的序幕，人类文明将在未来几个世纪目睹并经历这场灾难的重头戏。

长期以来，生态经济学家和其他左翼经济学家一直批评新古典主义思想家的危险幻想。但相关证据表明，一些精英人士也开始改变对这个问题的看法。2016年，国际资源委员会（International Resource Panel，IRP）得出结论，自2000年以来，全球原材料消费的增速超过了GDP的增速。该委员会还补充说："一个世纪以来，全球原材料使用效率首次开始下降。"2017年，挪威公司Equinor的首席经济学家埃里克·瓦尔尼斯（Eric Waerness）表示，经济增长与能源消耗脱钩"也许是不可能的"。2018年，政府间气候变化专门委员会发表的一份重要报告指出，社会各方面需要进行迅速、深远及前所未有的变革，以防止灾难性的全球变暖发生。在2018年12月初的一次气候会议上，联合国秘书长安东尼奥·古特雷斯（Antonio Guterres）表示，"我们在气候变化问题上深陷困境"，盲目乐观终究不抵残酷现实，但许多个人和组织仍未意识到必须在未来对资本主义进行全面彻底的社会、政治和经济变革。

从阶级和社会的角度来分析资本主义所引发的危机是至关重要的。在很大程度上，正是富人阶层大量使用和消耗能源导致了生态危机。因此，任何针对我们当前存在的弊病所提出的解决方案都必须首先彻底解决造成这些弊病的阶级差异。具体而言，我们必须确保向生态秩序的过渡，在削减对全球变暖和其他生态灾难负有主要责任的资本家的利益的同时，最终也能帮助穷人和工人阶级等普通民众。西方当权者推出了各种以市场为基础的税收和定价方案，旨在减少化石燃料的消费，但他们从未意识到这些提议将损害普通民众的生活。在这一过渡期保护群众的正确方法是，针对围绕化石燃料形成的生产和分配周期建立更强有力的社会控制，继而在消费环节实施临时价格调控。资本家应该对他们破坏生态圈的行为承担利润补偿责任，大众也不必面对突如其来的财富损失。

在现代资本主义制度下，社会的阶级结构大致可分为雇工、管理者和资本家三类。资本家是指从他们的资产和公司中赚取巨额利润的个人，他们如果愿意，则完全不必从事带薪工作。在美国，据粗略估算，（小）资本家是指流动金融资产净值超过 1 000 万美元的个人——不可否认，资本家的资产规模不尽相同，有些资本家的年收入超过 1 亿美元。当然，很多资本家确实从事带薪工作，比如担任大型跨国公司的首席执行官。但重要的是，工作对于他们而言并不是必需的，幸运的资本家可以在没有正式工资的情况下保持现有的生活水平。依靠股票、权益证券、房地产等资产所获得的收入，他们可以随时隐退去巴哈马群岛度假。然而，这并不适用于社会上的绝大多数人，管理者和雇工都需要薪水来维持生计，并购买那些使资本家获得更多利润的商品。此外，越来越多的工人过着被债务奴役的生活，他们为了上学、买房和使用信用卡等而向资本家借贷。资本对社会其他方面的金融控制也使工人难以获得更高的工资和更好的生活条件。其结果是，一小部分富人完全挟持了政治进程，对一切要求民主变革的呼声都不屑一顾。

尽管面临这些挑战，但对社会变革和生态保护的迫切需求每年都在迅速增长。一种民主的、生态的和社会主义的文明会大大限制自然资源的商品化，同时也将富人的命运与穷人的命运联系起来。这种文明将保证所有人的如下六种普遍需求都得到满足：食物、工作、住房、医疗保健、儿童保健和教育。它可以通过对资本征收财富税，并将大部分经济社会化，使有限且受到严格监管的市场得以生存，从而限制财富的暴涨。世界各地的资本家正在囤积大量金融财富，他们拒绝投资实体经济，因为实体经济的低增长率使他们获得超额利润的机会减少。政府应掌控这笔财富，将其投入改善社会服务、重建基础设施和提供可承担的医疗保障等方面。为了大幅减少和长期控制收入差距，社会可以规定任何公司或组织的最高工资不得超过最低工资的十倍。

民主的社会能够通过向大众提供更多资源使家庭摆脱一连串不断升级的危机。资本主义将工人视为机器上的齿轮，撕裂了社会结构，使现代家庭陷入瘫痪。越来越多的家庭承受重重压力，人们情绪低落，越发感到与统治阶级疏远，而统治阶级似乎对此不再关心。为民众服务的经济体系将赋予家庭权力，增强与大众的联系，并帮助下一代成长为负责任的成年人。在工作机会和资产流向富裕城市的同时，很多农村地区遭到破坏，因此对家庭的扶助在某种程度上也意味着对农村地区投资的倾斜。这些公共投入应包括创造高收入的就业机会、建设新诊所和医院以便提供医疗服务、定期向低收入家庭提供资金帮助、安装光纤电缆以提高互联网的速度。只有在城乡之间实现至关重要的经济与政治平衡，才能遏制都市财阀对其他阶层"发号施令"。

由于长期受到资本主义宣传的灌输，政商界领袖开始相信经济增长就像是能够治愈万恶的灵丹妙药。对于当代社会的大多数人而言，在当前资本主义的计算方式下，似乎不可能找到一种能够替代经济增长的方式。但是，设想并且实践一些替代方案却可能是人类社会免遭灭顶之灾的唯一出路。我们应该以人类可持续发展原则替代增长原则，来重新组织社会和经济，这需要更广泛的生态圈的代谢稳定。围绕动态均衡来严格限制生产和消费水平，从质的层面而非量的层面强调人与社会的关系，我们才能避免资本主义的周期性泡沫和危机，实现人类文明的长期发展。通过将更多财富与资源分配给普通民众（尤其是工人），才能建立一个免受政治动荡和经济危机困扰的公平社会。社会和生态是不可分割的，它们共同构成了21世纪日益严峻的主战场。经济和生态危机已经迫在眉睫，亟须人类对社会秩序提出新的展望与愿景。

第23章 资本与疾病生态学*

约翰·贝拉米·福斯特　布雷特·克拉克
汉娜·霍勒曼/文　陈潇/译

恩格斯在《社会主义从空想到科学的发展》（*Socialism: Utopian and Scientific*）一书中写道："古希腊的哲学家都是天生的自发的辩证论者"①。这在以具有坚实的唯物主义和生态学基础而著称的古希腊医学思想中体现得尤为明显。希波克拉底（Hippocratic）的医学经典著作《论空气、水和所在》（*Airs Waters Places*）清晰地展现了古希腊医学就流行病学研究所采用的辩证的、唯物主义的生态学研究方法。希波克拉底医学思想的关键在于对人体与环境之间辩证关系的领悟：人体处于或体现于特定的区域环境和自然条件（如空气和水）中时，人体与环境之间便产生了一种"整体性的、综合性的、既可称之为生态学的也可称之为社会学的"关系。

可以肯定的是，古希腊医学呈现出了分化现象：奴隶医生为奴隶工作，公民找公民医生看病，医生在截然不同的环境下展开诊疗。② 希波克拉底的《论空气、水和所在》是专门为公民医生写的，体现了当时希腊社会明显的阶级性质。尽管这部著作研究的是古希腊医学问题，但它的研究方法却深刻地影响了几千年来流行病学的发展。

在早期资本主义时期，贝纳迪诺·拉马齐尼（Bernardino Ramazzini）

---

* 本章原载：《国外理论动态》2021年第6期。原文来源：John Bellamy Foster, Brett Clark and Hannah Holleman, "Capital and the Ecology of Disease," *Monthly Review* 73, no. 2 (2021): 1–23. 翻译有删减。约翰·贝拉米·福斯特（John Bellamy Foster）：美国俄勒冈大学社会学系。布雷特·克拉克（Brett Clark）：美国犹他大学社会学系。汉娜·霍勒曼（Hannah Holleman）：美国阿默斯特学院社会学系。陈潇：辽宁大学外国语学院。

① 《马克思恩格斯选集》第3卷，人民出版社，2012，第789页。
② 参见 Benjamin Farrington, *Head and Hand in Ancient Greece* (London: Watts and Co., 1947), p.35。

是基于环境因素辩证地对健康展开研究这一方法的继承者,他的开创性著作《论工人的疾病》(The Diseases of Workers)被誉为"工业病理学"或职业卫生与环境卫生学的奠基之作。通过打破古希腊医学中自由公民与奴隶之间的界限,深入考察那些从事最低等职业的工人所处的环境条件,拉马齐尼将流行病学的研究范围扩大至工人阶级。这一研究范围的扩大对公共卫生事业的发展具有关键性作用。随着工业资本主义的兴起,1840年代中期恩格斯《英国工人阶级状况》(The Condition of the Working Class in England)一书的出版使这种转变获得了更为广泛的历史意义。恩格斯的著作及其对当时公共卫生状况的最新调查,对1860年代中期马克思在《资本论》中所做的关于工人阶级环境状况的研究具有重要的参考价值。然而,自19世纪末20世纪初以来,流行病学研究的总趋势开始朝着将广泛的环境问题与资本割裂开来的方向发展。20世纪中期,一种还原论的生物医学模式战胜了更为广泛的环境研究观点,流行病学的社会环境研究方法逐渐被边缘化。多年来,认为传染病本质上是发达经济体的历史性现象、最终会被现代化进程消灭殆尽的"流行病学转变"理论,在环境卫生学发展进程中产生了空前的影响力(至少在新型冠状病毒出现之前)。然而,该理论未能解释发达资本主义社会中日益严重的(特别是涉及阶级和种族的)健康不平等现象。此外,资本主义全球扩张加剧了全球疾病的传播,这些疾病不再局限于贫穷的热带地区国家,也威胁到主要资本主义国家。随着以上两种批判的不断深入,这一理论开始趋于瓦解,(在未被彻底推翻的情况下)成立条件也更为严苛。

正如哈佛大学生态学家理查德·莱维斯(Richard Levins)在《资本主义是一种疾病吗?》("Is Capitalism a Disease?")一文中所说的,20世纪末,疟疾、霍乱、登革热、肺结核等代表性传染病的再次暴发,埃博拉病毒、艾滋病、军团病、中毒性休克综合征、耐药性结核病,以及H1N1流感、H5N1禽流感、MERS病毒、SARS病毒和新型冠状病毒等一系列新的病原体的出现,表明了"流行病学转变"理论的彻底失败。莱维斯指出:"'流行病学转变'理论应被一种生态学研究方法取代,即随着生活方式(如人口密度、居住模式、生产资料)的重大改变,我们与病原体、病原体的宿主和疾病媒介的关系也会发生变化。"[1] 这些变化的发生是自

---

[1] Richard Levins, "Is Capitalism a Disease?" *Monthly Review* 52, no. 4 (2000): 11. 同时参见 Richard Lewontin and Richard Levins, *Biology under the Influence* (New York: Monthly Review Press, 2007), pp. 297 - 319。

第 23 章　资本与疾病生态学

1971年"流行病学转变"理论首次提出后，半个世纪以来新自由主义全球化和农业经济扩张的结果，由此，疾病生态学以及疾病生态学与资本结构性危机之间的关系开始受到高度重视。

一、流行病学断裂

对19世纪工人阶级恶劣生存状况的批判主要来自激进派医生，他们代表了资产阶级科学和文化中最进步的方面，经常违背资本主义社会价值理论的逻辑而表现出社会主义价值观。正是在这种背景下，马克思和恩格斯将资本的批判范畴扩大至政治经济学以外的领域。恩格斯于1844年9月—1845年3月写的《英国工人阶级状况》在很大程度上是基于他的第一手观察：当时他日夜奔走于曼彻斯特的大街小巷进行实地调研，有时候，爱尔兰的无产阶级青年女工玛丽·白恩士（Mary Burns）会为他提供帮助。[①] 恩格斯尤为重视曼彻斯特的彼得·加斯克尔（Peter Gaskell）、詹姆斯·菲利普斯·凯（James Phillips Kay）和托马斯·派西沃（Thomas Percival）等激进派医生所做的调查。在1820年代—1840年代，英国统治阶级对工人阶级生存状况展开的调查以及进行的卫生改革只是由于霍乱、斑疹伤寒、伤寒、猩红热和其他传染性疾病的大规模蔓延：这些疾病尽管在穷人区更为严重，但却经常波及富人区。然而，真正承担纠正时弊任务的医生，与乔治·艾略特（George Eliot）在《米德尔马契》（Middlemarch）一书中所描写的利德盖特博士（Dr. Lydgate）一样，都是一些自由思想家，他们认为医学可以"呈现出科学与艺术之间最完美的交流"，有必要进行彻底的社会改革，以抵制金钱社会的贪腐倾向。[②]

根据亲身观察、宪章派文学以及当时激进派医生的调查，1844年，年轻的恩格斯揭露了工业革命期间英国工人阶级恶劣的环境状况，集中关注了流行病、职业病和营养缺乏病的诱因。他发现工人阶级的死亡率远高于资产阶级，并就这一点进行了详细探讨。通过借鉴内科医生P.H.霍兰德（P.H. Holland）对梅德洛克河畔乔尔顿（Chorlton-on-Medlock）的

[①] 参见 John Bellamy Foster, *The Return of Nature* (New York: Monthly Review Press, 2020), pp. 173-174, 183-184。

[②] 参见 George Eliot, *Middlemarch* (New York: Signet, 1981), pp. 143-144。

一项研究（霍兰德医生按从富裕到贫穷的顺序将街区和住宅划分为从一到三的三个等级），恩格斯指出，霍兰德得出的数据显示，三级街区居民的死亡率比一级街区居民的死亡率高出68％，而三级住宅居民的死亡率比一级住宅居民的死亡率高出78％。

在利物浦，正如恩格斯根据议会报告所指出的那样，贵族阶层、绅士阶层、职业人士等的平均寿命（即出生时的预期寿命）是35岁，而工人阶级的平均寿命是15岁。工人阶级的预期寿命如此之低，与婴儿的高死亡率有关。在曼彻斯特，超过57％的工人阶级儿童在5岁前夭折，而这一比率在上层阶级儿童中仅为20％。他的分析表明，在各个年龄段和不同性别中，工人阶级的发病率和死亡率都更高，而少数民族（当时在英国主要是爱尔兰人）受到的伤害则更大。恩格斯认为，这些不平等状况不仅是资本积累制度的产物，而且在某种意义上已经构成一种"社会谋杀"。

在德国，以《细胞病理学》（Cellular Pathology）一书而闻名的德国医生、病理学家鲁道夫·魏尔肖（Rudolf Virchow）在其对社会流行病学的开创性研究中，借鉴了恩格斯《英国工人阶级状况》中的部分观点并采纳了该书中关于不同阶级死亡率的部分统计数据。在美国，恩格斯的著作对著名的社会主义活动家、社会改革家弗洛伦斯·凯利（Florence Kelley）影响颇深。她是恩格斯的密友，两人通信频繁，凯利于1887年将《英国工人阶级状况》译成了英文。她在芝加哥的赫尔大厦住过一段时间，在那里绘制了芝加哥贫困地区的地图，并根据地区内的不同种族和阶级对地图进行了彩色编码处理，以揭示不平等状况所涉及的具体人群。后来，作为伊利诺伊州的首席工厂检查员，她一直为解决工人恶劣的工作环境和居住条件、雇佣童工问题和遏制天花的蔓延而斗争，并在之后成为美国工人阶级（特别是女工）社会和环境改革斗争中的领军人物。正如美国最高法院大法官费利克斯·法兰克福特（Felix Frankfurter）在1953年针对"狂热的工业化"问题进行回应时所指出的那样，凯利是在20世纪前30年美国社会历史的塑造过程中发挥了最广泛作用的女性。[①] 根据英国科学家、社会主义者兰斯洛特·霍格本（Lancelot Hogben）的调查，1900年美国伤寒的死亡率为36‰，但到1932年已经下降至6‰，这主要是卫

---

① 参见Howard Waitzkin, *The Second Sickness* (New York: Free Press, 1983), pp.60 - 63; John Bellamy Foster, *The Return of Nature*, pp.212 - 215; Brett Clark and John Bellamy Foster, "Florence Kelley and the Struggle against the Degradation of Life," *Organization & Environment* 19, no.2 (2006): 251 - 263.

生事业改革者们的功劳，而凯利则是其中最重要的实践者之一。[1]

在《英国工人阶级状况》发表 20 多年后，马克思在《资本论》中讨论了这部著作提到的诸多流行病问题。对于马克思来说，恩格斯所探讨的"周期性流行病"就像从秘鲁进口鸟粪对英国田地施肥一样，都展现了相互依存的社会新陈代谢不可弥补的断裂。从这个意义上说，人类发病和死亡引发的"实体断裂"应被视为人在社会生产中与自然产生的更为广泛的"新陈代谢断裂"（metabolic rift）的一部分。[2] 在分析资本主义的生态/流行病学断裂时，马克思借鉴了 1860 年代英国激进派医生的研究成果，特别是被马克思誉为当时资本主义制度伟大批评者之一的约翰·西蒙（John Simon），以及曾以不同身份与西蒙一起工作过的亨利·朱利安·汉特（Henry Julian Hunter）、爱德华·斯密斯（Edward Smith）和埃德温·雷·朗凯斯特（Edwin Ray Lankester）（马克思间接了解了他们的研究成果）。[3] 马克思在《资本论》中对导致流行病、营养缺乏病、死亡率巨大差异（包括儿童的高死亡率）、居住和卫生环境恶劣等问题的社会与阶级原因加以研究，并进行了大篇幅的阐述。用马克思的话来讲，激进派医生对公共卫生状况展开的调查往往被冠以对"财富和财产权"的异常攻击之名。

尽管西蒙在英国公共卫生机构中身居高位，但他自封为"社会主义者"，关心"无产阶级"的生存境况。汉特是马克思最为钦佩的激进派医生，也是西蒙在调查英格兰和威尔士工人健康状况时所借鉴的众多优秀医生之一。[4] 在马克思看来，汉特在 1864 年至 1866 年的第六、第七和第八次公共卫生报告中关于婴儿死亡率、营养、卫生、流行病，以及英国工人总体生活状况的调查具有"划时代的"意义。汉特的实地研究为马克思《资本论》的完成奠定了重要基础。马克思指出，由于居住空间严重不足（以及缺少窗户、足够的卫生设施和干净的饮用水）而引发的过度拥挤，工人的住所成为包括天花、霍乱、斑疹伤寒、伤寒、猩红热和肺结核在内

---

[1] 参见 Lancelot Hogben, *Science for the Citizen* (New York: Alfred A. Knopf, 1938), p. 875。

[2] 参见 John Bellamy Foster and Brett Clark, *The Robbery of Nature* (New York: Monthly Review Press, 2020) pp. 23-32。

[3] 参见 John Bellamy Foster, *The Return of Nature*, pp. 199-212。

[4] 参见 John Simon, *English Sanitary Institutions* (London: Smith, Elder, Co., 1897), pp. 437-439, 443-445, 455-458, 480-481; John Bellamy Foster, *The Return of Nature*, pp. 199-204, 208, 211-212, 573。

的多种流行病的滋生地。此外，资本主义条件下交通运输条件的改变也是导致传染病传播加快的诱因：随着从路易沙姆（Lewisham）到汤布里奇（Tonbridge）铁路的开通，天花传染病迅速蔓延到了现在距离伦敦30英里左右的七橡树地区（Seven Oaks）。从事建筑和排水工程、制砖、烧石灰和修铁路工作的，以妇女和儿童为主力军的农村流动劳动力，在对资金的迫切需求下，不得不不断迁移，由此造成了"瘟疫的游击部队"将天花、斑疹伤寒、霍乱和猩红热带到了他们（流动工人）扎营的地方。

对于马克思来说，所有这一切当然都与资本主义在人与自然之间引发的新陈代谢断裂息息相关，这一新陈代谢断裂也包括人类自身存在的实体断裂（流行病学断裂）。他强调，在任何时候都有必要考虑到"人类生活条件的周期性变化"，即人类的社会性新陈代谢。在《第七次公共卫生报告》(The Seventh Public Health Report)中，汉特探讨了达勒姆（Durham）土地所有者对该地区穷人的排泄物拥有"领主权"的问题。贵族和绅士推行这一措施的目的就是夺取和垄断劳动者生产的肥料，以便给地主们的土地施肥。

同样地，马克思对矿工所处的环境状况也给予了高度重视。矿工们除了要从事最危险的职业，还经常被迫以高得离谱的租金租住在矿主提供的破旧茅舍里，如此才能继续留在矿井工作。在这种情况下，资本对矿工及其家人的剥削更直接地体现为对工人在矿场内甚至是矿场外的生活资料的剥夺。

在研究工人流行病学状况中的营养摄入问题时，马克思指出，与监狱中的囚犯相比，工业工人在碳水化合物和蛋白质方面的摄入都更为缺乏，而且在许多情况下，由于营养摄入不足，他们无法"避免罹患由饥饿引发的各种疾病"。妇女通常是最缺乏食物的一类人群。有婴儿的工人阶级妇女通常别无选择，只能在上班前和下班后喂奶，中间往往间隔12个小时甚至更久。马克思在借鉴了汉特的著作后做出了这样的描述：婴儿被留下来，由年迈的"保姆"照料，为了让他们安睡，他们经常被喂食诸如掺有鸦片的"戈弗雷强心剂"等人造食物。由于以上原因以及其他因素，工人阶级居住地区的幼儿死亡率极高。同样令人担忧的是工人的职业病问题。这是由极端形式的剥削，特别是强迫妇女从事非典型性劳动所造成的。在借鉴了朗凯斯特在《圣詹姆斯教区卫生干事的报告》(Report of the Medical Officer of Health to the Parish Vestry of St. James)中对缝纫女工工作环境的描述的基础上，马克思在《资本论》"工作日"一章中对过度劳动和过分拥挤的状况进行了细致阐述，并于 1863 年 6 月发表在伦敦的多家报纸上。[1]

在马克思看来，工人阶级的流行病学现状，以及资本体系引发的疾病和生态环境恶化等问题的解决，都需要对整个社会进行革命性的重建。这不仅是为了工作，也是为了生存。

二、"大自然的报复"

朗凯斯特是一位坚定的唯物主义者、费边社会主义者和环境批评家，也是继查理·达尔文（Charles Darwin）和托马斯·赫胥黎（Thomas Huxley）之后英国最杰出的动物学家。寄生虫病原体研究是朗凯斯特广泛科学研究中的一个重要领域。对于朗凯斯特来说，自然界中"明显'对立的事物'往往具有紧密的联系……给药物质（the substance administered）最微小的变化或个体生命物质最微小的差异……决定了'毒'与'药'之间的所有区别"[2]。人类社会活动超越自然系统的承载阈值所造成的生态环境相对较小的改变可能极大地颠覆生态学与流行病之间的关系，从而引发流行病的蔓延。他对人类在流行病传播中重要作用的观察超越了原有的仅局限于致病寄生虫研究的视角，这种广泛的、辩证的生态学观点在当时是独一无二的。

随着 19 世纪末殖民主义和帝国主义的扩张，热带疾病大量增加，其中最臭名昭著的是夺走了中非和东非数十万人生命的非洲昏睡病（锥虫病）。该疾病的寄生病原体由采采蝇传播。一旦寄生虫越过血脑屏障并开始影响中枢神经系统，病人就会昏昏欲睡、精神错乱、陷入昏迷，继而死亡。欧洲列强在 1884 年至 1885 年瓜分了整个非洲，从而导致了殖民主义的大规模扩张和对非洲大陆的殖民掠夺。当乌干达沦为英国殖民地时，昏睡病开始暴发，短短几年内就导致当地 1/3 的人口死亡。随后，昏睡病在法属刚果、比属刚果以及德国和葡萄牙的殖民地纷纷暴发。

在 19、20 世纪之交，为寻找热带病特别是昏睡病的源头，作为英国

---

[1] 参见 John Bellamy Foster, *The Return of Nature*, pp. 29–31, 37。
[2] Ray Lankester, *Science from an Easy Chair: Second Series* (London: Methuen and Co., 2015), p. 353.

皇家学会热带病委员会主席、英国自然历史博物馆馆长的朗凯斯特投入了极大精力，为这一领域的研究做出了许多贡献，其中最为突出的是流行病学的生态社会学研究方法的提出。锥虫于1902年首次在人类血液中被发现。微生物学家大卫·布鲁斯（David Bruce）首次将采采蝇确定为昏睡病的源头，指出采采蝇会传播感染人体的寄生病原体的特殊变异体，并发现了罗得西亚锥虫可以通过感染家畜而引发致命的家畜纳加纳病（昏睡病）。朗凯斯特与布鲁斯展开了紧密合作。长久以来这一锥虫物种对水牛、羚羊和野牛等野生动物一直是无害的，唯有进入家畜和人类体内才会产生致命危害。尽管昏睡病在远古时期就已存在，但非洲种群在自然/野生生态系统和人类/家畜生态系统之间一直处于大致平衡状态，直到殖民主义到来，这种平衡状态才被彻底打破。

朗凯斯特在《人类王国》（The Kingdom of Man）一书的"大自然的复仇：昏睡病"一章中写道，昏睡病"爬上了"由殖民列强开辟的"通往刚果盆地的贸易新通道"。"这种疾病在中非造成了如此骇人的死亡率，无疑使刚刚完成从东海岸到维多利亚尼亚扎湖（Lake Victoria Nyanza）岸铁路修建的英国政府陷入了极大的焦虑。"[①]

在撰写《人类王国》一书的"人与疾病"一章时，朗凯斯特提出了这样一个假设：

> 在人类以外的自然系统中，本不存在疾病，也没有（如人类在地球表面造成的）各类不相容的生物体间的结合……虽然以我们现有的知识水平还无法认同，但实际上，在排除了人类的自然界中，生物体对周围环境变化的调整是如此充分和彻底，在这种情况下，疾病的发生本是一种正常现象因而并不被知晓……这似乎是一种合理的观点，即除了短暂和异常特殊的情况外，动物（可能还包括植物）易患的每一种疾病都是由人类的干扰导致的。除了家畜以及被家畜传染的野生动物以外，牛、羊、猪、马这些动物的疾病本是不为人知的……[②]

> 文明人（以并不开心的方式）所熟悉的任何类似于寄生虫传染病的疾病，似乎要么是由他们毫无休止的无知活动引发的，要么是由某些在他们不在场的情况下发生的剧烈的、突然的地质变化（比如广大

---

① Ray Lankester, *The Kingdom of Man* (New York: Henry Holt and Co., 1911), pp. 160-161.

② 同上书，第32-33页。

陆地的连接方式进而是交通方式的改变）造成的……他们在田地牧场中繁殖、培育各类生物种群，在城市城池中大批聚集人群。由此，大量未受侵扰的生物体成为过去本是罕见的、不被重视的寄生虫在个体之间进行疾病传播的现成场所。人类、家畜和农作物的传染病及病虫害很大程度上都是由人类的这种鲁莽的、不科学的行为引发的。①

因此，人类（及其驯养繁殖的动植物）所经历的各种流行病，其根源就在于生态的破坏和人类及其驯养动物的大量聚集，这些聚集为病原体传播创造了通道。这类疾病通常是由于人类活动造成的破坏使病原体从自然宿主溢出，进而传播至驯养动物和人类身上。随着生物多样性的减少，在许多情况下，疾病的传播变得更加容易。产生这些变化的社会经济原因十分明确，即与资本主义的殖民扩张和全球化密切相关，与受"市场"和"国际金融交易商"支配的体制密切相关。②

正如朗凯斯特在"大自然的复仇：昏睡病"一章中所写的：

> 我们有理由相信，在人类将其人工选择和运输的牲畜品种引入非洲之前，（锥虫感染的家畜）纳加纳病并未出现。布氏锥虫与宿主和谐地生活在动物的血液中。因此，同样地，由于西非的土著与动物之间相互包容的相处方式，昏睡病寄生虫本可能会在一种可自我调节的状态下继续自由地繁衍生息下去。直到阿拉伯奴隶掠夺者、欧洲探险家和印度橡胶窃贼搅动了中非安静的聚居人群，他们用暴力使易感染的族群与抗感染能力强的族群混杂在一起，昏睡病寄生虫由此才成为一种致命的祸害——或者用我的朋友 [埃黎耶·梅契尼可夫（Élie Metchnikoff）] 提出的暗示用语来说，成为一种"不和谐"（disharmony）。③

朗凯斯特强调了坚持西蒙提出的扩大国家公共医疗的必要性，因为它超越了将医疗卫生发展成"以收费为基础的行业"这一资本主义发展趋势。④ 只有国家参与协调，才能确保人口的健康和安全。

---

① Ray Lankester, *The Kingdom of Man.*, pp. 185 – 187.
② 参见 Ray Lankester, *The Kingdom of Man*, pp. 31 – 33; Joseph Lester, *Ray Lankester and the Making of Modern British Biology* (Oxford: British Society for the History of Science, 1995), p. 190.
③ Ray Lankester, *The Kingdom of Man*, p. 189.
④ 参见上书，第191页。

三、第二种疾病

尽管狭隘地关注个人健康的生物医学模式占据着主导地位,但植根于对社会经济和自然环境的全面理解而产生的"社会化医学"这一更为广泛的观念仍然存在。W. E. B. 杜博伊斯(W. E. B. Du Bois)、爱丽丝·汉密尔顿(Alice Hamilton)、诺尔曼·白求恩(Norman Bethune)和萨尔瓦多·阿连德(Salvador Allende)都对这种环境研究方法做出了杰出贡献,他们对引发不平等和疾病传播的政治经济的组织运作方式进行了深入探讨。白求恩将其描述为"第二种疾病",认为需要将其视为一种类似于恩格斯提出的"社会谋杀"概念的"社会犯罪"。[1]

在1906年出版的《美国黑人的健康与体质》(The Health and Physique of the Negro American)一书中,杜博伊斯论述了当涉及种族观念(特别是就先天能力和性格而言的生物学种族观念)时,如何处理流行病学的各种问题。他调查了人类学和各种生物科学的最新研究,这些研究显示,"不可能在黑人与其他种族之间"划出一条关于"身体特征"的肤色分界线,因此黑人"不应被认定为是……完全不同的"[2]。他还对人体测量学中的颅骨测量研究理论提出了质疑。例如,19世纪中后期法国医生保罗·布洛卡(Paul Broca)在研究中对人类大脑进行了测量和称重,以期印证世界上的不同种族具有截然不同的进化起源。杜博伊斯强调,类似的研究存在诸多问题,比如,与白人相比,黑人大脑取样数量严重不足,而且未能考虑年龄、阶级、职业和营养等社会人口特征。

为了阐明疾病的社会性因素,杜博伊斯列举了一系列引发黑人与白人健康差异的对比案例,并表明"黑人天生比白人身体素质差"的说法是站不住脚的。比如,费城地区黑人的死亡率虽然比该地区白人的死亡率高,但却低于该国许多其他地区白人的死亡率,这表明,涉及种族和阶级的社会关系等方面的其他因素比所谓的生物种族因素更具有说服力。为了更清

---

[1] 参见 Sydney Gordon and Ted Allan, *The Scalpel, The Sword* (New York: Monthly Review Press, 1973), p. 250。

[2] E. B. Du Bois, *The Health and Physique of the Negro American* (Atlanta: Atlanta University Press, 1906), p. 16. 参见 Stephen Jay Gould, *The Mismeasure of Man* (New York: W. W. Norton & Company, 1996)。

楚地说明这一观点，杜博伊斯指出，20世纪初俄国贵族资产阶级与农民/无产阶级之间的鸿沟尤为严重，"贫穷阶层的死亡率与富裕阶层的死亡率差别巨大这一事实"表明，这并非"美国的黑人和白人的差别"。英国、瑞典和德国也出现了类似的情况：其贫穷阶层的死亡率是富裕阶层的死亡率的两倍，小康阶层的死亡率处于这两个阶层的死亡率之间。在芝加哥牲畜场工作的白人比在城里工作的黑人死亡率高。

在说明这些案例的同时，杜博伊斯通过揭露各种层层相扣的压迫形式，对植根于生物种族决定论的诸多观点予以了驳斥。婴儿的高死亡率、疾病侵袭、差异愈发显著的死亡率等，都反映了居住条件恶劣、水体污染、通风不良、营养缺乏、空气污染和工作危险性高等总体的"社会环境"问题，而这些都与种族（作为一种文化范畴）和阶级的不平等密切相关。他强调："肺结核并非一种种族疾病，而是一种社会疾病。"①

数十年后，在1947年，英国著名生物学家、马克思主义理论家J. B. S. 霍尔丹（J. B. S. Haldane）提出，结核病与经济因素（主要是实际收入）密切相关。比如，反映英国年轻妇女实际收入的曲线和结核病死亡率的曲线形状几乎一致，但方向却是完全相反的。这种收入与死亡率之间的关系也适用于其他受压迫群体。②

鉴于黑人/白人的健康差异并非固定不变，而是随着阶级和地域的不同而有所区别，杜博伊斯对优生学家弗雷德里克·霍夫曼（Frederick Hoffman）在《美国黑人的种族特征和趋势》(*Race Traits and Tendencies of the American Negro*)一书中针对美国黑人提出的种族低劣论进行了明确驳斥。霍夫曼声称，仅根据健康统计数据显示的肺结核在黑人中"具有易感性这一点，就足以说明这一种族的不同命运"③。杜博伊斯对此做出回应："不可否认的事实是……在某些疾病中，黑人的患病率的确远高于白人，尤其是在肺结核、肺炎和婴儿疾病方面。"但问题是，这是种族（作为一种生物学范畴）造成的吗？霍夫曼先生会引导我们说"是"，并推断这由此意味着黑人在体质上天生就不如白人。但费城地区黑人与白

---

① E. B. Du Bois, *The Health and Physique of the Negro American*, p. 89.
② 参见 B. S. Haldane, *Science Advances* (London: George Allen and Unwin, 1947), pp. 153 – 157.
③ Frederick Hoffman, *Race Traits and Tendencies of the American Negro* (New York: American Economic Association, 1896), p. 148. 参见 Nancy Krieger, *Epidemiology and the People's Health* (New York: Oxford University Press, 2011), pp. 109 – 110.

人死亡率的差异可以用其他理由来解释,而不是种族。费城地区黑人的死亡率虽然较高,但仍然低于萨凡纳、查尔斯顿、新奥尔良和亚特兰大等地区白人的死亡率。①

杜博伊斯针对关于美国黑人健康状况所展开的"人类的误测"进行了一系列尖锐的批评,并产生了巨大的影响。1916年,美国公共卫生署副署长约翰·威廉·特拉斯克(John William Trask)为《美国公共卫生杂志》(*American Journal of Public Health*)撰写了一篇关于种族与健康的文章。文章观点与上一年该杂志关于"黑人健康"主题的专刊所刊登的观点截然相反。与杜博伊斯一样,特拉斯克在文中着重关注了阶级和经济因素的重要作用,驳斥了以往基于生物学种族理论对健康结果的解释。

在20世纪早期,内科医生汉密尔顿,本着拉马齐尼的精神,开创性地研究了职业卫生与环境卫生学(被马克思称为"工业病理学")。当时的工业医学在美国尚未成熟,几乎没有现成的研究数据。企业医生与老板将健康问题、疾病和伤害都归咎于工人个人,声称这是由他们本身体质的虚弱以及不讲卫生造成的。通过对无数工厂的劳动过程进行详细研究,对工人的工作环境、生产中使用的化学品和材料、接触点以及工人所经历的各种疾病展开广泛的调查,汉密尔顿对这些观点予以了系统的驳斥。

1908年,汉密尔顿指出,美国如此痴迷于扩大工业生产,却未能在这一过程中"统计伤亡人数"。② 她对因涉及有毒物质而具有内在危险性的行业与因工作环境恶劣而具有危险性的行业加以划分,指出对这两个领域都需要给予特别关注,因为它们以不同的方式导致了身体自身的和按阶级、种族、性别划分的群体间的实体断裂的产生。汉密尔顿表示,社会环境因素使各种特定疾病在人群中集中暴发。社会不平等(如妇女和移民的劳动分工不平等)导致了各类职业中毒病例的增加和危险工作的产生。

曾先后在西班牙内战和中国抗日战争时期担任外科医生的加拿大医生白求恩在1936年的蒙特利尔医学协会(Montreal Medico-Chirurgical Society)会议上强调,资本主义会"造成健康损害",其医疗体系以"贪婪的个人主义"为主导,医生们"以同胞们的痛苦为代价来为自己牟利"③。因为难以负担高昂的费用,资本主义社会中的多数民众每年很少或根本无

---

① 参见 E. B. Du Bois, *The Health and Physique of the Negro American*, p. 89.
② 参见 Alice Hamilton, "Industrial Diseases, with Special Reference to the Trades in Which Women Are Employed," *Charities and the Commons*, September 5, 1908.
③ Sydney Gordon and Ted Allan, *The Scalpel, The Sword*, p. 95.

法获得相应的医疗服务。药品已经成为一种奢侈品，医生们在"以珠宝的价格出售面包"。在这种背景下，人们遭受着不必要的痛苦和死亡。他表示，工业资本主义下的私人健康毫无意义；相反，"全民健康才能实现真正的公共健康"。他认为，有必要开展"社会化医疗"改革，即让"健康保护成为一种公共财产"，并"得到公共资金的支持"，"人人都可以享受这一医疗服务"，"工人的医疗费用要由国家支付"，并且"确保卫生工作者工作的民主独立"[1]。作为这一改革的一部分，他提出了对疾病生态学的理解："任何未把病人看作环境应变产物的整体而采取治疗的方案，注定都是失败的方案。肺结核不仅是一种肺部疾病，也是整个身体的一种重大变化。当人类被视为受环境支配并在其产物下活动的有机体、未能绕过或征服作用于人类身心的某些有害力量时，这种变化就会发生。如果让他继续停留在这样的环境中，他必将死亡。如果改变这些外部和内部因素，重新调整环境，那么他在多数情况下都会痊愈"[2]。

白求恩举例说明了那些患有肺结核的富人在去疗养院休养、吃高营养食物和呼吸新鲜空气后，是如何通过环境的改变而康复的。相反，在当时的制度下，患有肺结核的穷人则会因为缺乏医疗和护理而死亡。因此，只有具备社会化医疗以及以满足和服务人类需要为前提的社会经济制度，才能处理更广泛的社会生态关系。这也是根除资本主义生产关系所造成的社会谋杀这第二种疾病的必由之路。

1939年，即白求恩去世的那一年，阿连德在佩德罗·阿吉雷·塞尔达（Pedro Aguirre Cerda）领导的人民阵线政府担任卫生部部长期间，撰写了经典的流行病学著作《智利医学社会现实》（The Chilean Medico-Social Reality）。阿连德说："社会中的个人并不是一个抽象的、独立存在的个体；一个人的出生、成长、生活、工作、生育、生病和死亡都是在严格服从周围环境的条件下进行的，面对病原体，周围环境的不同形态会引发不同的反应模式。物质环境是由收入、营养、住房、穿衣、文化以及其他具体的、历史性的因素决定的。"[3] 像杜博伊斯和白求恩一样，阿连德将肺结核定性为"社会疾病"，因为它在工人阶级群体中的发病率要高得多。他把斑疹伤寒等疾病看作无产阶级化和贫困化的表现形式。阿连德对

---

[1] Sydney Gordon and Ted Allan, *The Scalpel, The Sword*, p. 96.

[2] Norman Bethune, "A Plea for Early Compression in Pulmonary Tuberculosis," *Canadian Medical Association Journal* 27, no. 1 (1932): 37.

[3] Howard Waitzkin, *The Second Sickness*, p. 66.

传染病病因中社会性因素的阐述早于现代流行病学中的许多重要观点。他的理论超越了当时西医中的需要寻找特定病原体和采用特定治疗方法这一主流观点。①

与马克思一样，阿连德把职业病称为资本主义工业化推动的"社会病理学"。他指出，西医的局限性导致其几乎完全忽视了职业病在医学研究中的重要作用，从而使职业病的相关信息严重匮乏。阿连德特别关注了帝国主义在拉丁美洲和整个第三世界限制社会化医疗的影响。他也许是最早对代表着垄断资本和帝国主义势力的大型制药公司实施医疗健康行业垄断提出批评的人。他多次强调了知名药品售价过高以及主要跨国制药公司误导性商业宣传的问题。1970年，在人民团结联盟政府中当选智利总统后，他积极推动了之前被外国跨国公司控制的本国制药工业的国有化，并积极寻求对药品价格的控制。

四、资本主义与生态社会主义流行病学

1973年，阿连德总统在由美国支持的奥古斯托·皮诺切特（Augusto Pinochet）发动的政变中身亡。阿连德的去世不仅标志着一个社会主义实验的终结，也标志着由皮诺切特的军事独裁与以米尔顿·弗里德曼为代表的芝加哥经济学派的经济学家联合发起的新自由主义的展开。同时，阿连德的去世也意味着社会医学领域失去了一位杰出的贡献者。新自由主义对全世界公共卫生和社会医疗的创新与进步都带来了毁灭性的影响。

然而，1970年代的激进热潮使社会流行病学获得了重大突破，这种势头一直延续到1980年代，并在1990年代与生态理论融合。由此，《论空气、水和所在》这一著作中体现的关于"人是其所处社会环境的产物"这一辩证观点得以重振和拓展，这一观点也是长期以来唯物主义和社会主义思想家一直倡导的。从1970年代开始，强调"疾病分布的生态社会理论，即体现社会和生态背景"的方法，对处于主流地位的"生物医学结合生活方式因素"的资本主义流行病学观点带来了越来越大的挑战。这些年来，辩证唯物史观在希拉里·罗斯（Hilary Rose）和史蒂文·罗斯（Steven Rose）等激进派代表人物的实践中得到了更加充分的展现。二人分别

---

① Howard Waitzkin, *The Second Sickness*, p. 67.

在美国和英国从事"科学为民"运动，该运动体现了"唯物主义流行病学""卫生理论的政治经济学""疾病的社会病因学"等概念。

1990年代，这些对医学、健康和疾病的批判性理论融入了以南希·克里格（Nancy Krieger）的"疾病分布的生态社会理论"为标志的新的基于生态导向的研究方法。为超越健康与疾病研究中狭隘的资本友好型生物医学模式，克里格在这一理论中融入了"有关政治经济、政治生态、生态系统、时空规模和水平、生物学表现途径和科学知识的社会生产等的构想"[1]。这种生态社会学研究方法与1930年代全面强调"人的生态环境系统"的历史唯物主义生物学家兰斯洛特·霍格本在其作品中所展现的人类生态学的悠久历史是完全统一的。

在《受影响的生物学》（*Biology under the Influence*）一书中，理查德·列万廷（Richard Lewontin）和莱维斯对人类基因组计划提出的、认为可以通过遗传工程方法来抗击疾病的极端还原论提出了明确批评，指出该理论忽视了基因、有机体和环境的辩证关系所代表的"三重螺旋"的存在。那些相信抗生素可以治愈一切细菌感染的还原论者并没有考虑到，作为生命体的细菌也会进化和变异，从而导致抗生素这种特效药失效。资本主义制度下抗生素的滥用（特别是在大型农业综合养殖场和养鸡场，抗生素被用来对抗过度拥挤引发的细菌性疾病）导致了耐药细菌或"超级细菌"的迅速进化，进而对人类种群产生了巨大威胁——这无疑是继恩格斯之后朗凯斯特所说的"大自然的报复"的又一案例。

莱维斯在《资本主义是一种疾病吗？》一文中指出，应对现代健康危机的五个主要社会策略体现于：（1）生态系统健康；（2）环境正义；（3）健康的社会决定因素；（4）全民医疗；（5）替代医学。[2] 在可能的情况下，还应加上医学科学研究的生态社会学研究方法。将以上所有因素都加以考虑的古巴是实践这种生态社会学研究方法的最佳案例。尽管古巴是一个面临美国经济封锁的小国，但古巴在生物技术方面已处于世界领先地位（比如，它是拉丁美洲唯一自主研发新型冠状病毒疫苗的国家）。[3] 这

---

[1] Nancy Krieger, *Epidemiology and the People's Health* (New York: Oxford University Press, 2011), p. 203.

[2] 参见 Richard Levins, "Is Capitalism a Disease?" *Monthly Review* 52, no. 4 (2000): 18-20。

[3] 参见 Don Fitz, *Cuban Health Care* (New York: Monthly Review Press, 2020), pp. 216-218; Helen Yaffe, "Cuba Libre to COVID-Libre," *Canadian Dimension*, April 15, 2021。

要归功于其社会主义生态学研究方法的使用，这一方法不是将健康简单地划分为某种具有阶级立场的私人属性，而是将其视为一种基本的生产要素，其中总的"人力资本"最为重要。因此，古巴采用了一种完全不同的科学研究模式，这一模式建立在集体的、跨学科的、具体的、地域化的和（通常为）隐性的知识概念基础之上。这种方法与主流资本主义科学研究模式所特有的以个人主义、还原论、非地域化和脱离环境为特点的研究方法是截然相反的。

罗布·华莱士（Rob Wallace）在《大农场制造大流感》（*Big Farms Make Big Flu*）和《冷漠的流行病学家》（*Dead Epidemiologists*）这两部著作中，深入探讨了历史唯物主义流行病学的重要意义。随着新型冠状病毒疫情的蔓延，历史唯物主义流行病学的重要性愈发凸显。对于华莱士和进行"结构性同一健康"（Structural One Health）（被世界卫生组织采纳的、主流的"同一健康"方法中的一种更为严格的生态社会性变量）研究的流行病学家而言，关键在于理解新一轮致命疫情如何与"绝对地理"无关，而与新自由主义全球化引入的资本循环有关。生态系统的破坏和大规模单一（养殖或种植）物种的集聚（特别是在养殖场内），使人畜共患传染病通过资本循环这一传播路径迅速蔓延至家畜和人类，导致了"生态负效应"的产生。资本主义商品链的延伸和新自由主义对公共医疗体系的破坏，使疾病在全球的传播加快，同时也使人类种群（特别是贫穷阶层和遭受种族压迫的阶层）更容易受到疾病的侵袭。

正如华莱士所说："在逐利的道路上，资本主义不仅在我们的经济和生态环境之间制造新陈代谢断裂，破坏我们重塑文明的固有能力，同时，资本主义还企图创造新的生态环境，以使排斥生命之网的资本得以再生产。"[1] 马克思和卡莱斯基经济学家里卡尔多·贝洛菲奥雷（Riccardo Bellofiore）都提出过类似的观点。贝洛菲奥雷曾有力地指出，涉及经济学、流行病学和生态学等多个方面的当前的新型冠状病毒危机背后"隐藏的根源"，在于"对（相较于资本而言的）'他者'的系统性掠夺和破坏……具有相互作用的辩证关系的'外部的'自然与作为自然界一部分的人类"[2] 均受制于这一普遍异化的体系，这导致目前"在自然和人类干预之间的新

---

[1] Rob Wallace, *Dead Epidemiologists* (New York: Monthly Review Press, 2020), p.101.

[2] Riccardo Bellofiore, "The Winters of Our Discontent and the Social Production Economy," *Review of Political Economy*, April 14, 2021, p.12.

陈代谢失控"①。

今天，人类可以脱离其广阔的环境而繁衍生息的观念已被证明是人类漫长历史中最为致命的错误之一。关于人类与自然关系的辩证观点最早可以追溯到古希腊以及《论空气、水和所在》著作中的思想，此后这一观点不断为唯物主义学者、社会主义学者和生态思想家所继承与深化。这一辩证视角的回归体现了"人类世"时代下，在超越了资本的世界中实现生态宜居的一种生存需要。

---

① Riccardo Bellofiore,"The Winters of Our Discontent and the Social Production Economy," *Review of Political Economy*，April 14，2021，p. 14.

第24章 21世纪的气候帝国主义[*]

贾亚蒂·高希　舒维克·查克拉博蒂
德巴马纽·达斯/文　　王文彬　安静兰/译

一、引言

广义的帝国主义是指垄断大资本在国家的积极帮助和支持下对经济领土的争夺。然而，对帝国主义的全面理解不能仅限于个别国家，而需要认识到由一个霸权国家主导的帝国主义世界体系的存在。这大致是列宁在100多年前做出的论断。当前，虽然帝国主义的本质尚未改变，但它在形式、结构以及对特定法律和制度架构的依赖方面发生了重大变化。[①] 作为帝国主义争夺和控制的对象，经济领土可以体现为多种形式：土地、自然资源、劳动（包括有偿劳动和无偿劳动）、市场、以前被认为更多地属于公共服务领域的新商品化服务（例如电力、教育和安保）、新的财产形式（例如知识产权），甚至网络空间。

在资本主义的新自由主义全球化阶段，尽管经济领土的新形式层出不穷，但那些关系到人类和地球环境直接相互作用的形式仍然是最重要的，也是与胁迫、冲突和战争联系最为紧密的。19世纪的殖民扩张战争试图凭借既有优势掠取更多土地，20世纪末的战争围绕控制石油等能源展开，而21世纪或许会出现更多争夺水资源的战争。地球系统新陈代谢的人为

---

[*] 本章原载：《国外理论动态》2022年第5期。原文来源：Jayati Ghosh, Shouvik Chakraborty and Debamanyu Das, "Climate Imperialism in the Twenty-First Century," *Monthly Review* 74, no. 3 (2022): 70–85. 翻译有删减。贾亚蒂·高希（Jayati Ghosh）、舒维克·查克拉博蒂（Shouvik Chakraborty）：美国马萨诸塞大学阿默斯特分校政治经济研究所。德巴马纽·达斯（Debamanyu Das）：美国马萨诸塞大学阿默斯特分校社会与行为科学学院。王文彬：辽宁大学外国语学院。安静兰：辽宁大学国际经济政治学院。

[①] 参见 Jayati Ghosh, "The Creation of the Next Imperialism: The Institutional Architecture," *Monthly Review* 67, no. 3 (2015): 146–158.

断裂引发的变化已逐渐界定了帝国主义争夺影响力、控制力和占有权的范围，这正是当代帝国主义的主要方面。

当今全球资本主义的独特性及其与资本主义和帝国主义的联系在以下几个方面表现得越来越明显：(1) 中心国家和精英阶层以帝国主义的生活方式来进行生产与消费，并随着生态足迹的增加而产生越来越多的碳排放；(2) 在国际谈判中以欺骗的方式应对气候变化；(3) 全球金融业的运作增加了碳排放，却未向有效的气候变化减缓战略提供资金支持；(4) 私有化的知识垄断使大多数人无法获得应对气候挑战所需的关键技术；(5) 技术要求不断变化，致使自然资源争夺战日趋激烈（特别是针对战略性矿产资源的争夺），并在主要大国之间产生了新型榨取主义竞争。

二、历史上与今天的碳债

自 1850 年至 2011 年，当今所谓发达国家的碳排放量约占全球累计碳排放量的 80%。这一温室气体集中排放的历史过程是造成当今世界所面临的气候变化影响的主要因素。从根本上说，这是如今人口占全球总人口 14% 的少数富国对地球资源的过度开采与滥用的后果。与此同时，发展中国家却承受着过多的气候变化带来的影响，但由于人均收入低、财政能力较弱以及进入国际资本市场的机会减少，这些国家难以承担气候变化的后果。

由此可见，现存的碳债是一个非常值得关注的问题，无论未来如何实现公正转型，都必须加以解决。富国当前做出的未来净零（碳排放）承诺并未明确提到其过去的发展轨迹实际产生的巨大负面影响。如果考虑到碳债问题，则需要对这些国家所做的现有提议进行重大修正。例如，据估计，"美国如果要在 2030 年完成它在减缓全球气候变化方面的公平份额，就意味着它要将排放量减少到比 2005 年低 195% 的水平[1]，反映了 173%~229% 的公平份额范围"[2]。

在应对气候变化的国际谈判中，发达国家在签署条款时只关注当前的排放水平，避而不提任何历史责任和碳债。它们并不承认对深受气候变化

---

[1] 其中，美国国内减排量占 70%，帮助发展中国家实现减排量占 125%。——译者注
[2] "The US Fair Share—Backgrounder", https://usfairshare.org/backgrounder/.

影响的国家（主要是中低收入国家）提供补偿的必要性，而后者已经因为海平面上升、极端气候事件和耕种条件恶化而遭受巨大损失。发达国家的这种做法不仅关乎道德问题，而且会产生负面效果，因为这会减少甚至摧毁最低限度的国际团结与合作，而国际团结与合作对保证人类能够应对气候危机至关重要。如果不考虑发展中国家的合理诉求，就不可能实现向可持续发展的转型——"公正"更是无从谈起。

目前承诺减少碳排放的模式也预示着，少数富国欠世界其他国家的碳债将继续增加。发达国家所做的预测和净零（碳排放）承诺实际上意味着，如果维持1.5摄氏度的全球变暖上限，它们将继续占有未来30年全球大部分的"碳预算"（约60%）。如果1.5摄氏度这一上限被快速突破①，造成难以言喻的潜在后果，这些富国仍将负有主要责任。

三、国家碳排放责任估算

显然，自然过程以及气候变化对自然过程产生的影响并无国界的限制。大气和海洋无须签证就能跨越国界，气候变化的影响和自然环境的恶化也会在不同地区蔓延。尽管如此，即使在国际平台上，应对气候变化的战略从根本上说也是基于国家而制定的。正如2021年11月在苏格兰举行的联合国气候变化大会上所证明的那样，不同国家的"气候责任"构成了国际谈判和各国控制温室气体排放承诺的基础。

这种气候责任应该如何确定呢？标准的方法②是基于一国境内生产活动所产生的二氧化碳当量排放。按照这一标准，美国和印度等国成为目前全球二氧化碳排放大国。一般来说，自2000年以来，发展中国家的碳排放增长率更高。同时，美国和日本的国内生产侧碳排放总量在过去的20年里实际下降了约12%，德国下降了近22%。③ 发达经济体碳排放增长率的下降是多种力量共同作用的结果：改变贸易格局，将碳密集型生产转移到其他国家（主要是发展中国家），从而有效地"出口"其碳排放；改

---

① 根据政府间气候变化专门委员会最乐观的设想，这将于2024年发生。
② 《联合国气候变化框架公约》(United Nations Framework Convention on Climate Change, UNFCCC) 也使用此标准。——译者注
③ 参见 Graham Mott, Carlos Razo and Robert Hamwey, "Carbon Emissions Anywhere Threaten Development Everywhere," UNCTAD, June 2, 2021.

变经济结构，减少对能源使用的依赖；改变能源构成，从污染最严重的能源（如煤炭）转向碳污染更少的能源（如天然气、核能）。

谈到气候变化，人们通常使用的表达多是总排放量或者国民生产总值，却不提人均数字，这就掩盖了当前气候治理模式中普遍存在的更深层次的不平等问题。尽管发达经济体的碳排放总量近年来有所减少，但它们仍然是目前人均意义上最大的碳排放国。按人均计算，美国和澳大利亚的碳排放量是印度尼西亚和巴西等发展中国家的8倍以上，而后者却因允许碳排放增加而受到指责。

然而，即使是国家间人均碳排放量的对比，也并未充分揭示出现存的不平等程度。一个国家可以通过从别的国家获取高碳产品和服务而有效"出口"其碳排放。自21世纪以来，发达国家遵循拉里·萨默斯（Larry Summers）提出的臭名昭著的战略，即将污染工业出口到发展中国家，并将碳排放工业和生产过程列入这一战略清单。通过跨国贸易将直接排放转变为"间接"排放，富国将其消费和投资中所体现的全部排放排除在计算之外。

政府间气候变化专门委员会第六次年度评估报告第三工作组关于"减缓碳排放"报告中"决策者摘要"的草案显示，发展中国家40%以上的碳排放量来自向发达国家出口产品的生产。然而，各国政府在该报告最终公布的版本中删除了这一内容。[①] 经济合作与发展组织成员国的出口排放量自2002年以来迅速增加，并于2006年达到负碳平衡22.78亿吨的峰值，占这些国家生产侧排放量的17%。此后，这些国家的排放量有所减少，但仍然保持在约15.77亿吨的水平。

若考虑到最终需求侧排放，不同国家人均排放量之间的差别会更大，且发达经济体仍是目前最大的排放主体。2019年美国的生产侧人均排放量是印度的8倍，但如果按2015年的最终消费侧排放计算，则美国的排放量是印度的12倍以上。

四、不平等助推碳排放

国家平均水平可能具有误导性，因为这掩盖了一国境内收入水平、

[①] 参见"Advance Release! The Leaked IPCC Reports," https://monthlyreview.org/2021/10/01/mr-073-05-2021-09_0/。

地理位置和职业等因素所导致的显著不平等。《世界不平等报告2022》(World Inequality Report 2022)显示，全球碳不平等主要是由国家内部的不平等造成的，目前占全球碳不平等的近2/3，较1990年的略高于1/3的份额翻了近一倍。事实上，若以人均排放量设定碳排放目标，富国最贫穷的50%人口已经（或近乎）达到了这些国家设定的2030年气候目标。

有趣的是，当前既存在中低收入国家中的高排放者，也存在富国中的低排放者。可预见的是，北美前10%的富人是全世界最放肆的碳排放者，他们平均每年的人均碳排放量为73吨，这是南亚和东南亚最贫穷的50%人口的人均排放量的73倍。东亚富人的二氧化碳排放量尽管也很高，但仍明显低于北美的水平。

然而，出人意料的是，富裕地区底层一半人口碳排放量相对较低（见图24-1）。欧洲排放量最低的50%人口的每年人均排放量约为5吨，北美排放量最低的50%人口的每年人均排放量约为10吨，而东亚排放量最低的50%人口的每年人均排放量约为3吨。这些相对较少的碳足迹与本国前10%高排放者的碳排放量形成鲜明对比，也与相对贫穷地区富豪们的排放量形成对比。例如，南亚和东南亚前10%高排放者的碳排放量是欧洲后50%穷人的碳排放量的两倍以上；即使在撒哈拉以南的非洲，前10%的高排放者也比欧洲最贫穷人口的碳排放量多。

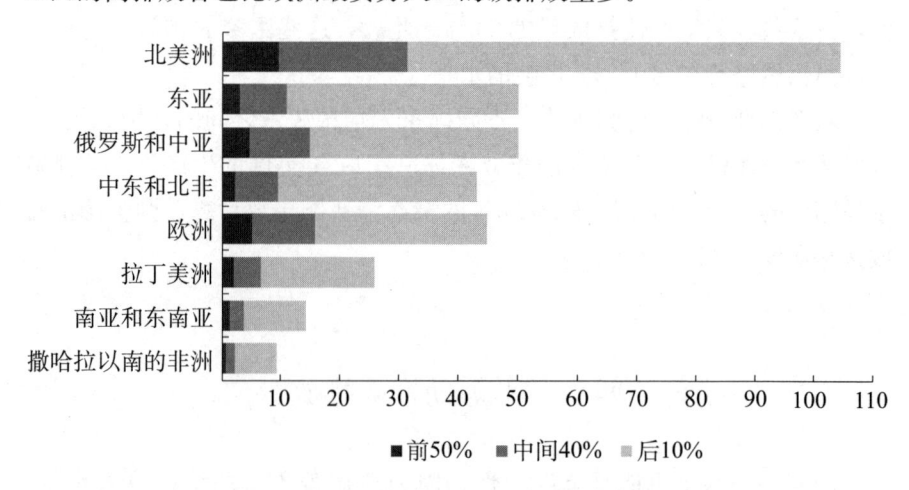

图24-1 不同地区和收入群体的人均二氧化碳排放量（单位：吨/人）

资料来源：*World Inequality Report 2021*；Lucas Chancel, *Climate Change and the Global Inequality of Carbon Emissions 1990-2020*（Paris：World Inequality Lab, 2021）。

此外，日益加剧的不平等似乎也推动了碳排放总量的进一步增加。1990年至2019年，美国和欧洲收入最低的一半人口的人均碳排放量下降了15%～20%，而各国前1%富人的碳排放量却都大幅增加。如今，地球上最富有的10%的人要为全球近一半的碳排放负责。对于那些早已看惯超级富豪花费5 500万美元去外星兜风的人来说，这一点并不意外，因为这只是他们穷奢极欲的消费影响生态系统的众多方式中的一种。

各国富人随着越来越富有（也越来越有权势），便更加明目张胆，丝毫不顾及自身对环境的影响——或者仅乐于口头谈论，而不是试图真正改变其投资和生活模式。这与帝国主义的发展模式是一致的。富国和贫国的精英们都能从这样的经济体制中捞取好处，攫取越来越多的资源，包括开发地球的自然资源。

由此可见，气候政策应该更针对富有的碳排放主体。然而，无论是在富裕地区还是在贫穷地区，碳税都更多落在了中低收入群体身上，对最富有群体的消费模式却影响甚微。显然，减少碳排放的战略需要开始着眼于遏制单个国家境内和全球的富人消费。这就要求对气候变化减缓政策的构想和实施做出重大调整。

五、融资之于"棕色"投资和"绿色"投资

富国对如今的气候危机负有主要责任，但发展中国家却在承受更多气候变化的后果并在实施环保政策时受到资金的约束。为了解决这种不平衡问题，在2009年哥本哈根联合国气候变化大会上，发达国家承诺每年向发展中国家提供1 000亿美元的气候融资。然而，这一数额相比于实际需求无疑是杯水车薪，正如政府间气候变化专门委员会近期的报告所指出的：据估计，到2030年，仅应对气候变化影响的适应成本每年就在150亿至4 110亿美元之间，大多数时候超过1 000亿美元。但即便如此，也未考虑到业已影响到世界大部分地区的气候变化所造成的经济损失。[①]

然而，即使数额相对微不足道，这一资金也未实际到位。自2013年

---

① 参见 Intergovernmental Panel on Climate Change, *Climate Change* 2022: *Impacts, Adaptation and Vulnerability* (Geneva: Working Group II, IPCC, 2022), pp. 17-62。

以来，这些资金总额平均仅约为 600 亿美元，其中只有少部分是双边援助。① 据估计，2020 年约有 800 亿美元被调用——但其中约 1/3 是通过多边机构筹集的，另有很大一部分是通过私人融资筹集的，而这两部分严格来说都不应视为富国气候融资承诺的一部分。发达国家实际承诺的双边公共财政资金约占这一数额的 1/4 到 1/3，在 2013 年至 2019 年平均每年仅不足 180 亿美元。与此形成对比的是，发达国家的政府却能够在 2020 年至 2021 年，为应对新型冠状病毒疫情及其对本国经济的影响而"凭空"拨出数万亿美元的资金作为额外的财政支出。

富国在向其他国家提供必要的气候融资时显得极其吝啬，即使有几乎可以不花钱就能提供的资助，例如周转国际货币基金组织最近发行的特别提款权（补充性外汇储备）——发达国家拥有近 4 000 亿美元的份额，它们也不愿"借花献佛"。不仅如此，截至 2022 年 4 月，发达国家承诺对国际货币基金组织所设立的气候融资项目——韧性与可持续性信托——的投入也仅仅约 400 亿美元。

与富国对化石燃料的补贴相比，微薄的气候融资更加显得令人震惊。这些国家的政府一边敦促更穷的国家采取更多措施来减少温室气体排放，另一边却在大量补贴本国化石燃料工业。然而，这类补贴的衡量方法掩盖了补贴的真实性。衡量政府对化石燃料的生产或消费支持程度的标准方法是看直接预算拨款和补贴，以及对这些工业的税收减免。运用这种方法，经济合作与发展组织和国际能源署估计，在 2017 年至 2019 年，有 52 个发达和新兴经济体的政府——约占全球化石燃料能源供给的 90%——平均每年提供了 5 550 亿美元的化石燃料能源补贴。②

然而，这严重低估了各国政府对化石燃料提供的实际补贴。国际货币基金组织的研究人员采用了一种更为综合的衡量标准，将各类显性补贴和隐性补贴都包含在内。用这种标准计算得出的化石燃料补贴额要比之前的数额大得多。③ 据此，2020 年全球化石燃料补贴总额达 5.9 万亿美元，比经济合作与发展组织和国际能源署估算的 10 倍还多。这其实并不奇怪，

---

① 参见 Climate Finance Provided and Mobilised by Developed Countries: Aggregate Trends Updated with 2019 Data（Paris: OECD, 2021）。

② 参见 Jocelyn Timperley, "Why Fossil Fuel Subsidies Are So Hard to Kill," Nature 598, no. 7881（2021）: 403–405。

③ 参见 Ian Parry, Simon Black and Nate Vernon, "Still Not Getting Energy Prices Right: A Global and Country Update of Fossil Fuel Subsidies," International Monetary Fund Working Paper, No. 2021/236, September 24, 2021。

因为隐性补贴占到补贴总额的 92%。

2020 年，仅美国就向化石燃料工业提供了 6 620 亿美元的补贴，其中大部分是以隐性补贴的形式提供的。相比之下，乔·拜登政府对气候融资的承诺仅为 57 亿美元（到 2024 年可能仅会增加至 114 亿美元）。事实上，据政府间气候变化专门委员会估计，当年来自政府和私营部门的气候融资总额仅约 6 400 亿美元。这凸显出政府干预扭曲价格进而改变市场激励（使其有利于而不是反对化石燃料）的程度。

在政府补贴化石燃料工业进而扭曲市场激励的情况下，尽管有很多关于公私合作和"混合融资"促进"绿色"能源投资的讨论，但私人资金仍大量流向这些"棕色"能源投资，这并不奇怪。由于缺乏可靠、系统和透明的跨国资金流动数据，尤其是化石燃料工业的此类数据，对私人资金流动的分析无法有效进行。更好地披露能源融资的来源、目的地及其相应发电能力的数据，对于政策协调而言至关重要。但现有的数据表明，煤炭工业的大部分海外融资来自私营实体，尤其是来自发达经济体的商业银行和机构投资者。在全球新煤炭投资的前 15 家贷款机构中，有 14 家来自发达经济体。与此类似，持有化石燃料公司的债券或股票的主要机构投资者也来自这些西方国家，其中排在前三位是贝莱德集团（BlackRock）、先锋领航集团（Vanguard）和资本集团（Capital Group）——它们均来自美国。一项研究显示，由于一些跨国公司（包括被认为更环保的"数字"公司）投资的银行投资于化石燃料，这些公司的现金和投资（包括有价证券）间接产生的碳排放量非常大。例如，该研究发现，对于字母表等公司而言，其现金和投资间接产生的碳排放量超过了它们所有其他直接碳排放量的总和。[①]

显然，任何真正旨在减缓和适应气候变化的政策都应该纠正气候融资与继续用于传统化石燃料工业的补贴和融资之间的不平衡关系。不幸的是，乌克兰危机导致许多国家的政府——尤其是那些有能力采取较为中期视角的全球北方政府——迅速背弃了其几个月前在格拉斯哥联合国气候变化大会上做出的相对微薄和明显不足的气候承诺。为了实现短期的政治目标，中心资本

---

① 参见 Xinyue Ma and Kevin P. Gallagher, *Who Funds Overseas Coal Plants? The Need for Transparency and Accountability* (Boston: Boston University Global Development Policy Center, 2021); "Groundbreaking Research Reveals the Financiers of the Coal Industry," *Urgewald*, February 25, 2021; *The Carbon Bankroll: The Climate Impact and Untapped Power of Corporate Cash* (Carbon Bankroll, 2022).

主义国家及中低收入国家的政府试图通过压低国内能源价格的方式来减轻石油价格飙升带给国内的阵痛,而非以此为契机来加速摆脱对化石燃料的依赖。

六、新一轮资源争夺战

新技术的开发从未提供一条摆脱帝国主义的道路,但却能够而且确实改变了大国试图控制资源的本质。同样受影响的还有能源转型,其对某些关键矿产资源的需求量显著增加。近年来,这些矿产资源的供需量都在大幅增长,根据国际能源署的预测,在未来的20年里,对关键矿产资源的开采将至少增加30倍。

以锂为例,锂对实现全球经济脱碳尤其重要,为电动汽车、智能设备、办公与家用电器、数码相机、手机、笔记本电脑和平板电脑提供必需的支持。可充电的锂电池对电动汽车、便携式电子设备、电动工具和网格存储应用必不可少。除了在电池中的应用(约占其终端应用的3/4),锂的用途还涉及陶瓷、玻璃、润滑脂、连铸结晶器助熔剂粉末、聚合物生产和空气处理等。根据国际能源署的估计,到2040年,锂需求量预计将增加42倍。[①]

目前,除了作为商业锂的最大生产国的澳大利亚之外,锂主要由全球南方生产和出口。纯元素形态的锂活性很高,因此无法在自然界中找到。相反,它以盐水或矿石中的浓缩物的形式存在。在澳大利亚,锂直接从硬岩矿床中开采,而在某些拉美国家,锂是从盐水池中提取的,而且每个国家都有不同的提取和加工技术。已探明的锂资源比目前的产量要大许多,由于持续勘探,2021年锂资源量已经达到近8900万吨。大多数已探明的锂资源位于玻利维亚、阿根廷和智利。

锂矿开采对环境的影响备受关注,尤其是在发展中国家。拉丁美洲的"锂三角"包括智利的阿塔卡马盐沼(Salar de Atacama)、玻利维亚的乌尤尼盐沼(Salar de Uyuni)和阿根廷的阿里扎罗盐沼(Salar de Arizaro),在盐滩下拥有世界上已知的最大的锂储量。锂必须从地下抽取,然后通过蒸发浓缩获取。锂矿开采已经对这些拉丁美洲国家的生态系

---

① 参见 *Mineral Commodity Summaries 2022* (Reston, VA: U.S. Geological Survey, 2022); *World Energy Outlook 2021* (Paris: International Energy Agency, 2021), p.8。

统和原住民社区产生了严重影响,淡水资源日益贫乏和枯竭,人类和牲畜日常用的水源遭到污染,阿根廷翁布雷·穆埃尔托盐湖(Salar de Hombre Muerto)地区的灌溉也受到了损害。该地区是一些阿塔卡马(Atacameño)原住民的家园,他们传统上以土地和自然资源为生,从事牲畜饲养、小规模采矿、纺织和手工业。由于缺乏正式的谈判,矿业公司的利益得到过多的维护,当地社区却作为牺牲方而陷入贫困。开采作业也引发了侵犯人权、呼吸道疾病、劳动剥削以及最终使这些土地的传统所有者流离失所等问题。此外,还有人对获得这些社区的同意所需的信息质量、可及性和框架表示担忧。与这些外部性相比,这些地区获得的经济利益微不足道。[1]

"锂三角"的开采技术包括盐水抽取和太阳蒸发,生产1吨锂需要用到约50万加仑水。对水资源的过度开采改变了这些地区的自然水动力,减少了当地社区的用水供应。工业开采及其导致的采矿业对水资源的商品化成了当地人争夺水资源的主要原因。国内企业和跨国公司经常凭借其权力与资金从原住民社区手中永久性地获取与占有水资源。[2] 在智利,关于水管理的争端还表现为大农场主与农民之间在获取地下水方面的差异。此外,锂矿开采还会带来水污染的威胁。

战略性矿产资源开采作业及其相关活动也对当地的动植物产生了不利影响。在过去的20年里,环境的显著恶化包括植被减少、日间温度升高、土壤水分减少和国家保护区的干旱状况加剧。另外,也有人担心这会对现有的生物多样性构成潜在威胁。

与采矿相关的土地权属的争议在多国引发了冲突,如阿根廷(市政一级的有组织运动与省政府就采矿租金发生矛盾)、危地马拉(原住民社区的集体行动)、秘鲁(农民就采矿项目举行全民协商)、委内瑞拉(抗议奥

---

[1] 参见 Thea N. Riofrancos, "Scaling Democracy: Participation and Resource Extraction in Latin America," *Perspectives on Politics* 15, no. 3 (2017): 678-696; Pia Marchegiani, Elisa Morgera and Louisa Parks, "Indigenous Peoples' Rights to Natural Resources in Argentina: The Challenges of Impact Assessment, Consent and Fair and Equitable Benefit-Sharing in Cases of Lithium Mining," *International Journal of Human Rights* 24, no. 2-3 (2020): 224-240。

[2] 例如,在智利的安托法加斯塔(Antofagasta)地区,矿业公司拥有几乎100%的水权,那里的水消耗量高达每秒1 000升。参见 Sara Larrain and Colombina Schaeffer (eds.), *Conflicts Over Water in Chile: Between Human Rights and Market Rules* (Santiago: Chile Sustentable, 2010); Jessica Budds, "Contested H_2O: Science, Policy and Politics in Water Resources Management in Chile," *Geoforum* 40, no. 3 (2009): 418-430。

里诺科河采矿弧的开采活动）等地区。在智利，马普切人与地方当局之间的关系持续高度紧张。[①] 有证据表明，原住民正在流离失所。例如，在1940年至2002年，智利塔拉帕卡（Tarapaca）地区北方公社的农村人口从46%下降到6%。

事实上，还有其他替代性解决方案。在合理的制度和管理框架下，锂矿开采并不必然牺牲当地社区的利益。例如，在制度健全的国家，国家主导资源开采可以有效收取租金，并将之引向有利于本国经济发展的领域。政府可以通过累进企业利润税和资源租金来增加额外收入，同时征收特许权使用费来确保前期收入流。然而，在华盛顿共识的鼎盛时期，各国打着降低企业税以吸引外国直接投资的幌子，大幅降低了对战略性矿产资源的特许权使用费率。如今，对于大多数经济体而言，特许权使用费是从价计征的，其范围为2%~30%。这必然要求国家参与整个过程，尤其要确保当地社区的权利不受损害。在此背景下，研究发现，如果在矿产开采和加工企业中保留至少51%的股份，就可以有效地减轻对外依赖以及超级大国的权力干涉。[②]

然而，所有这一切显然还需要相关政府的透明度和问责制，以防止自上而下的做法，因为这种做法往往导致租金进一步集中到精英阶层手中。通过独立审计利润、成本、收入和收益分成实现信息透明，可以防止和减轻上述剥削。[③]

锂只是未来10年会被激烈争夺控制权的众多矿产资源中的一种。稀土元素（其实并非真的稀有，但因其存在于其他矿产的混合物中，因而提取的难度和成本较高）由17种金属构成，将在未来扮演重要角色，因为小到发光二极管，大到武器装备系统都离不开它。目前的开采方式涉及多种复杂且昂贵的步骤，这也可能会对环境造成破坏。[④] 稀土是通过化学方

[①] 参见 Thea N. Riofrancos, "Scaling Democracy: Participation and Resource Extraction in Latin America," *Perspectives on Politics* 15, no. 3 (2017): 678-696; Centre on Housing Rights and Evictions, *Global Forced Evictions Survey: 2007-2008* (Geneva: COHRE, 2009)。

[②] 参见 Remco Perotti and Manlio F. Coviello, *Governance of Strategic Minerals in Latin America: The Case of Lithium* (Santiago: United Nations, 2015); Thomas Baunsgaard, "A Primer on Mineral Taxation," International Monetary Fund Working Paper, No. 01/139, 2001。

[③] 参见 Remco Perotti and Manlio F. Coviello, *Governance of Strategic Minerals in Latin America: The Case of Lithium*。

[④] 参见 Alice Su, "The Hidden Cost of China's Rare-Earth Trade," *Los Angeles Times*, July 29, 2019。

法从来自世界各地的矿藏中分离出元素加工而成的金属。随着投资品、军用品和消费品以及绿色转型前沿设备的需求量不断增长,全球对稀土元素的需求量也在增长,新的前沿和控制性战略将有可能出现。

事实上,新的地域正在不断开辟,尤其是随着科技发展日新月异,以前难以开发的地方如今已经具备开发的可能性。例如,南极和北极已经遭到了破坏,而冰层的融化使更多人可以进入这些地区。同样,尽管存在着海洋生物的大量灭绝等潜在的灾难性生态后果,但已经有人对海底采矿产生兴趣并试图搜寻深海矿产资源。[①]

七、结语

综上所述,气候帝国主义已经成为当今世界经济中一种新的,甚至可能是最致命的帝国主义形式。面对气候帝国主义,我们需要认识和处理它的所有不同方面,但也要解决由世贸组织成员间的《与贸易有关的知识产权协议》所建立和巩固的全球知识产权制度造成的知识垄断问题。知识垄断在新型冠状病毒疫情大流行期间的致命性危害已经显现,它使(获得大量疫苗研发公共补贴的)大型医药公司能够从疫情中牟利,而全球数10亿人却得不到疫苗接种,其他地区的公司也无法生产疫苗和治病救人的医疗药物。倘若未来涉及的是人类减缓气候变化或者应对大流行病(目前正在全球肆虐)的必要技术,其破坏性将更加致命。气候变化和大流行病已经在世界各地造成严重破坏。人类如今正处于这一具有毁灭性的气候帝国主义的奴役之下,自然和人类生命将受此摧残。

当然,这一切并非无法避免——不同的经济、法律和制度架构能够扭转这一切,使人类社会朝着更加公正公平的方向发展,实现与自然和地球的和谐共处。显然,这需要对已将人类推至灾难边缘的全球资本主义体系进行彻底的变革。人类倘若还相信自己可以悬崖勒马的话,就必须在今日今时采取行动。

[①] 参见 Olive Heffernan, "Seabed Mining Is Coming—Bringing Mineral Riches and Fears of Epic Extinctions," *Nature* 571, no. 7766 (2019): 465-468。

第 25 章　资本主义的极限及其超越：政治生态学的视角[*]

马库斯·维森/文　　刘雨濛/译

一、关于"人类世"的讨论及其局限

当下关于生态危机的讨论多从全球性视角展开。这些讨论涉及即将或已经达到的"地球的极限",以及人类作为全球性地球物理力量的新地球时代——"人类世"。地球系统科学早已定下讨论的基调[①],相关研究结果也承袭了罗马俱乐部所撰写的《增长的极限》(The Limits to Growth)[②] 等早期生态危机研究文献的传统,描述了地球令人震惊的现状。

毫无疑问,这些研究结果对人类的诸多警告是合理的、重要的,而且在政治上也是有效的。如果不能把对地球系统科学的描述转化为具有提示性且朗朗上口的表述,就很难理解近年来出现的气候运动。到目前为止,对于很多人,尤其是对于处在全球北方的人来说,诸如气候变化和生物多样性丧失之类的生态问题,与其说是日常的生活体验,不如说是来自未来世界的威胁,并且这种威胁目前还只是出现在科学设想中。如果没有环境

---

[*] 本章原载:《国外理论动态》2021 年第 6 期。原文来源:Markus Wissen, "An den Grenzen des KapitalismusKrise und Transformation auspolitisch-ökologischer und intersektionalerPerspektive," *Ethik Journal* 7, no. 1 (2021): 1-23。翻译有删减。马库斯·维森(Markus Wissen):德国柏林经济和法律应用技术大学。刘雨濛:清华大学马克思主义学院博士生。

[①] 参见 Johan Rockström, Will Steffen, et al., "A Safe Operating Space for Humanity," *Nature* 461, no. 7263 (2009): 472-475; Paul J. Crutzen, "Geology of Mankind," *Nature* 415, no. 6867 (2002): 23; Will Steffen, Asa Persson, et al., "The Anthropocene: From Global Change to Planetary Stewardship," *Ambio* 40, no. 7 (2011): 739-761.

[②] 参见 Donella H. Meadows, Dennis Meadows, et al., *The Limits to Growth* (New York: Universe Books, 1972).

科学界和"未来星期五"等运动多年来坚持不懈的努力,为其提供政治支持,那么在国家危机管理方面的很多尝试都有可能受到更多限制,如 2015 年的《巴黎协定》和 2019 年的《欧洲绿色协议》(European Green Deal)。

倘若从社会科学的批判性视角分析就会发现,地球系统科学对危机的诊断虽不乏可取之处,但仍存在不少问题。例如,最近一项关于全球社会不平等问题的研究就对造成危机并受其影响的集体型主体——"人"——提出了质疑,该研究同时也从实证的角度有力地证明了责任分配和后果承担在社会与空间上的严重不平等情况。乐施会的一项研究表明,在 1990 年至 2015 年,世界上最富有的 10% 人口排放的与消费有关的二氧化碳量占全世界排放总量的 52%,而世界上最贫穷的 50% 人口的排放量却只占上述总量的 7%。[1] 鉴于此,我赞同安德烈亚斯·马尔姆(Andreas Malm)的评价:人类作为一个抽象体太弱小了,以至于无法承担任何罪责。

尽管理论家们在关于地球极限与人类世的讨论中明确指出,生态危机与全球不平等之间存在联系,但导致全球不平等的生态因素并没有在他们所构建的模型中得到任何体现。[2] 当然,来自社会科学界的诸多提议[3]也没有被接受。[4] 而一种"新批判性的正统学说"[5]似乎正出现在关于环境科学和生态转型的研究中。这一流行学说之所以是正统的,是因为它既批判社

---

[1] 参见 Oxfam, "Confronting Carbon Inequality: Putting Climate Justice at the Heart of the COVID-19 Recovery. Oxfam Media Briefing 21 September 2020," https://assets.oxfamamerica.org/media/documents/Confronting-Carbon-Inequality.pdf; Lucas Chancel and Thomas Piketty, "Carbon and Inequality: From Kyoto to Paris. Trends in the Global Inequality of Carbon Emissions (1998-2013) & Prospects for an Equitable Adaptation Fund," PSE Working Paper, no. 02655266, 2015。

[2] "地球的极限"这一概念,"目前尚未考虑区域分布及其影响的历史模式,也没有考虑更深层次的公平与因果关系问题。目前的'极限-进程'水平和已经发生的超越极限的行为,是由人类社会和社会群体造成的,而且不同的人类社会和社会群体所产生的影响也各不相同"。参见 Will Steffen, Katherine Richardson, et al., "Planetary Boundaries: Guiding Human Development on a Changing Planet," Science 347, no. 6233 (2015): 736-746。

[3] 参见 Eva Lövbrand, Silke Beck, et al., "Who Speaks for the Future of Earth? How Critical Social Science can Extend the Conversation on the Anthropocene," Global Environmental Change 32 (2015): 211-218; Andreas Malm and Alf Hornborg, "The Geology of Mankind? A Critique of the Anthropocene Narrative," The Anthropocene Review 1, no. 1 (2014): 62-69; Ulrich Brand, Barbara Muraca, et al., "From Planetary to Societal Boundaries: An Argument for Collectively Defined Self-limitation," Sustainability: Science, Practice and Policy 17, no. 1 (2021): 265-292。

[4] 不过,最近至少出现了类似的倾向,参见 Johan Rockström, Joyeeta Gupta, et al., "Identifying a Safe and Just Corridor for People and the Planet," Earth's Future 9, no. 4 (2021): 4。

[5] 参见 Ulrich Brand und Markus Wissen, Imperiale Lebensweise. Zur Ausbeutung von Menschen und Natur im globalen Kapitalismus (München: Oekom, 2017)。

会现状所带来的生态后果,又将产生这一后果的社会条件摆在首要位置。

不过,这种批判性的正统学说缺乏关于社会和制度的想象力,因而无法设想一种超越资本主义生产方式的、具有颠覆性的规范模式。于是,这一学说只剩下对人类行为的呼吁以及对市场和技术的寄托。尽管市场和技术的无意识运作在很大程度上应当为危机的产生负首要责任,但批判性的正统学说还是希望市场和技术能够服务于危机管理。也就是说,这一学说希望在不对其体制机制进行结构性变革的前提下,仅通过现有的生态现代化方案来启动可持续发展计划。显然,这一学说是有失偏颇的。早在25年前,埃尔马·阿尔特瓦特(Elmar Altvater)就对伍珀塔尔气候、环境和能源研究所撰写的名为《可持续的德国》(Zukunftsfähiges Deutschland)的研究报告提出批评:"(这一报告)谈论生态可持续性,却对资本主义制度保持缄默;呼吁生态革命(除此之外,这一方案再也提不出什么其他要求了),却让包括政治、经济和社会等方面在内的一切都保持原状。"[1]

当下主流的危机诊断学说对权力和统治的分析同样存在遗漏,这一点具有很强的现实意义,因为问题从来都不只限于简单描述,相反,它具有一种隐性的规范性,有助于我们寻求问题的解决方案。就此而言,究竟是"人类"或抽象的"人"(似乎他们与生俱来就具有不惜自我毁灭以追求利益最大化的动力)应当对生态危机负主要责任,还是应该到那些助长人类毁灭、自然毁灭的社会关系中去寻找生态危机责任的承担者?答案不同,其所产生的影响也有区别。前者使我们对这一问题的探讨"回到了死胡同"[2],后者则因考虑到"所有行动都不可避免地融入社会条件、制度目标和预先形成的行为模式的网络中"[3],从而能够开辟出一个转型视角,并把有助于解决问题的社会干预元素纳入其中。

本章旨在对上述观点进行理论阐释。我意在说明,只有沿着阶级、性

---

[1] Elmar Altvater, "Der Traum vom Umweltraum. Zur Studie des Wuppertal Instituts über ein zukunftsfähiges Deutschland," *Blätter für deutsche und internationale Politik* 1, no. 1 (1996): 84.

[2] 同上书,第91页。

[3] Andreas Lob-Hüdepohl, "Verantwortete Zeitgenossenschaft in konzertierter Verantwortung. Das Programm nachkonziliarer Ethik im Medium der Umwelt- und Technikethik," in *Markierungen. Theologie in den Zeichen der Zeit*, eds. Mariano Delgado und Andreas Lob-Hüdepohl (Berlin: Morus Verlag, 1995), p. 223.

别、殖民主义和种族[①]的轴线，并考虑到四者的基本关系和相互交织时的支配关系，才能充分理解并解决日益紧迫的社会-生态难题。我十分重视对这一分析性的同时也是政治-战略性的概念——作为交叉性社会方案的"社会-生态转型"——的分析。本章将首先揭示这一"新批判性的正统学说"的内在矛盾，其次将阐述作为社会生态危机解决方案的"交叉性的政治生态学"，最后将围绕"激进的、民主的、基础的社会主义"（radikaldemokratischen Infrastruktursozialismus）构想，探讨这一方案的政治意涵。

二、"新批判性的正统学说"的内在矛盾

2009年，约翰·罗克斯特伦（Johan Rockström）等学者通过"地球的极限"这一概念构建了一个能够反映地球系统及其子系统变化的框架，后又进行了多次修改。这些学者发现，调节地球系统稳定性的部分生物物理进程已经超出"安全操作的空间"，换言之，已经超过了地球系统在稳定状态下运作的极限，气候变化、生物多样性丧失和被破坏的氮循环就是其证明。[②]

这些令人震惊的变化并非自然形成的，而是有着深刻的人为因素。这就是上述诊断与早在21世纪初就已提出的理论（即人类即将进入一个新的地球时代——人类世[③]）具有密切关联的原因。与全新世（即近12 000年前开始的温暖时期，它构成了人类定居与人类文明诞生的大背景）相比，人类世的特点是人类已经发展为一个地球物理因素。[④] 人类对自然系

[①] 本章认为，"种族"（Rassen）其实并不存在，但存在与种族称谓有关的特定的统治和剥削关系，这些关系因历史与区域背景的不同而不同。参见 Maria Backhouse und Anne Tittor, "Für eine intersektionale Perspektive auf globale sozial-ökologische Ungleichheiten," in *Große Transformation? Zur Zukunft moderner Gesellschaften. Sonderband des Berliner Journals für Soziologie*, eds. Klaus Dörre, Hartmut Rosa, et al. (Wiesbaden: Springer VS, 2019), p. 298。

[②] 参见 Johan Rockström, Will Steffen, et al., "A Safe Operating Space for Humanity," *Nature* 461, no. 7263 (2009): 472 – 475; Johan Rockström, Will Steffen, et al., "Planetary Boundaries. Exploring the Safe Operating Space for Humanity," *Ecology and Society* 14, no. 2 (2009): 1 – 32; Will Steffen, Katherine, Richardson, et al., "Planetary Boundaries: Guiding Human Development on a Changing Planet," *Science* 347, no. 6233 (2015): 736 – 746。

[③] 参见 Paul J. Crutzen, "Geology of Mankind," *Nature* 415, no. 6867 (2002): 23。

[④] 参见 Will Steffen, Asa Persson, et al., "The Anthropocene: From Global Change to Planetary Stewardship," *Ambio* 40, no. 7 (2011): 739 – 761。

统的改变已经达到"不能再将其视作'自然形成'的程度"①，这些变化也已经对人类造成一些负面影响。

对人类世的界定在学界曾引起不少争议。人们首先争论的问题是：向新地球时代过渡的时间应当从何时算起？人类对地球产生过多种不同的影响，由于在分析过程中强调的影响因素不同，最终得出的结论自然也有差异。文化景观的出现是农业社会对地球"殖民"影响的结果，这最早可以追溯至距今大约一万年前的新石器时代。②气候变化则是工业资本主义的结果，它始于18世纪或19世纪，即开始于将煤炭作为核心能源的过渡时期。如果以放射性现象和原子能核能的发现与应用为标尺，则人类世始于20世纪。

事实上，学界普遍将20世纪中期视为人类世的开始时期。2016年，第35届地质大会在开普敦举行，受委托的工作小组在会上以投票的形式决定了人类世的起始时间。20世纪中期也标志着一个被称为"大加速"时代的到来，这是一个人类历史上前所未有的巨变时期③，在此期间，人口数量、交通总量、城市化水平、国内生产总值、水消耗量、化肥使用量等诸多地球物理参数都迅速上升。

从社会科学的角度看，除起始时间外，人类世的诞生及其赖以产生的社会条件（生物物理过程正是在这些条件下才超出了其"安全操作的空间"的界限）都是非常值得讨论的话题。就此而言，地球系统科学能够带给我们的启发非常有限，它非但没有借助于社会科学界的力量或通过同社会科学界的对话来分析促使人类世诞生的社会-技术条件，还使其彻底消失在对抽象的"人"或"人类"的空洞讨论中，这些讨论包括人类对全球环境的影响已经升级④、人类本身已经成为一种全球性的地球物理力量⑤，等等。

---

① Eva Lövbrand, Silke Beck, et al., "Who Speaks for the Future of Earth? How Critical Social Science can Extend the Conversation on the Anthropocene," *Global Environmental Change* 32 (2015): 212.

② 参见 Marina Fischer-Kowalski und Helmut Haberl, *Gesellschaftlicher Stoffwechsel und Kolonisierung von Natur. Ein Versuch in sozialer Ökologie* (Wien: Facultas, 1997)。

③ 参见 Will Steffen, Asa Persson, et al., "The Anthropocene: From Global Change to Planetary Stewardship," *Ambio* 40, no. 7 (2011): 739–761。

④ 参见 Paul J. Crutzen, "Geology of Mankind," *Nature* 415, no. 6867 (2002): 23。

⑤ 参见 Will Steffen, Asa Persson, et al., "The Anthropocene: From Global Change to Planetary Stewardship," *Ambio* 40, no. 7 (2011): 739–761。

第 25 章　资本主义的极限及其超越：政治生态学的视角

近期的一份研究成果有效地克服了诊断结果太过抽象的问题。研究者们尤其指出了其中存在的公平问题，换言之，富裕社会的高消费对地球系统的稳定性造成了巨大威胁。那些因环境改变而受到最大影响的群体应当对其负最少的责任，这些群体对环境改变的适应能力同时也是最弱的。[1] 此外，贫困群体的脆弱性是由不公正的社会结构、非友善的社会（文化）态度和不合理的管理制度等诸多因素造成的。[2] 不过，罗克斯特伦等人并没有深入讨论究竟是何种结构、何种态度、何种管理制度造成了贫困群体的脆弱性；他们也没有进一步分析，是哪些具体的机制导致生产和消费超出了生态可承受的限度，继而造成这一后果的极不平等的分配。

站在社会科学的角度，对人类自身原因的分析和对生态危机急剧升级的生动描述当然能够唤起人们的注意。但正如克里斯托弗·格尔克（Christoph Görg）所指出的那样，目前对这一问题的分析忽略了一个基本维度："一方面，政治行动的必要性和紧迫性需要得到有力论证；另一方面，人们在讨论中根本不关心为什么如今依然缺乏与之相应的政治反应。人们关注人类世，却缺少对'人类'的讨论，更确切地说，缺少对'大加速'背后的社会动力以及如何在政治上塑造该力量的讨论。"[3]

对上述问题的忽视可以追溯至一个与人类世有关的悖论：人类世叙事在将社会关系自然化的同时，也将自然去自然化；也就是说，不将自然理解为自然，而是将其理解为人类的自然属性。人类世的"自然"是人类发展的结果，它始于新石器时代，并在工业革命中得到强化。而人类世的"自然"对人类的持续生存产生威胁是从始于 20 世纪中期的"大加速"时代开始的，其背后的驱动力是人类不断增强的利用自然的能力。人类在满足自身需求的过程中改造自然界，并在这一过程中不断提升自己的技术能力——不幸的是，也难以避免的是，这种能力发展到一定程度，就会成为自我毁灭的助推器。

解决上述问题的唯一出路是尝试将进化的方向转为自我保护，即在面对生态问题时，人类可以提高管理能力和采用大规模的技术解决方案，如：减少地球上的太阳辐射量，增强生态系统对二氧化碳的吸收能

---

[1] 参见 Johan Rockström, Joyeeta Gupta, et al., "Identifying a Safe and Just Corridor for People and the Planet," *Earth's Future* 9, no. 4 (2021): 2.

[2] 参见上书，第 4 页。

[3] Christoph Görg, "Anthropozän," in *Wörterbuch Klimadebatte*, ed. Sybille Bauriedl (Bielefeld: Transcript, 2016), p. 32.

力（地球工程），从而有效控制人类对自然的影响。就此而言，目前正在进行的各项努力多围绕技术和符合市场模式的灾害管理等内容展开，而根本性的制度变革以及挑战现行生产与消费模式的方案依然被排除在人们的思路之外。"简言之，生产力（科学和工业技术）是唯一能够修复错误的工具。这个系统本身并无问题。而性别、阶级、空间和种族不平等，人们要么对此视而不见，要么认为问题本身无足轻重。总之，我们不需要转变范式。"①

埃里克·斯温格杜（Erik Swyngedouw）将这种思路称为"后政治"。（去）自然化将引出一个新的矛盾：如果自然界的社会关系因受制于某些强制性的法律规定，就其本身而言不再是一种社会关系，而仅仅是一种进化潜力的展开，那么政治可能性空间的关闭就是其必然结果。于是，对人类世的讨论在不知不觉中就陷入了"一面是世界末日将要来临的生态思维，一面是维持当下制度现状的保守思维"②的矛盾中。与此相关的政治和社会层面的争论主要围绕以下三个方面展开：有效技术的研发与使用；新型激励政策（主要指二氧化碳定价与碳交易）在其他"神圣"资本主义市场中的制定与实施；以上这两个方面将会带来的个体行为方式和组织行为方式的改变。吊诡的是，"人类世的很多挑战是向社会组织和机构提出的，而其中的矛盾之处就在于，当初恰恰是这些社会组织和机构的存在才使人类征服自然界成为可能"③。

如前所述，我们不仅可以从理论上反驳上述观点，还可以找到很多反对该观点的实践证明，如生态危机的后果和责任的不平等分配。而这也说明，我们需要从历史学和社会学的角度对"人类世"概念进行更为详细的界定。马尔姆和阿尔夫·霍恩伯格（Alf Hornborg）恰如其分地指出："物种内部的不平等是当前生态问题的重要组成部分，这是我们讨论生态危机无法回避的话题。"④ 我将在下文探讨交叉性的政治生态学能为此做出什么贡献。

---

① Stefania Barca, *Forces of Reproduction: Notes for a Counter-Hegemonic Anthropocene* (Cambridge: Cambridge University Press, 2020), p. 12.

② Eva Lövbrand, Silke Beck, et al., "Who Speaks for the Future of Earth? How Critical Social Science can Extend the Conversation on the Anthropocene," *Global Environmental Change* 32 (2015): 214.

③ 同上。

④ Andreas Malm and Alf Hornborg, "The Geology of Mankind? A Critique of the Anthropocene Narrative," *The Anthropocene Review* 1, no. 1 (2014): 62.

三、交叉性的政治生态学

政治生态学是一种跨学科应对生态危机的方法，它立足于最广泛意义上的社会科学批判传统。[1] 政治生态学起源于20世纪七八十年代，当时的人文地理学家和人类学家开始质疑人们对环境问题持有的普遍看法以及处理相关问题的方式。在此之前，生态危机主要被视为"增长极限"[2]、"人口过剩"[3] 或"公地悲剧"[4] 等问题。不同于当下流行的讨论，人类，或作为目的效用最大化的人，被当作造成环境问题的主要原因，而这些环境问题目前正反过来威胁人类的生命。相比之下，人类与自然之间关系的社会、政治维度却几乎从未出现在人们的讨论中，而作为环境破坏因素的基本社会关系——阶级、性别、种族与殖民主义——也没有得到应有的重视。杰茜卡·布德兹（Jessica Budds）认为："不少学术评估都排除了社会过程，或者对环境破坏的人为原因做出过于笼统的假设，尤其是没有对不同社会群体的行为进行分类。"[5]

相比之下，政治生态学的范式（这一范式在理论和经验上具有多样性）是基于以下三个假设：

第一，生态危机的产生，不仅是由于人类对自然资源的极度榨取和污染物的无节制排放，还是人类不平等地占有自然的结果。它是生态危机的政治内容。诸如"人"或"人类"等分类被打破，这使社会关系开始进入人们的视野。这些社会关系使一些社会群体沿着阶级、性别、种族和殖民主义的轴线，以牺牲他人的利益为代价来占有自然，并通过控制他人与自

---

[1] 参见 Paul Robbins, *Political Ecology: A Critical Introduction* (Malden MA: Blackwell, 2004); Markus Wissen, "The Political Ecology of Agrofuels: Conceptual Remarks," in *The Political Ecology of Agrofuels*, eds. Kristina Dietz, Bettina Engels, et al. (London and New York: Routledge, 2015), pp. 16 – 33。

[2] 参见 Donella H. Meadows, Dennis Meadows, et al., *The Limits to Growth*。

[3] 参见 Paul R. Ehrlich, *The Population Bomb* (New York: Ballantine Books, 1968)。

[4] "公地悲剧"指过度开发、利用没有产权保护的资源。参见 Garret Hardin, "The Tragedy of the Commons. The Population Problem has no Technical Solution; it Requires a Fundamental Extension in Morality," *Science* 162, no. 3859 (1968): 1243 – 1248。

[5] Jessica Budds, "Whose Scarcity? The Hydrosocial Cycle and the Changing Waterscape of La Ligua River Basin, Chile," in *Contentious Geographies: Environmental Knowledge, Meaning, Scale*, eds. Michael K. Goodman, Maxwell T. Boykoff, et al. (Aldershot: Ashgate, 2008), p. 62.

然的关系来对其进行支配（如采矿公司和农业企业在全球南方的活动）。关于这一点，雷蒙德·布莱恩特（Raymond Bryant）和西奈德·贝利（Sinéad Bailey）曾论及"政治化的环境"①。

第二，生态问题不是某种线性威胁，而是关于分配、权力和统治的问题。这一点不论是就因果关系还是影响力而言，都是如此。也许对于一部分人来说只是利润来源的问题，但对于另一部分人来说却是威胁其生存的环境问题。或者，正如皮埃尔·布莱基（Piers Blaikie）和哈罗德·布鲁克菲尔德（Harold Brookfield）所言："一人之所失，是他人之所得。"② 这同样适用于气候变化等全球危机。两个世纪以来，能够不受限制地排放二氧化碳是资本主义社会经济发展的必要前提之一，但承受其消极后果的却主要是不发达地区（至少目前是这样）。在全球南方干旱或洪水频发的地方，这些自然灾害的影响又由于人们占有基础设施的机会不均等、土地所有权的过分集中和对自然资源控制权的激烈争夺而进一步加重。③

第三，还应注意环境问题的空间因素，尤其是空间尺度。政治生态学既批判生态危机在全球层面所呈现的过于抽象的社会关系形式，又反对将危机的产生完全归咎于技术欠缺、土地管理不当或人口过剩等具体因素。虽然如今生态危机正在发展为一种全球性危机，但它首先是由一定空间上占有自然的具体行为造成的。不过，我们不能仅用空间和时间上的相近性来解释生态危机产生的原因，而是必须像马克思一样，将它们理解为多种决定性因素的综合和多方面的统一，并将其放入"不对称的世界市场结构"和"帝国主义的南北关系"中加以理解。④

对于具有分析意义和政治战略导向的生态危机概念，从基本假设出发的政治生态学具有如下两种作用：

其一，政治生态学将人与自然的关系去自然化。它没有设想强制性法

---

① Raymond Bryant and Sinéad Bailey, *Third World Political Ecology* (London: Routledge, 1997), p. 27.

② Piers Blaikie and Harold Brookfield, "Defining and Debating the Problem," in *Land Degradation and Society*, eds. Piers Blaikie and Harold Brookfield (London: Routledge, 1987), p. 14.

③ 参见 Kristina Dietz, *Der Klimawandel als Demokratiefrage. Sozial-ökologische und politische Dimensionen von Vulnerabilität in Nicaragua und Tansania* (Münster: Westfälisches Dampfboot, 2011).

④ 参见 Susan Paulson, Lisa L. Gezon, et al., "Locating the Political in Political Ecology: An Introduction," *Human Organization* 62, no. 3 (2003): 205–217.

律的存在或进化潜能的自然展开，而是揭示了人与自然关系的历史和社会维度。它表明，对自然的普遍破坏不可避免，并且没有任何替代方案，至多通过技术创新和市场激励的手段对其进行纠正，而这只是某种特定的"社会的自然关系"的具体表现形式。这也必然意味着其他更具反思性的"社会的自然关系"是可能的，从而为那些生活在威胁中（如居住在原住民社区）的人们拓展了生存机会，并为他们在生态危机日益严重的条件下更好地挖掘其潜力、克服障碍提供了更多可能性。

其二，政治生态学可以为社会生态解放斗争提供理论指导。地球系统科学激动人心的呼吁——"我们共同的未来"[1]——最终不免落空，因为所谓的"共同体"只存在于人们的想象中；而政治生态学却明确指出了社会矛盾以及社会转型行动的可能载体和动机，阐明了行动成功的前提条件。就此而言，政治生态学的大量实证研究都表明，无论是"人类"，还是"国家"和"经济"，都太过抽象，以致无法被视为变革的动力。相反，正是社会统治的具体经验（往往把控制自然关系作为媒介）使那些先锋性的社会生态转型运动呼之欲出。马丁内兹-阿里尔（Martinez-Alier）称之为"穷人环境主义"(environmentalism of the poor)[2] 的（农民）运动就属于这种社会生态转型运动。穷人（农民）在全球南方为生计而斗争，反抗那些来自全球北方的、已与当地精英结盟的人。他们在全球范围内同水资源私有化所导致的社会生态后果抗争，并同"未来星期五"和工会一起，努力促进环境友好型公共交通的发展，以及改善工作环境。

玛丽亚·巴克豪斯（Maria Backhouse）和安妮·提托（Anne Tittor）近来主张将政治生态学与源于"反种族主义-女性主义"讨论的交叉性概念结合起来。[3] 后者假设阶级、种族和性别构成"社会-政治不平等的基本模式"[4]。科尔内利娅·克林格尔（Cornelia Klinger）认为，阶级、种

---

[1] 参见 Volker Hauff (ed.), *Unsere gemeinsame Zukunft. Der Brundtland-Bericht der Weltkommission für Umwelt und Entwicklung* (Greven: Eggenkamp, 1987)。

[2] 参见 Joan Martinez-Alier, *The Environmentalism of the Poor* (Cheltenham: Edward Elgar, 2002)。

[3] 参见 Maria Backhouse und Anne Tittor, "Für eine intersektionale Perspektive auf globale sozial-ökologische Ungleichheiten," in *Große Transformation? Zur Zukunft moderner Gesellschaften. Sonderband des Berliner Journals für Soziologie*, eds. Klaus Dörre, Hartmut Rosa, et al. pp. 297-309。

[4] 参见 Cornelia Klinger, "Ungleichheit in den Verhältnissen von Klasse, Rasse und Geschlecht," in *Soziale Ungleichheit. Klassische Texte zur Sozialstrukturanalyse*, eds. Heike Solga, Justin Powell, et al. (Frankfurt am Main: Campus Verlag, 2009), p. 267。

族和性别均由某种劳动分工模式决定,比如劳动与资本之间的分工,或者雇佣劳动与再生产劳动之间的分工,并通过构建"他者"或把差异"自然化"的方式使自己合法化。阶级、种族和性别元素有时也会交汇与重叠在一起,例如,移民的不稳定的法律地位和较低的社会地位加重了其所受到的阶级剥削。三者相互交织,组成"结构规则的综合性系统要素"[1]。

总体而言,"交叉性"概念分析的政治意义在于,它为已经陷入僵局的社会批判讨论指明了方向,指出(尤其是在近期右翼运动和右翼政党势力攀升的背景下)以再分配为目标的阶级政治同以身份认同、性别关系与种族主义为聚焦点的身份政治之间的虚假对立。从交叉性视角来看,这种对立不仅在政治维度上是不利的,而且在分析维度上也是没有意义的,因为性别和种族不是孤立存在的压迫关系,两者应得到与阶级关系一样的关注。[2] 它们构成"一种阶级关系要素,形成关于社会分工的安排,从而确立其统治地位"[3]。

在马克思指出的作为资本主义特征的雇佣劳动霸权下,其他压迫条件表现为某些特定的历史形式。但这并不意味着其他压迫关系将受到阶级关系的支配,或沦为某种比阶级关系次要的矛盾,而是表明不同压迫关系之间具有共生性。如果没有其他压迫关系,我们也就无从理解阶级关系的再生产。举例来说:"在欧洲,工资关系是划分资产阶级和无产阶级的核心要素,同时也是殖民主义制度的原因和结果。换言之,欧洲的阶级体系是在资本主义殖民主义的种族制度、性别制度和性暴力制度中发展起来的,因此不能只从资本主义的角度孤立地看待欧洲工人阶级和殖民地人民的命运。"[4]

---

[1] Cornelia Klinger, "Ungleichheit in den Verhältnissen von Klasse, Rasse und Geschlecht," in *Soziale Ungleichheit. Klassische Texte zur Sozialstrukturanalyse*, eds. Heike Solga, Justin Powell, et al. (Frankfurt am Main: Campus Verlag, 2009), p. 276.

[2] 即使是有关交叉性的讨论,也难免被曲解为某种简化性的理解。例如,埃玛·道林(Emma Dowling)、斯蒂芬妮·格莱夫(Stefanie Gräfe)和西尔克·范戴克(Silke van Dyk)批评了将阶级矛盾简化为阶级歧视行为的观点,因为这会使人们忽视资本主义统治的基本事实——剥削,她们呼吁澄清阶级、种族和性别之间的概念差异。参见 Emma Dowling, Silke van Dyk, et al., "Rückkehr des Hauptwiderspruchs? Anmerkungen zur aktuellen Debatte um den Erfolg der Neuen Rechten und das Versagen der Identitätspolitik," *PROKLA* 47, no. 3 (2017): 418。

[3] Barbara Fried, "Feminism is for Everyone-Perspektiven einer feministischen Klassenpolitik," in *Klassentheorie. Vom Making und Remaking*, ed. Mario Candeias (Hamburg: Argument, 2021), p. 487.

[4] Ashley Bohrer, "Intersectionality and Marxism: A Critical Historiography," *Historical Materialism* 26, no. 2 (2018): 68.

第 25 章　资本主义的极限及其超越：政治生态学的视角

政治生态学尤其受益于交叉性理论的地方在于，后者有利于更准确地定义各种叠加在一起的社会关系。这些社会关系既是造成生态危机的原因之一，也导致人们不平等地承担生态危机的后果。上述关系的核心要素是"社会劳动与社会再生产组织"，它恰恰系统性地忽视了其自身的社会生态前提。一方面，资本主义生产的前提是阶级的存在。阶级是在马克思称之为"原始积累"的这一充满冲突和斗争的过程中产生的，即产生于生产资料与其直接生产者分离的过程中，其表现形式之一是劳动力受剥削。[1] 另一方面，资本主义生产更多基于主要由妇女在私人家庭范围内完成的无偿再生产劳动。再生产劳动并不创造任何资本主义意义上的价值，而是被应用于资本主义生产之外的领域，在那里，它同样依赖于雇佣工人领到的薪金，因为这能够免费（再）生产雇佣工人的劳动力。因此，资本主义生产领域对雇佣工人劳动力的剥削，作为阶级对立的特征，与无偿占有再生产劳动构成一种相互依赖的关系。这种剥削发生在家庭这一私人领域，并且以性别关系为特征。[2]

资本主义生产不以需求为导向，而是遵循通过竞争实现利润最大化的原则。因此，压低再生产活动的成本，从而降低（从事生产活动的企业以工资形式所支付的）劳动力再生产成本，符合资本主义的结构性利益。与生产活动不同，家务劳动通常是无偿的。卫生系统的护理工作往往不稳定，且报酬很低，因而常被外包给外来移民。[3] 护理活动的贬值、内部相斥甚或整合，往往植根于性别与阶级关系，有时也能通过新殖民主义的分工形式得到一定的补偿，体现了生态危机的核心机制。基础经济（即以维持生命和创造美好生活为目标的护理工作与基础配置）的发展方向是以利润为导向的，换言之，交换价值支配使用价值，并由此造成资本主义生产方式对人类以及自然界再生产需求的结构性漠视。正是在此处，交叉性理

---

[1] 参见《马克思恩格斯全集》第 23 卷，第 781-784 页。
[2] 参见 Nora Räthzel, "Society-Labour-Nature: How to Think the Relationship?" in *Handbook of Environmental Labour Studies*, eds. Nora Räthzel, Dimitris Stevis, et al. (Houndmills: Palgrave Macmillan, 2021); Gabriele Winker, "Das Ganze der Arbeit revolutionieren," https://www.zeitschrift-luxemburg.de/das-ganze-der-arbeit/.
[3] 参见 Sarah Schilliger, "Verschärfte Normalität im Ausnahmezustand. Transnationale Care-Arbeit in Privathaushalten unter COVID-19," http://blog.soziologie.de/2021/01/verschaerfte-nor-malitaet-im-ausnahmezustand-transnationale-care-arbeit-in-privathaushalten-un-ter-covid-19/; Christa Wichterich, "Der prekäre Care-Kapitalismus. Sorgeextraktivismus oder die neue globale Arbeitsteilung," *Blätter für deutsche und internationale Politik* 2 (2018): 91-97。

论和政治生态学相遇并结合在一起。

"非资本主义的分离"（das nichtkapitalistische Abgetrennte）[①]（护理、自然、公共基础设施）既是资本存在的前提条件，也受到资本对其自身存在的系统性威胁，无论是根据波兰尼的批判，即资本被商品化并倾向于在资本主义生产过程中被使用[②]，还是依照女性主义批评所指出的那样，资本被无偿占有，或者说是作为"非资本主义之物"被获取，并服务于资本积累。

依据南希·弗雷泽（Nancy Fraser）的看法，在生产和社会再生产的分界处存在资本主义制度的主要矛盾（如果不是唯一的核心矛盾）："资本主义社会将社会再生产与经济生产分开，并把社会再生产同女性联系起来，从而模糊了社会再生产的意义和价值。然而，颇为矛盾的是，资本主义社会的经济正依赖于其所否认的社会再生产过程。这种'分离-依赖-否认'的特殊关系是其自身不稳定性的内在来源。一方面，资本主义经济生产不是一个可以自我维持的过程，必须依赖于社会再生产；另一方面，其无限积累的动力有可能破坏社会再生产过程以及相关性能的稳定性，而这也是资本和我们人类所必需的。随着时间的推移，其后果……可能会威胁资本主义经济存在的社会前提。"[③]

即便弗雷泽没有明确指出资本主义经济的自然条件，上述问题也已对其存在构成威胁。如今，这种情况正以这样一种方式走向危机，即资本主义生产方式本身正处于即将被取代的状态。诚然，关于资本主义生态现代化的努力和尝试日渐丰富（如欧洲的绿色新政），但这些举措大多受到右翼政府和右翼运动的抵制。退一步说，这些努力和尝试即使成功了，将来也很可能被证明是不充分的，充其量只是一些过渡性措施。这是因为，资本主义生态现代化方案非但没有消除导致危机产生的扩张性动力，反而试图利用它们来改善生态环境，这就很有可能使潜在的成功为可量化的经济增长所抵消。[④]

---

① 参见 Adelheid Biesecker und Uta von Winterfeld, "Extern? Weshalb und inwiefern moderne Gesellschaften Externalisierung brauchen und erzeugen," Working Paper der DFG-KollegforscherInnengruppe Postwachstumsgesellschaften, no. 2014 (2).

② 参见 Karl Polanyi, *The Great Transformation. Politische und ökonomische Ursprünge von Gesellschaften und Wirtschaftssystemen* (Frankfurt am Main: Suhrkamp, 1995).

③ Nancy Fraser, "Contradictions of Capital and Care," *New Left Review* 100, no. 99 (2016): 99-117.

④ 参见 Timothée Parrique, Jonathan Barth, et al., "Decoupling Debunked: Evidence and Arguments against Green Growth as a Sole Strategy for Sustainability," https://mk0eeborgicuypctuf7e.kinstacdn.com/wp-content/up-loads/2019/07/Decoupling Debunked.pdf.

四、展望：一种激进的、民主的、基础的社会主义

这里提出的转型观点是一种激进的、民主的、生态-女性主义的"基础社会主义"（radikaldemokratischer ökologisch-feministischen Infrastruktursozialismus）。这个词看上去太过冗长，但恰恰是这些修饰性词语包含了可以引导社会生态转型方向的要素。前文对生态主义和女性主义的讨论是将两者作为一种交叉扩展的政治生态学来展开的。本章已指明基础设施的重要意义，目前紧张的局势（再次）印证了这一点，新型冠状病毒疫情向我们展示了躯体再生产和社会再生产对护理服务与基础设施系统的强烈依赖，但这些服务通常被视为理所应当。

如果从护理和供应系统的角度思考经济与社会，那就意味着以激进且具体的方式同资本主义理性决裂。这种决裂是激进的，因为与交换价值至上的取向不同，人类的需求得到凸显并被放在重要位置：在资本主义经济和主流经济学中被视为现实经济活动的无形的、非资本主义生产的先决条件，以及相应地被低估或者无法用国内生产总值等指标描述的条目，现在成为衡量社会财富和福祉的重要指标。相反，在资本主义社会中创造价值的诸多（鉴于其结构上的无限性，可能是大多数）经济活动，在最好的情况下似乎无关紧要，但在最坏的情况下却具有对社会和生态的强大破坏力。并非人人都需要一辆SUV，并非每年必须更换一部新的智能手机，衣帽间也并非需要随时更新，人们却认为一切必须是这样。这种想法不应完全归咎于个人偏好，起码当个人偏好已经发展为一种普遍的大众现象时，我们就需要关注其社会性质。这是资本主义生产方式的结果，这种生产方式只能存在于永续的革命模式中，它一旦创造出满足需求的手段，就开始依赖于新的（从社会-生态学的角度看，大部分是无意义的和有害的）需求的产生。以服务和满足基本需要为特征的"基础经济"（Fundamentalökonomie）结束了这种状况，并使经济得到重置。[①]

与资本主义生产方式的决裂还是具体的。这是因为，一方面，这种决裂与广泛的日常经验联系在一起，尽管很多经验是下意识的，但在危急时

[①] 参见 Foundational Economy Collective, *Die Ökonomie des Alltagslebens. Für eine neue Infrastrukturpolitik* (Berlin: Suhrkamp, 2019)。

刻也会使人印象深刻。每个人都依赖于他人的照顾，如已经获得的社会物质基础设施（医疗、教育、住房、交通、能源、水、文化等）。另一方面，许多地方都有组织建设公共基础设施系统的悠久传统，这也是私人行为在利润最大化原则下从事经营的历史经验。如果私有化的普遍利益服务系统被（重新）置于公共控制之下，该传统就能取得进一步发展，而这些经验也有助于将普遍利益的公共服务原则扩展到其他社会基本领域，如食品生产和分配系统。

激进的民主原则是该方案的核心。如果需求的产生及满足不再由市场来决定，那么就需要其他准则来统筹各类需求并依照它们来判断合法性问题。任何强制性的解决方案都不可行，应当制定程序，以民主的方式处理需求问题。在这种情况下，民主将不再是自由主义民主，而是激进民主。自由主义民主在原则上实现了公共领域的民主化，但却把私人领域中关于满足合法生态需求的决定排除在民主决策之外。自由主义民主没有相应的机制来阻止需求（如对无限流动性的需求）及其满足形式和要素（如飞机的制造、航空公司的运营、飞机的运输，以及汽车的生产、私人拥有和个人使用）的合法化，即使它们破坏了他国民众和后代的生活条件，成为该方面事实上的"帝国"。[1]

与之相反，激进民主意味着所有受决策后果影响的人都将平等地参与到决策过程中，并对需求的合法性进行评估，而这最终是以时空的普遍性来衡量的。这种做法虽然不能保证所有决策一定更具生态可持续性，但至少增加了生态可持续的可能性，因为任何错误决策的后果将"由所有人共同承担。由于每个人都知道这一点，他们也将更有可能拒绝破坏自然的决定"[2]。

这一程序无疑是高度预设的，因为其所产生的社会-生态影响很难被准确预估到。此外，如果以前由市场力量无意识运作产生的决定变为有意识的民主审议的结果，个人的负担就有可能过重。最后，该如何保障那些由于空间和时间原因而无法参与，或因人数众多而难以直接参与决策过程的人的利益，还需得到进一步说明。

不过，上述难题并没有从根本上动摇激进民主原则。相反，这些困难告诉我们，激进民主原则能否得到实行取决于物质前提条件，比如在21

---

[1] 参见 Ulrich Brand und Markus Wissen, *Imperiale Lebensweise. Zur Ausbeutung von Mensch und Natur im globalen Kapitalismus* (München: Oekom, 2017)。

[2] Alex Demirovic, "Marx Grün. Die gesellschaftlichen Naturverhältnisse demokratisieren," https://core.ac.uk/download/pdf/229354088.pdf.

世纪初的全球化批判运动中，人们在"去全球化"讨论中提出的那些条件。[1] 用沃尔夫冈·萨克斯（Wolfgang Sachs）的话来说，这是一个关于如何摆脱资本主义经济影响的问题。[2] 鉴于资本主义经济的结构性扩张倾向，这意味着遏制并克服经济扩张。虽然激进民主的制度形式尚非定论，但随着经济活动（在地理上）的自我限制，至少加大了其实现的可能，当然，前提条件是人们在可管理的空间范围内成为共同决策者。[3]

激进民主（包括潜在的社会自然关系的制度化，以及在护理工作和供应系统中表现出来的使用价值导向与需求导向）是当代社会主义概念的核心要素。乔尔·科威尔（Joe Kovel）和迈克尔·洛威（Michael Löwy）在《国际生态社会主义宣言》（*Internationales ökosozialistisches Manifest*）中以类似的方式对此进行了论证。他们提出了四个基本原则，即生态合理性原则（ökologische Rationalität）、民主控制原则（demokratische Kontrolle）、社会平等原则（soziale Gleichheit）和使用价值高于交换价值原则（die Vorherrschaft des Gebrauchswerts über den Tauschwert）。这四个原则相互依存，其指向也已远超20世纪的社会主义概念。20世纪的社会主义"采用了资本主义社会的效率概念，因此只能在已经铺设好的轨道上行进；而新的绿色社会主义必须把'经济'首先理解为对生命、人民和社区的关心"[4]。

以上便是关于生态危机和生态转型的政治内容。在不否认地球系统科学针对危机程度所得出的有关结论的前提下，上述内容有助于我们更好地理解生态危机的产生与不断变化的社会条件和社会力量。考虑到这些因素，只有科学的诊断，特别是纳入社会政治内容的科学诊断，才能既唤起我们对这一问题的关注，又启发我们了解生态转型运动的矛盾和前提条件，并对其发展进行理论指引。

---

[1] 参见 Walden Bello, *Deglobalization: Ideas for a New World Economy* (London: Zed Books, 2002)。

[2] 参见 Wolfgang Sachs, "Sustainable Development. Zur politischen Anatomie eines internationalen Leitbilds," in *Nachhaltige Entwicklung. Eine Herausforderung an die Soziologie*, ed. Karl-Werner Brand (Opladen: Leske & Budrich, 1997), pp. 93-110。

[3] 参见 Wolf-Dieter Narr und Alexander Schubert, *Weltökonomie. Die Misere der Politik* (Frankfurt am Main: Suhrkamp, 1994); Andrew Dobson, *Green Political Thought* (London: Routledge, 2007), pp. 108-109。

[4] Raul Zelik, *Wir Untoten des Kapitals, Über politische Monster und einen grünen Sozialismus* (Berlin: Suhrkamp, 2020), p. 239.

图书在版编目（CIP）数据

当代资本主义前沿问题 / 许先春，陶永祥主编；徐焕，赵超，郑颖副主编. -- 北京：中国人民大学出版社，2024. 9. -- ISBN 978-7-300-33142-3

Ⅰ. D091.5

中国国家版本馆 CIP 数据核字第 2024QW3344 号

当代国外理论研究前沿译丛
当代资本主义前沿问题
主　编　许先春　陶永祥
副主编　徐　焕　赵　超　郑　颖
Dangdai Zibenzhuyi Qianyan Wenti

出版发行	中国人民大学出版社		
社　　址	北京中关村大街 31 号	邮政编码	100080
电　　话	010-62511242（总编室）	010-62511770（质管部）	
	010-82501766（邮购部）	010-62514148（门市部）	
	010-62515195（发行公司）	010-62515275（盗版举报）	
网　　址	http://www.crup.com.cn		
经　　销	新华书店		
印　　刷	唐山玺诚印务有限公司		
开　　本	720 mm×1000 mm　1/16	版　次	2024 年 9 月第 1 版
印　　张	24.25 插页 2	印　次	2024 年 9 月第 1 次印刷
字　　数	395 000	定　价	89.00 元

版权所有　侵权必究　印装差错　负责调换